Mitteilungen der Gruppe Deutscher Kolonialwirtschaftlicher Unternehmungen

ZWEITER BAND

Mit 26 Abbildungen im Text,
7 Tafeln und 4 Karten

WALTER DE GRUYTER & CO. / BERLIN W 35

1940

Archiv-Nr. 65 00 01

Druck von Metzger & Wittig in Leipzig

Mit Anbeginn des Krieges hat sich die Arbeit der Gruppe Deutscher Kolonialwirtschaftlicher Unternehmungen in zuversichtlicher Erwartung eines baldigen Wiederbeginns deutscher Wirtschaft in eigenen Kolonien erweitert und bringt nunmehr auch solche Gutachten zur Veröffentlichung, die systematische Untersuchungen wichtiger Einzelfragen für die künftige wirtschaftliche Planung enthalten.

In diesem Zusammenhang bearbeitete Herr Geheimrat Professor Dr. Fickendey die Grundlagen der Betriebsintensität in der tropischen Plantagenwirtschaft. Die Arbeiten des Herrn Professor Dr. Vageler über die Böden Westafrikas sollen in weiterer Fortführung auch das Baumwollproblem, eine der wichtigsten Fragen der Kamerun-Kolonie, schon vor deren Wiedergewinnung klären. Einen Überblick über die geologischen Verhältnisse der gleichen Kolonie auf der Grundlage der letzten wissenschaftlichen Erfahrungen gibt die Arbeit von Herrn Professor Dr. Behrend.

Wir veröffentlichen ferner die in den letzten Jahren ebenfalls in Kamerun für die Gruppe unternommenen Untersuchungen des Herrn Geheimrat Dr. Semmelhack und des Herrn Dr. Domke aus ihren Arbeitsgebieten und schließlich die gleichfalls von Herrn Professor Dr. Vageler von den Mitgliedern der Gruppe gewünschten Zusammenstellungen über die sachgemäße Entnahme von Bodenproben, ihre Untersuchungen und praktische Auswertung der Untersuchungsergebnisse.

Der Leiter der Gruppe
Deutscher Kolonialwirtschaftlicher Unternehmungen
Dr. Weigelt

Inhaltsverzeichnis

Über die zweckmäßige Betriebsintensität bei tropischen Plantagen

Von **Ernst Fickendey**

Mit 4 Abbildungen im Text

Als Maßstab für die Intensitätsstufe in der Landwirtschaft dient in der Betriebslehre der Aufwand an Arbeit und Inventar je Flächeneinheit des Bodens. Die Betriebslehre hat folgenden fundamentalen Satz aufgestellt: Je teurer der Boden ist im Verhältnis zu den Preisen von Arbeit und Inventar, um so höher muß der Intensitätsgrad sein und umgekehrt. Nun scheinen die Bodenpreise in den Tropen niedrig zu sein. In Wirklichkeit ist dies aber nicht der Fall. Man muß sich dabei darüber klar sein, daß die Grundbegriffe der Betriebslehre unter europäischen Wirtschaftsverhältnissen geprägt sind, wo der Weg vom Rodeland zum Kulturland schon vor Hunderten von Jahren zurückgelegt ist. Diese Begriffe können daher nur mit Vorsicht und unter sinngemäßer Anpassung auf die völlig abweichenden Verhältnisse tropischer Gebiete angewendet werden. Das gilt ganz besonders für den in Europa grundlegend wichtigen und daher in seinem Verhältnis zu Arbeit und Inventar die Diskussion weitgehend beherrschenden Bodenpreis. Während dieser in Europa eine fest umrissene Größe von überragender Bedeutung darstellt, ist er in den Tropen nur selten von Null wesentlich verschieden. Ein noch von ursprünglicher Vegetation bedeckter Waldboden hat für landwirtschaftliche Zwecke höchstens negativen Wert. Es sind ja erhebliche Aufwendungen zu machen, um den Boden überhaupt erst in einen anbaufähigen Zustand zu bringen, wie Buschschlag, Brennen, Aufräumen usw. Hierzu kommen weiter Ausgaben für Drainage und für die Maßregeln, die das Abspülen, d. h. die Erosion des Bodens verhindern (Terrassen, Fanggräben). Bei der hohen Regendichte in den Tropen sind solche Vorkehrungen unerläßlich, wenn man das Bodenkapital erhalten will. Es sind daher Ausgaben zwischen 500 RM. und 1000 RM. je ha erforderlich, um den Boden in einen Zustand zu bringen, der eine gute Entwicklung der Kulturgewächse auf die Dauer gewährleistet. Bei negativem Werte des Rohbodens ist also der Kulturboden vergleichsweise teuer. Dagegen ist die Arbeit billig. Ernährung und Unterbringung der Arbeiter verursachen geringe Ausgaben; bei der Behausung fällt der Winterschutz fort und ebenso ist eine Erwärmung der Wohnräume überflüssig. Das Inventar fällt in den Pflanzungen selbst nicht in die Waagschale, dagegen können Fabriksanlagen bei manchen Kulturen, wie z. B. Sisal und Ölpalme, größere Ausgaben beanspruchen. Im Ganzen muß man unbedingt zu der Schlußfolgerung kommen, daß die Verhältnisse bei tropischen Plantagen zu einer intensiven Wirtschaftsweise zwingen.

Bei jeder Intensitätsstufe eines landwirtschaftlichen Betriebes ist es die wichtigste Forderung, daß alle Erzeugungsmittel derart in Einklang stehen, daß die größte Wirkung verbürgt ist. Am anschaulichsten ist diese Aufgabe bisher erläutert in der Entwicklung der Lehren über das Nährstoffbedürfnis der Pflanzen. Die Anschauungen über die Abhängigkeit des Pflanzenwachstums von der Nährstoffzufuhr waren im Laufe der Zeit vielfältigen Wandlungen unterworfen. Noch im 18. Jahrhundert nahm man an, daß der Humus die einzige Nährstoffquelle der Pflanzen sei, wobei man die anorganischen Bestandteile als Verunreinigungen auffaßte. Namentlich Albrecht Thaer (1752—1818) versuchte die Humustheorie durch zahlreiche Schriften und Demonstrationen zu stützen. Diese Theorie wurde etwa um die Mitte des vorigen Jahrhunderts durch Justus von Liebig gestürzt. Liebig wies nach, daß der Humus überhaupt nicht für ein normales Pflanzenwachstum unbedingt erforderlich sei und daß gerade die anorganischen Bestandteile die eigentlichen Nährstoffe bildeten. Er bediente sich hierbei der Wasserkultur, d. h. er ließ die Pflanzen wachsen, indem er die Wurzeln in destilliertes Wasser hängte. Dem Wasser wurden die Stoffe zugefügt, deren Einfluß auf die Pflanze festgestellt werden sollte. Auf solche Weise zeigte Liebig, daß 10 Elemente in allen Pflanzen vorkamen und für das Pflanzenwachstum unentbehrlich waren (Kohlenstoff, Sauerstoff, Wasserstoff, Stickstoff, Schwefel, Phosphor, Kalium, Kalzium, Magnesium, Eisen). Andere Elemente wie Chlor, Natrium und Silizium wurden wohl auch in beinahe allen Pflanzen angetroffen, ohne aber unbedingt für das Gedeihen nötig zu sein. Weiter führte Liebig den Nachweis, daß alle oben genannten Elemente der Pflanze durch die Wurzeln zuströmen mit Ausnahme des Kohlenstoffs, der aus der Atmosphäre in Form von Kohlensäure durch die Blätter aufgenommen wird. So wurde Liebig der Schrittmacher der Kunstdüngung, und diese hatte einen so durchschlagenden Erfolg, daß man dem Humus keine Beachtung mehr schenkte. Erst später wurde die große Bedeutung des Humus wieder erkannt und die Gedankengänge von Thaer kamen wieder, wenn auch in veränderter Form, zu Ehren. Bei dem Studium der Kunstdüngung kam dann Liebig zur Aufstellung des sogenannten

Minimumgesetzes: Der Pflanzenertrag wird bestimmt und begrenzt durch denjenigen Nährstoff, der in relativ geringster Menge (im Minimum) anwesend ist. Am besten kann man sich den Inhalt dieses Gesetzes an einem Beispiel deutlich machen. Wir wollen annehmen, daß ein bestimmter Boden an Nährstoffen enthält:

Kalk,	genügend	zur	Erzeugung	von	1500	kg	Kakao	je	ha	im	Jahr
Kali,	,,	,,	,,	,,	1000	,,	,,	,,	,,	,,	,,
Phosphorsäure,	,,	,,	,,	,,	750	,,	,,	,,	,,	,,	,,
Stickstoff,	,,	,,	,,	,,	500	,,	,,	,,	,,	,,	,,

Für dieses Beispiel sind die 4 wichtigsten Nährstoffe gewählt. Es ist also angenommen, daß der Stickstoffgehalt des Bodens ausreichend ist für die Produktion von nur 500 kg Kakao. Man kann nun in diesem Falle von den anderen 3 Nährstoffen beliebig große Mengen dem Boden zuführen, sie werden keine Ertragssteigerungen bewirken, eben weil der Stickstoff in relativ kleinster Menge vorhanden ist und somit die Ernteleistung beschränkt. Wenn wir nun dem Boden so viel Stickstoffdünger einverleiben, daß er genügt zur Erzeugung von 1500 kg Kakao, so kommt die Phosphorsäure in das Minimum und der Ertrag kann nicht über 750 kg Kakao steigen, selbst wenn wir die anderen Nährstoffe bis zum Optimum verbessern. Eine Ertragssteigerung kann immer nur erreicht werden durch die Zufuhr des im Minimum befindlichen Nährstoffs. Liebig war auch der Meinung, daß der Mehrertrag proportional der angewandten Düngermenge sei.

Für viele praktische Zwecke ist das Liebigsche Minimumgesetz auch heute noch ein durchaus brauchbarer Leitfaden, aber die Erfahrung geriet bald in Widerspruch mit diesen Anschauungen. Versuche zeigten, daß die Ertragssteigerungen keineswegs proportional den angewandten Düngermengen stiegen, sondern daß mit steigender Düngerzufuhr die erzielten Erntesteigerungen verhältnismäßig immer kleiner wurden, ja daß bei sehr großen Gaben selbst eine Ertragsverminderung die Folge war.

Es ist das große Verdienst von E. A. Mitscherlich gewesen, unseren Auffassungen von der Nährstoffaufnahme seit 1923 ganz neue Wege gewiesen zu haben, wobei er seine Versuche und Betrachtungen nicht auf die Nährstoffe beschränkte, sondern alle Wachstumsfaktoren (also namentlich auch Wasser, Wärme, Licht) einbezog. Mitscherlich zog aus seinen Versuchen folgende Schlüsse: Jeder Wachstumsfaktor vermag unabhängig von den anderen die Erträge zu erhöhen. Also die Zufuhr jedes Nährstoffes führt zu einer Erntesteigerung, auch wenn er nicht im Minimum ist; freilich ist der Zuwachs um so größer, je weiter der Nährstoff vom Optimum entfernt ist. Jeder Wachstumsfaktor hat, wie die Versuche von Mitscherlich ergaben, einen ihm eigenen Wirkungswert, unabhängig von der Pflanze, dem Boden und anderen Verhältnissen. Dieser Wirkungswert kann experimentell festgestellt werden. Mitscherlich nimmt an, daß bei optimalen Bedingungen ein maximaler Ertrag, der Höchstertrag, zu erreichen ist, und daß die durch Zunahme eines Wachstumsfaktors um eine Einheit erzielbare Ernteerhöhung proportional ist dem Abstand vom Höchstertrage. Diese Annahme bietet die Möglichkeit, die Abhängigkeit der Erträge in eine mathematische Formel zu bringen und damit den Erfolg einer Düngung aus einem einzigen Versuch im Voraus zu berechnen, wenn der Wirkungswert des betreffenden Kunstdüngers bekannt ist. Es erübrigt sich, an dieser Stelle näher auf die mathematische Formel einzugehen. Es genügt zu wissen, daß es sich um eine logarithmische Funktion handelt, deren Bedeutung wir uns an einem Beispiel klar machen können:

Unter günstigsten Bedingungen wird ein Höchstertrag erzielt, den wir gleich 100 setzen wollen. Fehlt nun in einem Boden ein Wachstumsfaktor, etwa die Phosphorsäure, gänzlich, so kann eine Pflanze überhaupt nicht gedeihen und die Produktion ist gleich 0. Fügen wir dann dem Boden so viel Phosphorsäure zu, daß der Ertrag auf 50 steigt, und benutzen die hierzu nötige Düngermenge als Einheit, (wir setzen sie also gleich 1), so steigt bei weiterer Zufuhr einer gleichen Menge des Düngers die Erzeugung auf 75, bei der dritten Gabe auf 87,5, bei der vierten auf 93,75 usw. Wir sehen also, daß bei jeder Zufuhr unserer Einheit Dünger der Ertrag um die Hälfte des bis zum Höchstertrag fehlenden Betrages gesteigert wird. Die folgende Übersicht (nach B. Marquart) wird den Zusammenhang verständlich machen:

Bei der	ersten	Gabe	fehlten	100,	Ertrag	50	
„ „	zweiten	„	„	50,	„	50 + 25	= 75
„ „	dritten	„	„	25,	„	75 + 12,5	= 87,5
„ „	vierten	„	„	12,5,	„	87,5 + 6,25	= 93,75

Bei jeder Steigerung des Phosphorsäuredüngers (und das gilt für jeden Wachstumsfaktor) wird der Mehrertrag absolut immer kleiner, bleibt aber relativ der gleiche.

In diesen Zahlen kommt das sogenannte Bodengesetz oder das Gesetz vom abfallenden Bodenertrage zum Ausdruck, und dieses Gesetz oder besser diese Gesetzmäßigkeit gilt nicht nur für die Wachstumsfaktoren, sondern auch für alle Erzeugungsmittel: Die Einheit des Aufwandes an Arbeit und Inventar je Hektar bewirkt einen immer geringer werdenden Mehrertrag, je höher die

Aufwendungen steigen, bis schließlich jeder Erfolg ausbleibt oder der Mehraufwand sogar zu Produktionsminderungen führt. Den Aufwand über eine bestimmte Grenze hinaus zu treiben, hat also keinen Sinn, vielmehr ist es die wichtige Aufgabe der Pflanzer, die Intensität der Bewirtschaftung unterhalb dieser Grenze zu halten.

In der folgenden Abb. 1 ist die Abhängigkeit der Erträge von den Nährstoffen Kali, Phosphorsäure und Stickstoff nach Mitscherlich dargestellt. Alle drei Kurven geben eine logarithmische Funktion wieder. Der Einfluß der verschiedenen Nährstoffe ist unabhängig

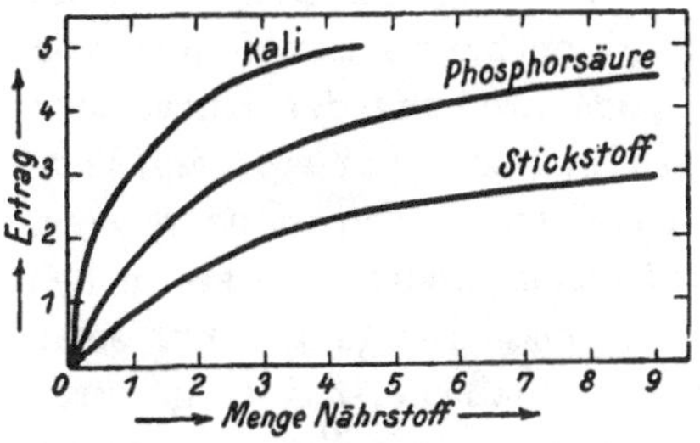

Abb. 1

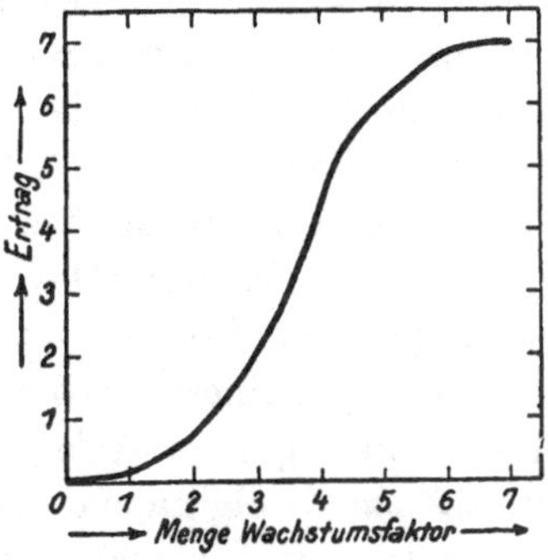

Abb. 2

voneinander, und in dem abweichenden Verlauf der Kurven zeigt sich der Wirkungswert der einzelnen Nährstoffe. Bei Kali wird eine schnelle Ertragssteigerung und auch bald das Maximum erreicht. Stickstoff dagegen hat einen kleinen Wirkungswert mit langsamer Ertragssteigerung und es sind große Stickstoffzufuhren erforderlich, um eine Erntezunahme von Belang zu erzielen. Die Phosphorsäure hält sich in der Mitte.

Die Arbeiten von Mitscherlich gaben den Anstoß zu einer außerordentlichen Fülle von Arbeiten und Veröffentlichungen, wobei die Kritiker sich bemühten, Fehler in der Theorie nachzuweisen Zweifellos ist auch die Theorie von Mitscherlich nicht exakt richtig, es ist aber bei einer Theorie (und auch bei einer neuen Begriffsbestimmung) vollkommen gleichgültig, ob sie richtig oder falsch ist, das Wesentliche ist, daß sie schöpferisch ist und die Wissenschaft sowie mittelbar auch das Leben bereichert. Die Forschungen von Mitscherlich haben ihren großen Wert für Theorie und Praxis bewiesen.

Der große englische Bodenforscher Sir E I. Russel entwarf auf Grund zahlreicher Versuche eine neue Wachstumskurve (Abb. 2), obwohl er in vieler Beziehung den Ansichten Mitscherlichs zustimmte.

Die Kurve von Russel hat die charakteristische S-Form. Im mittleren und oberen Teil, der für die deutsche Landwirtschaft hauptsächlich in Frage kommt, deckt sie sich im wesentlichen mit der Kurve von Mitscherlich.

An einem Beispiel wollen wir die Bedeutung der Kurve erläutern: In irgendeinem Boden seien alle Vorbedingungen für ein günstiges Pflanzenwachstum erfüllt, es seien also alle Wachstumsfaktoren reichlich vorhanden, aber es fehle etwa Kali gänzlich (wir könnten natürlich auch jeden beliebigen anderen Faktor wählen), so ist ein Pflanzenwachstum ausgeschlossen, die Keimlinge sterben ab, sobald das im Samen anwesende Kali erschöpft ist. Die Kurve beginnt daher im Nullpunkt. Vom Nullpunkt an steigt sie allmählich an und in diesem unteren Teile liegt die wesentlichste Abweichung von der Mitscherlich-Kurve. Die langsame Steigung der Kurve sagt uns, daß bei Zunahme des Kaligehaltes im Boden nur ein vergleichsweise geringer Zuwachs an Pflanzenmasse zu erzielen ist oder, wenn wir verallgemeinern, daß auf nährstoffarmen Böden, wie sie in den Tropen häufig anzutreffen sind, sonst normale Düngungen nur einen schwachen Erfolg haben, man muß gewissermaßen erst einen gewissen Schwellenwert überschreiten, ehe man zu ansehnlichen Ertragssteigerungen gelangen kann. In solchen Fällen sind stärkere Düngungen geboten. Etwa nach der zweiten bis zur vierten Düngergabe schnellt die Kurve steil empor (die Einheiten der Düngergaben sind willkürlich gemessen). In diesem Bereich ist also das Verhältnis von Düngung zur Wirkung am günstigsten, eine kleine Steigerung der Kalizufuhr hat eine relativ große Ertragszunahme zur Folge. Die Intensität ist bei tropischen Plantagen auf eine Stufe zu bringen, die sich in diesem mittleren Bezirke der Wachstumskurve bewegt, denn hier erzielt jeder Aufwand die höchste Rente. Im obersten Teile der Kurve wird der Aufstieg stetig langsamer, das bedeutet, daß jede weitere Zufuhr von Kali einen ständig geringer werdenden Mehrertrag bewirkt, bis schließlich überhaupt kein Erfolg mehr bei weiterer Erhöhung der Düngergaben zu erreichen ist. In diesem Gebiet wird also die Düngung unwirtschaftlich.

O. Nolte hat in die Düngerlehre einen neuen Begriff eingeführt, der sich als sehr fruchtbar erwiesen hat: „Die Harmonie der Nährstoffe“. Die Nährstoffe (und überhaupt alle Wachstumsfaktoren) müssen in einem gewissen Gleichgewicht stehen; überhöht man einen Nährstoff über den allgemeinen Spiegel oder bleibt ein Nährstoff stark unter diesem Spiegel zurück, so können schädliche Folgen eintreten, zum mindesten arbeitet man dann unwirtschaftlich. Diese Regel ist außerordentlich brauchbar, um viele Erscheinungen aufzuhellen, denen wir in der landwirtschaftlichen Praxis begegnen, und gibt uns die Maßnahmen an die Hand, die bei mangelnder Harmonie wieder zum Einklang der Nährstoffe führen. Wir wollen die Regel an einem Beispiel erläutern: Baut man auf einem nährstoffarmen Lande (wobei die Phosphorsäure im Minimum ist) Mais an, so gedeiht der Mais zwar mager und kümmerlich, aber er wächst doch. Gibt man einem solchen Boden dann eine volle Düngung ohne Phosphorsäure, so geht der Mais in einem frühen Jugendstadium ein. Das Gleichgewicht der Nährstoffe ist in diesem Falle soweit gestört, daß sogar das Absterben der Pflanzen die Folge ist. Eine ausschließliche Phosphorsäuredüngung würde dagegen auf diesem Boden eine starke Ertragszunahme zustande bringen.

Die Harmonie der Nährstoffe ist indessen der Sonderfall einer viel allgemeineren Gesetzmäßigkeit, die alle Produktionsfaktoren (Erzeugungsmittel) umfaßt. Die Produktionsfaktoren müssen in einem günstigen Wirkungsverhältnis stehen, alle Aufwendungen an Arbeit und Inventar müssen eine harmonische Beziehung zueinander haben. Hat man bei einer Pflanzung große Aufwendungen für den Bodenkauf und für die Vorbereitung des Bodens gemacht, so wird man kein minderwertiges Pflanzmaterial verwenden und es an Pflege nicht fehlen lassen. Umgekehrt: Hat man besonders große Ausgaben an die Beschaffung eines hochwertigen Pflanzmaterials gewandt, so führt dies zwangsläufig zu einer guten Vorbereitung des Landes und zu sorgfältiger Pflege der Pflanzung. Eine Maßnahme muß der anderen angepaßt sein, nur dadurch wird der Erfolg verbürgt. Eine reiche Düngung kann keine genügende Wirkung haben, wenn nicht zuvor der Wasserhaushalt in Ordnung gebracht ist. Die Anwendung von Kunstdünger kann auch nur dann die höchsten Erfolge zeitigen, wenn der Boden in guter Pflege ist und genügend Humus durch Gründüngung enthält. Die Kette ist also so stark wie ihr schwächstes Glied. Es ist die Aufgabe des Pflanzers, das schwächste Glied in der Kette seines Betriebes herauszufinden und dies zu verstärken. Die Forderung eines günstigen Wirkungsverhältnisses aller Produktionsfaktoren bedeutet eigentlich eine Erweiterung des Liebigschen Minimumgesetzes. Diejenigen Aufwendungen machen sich am höchsten bezahlt, die bei dem Produktionsfaktor eingesetzt werden, der im Minimum ist, d. h. in seinem Intensitätsniveau hinter den übrigen zurückbleibt. Die Frage darf daher nicht lauten: „Macht sich diese oder jene Maßregel bezahlt?", sondern: „An welcher Stelle muß man Arbeit und Inventar einsetzen, um den größtmöglichen wirtschaftlichen Erfolg zu erzielen?"

Für die Beantwortung der Frage nach der zweckmäßigen Betriebsintensität kann uns auch die Analyse der Selbstkosten nützlich werden. Wie bekannt, ist es sachdienlich, bei den Gestehungskosten zu unterscheiden zwischen schwankenden (variablen) und festen (konstanten) Ausgaben. Die ersten ändern sich mit den Erträgen und bestehen im wesentlichen aus den Ernte- und Aufbereitungs- (Fabriks-) Kosten, falls man den Kostenpreis auf der Unternehmung zugrunde legt, andernfalls kommen noch Transportkosten hinzu.

Die variablen Kosten geben auch den Grenzverkaufspreis an, unter dem die Erzeugung stets unwirtschaftlich sein muß. Liegt der Verkaufspreis über dem Grenzpreis, d. h. über den variablen Kosten, so kann wenigstens ein Teil der konstanten Ausgaben durch den Produktenerlös gedeckt werden. Im anderen Falle treten Verluste ein, die vermieden werden können.

Die konstanten Kosten sind unabhängig von der Höhe der Ernten, es handelt sich um die Unterhaltung der Pflanzung, die allgemeinen Ausgaben und die Abschreibungen. Das nachstehende graphische Bild veranschaulicht diese Verhältnisse (Abb. 3).

Das Beispiel ist ganz willkürlich gewählt, es genügt aber, um die grundsätzlichen Beziehungen klarzustellen.

In dem Schaubild ist zunächst angegeben die Kostenlinie, die sich ergibt aus der Addition der konstanten und variablen Ausgaben. Aus dieser Linie können wir also die Kosten ablesen, die mit einem bestimmten Ertrage verbunden sind. Weiter finden wir die Erlöslinie (Linie I), sie gibt die Einnahmen wieder, die für jeden Ertrag bei einem willkürlich gewählten Verkaufspreis erzielt werden, sie beginnt im Nullpunkt und steigt über den Punkt a, in dem bei einem Ertrage von 10 Einheiten der Erlös aus dem Produkt genau die totalen Kosten deckt, die gleichfalls mit 10 Einheiten angenommen sind. In dem Punkt a ist das Gleichgewicht erreicht: Ausgaben und Einnahmen halten sich die Waage. Solange die Erlöslinie unter der Kostenlinie bleibt, ergeben sich Verluste, steigt dagegen vom Schnittpunkt a an die Erlöslinie über die Kostenlinie, sind Gewinne zu buchen. Nehmen wir nun, ausgehend von diesem Gleichgewichtspunkt, einen Preisfall von $20^0/_0$ an (Linie III, die Erlöslinie geht dann durch den Punkt $b = 10:8$), so tritt eine progressiv ungünstige Wirkung ein. Zwar ist bei dem gegebenen Ertrage 10 der Verlust auch nur $20^0/_0$, man müßte aber den Ertrag um etwa $63^0/_0$ erhöhen, um wieder den Gleichgewichtspunkt zu erreichen. Die Erlöslinie III schneidet die Kostenlinie im Punkt $e = 16{,}3 : 13{,}2$. Steigt dagegen der Verkaufspreis um 20% (Linie II, die Erlöslinie geht durch den Punkt $c = 10 : 12$), so würden etwa 70% der ursprünglichen Erzeugung ausreichen, um den Ausgleich zu bewirken. Der Schnittpunkt d von Kostenlinie und Erlöslinie II ist $7 : 8{,}5$.

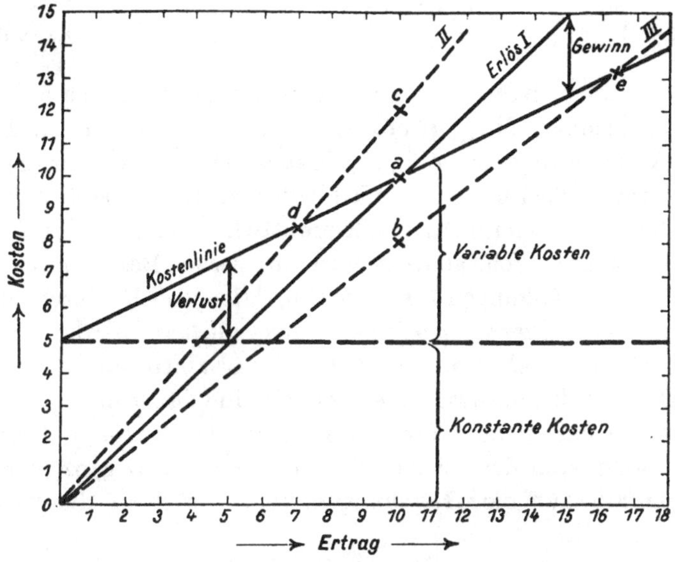

Abb. 3

Tritt hierbei schon die Bedeutung der Erhöhung der gesamten Produktion und damit des Hektarertrages zutage, sie wird noch deutlicher, wenn man diesen in Beziehung bringt zum Kostenpreis je kg Produkt.

Unter Berücksichtigung der Unterscheidung zwischen variablen und konstanten Ausgaben kann man die folgende Formel für die Berechnung der Gestehungskosten je kg Produkt aufstellen:

$$K = f + e + \frac{u + al + a}{h}, \text{ worin bedeutet:}$$

K = Kostenpreis je kg Produkt in Pfennigen.
f = Aufbereitungskosten je kg Produkt in Pfennigen.
e = Erntekosten je kg Produkt in Pfennigen.
u = Unterhaltungskosten je ha je Jahr in Pfennigen.
al = allgemeine Ausgaben je ha je Jahr in Pfennigen.
a = Abschreibungen je ha je Jahr in Pfennigen.
h = Hektarertrag je ha je Jahr in kg.

Die Bedeutung der Formel können wir uns an einem Zahlenbeispiel klarmachen, wobei uns hauptsächlich die Abhängigkeit der Selbstkosten vom Hektarertrage interessiert. Die Werte sind beliebig angenommen, da es nur auf den grundsätzlichen Zusammenhang ankommt. Bei einem jährlichen Hektarertrage von 1000 kg Produkt sei der Kostenpreis je kg in Pfennigen:

$$K = 4 + 1 + \frac{3000 + 7000 + 5000}{1000} = 4 + 1 + 15 = 20 \text{ Pfennige.}$$

Die variablen Kosten f und e betragen also in unserem Falle $4 + 1 = 5$ Pfennig. Naturgemäß sind die Ausgaben für das Ernten und die Aufbereitung, auf je kg Produkt berechnet, bei sehr niedrigen Erträgen vergleichsweise hoch, mit steigenden Ernten sinken sie aber schnell ab und werden innerhalb der praktisch vorkommenden Grenzen nahezu konstant. Wohl sind sie auch in diesem Bezirk je nach der Erntehöhe Schwankungen unterworfen, die jedoch durch organisatorische Maßnahmen weitgehend ausgeglichen werden können. Der Einfachheit halber wollen wir die variablen Kosten für den ganzen Bereich als konstant annehmen, sie sind daher in der folgenden Abb. 4 durch eine gerade Linie wiedergegeben. (Linie I) Jedenfalls hat eine Steigerung der Flächenerzeugung nur einen ganz unwesentlichen Einfluß auf die Gestehungskosten, soweit es die variablen Ausgaben betrifft.

Anders steht es mit den konstanten Totalausgaben, hier wirkt sich die Hektarproduktion einschneidend auf die Selbstkosten aus. Bei einem Hektarertrage von 2000 kg Produkt wird der Kostenpreis je kg:

$$K = 4 + 1 + \frac{3000 + 7000 + 5000}{2000} = 4 + 1 + 7{,}5 = 12{,}5 \text{ Pfennige.}$$

Das Beispiel zeigt die starke Abhängigkeit des Kilogrammpreises vom Hektarertrag. Es kommt nun darauf an, diesen Beziehungen eine mathematische Formulierung zu geben, um eine nähere Einsicht zu gewinnen. In dem obigen Beispiel betragen die konstanten Kosten bei einer Hektarernte von 1000 kg auf 1 kg Produkt berechnet 15 Pfennige. Es ist klar, daß diese Kosten bei einer Verdoppelung der Erzeugung auf die Hälfte sinken, wie das Beispiel zeigt, und daß sie umgekehrt bei einer Erniedrigung des Ertrages auf die Hälfte zweimal so hoch werden. Es gilt daher die Formel:

$$\text{Hektarertrag} \times \text{konstante Totalkosten je kg} = \text{konstant,}$$

was bedeutet, daß die entsprechende Kurve eine Hyperbel ist (vgl. Abb. 4).

Durch Berechnung findet man folgende Kostenpreise (konstante Totalkosten, je kg berechnet) für die verschiedenen Hektarerträge:

Hektarertrag	500	1000	2000	3000	4000	5000	6000
Kostenpreis in Pfg...	30	15	7,5	5	3,75	3	2,5

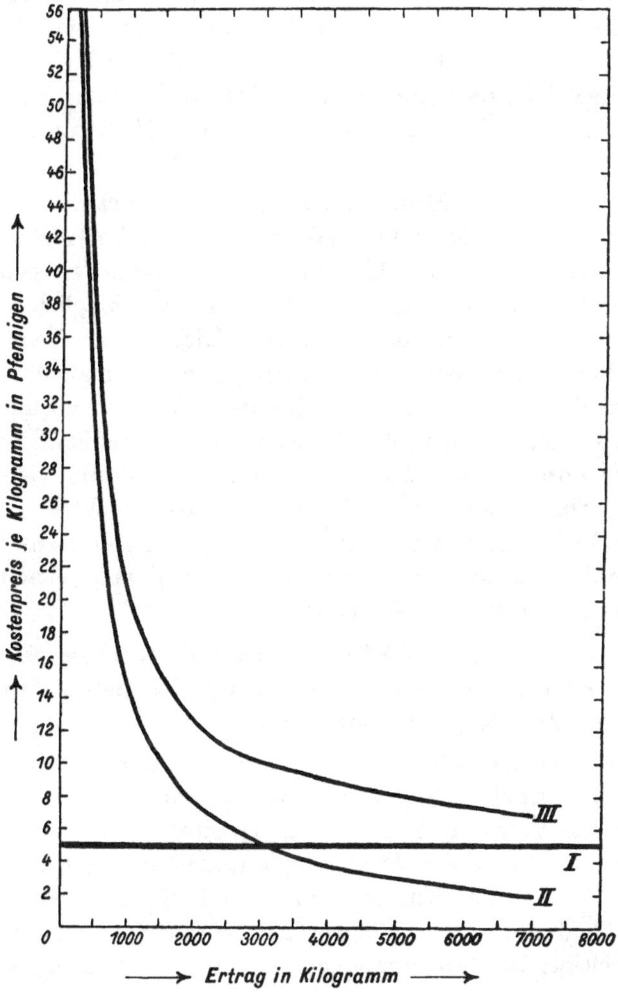

Abb. 4

Die Hyperbel (II) in dem Abb. 4 stellt diesen Zusammenhang graphisch dar. Die Hyperbel (III) gibt den totalen Kostenpreis wieder, sie ist entstanden durch die Addition der Geraden (I) = variable Kosten, und der Hyperbel (II) = konstante Kosten. Die Kurve ist das Ebenbild der Hyperbel (II), um 5 Einheiten nach oben verschoben.

Aus dem festgestellten Sachverhalt ergibt sich eindeutig, daß bei niedrigen Ernten eine Erhöhung des Hektarertrages eine sehr starke Senkung der Gestehungskosten zur Folge hat, daß aber bei sehr hohen Ernten die Steigerung der Hektarerzeugung nur noch eine schwache Einwirkung auf den Kostenpreis hat. Das ergibt sich schon aus dem Wesen der Hyperbel. Weiter ist die zwingende Schlußfolgerung zu ziehen, daß Pflanzungen mit niedrigen Ernten alle Kräfte anspannen müssen auf das Ziel, die Hektarerträge zu erhöhen.

Eine Steigerung der Ernten kann häufig auch bei gleichbleibenden konstanten Totalausgaben erfolgen durch einen zweckmäßigeren Einsatz von Arbeit und Inventar. Man muß Arbeitsmethoden gebrauchen, die das Ziel so vollkommen und so billig wie möglich erreichen. Z. B. ist die Vernichtung des gefällten Waldes durch Feuer bei der Urbarmachung eine vielumstrittene Frage. Selbst manche Praktiker verurteilen das Brennen des Waldes der Humuserhaltung zuliebe. Es kann aber keinem Zweifel unterliegen, daß die radikale Zerstörung des Holzes durch Brand die einzig zweckmäßige und viele Kosten sparende Arbeitsweise ist. Die Schäden des Nichtbrennens sind derart erschwerend, daß der Humusverlust dagegen nicht aufwiegt, der zudem durch Anbau von Gründünger schnell wettgemacht werden kann. Die Nachteile sind folgende:

1. Die Gangbarkeit der Pflanzung ist bedeutend vermindert. Die kreuz und quer liegenden Stämme machen das Gelände unwegsam, wodurch alle Arbeiten verteuert werden.

2. Die Übersichtlichkeit leidet erheblich und damit die Möglichkeit der Aufsicht. In einer sauber gebrannten Pflanzung kann man auf weite Entfernung sowohl die Arbeiter kontrollieren wie auch sich über den Stand der Pflanzung unterrichten (Aufkommen von Unkraut, Wuchs der Kulturpflanzen und Gründünger, Auftreten von Krankheiten und Schädlingen usw.). Wird das Holz nicht durch Feuer beseitigt, ist dies unmöglich, und dieser Nachteil wiegt wohl am schwersten.

3. Die Reinhaltung der Pflanzung wird verteuert. Es bilden sich viele Stellen, auf denen Unkraut unbeobachtet aufkommen kann, und zudem sind viele Plätze bei der Säuberung der Hand oder Hacke des Menschen nur schwer zugänglich.

4. Das modernde Holz bietet zahlreichem Ungeziefer Nahrung und Unterschlupf.

Ein weiteres Beispiel: Die Ausgaben für die Reinhaltung der Pflanzung bilden einen sehr hohen Posten. Es kommen hierfür hauptsächlich drei Arbeitsweisen in Frage, die aber Zwischenstufen aufweisen können:

1. Schwarzjäten (Clean weeding). Diese Methode ist bestimmt zu verwerfen, da sie bald zur Bodensterilität führt.
2. Das Wachsenlassen einer wilden Vegetation, die von Zeit zu Zeit gekappt wird.
3. Bodenbedeckung durch Leguminosen.

Die letzte Arbeitsweise ist die rationellste, da sie Stickstoffdünger spart und einen vorzüglichen Garezustand des Bodens bewirkt. Falls die Gefahr von Stickstoffüberfütterung besteht, ist eine Bodenbedeckung durch Nichtleguminosen zwecks Humuserzeugung am Platze. Für die Kameruner Pflanzungen dürfte diese Gefahr kaum zu befürchten sein. Die Kosten der drei Methoden sind auf die Dauer ungefähr gleich, sie fallen eher zugunsten der Gründüngung aus. Gute Reinigung bedeutet auch billige Reinigung. Wenn man eine wilde Vegetation durch Gründüngung ersetzt, so verursacht das freilich zunächst nicht unerhebliche Kosten, die aber auf die Dauer reichlich aufgewogen werden. In diesem Falle muß man aber auch dafür Sorge tragen (durch Düngung oder Bodenbearbeitung), daß die Gründüngung auch üppig gedeihen kann, das ergibt sich schon aus der Forderung der Harmonie der Wachstumsfaktoren. Wenn die Gründüngungspflanzen kümmern oder kränkeln, wird die Methode teuer.

Weiter ist hinzuweisen auf Ersparnisse, die durch die Verwendung von solchen Geräten und Werkzeugen (Hacken, Beilen, Haumessern, Zapfmessern usw.) zu erzielen sind, welche dem betreffenden Arbeitsprozeß am besten angepaßt sind. Jeder Verwendungszweck erfordert ein eigenes Gerät, mit dem der Arbeiter die Höchstleistung erreichen kann, so wird man etwa auf leichtem und schwerem Boden Hacken von verschiedener Größe und Form sowie von verschiedenem Gewicht gebrauchen müssen. Die Aufsicht auf den Zustand der Gerätschaften kann nicht streng genug sein, denn bei Benutzung von stumpfen Hacken oder Messern leidet der Arbeitserfolg bedeutend.

Auch die möglichst weitgehende Einführung der Pensumarbeit kann zu fühlbaren Kostensenkungen führen. Der Arbeiter bekommt hierbei täglich ein bestimmtes Maß von Arbeit zugewiesen und ist dann nach vollbrachter Arbeit frei. Da der Eingeborene im allgemeinen mehr Wert legt auf freie Zeit als auf Geldverdienst, ist diese Methode seiner Natur am besten angemessen. Selbstverständlich ist diese Lohnform nur brauchbar bei Arbeiten, deren Menge und Güte ohne viele Mühe zu ermitteln sind. Ältere Plantagenarbeiter, bei denen sich schon ein gewisser Erwerbssinn entwickelt hat, werden auch für Akkordarbeit zu finden sein.

Diese kurzen Hinweise und Beispiele mögen genügen.

Auf solche Weise erzielte Ersparnisse können zur Intensivierung gebraucht werden, etwa zum Ankauf künstlicher Dünger, so daß auch ohne Erhöhung der konstanten Ausgaben eine Steigerung der Hektarerträge erreicht werden kann. Aber auch wenn es nötig sein sollte, zur Erfüllung dieser Aufgabe die konstanten Kosten zu vergrößern, so wird sich der Aufwand vielfach bezahlt machen. Die Kostenkurve wird sich dann ein Stück nach oben verschieben, aber die grundsätzlichen Beziehungen bleiben gewahrt.

Schließlich kommt man unausweichlich zu folgender Folgerung: Kommt eine Plantage in Not, so daß das verfügbare Kapital nicht ausreicht, die Bewirtschaftung auf der zweckmäßigen Intensitätsstufe zu halten, so ist der einzige wirtschaftliche Ausweg der, den besten Teil der Pflanzung auch weiterhin intensiv zu bearbeiten, soweit eben das Kapital reicht, den Rest aber vorläufig der Verwahrlosung zu überlassen. Nur auf diese Weise ist es möglich, den Kostenpreis niedrig zu halten und noch einen Betriebsüberschuß zu erzielen.

Die sachgemäße Entnahme von Bodenproben, ihre Untersuchung und die praktische Auswertung der Untersuchungsergebnisse

Von **Professor Dr. Paul Vageler**

Mit 8 Abbildungen im Text

Wer heute in Deutschland ein landwirtschaftliches Grundstück erwirbt, erhält für den gezahlten Kaufpreis nicht nur Grund und Boden, sondern unberechnet noch etwas anderes, das nahezu so wichtig und wertvoll für seine zukünftigen Erfolge ist wie der Boden selbst. Er erhält in den ihm als eine Selbstverständlichkeit übermittelten Angaben über die zweckmäßigste Fruchtfolge und die für das Grundstück und seine verschiedenen Bodenarten erfolgreichste Bodenbearbeitung und Düngung kostenlos einen Schatz praktischer örtlicher Erfahrung.

Auf Grund dieser Angaben ist der Käufer eines deutschen Betriebes in der Lage, nicht nur die Leistungsfähigkeit seiner Böden weitgehend richtig einzuschätzen, sondern auch seine Wirtschaftsmaßnahmen so zu treffen, daß grobe Mißgriffe vermieden werden und eine Rente, und sei sie auch bescheiden, gesichert ist.

In ganz anderer Lage befindet sich der Landwirt in den Tropen, mindestens in der Mehrzahl der Fälle. Nur ausnahmsweise ist er in der Lage, einen Betrieb zu kaufen, der bereits lange genug besteht, um Erfahrungen ergeben zu haben, die sich an Gründlichkeit mit denen eines deutschen Betriebes auch nur entfernt vergleichen können. In weitaus der Mehrzahl aller Fälle kommt der Pflanzer auf Neuland, in der Regel noch unter natürlicher Vegetation, wo jede örtliche Erfahrung als Wegweiser für technische Maßnahmen völlig fehlt.

Kommt der angehende Pflanzer frisch von Europa, so fehlt ihm außerdem jeder Maßstab zur Beurteilung der tropischen Böden, da es für sie oft weder nach Farbe noch nach Verhalten, wie z. B. für Roterden, eine Parallele unter den ihm in Europa geläufigen Bodenarten gibt. Hat er bereits Tropenerfahrung, so weiß er, oder sollte es wenigstens wissen, daß bei tropischen Böden unter scheinbarer äußerer Gleichheit Unterschiede sich verbergen können, die in einem Falle einen bestimmten Boden zum Ideal für eine bestimmte Kultur machen, während ein äußeres Ebenbild an anderem Orte nach seinen Eigenschaften für diese Kultur vollkommen ungeeignet ist.

Es unterliegt keinem Zweifel, daß die natürliche Vegetation in Verbindung mit Daten über die Niederschlagshöhe, Regenverteilung usw. am Ort einen wertvollen Anhalt für die Eigenschaften des Bodens, auf denen sie wächst, geben kann. Mit Recht wird sie daher von landeskundigen, erfahrenen Pflanzern als Indikator von Bodeneigenschaften benutzt und gilt als solcher in ganz besonders hohem Grade beim eingeborenen Landwirt. Leider ist die Benutzung der Vegetation als Wegweiser für die Bodenwahl aber durchaus nicht so einfach und zuverlässig, wie sie erscheint.

Erfahrungsgemäß wirft nicht nur der Pflanzer in den Tropen und Subtropen, sondern auch sein Kollege in der deutschen Heimat, und leider vielfach auch — wie die Literatur zeigt — der Theoretiker bei der Beurteilung der Frage der „bodenanzeigenden Pflanzen" zwei völlig verschiedene Dinge durcheinander: Die Doppelrolle der Pflanzenwelt als Indikator chemischer oder/und physikalischer Bodeneigenschaften wird meistens nicht genügend oder gar nicht berücksichtigt. Die widersprechenden Ansichten, die über die Angelegenheit in Praktiker- und Theoretikerkreisen herrschen, sind tatsächlich einzig und allein das Ergebnis dieser gedanklichen Konfusion.

Der in Deutschland geprägte Begriff der „bodensteten", d. h. fest an eine bestimmte Bodenart gebundenen, der „bodenholden", d. h. eine bestimmte Bodenart bevorzugenden, und der „bodenvagen", d. h. gegen die Bodenart indifferenten Pflanze, der vom Prototyp des „Galmeyveilchens" als zinkliebend und der „Salzpflanze" als salzliebend ausging, macht die Pflanze in erster Linie zum Indikator bestimmter chemischer Bodeneigenschaften. Mit Recht! Nur ist die praktisch vom Pflanzer meist daraus gezogene Schlußfolgerung, daß es mithin Pflanzen geben müsse, die bestimmte chemische Gehalte des Bodens an Nährstoffen, d. h. seine chemische Fruchtbarkeit, anzeigen, nur äußerst bedingt richtig. Das Galmeyveilchen und die Salzpflanze wachsen nämlich auf Zink- oder Salzboden absolut nicht, weil sie etwa Zink und Salz lieben, sondern nur deswegen, weil sie besonders viel von diesen im allgemeinen für die Pflanzen sehr schädlichen Stoffen vertragen. Sie sind im Kampf ums Dasein ganz einfach auf solchen vergifteten Böden übriggeblieben. Es ist mithin etwas viel verlangt, daß eine Pflanze existieren soll, die Reichtum an einem Nährstoff anzeigt. Was durch eine Pflanzenart angezeigt werden könnte, z. B. durch Mißbildungen an Stamm oder Blatt, Verfärbung usw., also durch Mangelerscheinungen, wie sie als wichtiges Indizium an Kulturpflanzen studiert sind, wäre allenfalls Armut, aber nicht Reichtum an bestimmten Nährstoffen. In natürlichen Vegetationsverhältnissen dürften derartige Kümmerlinge und Kranke durch die Konkurrenz anspruchsloserer Arten in der Regel aber ausgemerzt und damit verschwunden sein.

Ausnahmsweise vorkommender Stickstoffüberschuß eines bereits selektionierend wirkenden Ausmaßes wird allerdings durch bestimmte tropische Charakterpflanzen, die ihn vertragen, angezeigt, wie z. B. gewisse Urticaceen und Solanaceen. Praktisch kommen diese Fälle aber kaum in Frage. Ob der in Brasilien als Anzeichen von Kalireichtum des Bodens benutzte rauhblättrige Strauch „Lixa" tatsächlich ein solches ist, oder auch nur das Zeichen einer durch Anwesenheit von Alkalien (K und Na!) bedingten neutralen bis leicht alkalischen Bodenreaktion, bedarf noch der genauen Untersuchung.

Eine als Anzeichen chemischer Bodengüte, d. h. Reichtums an bestimmten Nährstoffen, benutzbare Pflanzenart ist bisher nicht bekannt und wird sicherlich kaum jemals gefunden werden. Im allgemeinen kann nur die mehr oder weniger üppige Entwicklung einer gegebenen Vegetation als Anzeichen mehr oder weniger großen chemischen Bodenreichtums gelten. Und auch dieser Schluß ist recht häufig trügerisch.

Die üppigste denkbare Vegetation ist der tropische Regenwald. Der Schluß, daß dieser also auf besonders reichem Boden stockt, liegt nahe und wird nahezu von jedem Neuling in den Tropen gezogen. Er ist trotz aller scheinbaren Logik viel öfter falsch als richtig. Gerade der Urwald mit seiner enormen Stoffproduktion hat sehr häufig fast gar nichts mehr mit dem Boden zu tun. Der Boden ist für ihn bloß noch Standort im physikalischen Sinne, in welchem er sich verankert und wo er sein Wasser findet. Seine Nahrung bezieht er in geschlossenem Kreislauf, wenn nicht ganz, so doch weitaus zum größten Teil, aus der Streuschicht, die sich aus Blatt- und Astfall usw. jährlich automatisch durch den Pflanzenbestand selbst regeneriert. So kommt es, daß Urwälder durchaus nicht selten auf Böden stocken, die kulturell ohne jeden Wert sind und nach schnellem Verbrauch ihrer Humuslage durch Kultivierung des Bodens — und dazu reichen unter Umständen bei unsachlicher Bodenpflege 2—3 Jahre! — keine rentablen Ernten mehr hervorzubringen vermögen.

Auch die im letzten Jahrzehnt von Theorie und Praxis in steigendem Maße beachtete Abhängigkeit bestimmter Pflanzenarten von der Bodenreaktion, die als p_H-Wert mit unter 7,0 für saure Böden, mit über 7,0 für alkalische Böden gemessen wird, ist in gleicher Weise zu verstehen. D. h., eine Pflanze wächst nicht auf saurem Boden, weil sie ihn liebt, sondern weil sie nicht nur die „Bodensäure" verträgt, also die stets sehr geringe Konzentration an Wasserstoffionen, die p_H unter 7,0 bedeutet und die wenige Kilo je Hektar höchst selten überschreitet, sondern auch abgehärtet ist gegen die eventuelle Anwesenheit schädlicher Stoffe, wie Aluminiumsalze (Austauschsäure) und die durch saure Bodenreaktion unter allen Umständen angezeigte Basenarmut (K, Mg, Ca-Mangel) des Bodens. Sie ist damit örtlich besser angepaßt als eine am Ort mögliche Konkurrenz. Das gleiche gilt mutatis mutandis für die eine alkalische Reaktion „liebenden" Pflanzen, die auch nur große Basenmengen, angezeigt durch hohe Konzentration von Hydroxylionen ($p_H > 7{,}0$), besser vertragen als andere. Wozu bemerkt sei, daß in Richtung der Alkaliresistenz die Grenzen des pflanzlichen Lebens sehr viel engere sind als nach der sauren Reaktionsseite. Während, wenn auch dürftiges, Pflanzenleben noch bis $4^1/_2$ Einheiten p_H unter dem Neutralpunkt (7) existiert, scheint 2 Einheiten darüber keine Pflanze mehr gedeihen zu können.

Sind demnach die Pflanzen als Indikatoren chemischer Bodeneigenschaften nur im soeben erörterten Sinne und damit für den landwirtschaftlichen Praktiker in sehr begrenztem Umfange brauchbar, so genügt dafür ihr Wert als Indikatoren physikalischer Bodeneigenschaften allen nur irgend zu stellenden Ansprüchen. Zwar nicht einzelne Pflanzenarten, wohl aber die großen Pflanzenassoziationen (Busch, Steppe, Urwald usw.) und sogar auch bestimmte, aus wenigen floristischen Gliedern bestehende Pflanzengesellschaften sind im gleichen Klimagebiet untrügliche, ja mathematisch genaue Anzeichen eines ganz bestimmten Wasserhaushaltes der Böden, die für die Praxis des Pflanzers als sichere Beurteilungsgrundlage dienen können.

Das System der Indikatorpflanzengruppen (Padroẽs da terra) ist allerdings bisher nur in den tropischen und subtropischen Ländern Südamerikas weitgehend entwickelt, weil es nur hier einen seit Jahrhunderten mit dem ererbten Boden verwachsenen Landwirtsstand gibt, der in Kolonialgebieten bisher gänzlich fehlte. Aus den deutschen Kolonien liegen dazu erst wenige Ansätze vor. Sie zu vermehren und zu vertiefen, wird eine der Hauptaufgaben der zukünftigen bodenkundlich-ökologischen Forschung sein.

Die Möglichkeit einer falschen Bodenwahl ist unter diesen Umständen auch für den erfahrenen Pflanzer groß. Sie ist sogar für den Spezialisten in tropischer Bodenkunde, der leichtfertig und verantwortungslos genug wäre, einen tropischen Boden auf den Augenschein hin zu beurteilen, keineswegs ausgeschlossen. Der Unerfahrene ist dieser Gefahr rettungslos ausgeliefert und kann, wie die nach Dutzenden zählenden Beispiele in allen Tropenländern zeigen, wenn er sich als Beauftragter von Großunternehmern auf Landkauf ohne fachliche Beratung einläßt, mit Leichtigkeit nicht nur sich, sondern auch seine Auftraggeber von Anbeginn an ruinieren. Land in tropischen Gebieten ohne vorherige genaue Untersuchung nach den modernsten Methoden und Bewertung durch erfahrene Fachleute erwerben oder kultivieren zu wollen, ist ein Hasardspiel. Es bleibt es, wenn auch in beschränktem Maße, selbst dann, wenn vielleicht in nächster Nachbarschaft auf älteren Betrieben schon Erfahrungen gesammelt sind, weil die Bodeneigenschaften in den Tropen, besonders in reliefreichem Gelände, auf kurze Strecken oft noch viel mehr variieren, als es in Deutschland der Fall ist.

Nur eine fachliche Untersuchung und Begutachtung des in Frage stehenden Bodens kann den Pflanzer nicht nur vor falscher Bodenwahl bewahren, sondern ihm auch für die Wahl der bestgeeigneten Kultur und erst recht für Bodenbehandlung und Düngung praktische Fingerzeige geben.

Voraussetzung einer derartigen sachlichen Ausnutzung der modernen Bodenuntersuchungen ist allerdings eines: Daß nämlich diese Untersuchungen an sachgemäß genommenen Bodenproben vorgenommen werden.

Es ist kaum übertrieben zu sagen, daß 99% des Wertes einer Bodenuntersuchung von der richtigen Probenahme abhängen.

Ihre Grundsätze, die den Pflanzer in die Lage versetzen, eine Probenahme richtig durchzuführen, sollen daher nachstehend eingehend erläutert werden.

Diese Erörterung knüpft zweckmäßig an Abb. 1 an, die vier typische Fälle der Entwicklung des Wurzelsystems eines Kakaobaumes zur Anschauung bringt.

Querschnitt 1 durch die Wurzelzone eines solchen Baumes zeigt eine völlig symmetrische Wurzelentwicklung als Zeichen, daß die Bodensubstanz in allen Richtungen die gleichen physikalischen und chemischen Eigenschaften und gute Eignung für die Entwicklung der Wurzel besitzt. Diese Art der Entwicklung ist das Kennzeichen eines sogenannten „homogenen", d. h. in allen Richtungen gleichmäßig gestalteten, Profiles, wie nur die besten Böden es aufzuweisen haben.

In Querschnitt 2 ist die gesamte Wurzelentwicklung auf eine verhältnismäßig geringe oberflächliche Bodenschicht zusammengedrängt. Nur wenige Wurzeln sind in die zweite, durch Punktierung kenntlich gemachte Bodenschicht eingedrungen. Diese bietet offenbar den

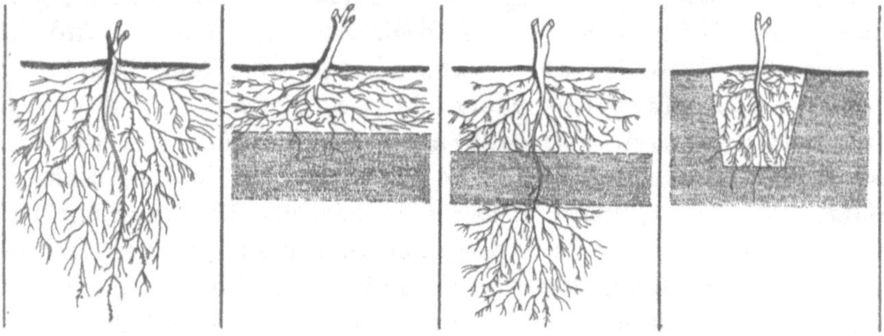

1. Homogenes Profil erzeugt ein normal entwickeltes Wurzelsystem

2. Aus physikalischem oder chemischem Grund undurchdringlicher Untergrund erzeugt oberflächliches Wurzelsystem

3. Profil mit schwächerem ungünstigen Horizont erzeugt doppeltes Wurzelsystem

4. In ungünstigem Boden beschränkt sich Entwicklung des Wurzelsystems auf das Pflanzloch (Blumentopfwurzel)

Abb. 1. Entwicklung des Wurzelsystems des Kakaobaums in verschiedenen Böden.
Nach: J. Baeyens „Les sols de l'afrique centrale/Spécialement du Congo Belge"

Wurzeln keine Bedingungen ihres Gedeihens. Im allgemeinen spricht in einem solchen Falle der Pflanzer einfach von „Undurchdringlichkeit" dieser zweiten Bodenschicht und meint in Erinnerung an die europäische „Pflugsohle", daß sie zu dicht gelagert sei, als daß die Wurzeln sich darin entwickeln könnten. Das ist Übertragung von Erfahrungen des gemäßigten Klimas auf die Tropen, die oft zu bedenklichen praktischen Trugschlüssen führen kann. So einfach liegt die Sache in den Tropen nicht!

Eine solche Bodenlage kann wirklich eine ungeeignete „Schicht" in eigentlichen Wortsinn, d. h. ein Ergebnis der Bodenentstehung durch Ablagerung transportierten Materials sein. Das ist in Böden an Hängen und in Senken die Regel, wo oft, wie es jedem Pflanzer bekannt ist, verschiedene Bodenarten, wie Sande mit Tonen und umgekehrt in Wechsellagerung übereinander liegen und leicht zu erkennen sind.

Die Bodenlage, in die einzutreten die Wurzeln sich weigern, kann aber auch ein Horizont sein, d. h. ein Ergebnis der Umwandlung der Bodensubstanz am Ort durch Infiltration von Substanzen aus der Nachbarschaft oder auch durch Fortführung von Substanzen in benachbarte Schichten, als Folge der Bewegung des Bodenwassers, ohne daß die Bodenart sich ändert. Im ersteren Falle einer Anreicherung einer Bodenlage spricht man von einem Illuvialhorizont, im letzteren Falle der Verarmung an bestimmten Substanzen von einem Eluvialhorizont. Im Gegensatz zur Schicht sind Horizonte durch das Auge schwer, oft gar nicht, vom übrigen Boden zu unterscheiden!

Querschnitt 2 zeigt drastisch, aber durchaus gegenüber den in der Natur zu beobachtenden Verhältnissen nicht übertrieben, wie wichtig es praktisch sein muß, für die Untersuchung eines Geländes derartige Horizontbildungen durch Bodenmuster zu erfassen und in ihren Eigenschaften zu bestimmen, um sie eventuell sachlich bekämpfen zu können. Liegt es doch auf der Hand, daß bei der Anwesenheit eines flachen, von der Pflanzenwurzel nicht nutzbaren Illuvialhorizontes sich der Wurzelraum der Kultur auf einen Bruchteil des Normalen verringern kann. Das aber ist gleichbedeutend nicht nur mit der Verringerung des der Planze zur Verfügung stehenden Wassers, sondern selbstverständlich auch der Verringerung aller Nährstoffe und der Unmöglichkeit einer rationellen Düngung. Es bedeutet das gleiche, wie die Pflanze auf einen vielmals ärmeren Boden oder in einen Blumentopf zu setzen, der so eng ist, daß die Wurzeln sich nicht ordentlich entwickeln können.

Daß eine in üblicher Weise an irgendeiner Stelle eines Ackers oberflächlich entnommene Bodenprobe über diese fundamental wichtigen Verhältnisse eines Profils gar nichts besagen kann, versteht sich von selbst. Auch die Bemusterung des Untergrundes außer der Krume, die in der üblichen Weise vorgenommen wird, nützt gar nichts.

Liegt ein flacher Illuvialhorizont vor, so kann die Krume und der Untergrund des Bodens so „reich“ sein, wie sie wollen. Es nützt der Pflanzung gar nichts. Die Feststellung dieses Reichtums bei miserablem Pflanzungsergebnis ist dann nur wieder eines der berühmten Argumente mehr für das schnell fertige, völlig falsche, Urteil, daß „die Bodenuntersuchung eben nicht in der Lage sei, etwas Positives über den Bodenwert auszusagen“. Von der Krume kann in einem solchen Falle die Pflanze sehr wenig und von dem eventuell reichen

Untergrund gar nichts ausnutzen. Das kann natürlich der Untersucher ohne Angaben seitens des Übersenders der Probe nicht wissen, also in seinem Urteil nicht berücksichtigen. Der Pflanzer könnte es aber sehr einfach aus der Art der Wurzelverbreitung schon allein feststellen oder doch vermuten, wenn er sich nur die Mühe machen wollte, eine Profilgrube aufzuwerfen und die Wurzelentwicklung anzusehen. Was bis heute leider höchst selten geschieht!

Von Wichtigkeit für das Gedeihen einer Kultur ist ja durchaus nicht der Reichtum oder die Armut der Bodensubstanz als solcher, wie sie als prozentischer Gehalt der Gewichtseinheit angegeben werden und ohne die nötigen Volumenangaben, die heute fast noch immer bei Einsendung von Mustern fehlen, im Laboratorium auch allein feststellbar sind.

Die Pflanze entwickelt sich im Raume. Ihre Wurzel nutzt nicht den gewichtsmäßigen Prozentgehalt des Bodens aus, sondern den Gehalt des Bodenvolumens, das ihrer Wurzel im Felde wirklich zugänglich ist. Dieses muß der Probenehmer beobachten und angeben. Der unglückliche Untersucher kann es ohne solche Angabe nicht einmal ahnen. Es ist wirklich kein Wunder, daß Theorie und Praxis bei der Bodenuntersuchung oft zu so widersprechenden Resultaten führen! Die Schuld liegt aber durchaus nicht immer bei der Theorie, sondern sehr oft, wenn nicht meistens, beim probenehmenden Praktiker und seiner Abneigung vor genauen Angaben und sorgfältigem Arbeiten bei der Probenahme.

Es folgt aus diesen elementaren Betrachtungen der wichtigste Grundsatz aller Probenahme: Nur genaue Volumenproben eines Profiles bis zur äußersten in der Natur zu beobachtenden Wurzeltiefe, in den Tropen im Minimum bis 150 cm, sind überhaupt das Untersuchen wert!

Diese Bodenproben dürfen natürlich nicht eine Mischung aus den Horizonten und Schichten des ganzen Profils bilden, sondern sind von jedem Horizont und jeder Schicht getrennt zu entnehmen und zur Untersuchung einzusenden. Es ist also für den Probenehmer von größter Wichtigkeit und für den Wert der ganzen Untersuchung ausschlaggebend, die Horizonte und Schichten genau festzustellen, maßgerecht in ihrer Reihenfolge und Dicke zu notieren und schließlich zu bemustern.

Das hört sich sehr einfach und selbstverständlich an. Gerade dabei aber ist es, daß an den Probenehmer sehr erhebliche Anforderungen hinsichtlich der Beobachtungsfähigkeit und Gewissenhaftigkeit gestellt werden, denen sich erfahrungsgemäß viele mit dem schönen Trost: „Es wird ja wohl nicht so genau darauf ankommen" in der Wärme des tropischen Klimas entziehen.

Im gemäßigten Klima markieren sich nicht nur Schichten, sondern auch Horizonte, wie die Pflugsohle usw. sehr häufig, wenn nicht gar meistens, deutlich schon durch den Augenschein. Es handelt sich hier in der Regel um mehr oder weniger mechanische Hindernisse der Wurzelverbreitung, wie z. B. eine Verdichtung des Bodens, die sich durch starke Neigung zur Schollenbildung verrät. Die humose Krume ist in ihrer Abgrenzung gegen den Untergrund meistens leicht erkennbar. Kurz, das Auge liefert dem Probenehmer eine ganze Menge wichtiger Anhaltspunkte, nach denen er die Abgrenzung seiner Horizonte sachgemäß vornehmen kann, auch wenn er keine Wurzeln als Leitzeichen benutzen kann. Alles das ist in den tropischen Böden meistens ganz anders.

Zunächst einmal ist besonders auf Roterden von einem wahrnehmbaren Humushorizont nur ganz ausnahmsweise die Rede. Humus ist zwar auch in solchen Böden enthalten, die oberflächlich als humusfrei erscheinen und zwar oft mehr als in den sogenannten „Humusböden" des gemäßigten Klimas (siehe unten). Dieser Humusgehalt ist auch für tropische Böden in kultureller Hinsicht sogar noch viel wichtiger als er es für die Böden Deutschlands ist. Aber .... die bekannte dunkle Humusfarbe fehlt der Mehrzahl der humosen Substanzen der Tropen vollständig. Das Auge läßt also oft schon bei dieser ersten und wichtigsten Aufgabe, den Humushorizont nach seiner Mächtigkeit zu bestimmen, im Stich.

Für die Wurzeln gefährliche Illuvialhorizonte im Untergrunde können natürlich hin und wieder einmal auch in den Tropen sich durch größere Dichte und Scholligkeit markieren. In der Regel tun sie das aber durchaus nicht. Denn daß die Wurzeln sie nicht durchdringen, liegt bei Tropenböden meistens gar nicht daran, daß die Horizonte „verdichtet" sind, sondern daran, daß sie entweder ein zu hohes Kapillarpotential (s. unten) haben oder chemisch in irgendeiner Weise ungeeignet sind. Und das kann kein lebendes Wesen durch den Augenschein feststellen!

Die aus dem Gesagten sich ergebende praktische Folgerung ist daher, daß das beliebte Entnehmen von Bodenproben mit Hilfe eines Bodenbohrers in bestimmten Tiefenabständen, z. B. von 20 zu 20 cm geradezu grober Unfug ist.

Die Wahrscheinlichkeit, daß dadurch streng zu unterscheidende Horizonte gemischt werden und ein vollständig falsches Bild des Bodens entsteht, ist etwa 1000000 : 1, d. h. Sicherheit!

Es muß vielmehr an jeder durch gleichmäßigen Stand der natürlichen oder künstlichen Vegetation als typisch charakterisierten Stelle eines Areals, das sich als einheitlich nach seiner Vegetation zu erkennen gibt und das auf einer Karte oder mindestens Betriebsskizze sauber festzulegen ist, eine mindestens 150 cm tiefe Grube von solchem Querschnitt gegraben werden, daß der Probenehmer in ihr bequem alle Schichten und Horizonte bis auf den Grund eingehend studieren kann. Ein Quadratmeter dürfte die geringste praktische Größe sein. Lassen sich an den senkrecht sauber abgestochenen Wänden der Profilgrube Horizonte durch den Augenschein nicht unterscheiden, was bei Rotlehmen und Roterden besonders zur Trockenzeit nahezu die Regel ist, so gibt unter Umständen das Beklopfen der Wand mit einem kleinen Holzhammer durch die Verschiedenheit des Tones über wechselnde Dichtigkeit der Bodensubstanz in verschiedener Tiefe Aufschluß. Sehr häufig ist aber auch das nicht der Fall. Dann ist der einzige, aber auch absolut vertrauenswürdige und unter allen Umständen auch bei sichtbarer Abgrenzung der Horizonte zu benutzende Leitstern der Horizontabgrenzung die Ausbildung des durch die Profilgrube ja mindestens auf 6 qm (4 × 1,5 m) freigelegten Wurzelsystems.

Seine Beschränkung .... wie in Querschnitt 2 und 4 .... oder Deformierung .... wie in Querschnitt 3 .... geben, gleichgültig, ob es sich um die natürliche oder eine Kulturvegetation handelt, mit einer nicht zu übertreffenden Schärfe alle physiologisch wichtigen Horizontwechsel im Profil an. Bei der natürlichen Flora läßt sich ganz allgemein sagen, daß die Zone der Lateralwurzelverbreitung der Gräser und Sträucher, wenn eine solche scharf ausgeprägt ist, gleichbedeutend ist mit dem Humushorizont der Böden des gemäßigten Klimas, auch wenn er sich durch eine dunklere Farbe dem Auge nicht verrät. Auf Unregelmäßigkeiten der Wurzelentwicklung der Bäume und Sträucher ist natürlich in dem Falle besondere Aufmerksamkeit zu richten, wenn es sich um die Bodenwahl für eine tiefwurzelnde Dauerkultur handelt.

Bleiben auch die Wurzeln der perennierenden Flora in den obersten Bodenschichten, wie es häufig genug der Fall ist, so ist bestimmt irgend etwas faul mit der Güte des Bodens und der Pflanzer riskiert eine Wurzelentwicklung, wie sie Querschnitt 4 wiedergibt. Wozu allerdings bemerkt sei, daß eine solche „Blumentopfwurzel“ sich auch in der besten Roterde oder dem fruchtbarsten Rotlehm entwickeln kann, wenn der unerfahrene Pflanzer es versäumt hat, die Wände seiner eventuell lange offenstehenden Pflanzgruben vor der Bepflanzung gründlichst zu brechen. In diesem Falle sind nämlich die in solchen roten Böden stets vorhandenen kolloidalen Eisenlösungen durch die Verdunstung an den Wänden irreversibel koaguliert und formen, wenn diese äußerste Schicht nicht gründlich zertrümmert wird, einen sogar sehr effektiven „Blumentopf“, der auch die stärkste Wurzel gründlichst vom besten Boden außerhalb des Pflanzloches abschließt.

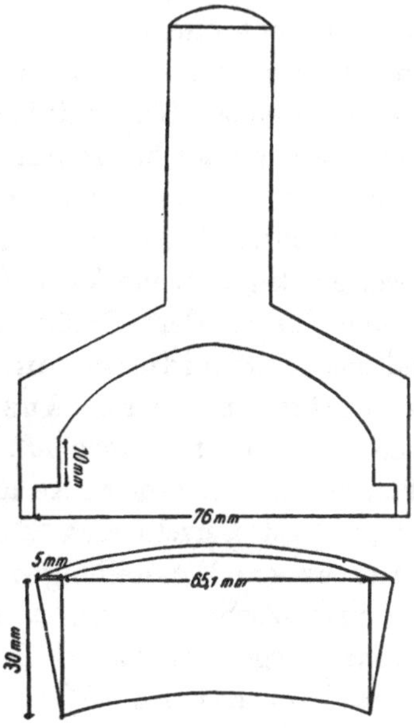

Abb. 2. Volumen-Probestecher. Material: Nirostastahl. Ringinhalt: 100 ml

Alle in einer Grube zu beobachtenden Schichten und Horizonte mit allen Eigentümlichkeiten der Wurzelverbreitung — in Prozent geschätzt! — sind gut zu notieren und ihre Dicke genau zu messen. Diese Daten sind dem Untersucher unter allen Umständen neben einer genauen Beschreibung der Lage, Vegetation usw. der Probestelle zur Verfügung zu stellen, und möglichst durch eine Skizze zu verdeutlichen!

Die Proben der einzelnen Horizonte entnimmt man zweckmäßig in folgender Weise: Man sucht sich an den vier Wänden der Profilgruppe die Stelle aus, an welcher von oben bis unten das Profil am besten, d.h. am typischsten, entwickelt ist und markiert hier auf der Wand genau die einzelnen Horizont- oder Schichtgrenzen. Dann befreit man in Spatenbreite die Oberfläche von Streu usw. — d.h. von noch frischem Ast- und Blattmaterial, aber nicht etwa von einer eventuell vorhandenen Humusschicht! — und treibt den auf Abb. 2 dargestellten kleinen Volumenstecher bis etwa einen Zentimeter unter die geglättete Oberfläche ein, was sehr leicht ist, wenn die Schneide stets sorgfältig geschärft wird.

Selbst in dem sehr häufigen Falle einer starken Zementierung des Bodens, die erfahrungsgemäß jede Verwendung der in Europa sich gut bewährenden größeren Geräte zur Entnahme von Volumenproben, Bohrer usw. in den Tropen unmöglich macht, liefert das vorgeschlagene Gerät leicht und einwandfrei das gewünschte Muster. Nach dem Eintreiben wird der Probering mit dem Spaten oder besser einem breiten Spatel unterstochen. Mit einem scharfen Messer wird die entnommene kleine Bodensäule oben und unten vorsichtig in der Ebene der Ringenden glatt geschnitten, so daß das entnommene Volumen genau 100 Milliliter in natürlicher Lagerung beträgt. Nunmehr sticht man horizontal in Spatenbreite den Boden bis auf etwa 5 cm über die erste Horizontgrenze ab und entnimmt hier in genau der gleichen Weise ein zweites Muster des Horizontes mit einem zweiten Ring. Beide Muster von zusammen 200 Milliliter charakterisieren das mittlere Gefüge des Horizontes. Sie werden unter sorgfältiger Vermeidung von Substanzverlusten und so schnell wie möglich um ein Austrocknen zu verhüten, zusammen in eine hermetisch verschließbare Aluminiumbüchse oder eine kleine Flasche mit weitem Halse und Gummiverschluß gefüllt. Sie kommt sorgfältigst verschlossen gesondert zur Versendung als Volumenmuster zur Feststellung der Volumendaten. Der mit dem Spaten herausgestochene Boden zuzüglich der zunächst über der Horizontgrenze gegen Horizont B stehengelassenen 5 cm wird dann als Analysemuster des Horizontes von mindestens 2 kg zunächst unter genauer Bezeichnung in einen wasserdichten reinen Sack getan, dann möglichst bald im Schatten getrocknet und nach gutem Mischen in einem geeigneten Sack, Blechkiste usw. versandt.

In genau derselben Weise: mit Analysenmuster und Volumenmuster werden die Proben aller Horizonte und Schichten des Profiles entnommen und versandt. Daß Volumenmuster und Analysenmuster jedes Horizontes sorgfältig mit der gleichen Nummer zu bezeichnen sind, versteht sich von selbst. Im allgemeinen erhält zweckmäßig die Profilgrube eine auch in den zugehörigen Notizen zu verwendende Nummer, die Horizonte oder Schichten von oben nach unten gezählt, jeweils einen Buchstaben von A beginnend, so daß A jeweils die oberste, B die zweite Schicht usw. bedeutet.

In der Regel gibt für praktische Zwecke eine wie angegeben entnommene Volumenprobe, die sich aus je 100 Milliliter Boden aus dem oberen und unteren Viertel jedes Horizontes zusammensetzt, ein ausreichend genaues Bild. Nur für grundsätzliche theoretische Untersuchungen ist eine Vermehrung der Zahl und eventuell die Einzeluntersuchung jedes Musters nötig.

Die Vegetation jeder Probestelle ist, wenn möglich, photographisch zu dokumentieren. Auf jeden Fall sind alle Daten über den örtlichen Stand der Kulturen, Ernten, gegebene Düngung usw. dem Untersucher mitzuteilen.

Wie bereits oben betont, richtet sich die Zahl der in jedem Profil zu unterscheidenden Horizonte und eventuell Schichten, also der je Profil zu entnehmenden Muster ganz nach der Art der Wurzelentwicklung, soweit sich die Horizonte oder Schichten nicht für das Auge abzeichnen. Die Mindestzahl der bis 150 cm Tiefe zu entnehmenden Gesamtmuster (Volumenmuster und Analysenmuster!) ist unter allen Umständen zwei, von welchem das obere von der Bodenoberfläche bis zur unteren Grenze der Hauptverbreitung der Lateralwurzeln, das zweite von diesem Punkte bis zum Boden der Profilgrube entnommen werden muß. Das wäre der Fall von Querschnitt 1. Er ist in der Natur sehr selten. Die Typen 2 und 3 mit unregelmäßiger Wurzelverbreitung überwiegen durchaus. Unter solchen Umständen sind natürlich mindestens drei Bemusterungen vom Profil: oberhalb, in und unter der Bodenlage mit abnormer Wurzelentwicklung erforderlich. Sehr häufig finden sich sogar mehrere Störungsschichten, wodurch die Zahl der Bemusterungen zuweilen auf 5 und mehr steigen kann. Die praktische Übung an zahlreichen Profilgruben entwickelt sehr schnell die kritische Beobachtung des Probenehmers, der in der Regel zunächst in der Grube nahezu nichts beobachtet und später erstaunt ist, wie aufschlußreich praktisch solche Gruben sind und dann oft zuviel Details unterscheidet.

Die sorgfältige Probenahme aus Profilgruben zeigt dem Praktiker mit voller Deutlichkeit, wie notwendig es ist, jeden Boden als Individuum zu behandeln und wie gefährlich die heute vielfach noch trotz der schlechten Erfahrungen beliebten Verallgemeinerungen örtlicher Erfahrungen über den Einzelfall hinaus bei Böden sind.

Es ist bisher nur von der Behandlung einer sorgfältig gewählten Profilgrube gesprochen worden, die als solche nur eine einzelne, unter Umständen ziemlich eng umschriebene Örtlichkeit charakterisieren kann. In der Regel wird die Aufgabe sein, von einer ganzen Pflanzung, also einem größeren, in sich bodenkundlich nicht gleichmäßigen Areal, eine praktisch ausreichende Bodenkarte zu entwerfen, für welche bei den Kosten einer guten Untersuchung möglichst wenige sorgfältige Profilmuster die Grundlage liefern sollen.

Das bisher fast allgemein zur Lösung dieses Problems gewählte Vorgehen war, wie ebenfalls schon oben kurz angedeutet ist, eine Karte der nach dem Augenschein und der Verteilung der Vegetation, bzw. dem Stande der Kulturen sich unterscheidenden Bodenarten anzufertigen und die Bemusterung nach diesen Beobachtungen vorzunehmen. Dieses Vorgehen hat, wo es systematisch durchgeführt ist, wie z. B. vielfach in Niederländisch-Indien, Nigeria usw. sehr gute Ergebnisse geliefert. Es hat aber den großen Nachteil, daß die Zahl der zu untersuchenden Muster durch die große Zahl der Profile sehr erheblich und die ganze Aufnahme daher sehr kostspielig und langwierig ist. Hier bedeutet nun die Catena-Methode von Milne, die auf den Arbeiten von Vageler und Robinson fußend, ursprünglich für die Aufnahme großer Räume gedacht war, auch für die Aufnahme von kleineren Objekten einen bedeutsamen Fortschritt, wie die vorzüglichen Arbeiten Baeyens im Belgischen Kongo zeigen.

Der Grundgedanke der Catena-Methode ist so einfach und logisch, daß er nicht nur wie ein Ei des Columbus, sondern schon wie eine Plattheit erscheint: In jedem natürlichen Gelände, das ja fast niemals eine völlige Ebene ist, muß stets ein Transport von Bodenmaterial von den relativen Höhen nach den relativen Senken stattfinden. Bodensubstanz muß also von den Erosionsscheiteln durch Wegführung durch Wasser und Schwerkraft verschwinden und sich unter Sortierung nach Teilchengröße und Gewicht, die sich automatisch bei der Bewegung durch Wasser vollzieht, und eine Aufspaltung der Ausgangssubstanz in verschiedene Bodenarten bedeutet, konzentrisch um den Erosionsscheitel in der Erosionsbasis absetzen.

Da dieser Absatz langsam und für das Auge meist unmerklich in großen Zeiträumen sich vollzieht, müssen sich so im Gefällssinne um jeden Erosionsscheitel ganz bestimmte Serien von ineinander übergehenden Boden- und Profiltypen mit im Naturzustande charakteristischer Vegetation bis zur Erosionsbasis anordnen, die im gleichen Bildungsgebiet wohl nach ihrer Ausdehnung, aber nicht nach ihren Eigenschaften wesentlich variieren können.

Eine solche gesetzmäßig verknüpfte Profilserie, die Milne „Catena“, d. h. Kette, genannt hat, charakterisiert also bei sorgfältiger Bemusterung nicht nur den Ort der Profilgrube, sondern als scharf definierter Typus ganze Gebiete mit gleichen Bildungsbedingungen, ohne daß es notwendig ist, jedes einzelne Vorkommen getrennt zu bemustern.

Feststellung der für ein Gebiet geltenden Catenas nach derVegetationsverteilung in verschiedener relativer Höhe ist also der erste Schritt zu sachgemäßer Probenahme.

Das bedeutet, daß das Schwergewicht der bodenkundlichen Untersuchung vom Laboratorium ins Feld verlegt wird und unterstreicht damit die alles überragende Wichtigkeit nicht nur der Probenahme, sondern vor allem auch der richtigen Wahl der Probestellen.

Diese letztere wird nahezu zwangsläufig, wenn man sich überlegt, daß die Catena das Ergebnis des Gefälles ist: Die Probenahme muß logischerweise im Anschluß an Wechsel der Vegetation im Längs- und Quergefälle jeder Senke erfolgen.

Zur Vorbedingung der richtigen Wahl der Probestellen, also der möglichsten Beschränkung der Musterzahl ohne Beeinträchtigung der Zuverlässigkeit des Resultates, wird also eine genaue Kenntnis der Topographie und der Vegetationsverteilung des zu untersuchenden Geländes. Unter „Vegetationsverteilung" ist dabei nicht nur an Unterschiede einer natürlichen Vegetation, sondern auf schon kultiviertem Gelände besonders an Unterschiede des Standes der Kulturpflanzen zu denken, soweit letztere nicht etwa auf Gründe zurückgehen, die mit den Bodenverhältnissen nichts zu tun haben, wie schlechte Saat, falsche Behandlung usw.

Die idealste Kenntnis des Geländes vermittelt für größere Unternehmungen heutzutage am besten und auch bereits am billigsten eine Luftaufnahme, wo eine lichte Vegetation eine solche gestattet. Wo das nicht der Fall ist, wie in Waldgebieten, muß die topographische und Vegetationsaufnahme auf gut gelegten Längs- und Querschneisen mit Hilfe von Kompaß und Kette erfolgen, wobei die Höhen im einigermaßen reliefstarken Gebiet mit einem guten Barometer, sonst mit dem Klinometer usw. aufzunehmen sind.

Die auf diese Weise entstandene Lage- und Bestandeskarte wird an Hand der bei der unbedingt nötigen Begehung des Geländes gemachten Beobachtungen kaum jemals einen Zweifel daran lassen, wo die zur Charakterisierung der Catenas nötigen Profile im Längs- und Quergefälle aufzugraben sind. Hier ist bei der Anlage der Profilgruben übertriebene Sparsamkeit falsch, da ihre Anlage wenig kostet und jede Grube mehr die Sicherheit des Urteils erhöht. Bemustert werden aber natürlich nur typische Gruben! Im allgemeinen genügen zur Charakterisierung einer Catena drei Profile, von welchen eines im relativen Eluvium, also am jeweils höchsten Punkt, das zweite auf dem Hange im Colluvium und das dritte in den relativen Senkenmitten, also im Alluvium, stets natürlich im Anschluß an die Vegatation, zu bemustern ist. Wieviel Parallelen in jedem Catenagebiet zu ziehen sind, hängt naturgemäß von der Flächenausdehnung des zu untersuchenden Areals ab. Im allgemeinen genügen auch hier drei Parallelen für ein Tal vollkommen, da sich alle Übergänge in der Regel recht einfach graphisch konstruieren lassen. Bei auch nur halbwegs einheitlichen Bodenverhältnissen kommt man nach den in Brasilien gemachten Erfahrungen mit je einem Profil für 10 ha in der Regel aus. In Grasländereien genügt sehr häufig ein Profil für 100 ha, d. h. eine Catena für 300 ha. Die Ersparnis an Untersuchungskosten im Laboratorium, die die systematische Durchführung der Bemusterung nach der Catenamethode mit sich bringt, liegt auf der Hand.

Es ist vielleicht nicht überflüssig, zu bemerken, daß das auch heute noch vielfach für die Bemusterung von einzelnen Ackerstücken durch Oberflächenmuster, wie sie für Flachwurzler zur Beurteilung spezieller Düngungsfragen unter Umständen angebracht sein können, empfohlene Vorgehen einer Musternahme in gleichmäßigen Abständen, z. B. im Dreiecksverbande usw. verfehlt ist. Auch hierbei sind unter allen Umständen die durch verschiedenen Stand der Kulturen sich unterscheidenden Bodenstücke jeweils für sich zu bemustern und die von jedem in dieser Weise sich unterscheidenden Areal genommenen Proben gesondert einzusenden und zu untersuchen. Eine solche Bemusterung und Untersuchung hat aber nur dann Wert, wenn man sich durch einige Gruben in den unterschiedenen Bestandteilen überzeugt hat, daß die Verschiedenheit des Bestandes sich nicht etwa schon aus dem Bau des Profiles eindeutig erklärt, wie es sehr häufig der Fall ist. Die Mindestmenge jeder Analysenprobe ist, wie gesagt, auf 2—3 kg zu bemessen.

Sind auf dem zu untersuchenden Gelände Steine vorhanden, sei es oberflächlich, sei es als Verwitterungsreste im Boden, so empfiehlt es sich dringend, diese unter genauer Angabe des Fundortes mitzusenden. Erst recht gilt das natürlich für etwa anstehendes Gestein.

Ist in der vorstehend beschriebenen Weise die Bemusterung der interessierenden Böden erfolgt, wobei es im Falle schon kultivierten Geländes stets dringend zu empfehlen ist ein Profil des vergleichbaren besten Bestandes als Vergleichsstandard ebenfalls zu bemustern, so erhebt sich die Frage nach der sachgemäßen Untersuchung.

Hier sieht sich der Praktiker zur Zeit in Deutschland noch der wenig befriedigenden Sachlage gegenüber, daß ein für tropische Bodenuntersuchungen spezialisiertes Institut noch nicht existiert, ja, daß überhaupt nur sehr wenige deutsche Institute instrumentell und methodisch für moderne Massenuntersuchungen tropischer Böden ausgerüstet sind, da die Gesichtspunkte der heimischen Bodenkunde und ihre Anforderungen an den Untersucher völlig andere sind, als diejenigen, die für die Tropen in Anwendung zu bringen sind.

Es war vor etwa $1^1/_2$ Jahrzehnten große Mode von „Bodenkundlern" eigener Prägung und ist es speziell in Amerika unter tatkräftiger Unterstützung der Propheten dieser Art durch Düngerfirmen heute noch, den Pflanzern sogenannte „Schnellmethoden", ausführbar mit einem sehr wissenschaftlich aussehenden Instrumentarium von nicht unerheblichem Preise, zu empfehlen. Er sollte angeblich damit in der Lage sein, nicht nur die Reaktion (p_H) seines Bodens, sondern vor allem auch dessen Gehalt an aufnehmbarem Kali, Phosphorsäure und Stickstoff in wenigen Minuten durch kolorimetrische Methoden selbst feststellen zu können. Tabellen gaben an der Hand der bei der Untersuchung der Lösungen auftretenden Farbnuancen, die nach dem Befunde als notwenig zu betrachtende Düngung an. Es braucht wohl kaum betont zu werden, daß es nach den Befunden dieser Verfahren kaum einen Boden gibt, der nicht mindestens einige Tonnen Kalk und Hunderte von Kilogramm aller übrigen Düngemittel je Hektar nötig hätte, um produzieren zu können.

Schnellmethoden sind als billige Methoden für die praktische Bodenuntersuchung sicherlich von höchstem Wert. Ausnahmslos aber setzen sie, wenn sie vertrauenswürdige Resultate liefern sollen, nicht, wie Charlatane behaupten, ein besonders geringes, sondern im Gegenteil ein besonders hohes chemisch-technisches Können voraus, das kein Landwirt besitzen kann. Es ist daher von allen Versuchen, physikalische und chemische Untersuchungen selbst vornehmen zu wollen, dringend abzuraten. Nur ein anerkanntes wissenschaftliches Institut ist zu ihrer Durchführung in der Lage.

Die Mehrzahl der deutschen Institute steht nun leider, nachdem seit fast einem Menschenalter die koloniale Betätigung Deutschlands unterbrochen war, den bodenkundlichen Problemen der Tropen verhältnismäßig fremd gegenüber, auch wenn sie hinsichtlich der heimischen Bodenkunde in erster Reihe stehen. Vielleicht kann man sogar sagen, so paradox es klingt, daß gerade die unter den heimischen Verhältnissen erfolgreichsten bodenkundlichsten Institute und Fachleute am wenigsten für die Beurteilung tropischer Verhältnisse geeignet sind, weil sie ohne persönliche Kenntnis der Tropen auf Grund ihrer heimischen Erfolge naturgemäß am leichtesten geneigt sind, eine Übertragbarkeit heimischer Methoden und Bewertungsgrundsätze auf die Böden der Tropen für selbstverständlich zu halten.

Bei der Wichtigkeit der Sache ist ein besonders schlagendes Beispiel dafür, was dabei herauskommen kann, nicht unangebracht: Die europäische Bodenkunde verwendet für die Bestimmung der Phosphorsäure in aufnehmbarer Form außer der Neubauermethode mit sogar sehr gutem Erfolg vielfach stark verdünnte Lösungsmittel, in letzter Zeit besonders Milchsäure geringster Konzentration.

Die damit an tropischen Böden erzielten Resultate sind aber meistens völlig sinnlos und können auch gar nicht anders sein. Im Gegensatz zu den Böden des gemäßigten Klimas werden nämlich die Reaktionen der Phosphorsäure in den Tropenböden fast ausschließlich durch die in Roterden oft 25% und mehr der ganzen Bodenmasse ausmachenden Eisenhydroxyde beherrscht, die in den gemäßigten Böden völlig bedeutungslos sind. Sie legen als basoide Substanzen aus verdünnten Säurelösungen das Anion, d. h. gerade ihren bei der Lösung der Phosphorsäure wirksamen Bestandteil, in so großem Umfange fest, daß praktisch nur Wasser als Lösungsmittel übrig bleibt. Die Analyse gibt infolgedessen ein völlig falsches Bild vom Phosphorsäurezustand der Böden, die alle als extrem phosphorsäurebedürftig erscheinen, womit zwar dem Düngemittelhandel, aber nicht dem Pflanzer gedient ist. Der Beweis dafür, daß dem so ist, wird dadurch geliefert, daß diese verdünnten Lösungsmittel aus tropischen Böden nicht, wie es logisch wäre, beim ersten Extrahieren die größten Phosphorsäuremengen ergeben, sondern im Gegenteil nach anfänglich oft völligem Versagen der Lösungswirkung, als Folge der Festlegung der ersten Mengen des Lösungsmittels durch das Eisen, bei immer wiederholter Extraktion sich ständig steigernde Mengen in ständig steigender Konzentration lösen, wie es sein muß, wenn erst nach Sättigung des Eisens mit Anion das Lösungsmittel wirken kann.

Unter diesen Umständen ist es kein Wunder — und es ist auch durchaus keine böswillige Kritik es festzustellen —, daß bereits verschiedentlich von anerkannten ersten europäischen Autoritäten auf dem Gebiet der Bodenkunde ihnen ohne nähere Angaben von tropischen Instituten versuchsweise zugesandte Muster von Rekordböden als „kulturunwürdig" nach euroäpischen Bewertungsgrundsätzen beurteilt worden sind! Wie es bei persönlicher Unkenntnis der völlig abweichenden Bodenverhältnisse und Bodenreaktionen der Tropen auch einfach selbstverständlich ist! Der Pflanzer muß daher selbst mindestens in großem Rahmen dem mit der Untersuchung seiner Proben beauftragten Institut angeben können, worauf es ihm bei der Untersuchung seiner Muster ankommt. Er muß also das Institut, wenn dieses nicht selbst über Tropenerfahrung verfügt, auf die wichtigsten für seine Pflanzung interessierenden Punkte aufmerksam machen, um es in die Lage zu versetzen, die für den Fall geeignetsten Bestimmungsmethoden zu wählen. Ein kurzes Eingehen auf das, was man heute in fortgeschrittenen Tropenländern gewissermaßen als Standard einer Bodenuntersuchung für die Zwecke der Praxis betrachtet, erscheint daher angezeigt.

Günstige klimatische Verhältnisse, d. h. genügende Wärme und gut verteilte ausreichende Niederschläge oder genügendes Irrigationswasser vorausgesetzt, verlangt die Pflanze vom Boden, daß er ihr das für sie während der Vegetationszeit mit ihrem periodischen Steigen und gegen die Reifezeit der Kulturen Wiederabsinken der Ansprüche nötige Wasser und die nötigen Nährstoffe nach Quantität und Qualität ausreichend liefert. Was der Boden davon enthält, ist der Pflanze völlig gleichgültig, da sparsame Lieferung aus großem Vorrat und verschwenderische Lieferung aus geringem Vorrat an Nährstoffen und eventuell Wasser praktisch zum gleichen Effekt führen.

Der Wasser- und damit der Lufthaushalt des Bodens, die durch die Tatsache, daß Wasser und Luft das Porenvolumen des Bodens füllen, untrennbar in Wechselwirkung stehen, sind seine in physikalischer Hinsicht praktisch entscheidenden charakteristischen Eigenschaften. Sie entscheiden über die gesamte Produktion sogar in erster Linie, weil zur Erzeugung einer Substanzeinheit, z. B. 1 kg Trockensubstanz, zwar nur wenige Gramm von Kali, Phosphorsäure usw. zur Verfügung stehen müssen, aber zwischen 300 und 800 kg bzw. Liter Wasser.

Die physikalische Untersuchung des Bodens hat also festzustellen, wie in der Natur im Boden bis zur Wurzeltiefe bzw. der Tiefe der Einflußzone der Wurzeln, Luft und Wasser sich verteilen und wie groß die Zone ist (s. oben). Sie hat also nicht nur das Porenvolumen des Bodens in seinen Horizonten zu bestimmen, sondern ob und wieviel Luft in diesem Porenvolumen ist, wenn die Wurzelzone mit Wasser gesättigt ist, da unterhalb 5% Luft keine Kulturpflanze mehr gesund gedeihen kann. Sie hat weiter festzustellen, wieviel von dem im gesättigten Boden vorhandenen Wasser vom Boden selbst in jedem Horizont so festgehalten wird, daß es für die Pflanze wertlos ist („totes" oder „inaktives" Wasser), wieviel frei und wieviel nur im äußersten Bedarfsfall zur Verfügung steht. Das heißt, die physikalische Bodenuntersuchung muß zunächst an Hand der Volumenmuster entscheiden, ob schädliche Horizonte im Boden vorhanden sind oder nicht, die etwa den Wurzelraum und damit die verfügbare Wassermenge beschränken und unter Umständen auch den reichsten Boden kulturunwürdig machen können, wenn ihre rationelle Beseitigung nicht möglich ist.

Die Verteilung dem Boden durch Niederschläge oder Bewässerung zugeführten Wassers, im letzteren Falle die rationelle Menge Bewässerungswasser und seine sachliche zeitliche Dosierung, die beste Art, einen gegebenen Boden durch Bearbeitung in den für die Kultur günstigen Zustand zu versetzen und darin zu erhalten, vor allem auch die etwaige Notwendigkeit und Art einer Drainage und eines Erosionsschutzes bei geringer Erosionsresistenz müssen sich weiter aus der physikalischen Untersuchung ergeben. Die physikalischen Verhältnisse des Profils, soweit sie sich im Untergrund dem menschlichen Einfluß entziehen, sind für die Wahl eines Pflanzungsgeländes und einer Kultur entscheidend und einziges Kriterium.

Noch vor wenig mehr als einem Jahrzehnt hätte man zur Beantwortung auch nur eines Bruchteiles dieser Fragen zwar umständliche und kostspielige Untersuchungen angestellt, als praktisches Resultat dem Ratsuchenden außer allgemeinen Fingerzeigen ehrlicherweise aber nur mitteilen können, daß er am besten täte, selbst durch Probieren ausfindig zu machen, was mit seinem Boden anzufangen sei. Heute sind zur praktisch genügend genauen Beantwortung aller Fragen wenige, einfache Bestimmungen erforderlich, die jedes Institut vorzunehmen in der Lage ist, wenn sie verlangt werden. Diese vom Untersucher zu fordernden Bestimmungen sind:

1. Das Porenvolumen in der Natur, wofür die Probenahme nach Volumen entscheidend wichtig ist (s. oben) und seine möglichen Änderungen.

2. Die sogenannte kapillare Wasseraufnahme nach Menge und Steighöhe und ihr Differentialquotient nach Vageler.

3. Die Hygroskopizität nach Mitscherlich, deren Bestimmung recht zeitraubend ist. Sie kann auch durch die in wenigen Minuten durchführbare, allerdings weniger genaue, Bestimmung des (englischen) „Feuchtigkeitsäquivalents“, das rund 4,5 Male die Hygroskopizität ausmacht, ersetzt werden.

Aus den drei angegebenen Daten errechnet sich nach dem von Vageler aufgestellten und durch vielfache Erfahrung als praktisch ausreichend genau erwiesenen Gleichungssystem das sogenannte Kapillarpotential des Bodens bzw. seiner einzelnen Horizonte in der Natur, das im Zusammenhange mit der Steighöhenbestimmung und dem Porenvolumen und seinen Änderungen in vollem Umfange den Wasser- und Lufthaushalt des Bodens usw. zu berechnen und sachlich zu bewerten gestattet, wie unten kurz zu zeigen sein wird.

Ehe darauf eingegangen wird, sei noch bemerkt, daß die in Anlehnung an die guten Erfahrungen im gemäßigten Klima meistens auch bei tropischen Böden durchgeführte sogenannte „mechanische Analyse“, die in Anlehnung an die international angenommene Atterbergskala eine Klassifizierung der Böden in Sand, Lehm, Ton usw. gestattet, für Roterden recht wenig Bedeutung hat. Erstens ist es kaum möglich, den Gehalt an Rohton in solchen Böden genau zu bestimmen; zweitens hat dieser „Ton“ für tropische Böden wegen seiner vom Ton des gemäßigten Klimas ganz abweichenden Natur keineswegs die Bedeutung für die Bodeneigenschaften, die Ton dort besitzt. Für Vergleichszwecks mit älteren Untersuchungen sind mechanische Analysen immerhin wertvoll. Interessant kann unter Umständen die Feststellung des von Vageler-Alten sogenannten „Strukturfaktors“, d. h. des Verhältnisses des totalen Tones zum zu „Pseudosand“ koagulierten Anteil sein.

Es ist oben bereits betont, daß es viel weniger darauf ankommt, wie viele Nährstoffe und Wasser ein Boden enthält, als vielmehr, wieviel davon er während der Vegetationszeit innerhalb der Wurzelzone den Wurzeln der Kulturgewächse liefert. Jeder Praktiker weiß, daß hinsichtlich der Wasserlieferung die Böden sich außerordentlich verschieden verhalten und daß bei prozentisch gleichem Wassergehalt auf dem einen Boden, z. B. einem schweren Ton, die Pflanzen an Dürre sterben, während auf dem anderen, z. B. lehmigem Sande, noch keinerlei Spuren von Wassermangel sich bemerkbar machen. Der Wassergehalt eines jeden Bodens ist also offenbar ganz individuell zu bewerten. Individuell auch nach der angebauten Kulturpflanze, die bekanntlich auch ihrerseits ganz spezielle Ansprüche an die Wasserbelieferung stellt.

Wie einfach im Grunde diese anscheinend so komplizierte Verhältnisse liegen, die für die ältere Bodenkunde ein unlösliches Rätsel bildeten, hat die Forschung der zwei letzten Jahrzehnte gezeigt.

Boden sowohl wie Pflanze kann man als zwei gegeneinander wirkende Saugpumpen betrachten, von welchen naturgemäß die stärkere, d. h. die mit der größeren Saugkraft arbeitende, das Wasser bekommt. Hat die Pflanze die höhere Saugkraft, also das höhere „Potential" als der Boden, so entzieht sie ihm das Wasser, das sie braucht. Hat der Boden das höhere Potential, so gibt er nicht nur kein Wasser an die Pflanze ab, sondern entzieht es unter Umständen sogar der Pflanze und diese welkt und stirbt. Die als „Wurzeldruck" bezeichneten Saugkraft- oder, wenn man will, „Kapillarpotentiale" der Pflanzenwurzeln sind seit langem für nahezu alle Kulturpflanzen des gemäßigten Klimas, allerdings erst lückenhaft für die der Tropen, bekannt. Sie bewegen sich im großen und ganzen zwischen 5 und 35 Atmosphären, was auch für die Mehrzahl der tropischen Kulturgewächse zu gelten scheint. Die niedrigeren Saugkräfte werden als Ergebnis entwicklungsgeschichtlicher Anpassung im allgemeinen von Pflanzen des nassen, die höheren von Pflanzen des trocknen Klimas entwickelt. Allgemein ist bei derselben Pflanzenart die Saugkraft bei den verschiedenen Varietäten sehr verschieden und durch Züchtung zu beeinflussen. Bis zu einem gewissen Grade ist hohe Saugkraft gleichbedeutend mit großer Dürreresistenz.

Das Kapillarpotential einer Pflanze schwankt mit ihrem Alter und mit der Jahres- und Tageszeit, aber immer nur in verhältnismäßig engen Grenzen. Das Kapillarpotential des Bodens dagegen, als dessen Wirkung genau wie bei der Pflanze das Aufsaugen von Wasser durch eine trockene Bodenmasse, d. h. der sogenannte „kapillare Aufstieg" von Wasser, zu betrachten ist, schwankt zwischen sehr geringen Werten, den sogenannten „Minimalpotentialen in natürlicher Lagerung" bei völliger Wassersättigung des Bodens, bis zu ungeheuren, viele Tausende von Atmosphären betragenden Saugkräften im trockenen Boden. Bei gleichem Wassergehalt ist es außerdem von Boden zu Boden sehr verschieden. Jeder Boden entwickelt also bei gleichem Wassergehalt eine individuell ganz verschiedene Saugkraft je Gewichtseinheit und ganz besonders natürlich, bei verschieden dichter Lagerung in der Natur, je Raumeinheit. Man kann das auch umgekehrt so ausdrücken, daß zur Erzeugung eines ganz bestimmten Potentiales je 100 g oder umgerechnet auch je 100 Milliliter Boden für jeden Boden ein ganz bestimmter Wassergehalt je Gewichts- oder je Raumeinheit nötig ist. Den Wassergehalt zur Erzeugung eines „Kapillarpotentiales" von 50 Atmosphären oder dem Druck einer Wassersäule von 50000 cm Höhe („Kapillarpotential nach Buckingham") bestimmt man als vergleichbare Einheit durch die oben erwähnte Hygroskopizität nach Mitscherlich. Da durch die Arbeiten von Vageler, Alten, Kurmies und anderen mehr die Abhängigkeit des Potentiales vom Wassergehalt eines Bodens allgemein bekannt ist, kann man, wenn man das Porenvolumen, d. h. den Gehalt der Raumeinheit an fester Substanz und die Hygroskopizität eines Bodens kennt, für jeden Feuchtigkeitszustand die zugehörign Kapillarpotentiale berechnen. Die für Bodenwahl und Bodenpflege im weitesten Sinne absolut grundlegende Wichtigkeit dieser Rechnung für die praktische Bodenwahl und Bodenpflege läßt sich auf eine außerordentlich einfache Formel bringen:

Die Wasserbewegung im Boden kann nur entgegen dem Kapillarpotential, d. h. vom niedrigeren Potential zum höheren, das Wurzelwachstum dagegen nur in der entgegengesetzten Richtung, vom höheren zum niedrigeren Potential erfolgen. Das heißt:

Bei einem Wassergehalt eines Bodens oder einer Bodenschicht, der ein höheres Potential ergibt, als es der Wurzel der angebauten Kulturpflanze zukommt, stellt diese ihr Wachstum ein oder weigert sich, in den betreffenden Horizont hineinzuwachsen, weil das in ihm, unter Umständen sogar noch sehr reichlich, enthaltene Wasser für sie ohne Wert, „inaktiv" oder „tot" ist (s. oben) und nicht aufgenommen werden kann.

Inaktiv ist, dem niedrigsten Wurzeldruck der Kulturpflanzen von durchschnittlich 5 Atmosphären entsprechend, daher im allgemeinen alles Wasser, das unter einem höheren Druck als 5 Atmosphären im Boden steht. Diese Wassermenge entspricht ungefähr einem Gehalt vom Betrage der doppelten Hygroskopizität. Das inaktive Wasser ist seiner Definition nach ungefähr gleichbedeutend mit dem Wasser am „permanent wilting point", dem „Welkpunkt", der englischen Bodenkundler. Es ist nicht zu vergessen, daß es sich bei der Verschiedenheit der Wurzeldrucke um bloße Mittelwerte handelt. Inaktives Wasser sind wenige Prozent in Sandboden, aber schon etwa 12—15% in Lehm und über 20 bis etwa 40% in den schwersten tropischen Tonen, wie sie sich zum Teil als Illuvialhorizonte finden. Derartige Horizonte sind daher, wie oben schon betont, „undurchdringlich", auch wenn sie durchaus nicht verdichtet sind, weil sie trotz oft triefender Nässe kein Wasser an die Wurzeln abgeben. Sie sind es aber oft auch aus dem Grund, daß sie nicht genug Luft zur Wurzelentwicklung enthalten, die ihrerseits das über das inaktive Wasser hinaus im Boden vorhandene Wasser in seiner Nutzbarkeit für die Pflanzen beschränkt, die bei weniger als 3 bis 5 Vol.-% Luft im Boden sich nicht mehr gesund entwickeln können.

Da das durchschnittliche Porenvolumen der guten Böden in der Regel zwischen 45 und 55% schwankt (allerdings bei bestimmten Bodenarten auch nur 25 oder auf der anderen Seite bis 75% betragen kann!), gibt es in den Tropen eine ganze Menge Böden, die sehr wenig oder selbst gar kein „Nutzwasser" enthalten, wenn sie nicht künstlich durch Bearbeitung gelockert werden: Die große Reihe der mehr oder weniger dunklen Senkentone, die oft fälschlich als „Black Cotton Soils" bezeichnet werden.

Ein zu hohes Kapillarpotential im Wurzelraum ist also einer der wichtigsten Gründe der Unproduktivität von Böden und der verderblichen Folgen von Illuvialhorizonten, die die Wurzelentwicklung beschränken. Es ist es das um so mehr, als es in der Regel mit einer sehr geringen Gechwindigkeit der Wasserbewegung im Boden Hand in Hand zu gehen pflegt, die man durch die sogenannte „kapillare Wasseraufnahme" mißt.

Genau so schädlich und viele Kulturen geradezu ausschließend ist aber auch ein zu niedriges Potential, wie es z. B. viele Sandböden zeigen.

Zunächst könnte man annehmen, daß als „Nutzwasser" die Differenz des Porenvolumens, d. h. des totalen Fassungsraumes im Boden und der Summe von inaktivem Wasser und nötiger Luft zu betrachten ist. Das trifft aber durchaus nicht immer zu. Bei sehr niedrigem Potential des Bodens, das gleichbedeutend ist mit einer sehr großen Durchschnittsweite der Bodenhohlräume, vermögen diese nicht mehr viel Wasser festzuhalten. Der Regen läuft durch solche

Böden wie durch ein Sieb hindurch, da sie, wie man sich früher ausdrückte, fast keine „wasserhaltende Kraft" haben. D. h. als Nutzwasser ist nicht die oben erläuterte Differenz: Porenvolumen weniger (Luftminimum + Inaktives Wasser), sondern nur das Wasser zu betrachten, das vom Überschuß über das inaktive Wasser genügend lange im Boden bleibt, um von den Pflanzenwurzeln aufgenommen zu werden. Das ist unter allen Umständen der Wasseranteil, den man als „nutzbares osmotisches Wasser" bezeichnet, der der Schwerkraft nicht unterworfen ist und daher auch durch die Drainage nicht mehr erfaßt wird. Er macht etwa 2,5 Male die Hygroskopizität aus. Alles darüber hinausgehende Wasser im Boden ist sogenanntes „Gravitationswasser", das, der Schwerkraft folgend, einsickert. Wo die Grenze des nutzbaren Anteils des Gravitationswassers zu ziehen ist, das unter dem Einfluß der Schwere im Boden so langsam versickert, daß die Pflanze es ausnutzen kann, ist noch nicht ganz einstimmig anerkannt. Baeyens nimmt sie bei seinen, im Kongo sich vorzüglich bewährenden „Fruchtbarkeitsskalen" nach der von ihm gewählten Art der Bestimmung bei einem Potential von etwa 100—150 cm Wassersäule, bzw. 0,1 bis 0,15 at an. Das würde nach Abzug des inaktiven und nutzbaren osmotischen Wassers für das nutzbare Gravitationswasser ungefähr dem 3-fachen der Hygroskopizität entsprechen und mit Sekeras Grenze zwischen „leicht" und „normal" beweglichem Wasser zusammenfallen. Man wird bis zur weiteren Verfeinerung der Bewertungsgrundsätze sich dieser Auffassung anschließen können.

Da inaktives Wasser (2 Hy), nutzbares osmotisches Wasser (2,5 Hy) und nutzbares Gravitationswasser (3 Hy) zusammen 7, 5 Hy ausmachen, ist es bei einem mittleren Porenvolumen der Böden von 50%, von welchen für die nötige Luft noch 5% in Abzug zu bringen sind, leicht zu sehen, daß von Natur nur mittelschwere Böden (Hy $\pm$ 5 bis 6) optimale Mengen von nutzbarem Gravitationswasser enthalten können, wie es auch die Erfahrung lehrt. Schwere Böden können nur durch gute Bearbeitung in den entsprechenden Zustand versetzt werden, leichte Böden durch Erhöhung ihres Potentiales durch Humuszufuhr, bzw. durch Gründüngung (vgl. unten).

Baeyens verlangt als Minimum eines kulturwürdigen Bodens für Ölpalme 15, für Kakao 20% Nutzwasser. Dieser Forderung, die über die Profilgestaltung nichts aussagt, haftet bei aller Anerkennung des Fortschrittes, den sie für die praktische Bodenbewertung in physikalischer Hinsicht bedeutet, noch ein großes Maß von Unbestimmtheit an. In Brasilien wird im Instituto Agronomico auf Grund 50jähriger Erfahrungen das physikalische Kriterium eines Bodens hinsichtlich des Wasserhaushaltes so formuliert: Ein Boden kann vom physikalischen Standpunkt aus einen Höchstertrag bei Voraussetzung chemischen Reichtums und ausreichender Niederschläge bei einer Kulturpflanze hervorbringen, wenn er bei einmaliger Sättigung der Wurzelzone mindestens so viel Nutzwasser enthält, als die betreffende Pflanze zur Hervorbringung einer Höchsternte bedarf.

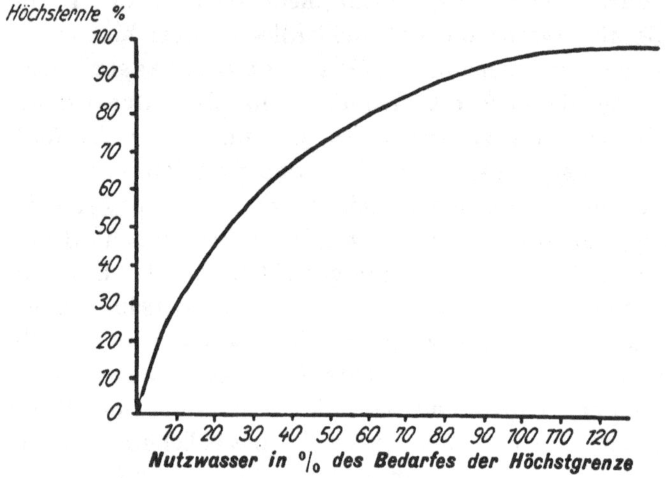

Abb. 3

Für die Abhängigkeit der Erntehöhe vom Bodengehalt an Nutzwasser hat sich dabei für die einzelnen Kulturen eine Reihe von Kurven ergeben, die gegenüber den von Sekera aufgestellten Beziehungen zwischen Erntehöhe und „Regenkapazität", die weitgehend mit dem „Nutzwasser" übereinstimmt, grundsätzlich nur geringe Abweichungen gradueller Natur zeigen.

Die allgemeine in Prozenten ausgewertete Ertragskurve gibt Abb. 3 wieder.

Die auf Grund der erörterten Abhängigkeit in Brasilien für die einzelnen Bodenklassen vorgenommenen Ernteschätzungen haben, an langjährigen Erntemitteln geprüft, bei einjährigen Kulturen sich auch in Neuland so vorzüglich bewährt, daß die erzielten Ernten der einzelnen Bodenarten, z. B. bei Baumwolle mit einem Fehler von wenig mehr als 10% im voraus veranschlagt werden konnten. Die

Aufstellung derartiger Diagramme für die kolonialen Verhältnisse ist entschieden dringend zu empfehlen.

Die in Südamerika als zweckmäßig bewährte Art der Darstellung einer physikalischen Bodenuntersuchung gibt die Abbildung im Beispiel im Anhang. Die Klarheit, mit welcher diese Diagramme alle für den Pflanzer wichtigen physikalischen Eigenschaften seines Bodens zur maßgerechten Anschauung bringen, spricht für sich selbst. Auf Einzelheiten einzugehen, würde an dieser Stelle zu weit führen. Es sei auf das im Anhang gegebene Beispiel eines nach modernen Gesichtspunkten und Untersuchungen erteilten Gutachtens verwiesen. **Die moderne physikalische Analyse bleibt heute kaum auf eine Frage bezüglich Bodenbehandlung und Pflege des Bodens die Antwort mehr schuldig.**

Es ist eigenartig, daß bisher kaum jemals auf den großen Unterschied aufmerksam gemacht ist, der hinsichtlich der chemischen Bodenuntersuchung in den Notwendigkeiten eines deutschen Landwirtes und eines Pflanzers in den Kolonien besteht.

Den deutschen Landwirt interessiert im Besitz seiner langjährigen umfangreichen Ortserfahrung und bei den billigen Düngemittelpreisen der Heimat bei feststehender beschränkter Auswahl von möglichen, meist einjährigen, Kulturpflanzen nur der momentane chemische Fruchtbarkeitszustand seiner Böden. Es genügt vollständig für ihn, durch die chemische Untersuchung den momentanen Bedarf an Kali, Phosphorsäure usw. annähernd zu erfahren, um einen Mangel durch Düngung zu beheben, die auf die fast ausnahmslos flachwurzelnden Kulturgewächse in der Ackerkrume schnell zur Wirkung kommt.

Dem kolonialen Landwirt stehen, wie schon im Anfang betont ist, diese örtlichen Erfahrungen meistens nicht zu Gebote. Düngemittel sind bei oft schwierigen Transportverhältnissen für ihn eine hohe Ausgabe, die er so rationell wie irgend möglich machen und im Interesse der Rentabilität auf ein Minimum beschränken muß. Eine Vielzahl seiner Kulturpflanzen sind außerdem Dauerkulturen, die so tief wurzeln, daß eine Düngung unter Umständen erst nach Jahren in ihrer Wirkung beobachtet und richtig eingeschätzt werden kann.

Für ihn besagt daher eine der üblichen chemischen Bestimmungen der heimischen Bodenuntersuchung, z. B. des aufnehmbaren Kalis usw., im Grund herzlich wenig. Sie besagt genau so wenig wie die bloße Feststellung, daß jemand z. B. 20 Reichsmark im Geldbeutel hat, für seine wirtschaftliche Sicherheit. Diese 20 Reichsmark können die

Zinsen eines Vermögens für einen Tag, eine Woche, ein Jahr oder einen sonstigen beliebigen Zeitraum von einem gewissen Kapital des Inhabers sein. Sie können aber auch sein ganzes Kapital repräsentieren. Um geschäftliche Beziehungen mit jemand einzugehen, interessiert aber gar nicht, was er zufällig im Moment im Geldbeutel hat — das kann unter Umständen auch noch geborgt sein! —, sondern wie groß sein Kapital und seine Reserven sind und wie seine Einkünfte fließen.

Genau so muß der koloniale Landwirt, der in „Geschäftsbeziehung" zu einem Boden durch seine Kultivierung treten will, nicht nur wissen, was im Moment der Boden chemisch leisten kann. Das kann in den Tropen sehr leicht gewissermaßen von den Humusresten einer früheren Vegetation geborgt sein und gar nichts mit den Bodenschichten, in denen sich die Wurzeln der beabsichtigten Kultur entwickeln sollen, zu tun haben. Er muß vielmehr Nährstoffkapital und Reserve seines Bodens, also seinen chemischen Totalwert für das ganze Profil, kennen und muß wissen, wie die jährliche für seine Kulturpflanze verfügbaren Nährstoffmengen fließen, die als die Zinsen des chemischen Kapitals zu betrachten sind.

Im Gegensatz zur üblichen Praxis in Deutschland muß er also, wie es heute längst in allen fortgeschrittenen Tropenländern gebräuchlich ist, die Feststellung folgender chemischer Daten vom untersuchenden Institut fordern:

1. Der Mineralreserve des Bodens, begleitet von einem Röntgenogramm des Rohtons;
2. des in Triacid nach Grove löslichen Totalgehaltes des Bodens an PO_4, K, Ca, Mg nebst der Bestimmung von C und N;
3. der Komplexbelegung des Bodens einschließlich austauschbaren Mangans nebst Nutzungskoeffizient nach Vageler für die Basen;
4. der extramizellaren und saloiden Phosphorsäure und ihres Nutzungskoeffizienten nach Mattson-Vageler einschließlich des Sorptionskoeffizienten für lösliches Phosphat;
5. des Totalgehaltes an wasserlöslichen Basen, speziell in Salzform vorhandenes K und Nitratbildungsenergie des Bodens;
6. der p_H (Bodenreaktion) in Suspension 1 : 1 in Wasser bzw. N-KCl.

Die Untersuchungen unter 1. und 2. ergeben die Reserve; 3. und 4. repräsentiert das flüssige Arbeitskapital und 5. seine verfügbaren Zinsen.

Die Feststellung unter 6., der Bodenreaktion, charakterisiert, da jede Kulturpflanze bestimmte Bodenansprüche in dieser Hinsicht stellt, die allgemeinen Geschäftsbedingungen.

Liegen diese Untersuchungsdaten für einen Boden, bezogen auf das Volumen der Wurzelzone der beabsichtigten Kultur und zweckmäßig, zur Vermeidung überflüssiger Rechnungen, nicht in Prozenten, sondern in Wirkungseinheiten (Kiloval) je ha, vor, so läßt sich die Frage des tropischen Landwirtes nach dem Wert seines Bodens und seiner Leistung in chemischer Hinsicht praktisch ebenso ausreichend beantworten, wie es physikalisch der Fall war. Die so ermittelten Ziffern geben nicht nur den chemischen Totalwert des Bodens an, sondern gestatten eine genäherte Bestimmung der jährlichen Nährstofflieferung für die einzelnen Kulturgewächse und auch der eventuell nötigen Düngung. Eine derartig auf das genaueste dem Einzelboden angepaßte Antwort ist für den Pflanzer darum nicht nur von Bedeutung, sondern sogar erforderlich, weil viele, wenn nicht sogar die Mehrzahl seiner Gewächse Konjunkturcharakter tragen und darum recht häufig sich die Notwendigkeit ergibt, schnell von einer Kultur zur anderen mit völlig abweichenden Ansprüchen auf einem gegebenen Areal überzugehen.

Auch für die chemischen Untersuchungsdaten eines Bodens hat sich die graphische Darstellung für praktische Zwecke besonders gut bewährt, da sie dem Pflanzer, wie ebenfalls in dem als Beispiel im Anhange mitgeteilten Gutachten gezeigt werden wird, mit einem Blick alle Stärken und Schwächen seiner Böden in chemischer Hinsicht zeigt.

Ganz allgemein ist zur chemischen Bewertung der tropischen Böden im Gegensatz zu der der Böden des gemäßigten Klimas das Folgende zu bemerken, das man bisher in der bodenkundlichen Literatur vergeblich suchen wird, trotzdem es von grundlegender Wichtigkeit ist und viele Fehlurteile, wie sie oben erwähnt sind, ungezwungen erklärt:

Vergleicht man, wie es z. B. Baeyens in seinem mehrfach zitierten Bericht über die Böden des Kongo getan hat, Böden des gemäßigten und des heißen Klimas, so fällt es auf, daß fast alle Tropenböden, auch die als Rekordböden bekannten, gegenüber den Böden des gemäßigten Klimas physikalisch oft scheinbar günstiger, chemisch aber fast ausnahmslos an sorbierten Basen unvergleichlich ärmer sind. In ganz besonderem Maße gilt das für die Böden der regenreichen Gegenden, die oft Gehalte an Nährstoffen aufzuweisen haben, die sie im gemäßigten Klima als steril und kulturunwürdig oder doch nur mit enormen Aufwendungen für Düngung zu bewirtschaften erscheinen lassen würden. Trotzdem produzieren diese Böden, die analytisch so arm sind, daß es im gemäßigten Klima gar nicht lohnen würde, sie zu bestellen, Ernten, von denen ein europäischer Landwirt nicht einmal zu träumen wagen würde. Einige Daten aus Nordeuropa, Brasilien, und dem Kongo mögen, nebeneinander gestellt, das Gesagte illustrieren (Milliäquivalent je 100 g):

	Nordeuropa		Brasilien		Kongo	
	S	K	S	K	S	K
Armer Sand	2,0— 3,0	0,10	Spuren!	Spuren!	Spuren!	Spuren!
Produktiver Sand	5,0— 6,0	0,1—0,3	0,7—2,0	0,01—0,09	Nicht bestimmbar!	
Produktiver, sandiger Lehm	8,5—10,0	0,2—0,4	1,7—5,3	0,06—0,1	0,9—1,7	Nicht bestimmbar!
Produktiver Lehm	10,0—15,0	0,4—1,2	0,6—3,8	0,04—0,3	0,9—1,2	Nicht bestimmbar!

S = Summe der sorbierten Basen. K = Kalium.

Kaum einer der tropischen Böden wäre, an den Daten der europäischen gemessen, kulturwürdig. Trotzdem umfassen sie, sowohl im Kongo wie in Brasilien, also in zwei verschiedenen Kontinenten, unter allerdings ähnlichen klimatischen Bedingungen, nicht nur Böden mit einer unerhört üppigen natürlichen Vegetation, sondern auch solche hochproduktiver Pflanzungsbetriebe. In Brasilien im besonderen sind darunter nicht nur die als Nonplus ultra der Fruchtbarkeit bekannten leichteren Arten der berühmten Violetterden („Terra Roxa"), sondern vor allem die fast noch berühmtere „Terra Podre" der oberen Baurúformation, die der ideale Boden für Baumwolle ist und Ernten ohne Düngung hervorbringt, die selbst die Rekordernten Ägyptens schlagen.

Bei der grundlegenden Wichtigkeit dieser, jedem Bodenkundler der Tropen geläufigen, von den Bodenkundlern des gemäßigten Klimas aber nahezu ausnahmslos übersehenen, Tatsachen, die die zahlreichen Fehlurteile über tropische Böden durch Untersucher des gemäßigten Klimas ohne Tropenerfahrung ohne weiteres erklären, ist es erforderlich, trotzdem damit eine kleine Abschweifung auf theoretisches Gebiet unvermeidlich wird, auf den Grund dieser eigenartigen Erscheinung näher einzugehen. Dieser Grund ist ein doppelter.

Im gemäßigten Klima führt der chemische Abbau der Mineralien im Boden zu kolloidalen, mineralischen Substanzen, sogenannten „Komplexen“, die entweder, und zwar in weitaus der Mehrzahl der Fälle, sogenannte Tonmineralien wie Montmorrillonit usw. sind, oder aber amorphe Alumosilikate, die, wie der Montmorrillonit, einen im Verhältnis zum Aluminium und Eisen hohen Gehalt an Kieselsäure und eben darum eine sehr hohe Fähigkeit zur Bindung von Basen besitzen.

Im Boden des gemäßigten Klimas sind es nun, wie heute ohne jede Möglichkeit des Zweifels feststeht, gerade die an diese Komplexe gebundenen, wie man sagt „sorbierten“ Basen, unter denen die Pflanzennährstoffe Kalk, Magnesia und Kali, zum Teil auch Stickstoff in Form von Ammoniak, an erster Stelle stehen, die im Austausch mit der Bodenlösung die Fruchtbarkeit der Böden bedingen. Sie werden daher nach Menge und Zusammensetzung als Maßstab der chemischen Bewertung eines Bodens benutzt.

Mit Recht, weil im gemäßigten Klima die Zersetzung der schwer, d. h. nur in konzentrierten Säuren oder gar durch Schmelzaufschluß löslichen Reserve an Nährstoffen, die in wenig oder gar nicht angegriffenen Mineralien enthalten sind, so langsam vor sich geht, daß sie praktisch allenfalls bei der Kaliversorgung der Kulturgewächse auf besonders glimmerreichen Böden eine Rolle spielt, sonst aber nicht. Die bisher nahezu vollständige Vernachlässigung der Mineralreserve als Bodenwert und die negativ ausgefallenen Versuche älterer Autoren, in stärkeren Säuren lösliche Nährstoffe als Mittel zur Bodenbeurteilung heranzuziehen, sind das logische Ergebnis dieser Tatsachen.

Selbst elende, kaum mehr produzierende Sandböden haben im gemäßigten Klima, wie die obige Tabelle zeigt, noch Basenmengen von 2—4 Milliäquivalent je 100 g Boden in sorptiver Bindung aufzuweisen. Gute Böden zeigen Werte von 10—15, ja, wenn es sich um schwere Böden handelt, von 30—50 Milliäquivalent Base im Komplex. Kaligehalte in sorbierter Form von 1—3 und mehr Milliäquivalent sind keine Seltenheit.

Es ist daher durchaus verständlich, wenn Autoren des gemäßigten Klimas verschiedentlich schon die Ansicht vertreten haben, daß es völlig gegenstandslos sei, Böden mit weniger als 2 bis 3 Milliäquivalent austauschbarer Base überhaupt chemisch zu untersuchen. Denn erstens stellten derartige Böden sowieso kein brauchbares Kulturmedium ohne stärkste Düngung dar, und zweitens seien die geringen

Gehalte an Kali usw. nur mit einem unverhältnismäßigen Aufwand an Arbeit genau zu bestimmen.

Ganz anders liegt die Sache in den Tropen!

Wie die Röntgenuntersuchung der Böden Brasiliens durch das Instituto Agronomico in Campinas gezeigt hat, die sich auf Böden aller tropischen und subtropischen Klimate und aller denkbaren petrographischen Herkunft vom Atlantischen Ozean bis an die Anden erstreckte, baut die bei der erhöhten Temperatur des Tropengürtels besonders stark arbeitende Verwitterung die ursprünglichen Mineralien des Bodens bzw. der bodenbildenden Gesteine, außerordentlich weit ab. Als mehr oder weniger resistente Reste bleiben nicht wie im gemäßigten und kalten Klima als Bausteine der Tonsubstanz Tonmineralien der Gruppe des Montmorillonits und Beidellits mit im Verhältnis zum Aluminium-Eisengehalt hohem Gehalt an Kieselsäure, und ähnlich gebaute amorphe Alumosilikate erhalten, sondern der Abbau geht unter teilweise sehr weitgehender Wegführung der Kieselsäure bis auf die Hydroxyde des Aluminiums und besonders Eisens. Die Bodensubstanz wird, wie man sich auch ausdrückt, „lateritisiert“ und „ferritisiert“.

Ich habe schon wiederholt in anderen Veröffentlichungen darauf aufmerksam gemacht, daß diese außerordentliche Verwitterungsenergie des Tropenklimas nicht nur theoretisch sondern in ganz besonderem Maße auch praktisch für die Bodenbeurteilung von Bedeutung ist. Sie ist durch die erhöhte Jahrestemperatur bei Wegfall des im gemäßigten Klima alle chemischen Prozesse fast ein halbes Jahr unterbrechenden Winters nahezu verzehnfacht und läßt damit im Boden Nährstoffquellen fließen, die im gemäßigsten Klima wenig oder gar nicht in Frage kommen. Die wichtigste hier in Frage kommende Folge aber ist die, daß in den Tropen nicht kieselsäurereiche und damit für Basen sehr sorptionsfähige Komplexe die Tonsubstanz der Böden bilden, wie im gemäßigten Klima, sondern kieselsäurearme, oft fast kieselsäurefreie basoide Verbindungen, deren Sorptionsfähigkeit für Basen entsprechend gering ist.

Diese Fähigkeit der Komplexe hängt ja von der Größe ihres Säureanteils ab. Die fehlende Kieselsäure kann in den Tropen nur die Phosphorsäure und die Humussäure vertreten. Phosphorsäure aber ist sehr häufig nur in verschwindender Menge vorhanden, die jedenfalls mit der Menge der am Komplexbau beteiligten Kieselsäure der gemäßigten Zonen keinen Vergleich aushält. Humussäure ist auf die obersten, der Anreicherung durch organische Rest unterliegenden Bodenschichten beschränkt. So kommt es, daß in tropischen Böden die Sorptionskapazität für Basen und damit deren Menge in austauschbarer Form im Vergleich zum gemäßigten Klima sehr gering ist und sich zudem fast stets auf die oberste Bodenschicht konzentriert ... wo sie oft durch falsche Bodenbehandlung in kurzer Zeit vernichtet wird, weil sie wesentlich vom Humusanteil abhängt, wie noch zu erörtern sein wird.

Im Tropenboden tritt daher im Vergleich zum Boden des gemäßigten Klimas der Gehalt an austauschbaren (oder sorbierten) Basen als Wertmesser des chemischen Bodenreichtums zurück.

Dafür fließt in den Böden des warmen Klimas ein im Vergleich zum gemäßigten Klima vielfach ergiebigerer Nährstoffstrom den Pflanzenwurzeln durch die vielfach schnellere Zersetzung der Mineralreserve, soweit sie besonders triazidlöslich ist, vor allem aber auch der organischen Bodensubstanzen, in Form von löslichen Salzen zu. Infolge der besonders auf Rotlehmen und Roterden, erst recht Violettlehmen und Violetterden, ganz außerordentlich intensiven Nitrifikation überwiegen unter diesen Salzen Nitrate neben Sulfaten und Karbonaten durchaus.

Genetisch ältere Böden der Klasse der Rot- und Violetterden (Laterite und Ferrite), in welchen praktisch überhaupt keine sorptiv gebundenen Basen mehr vorhanden sind, sondern lösliche Salze ohne Zwischenstufe neben der Mineralreserve stehen, sind durchaus keine Seltenheit.

Daß diese praktisch zur richtigen Beurteilung nicht nur der Böden der Tropen, sondern der ganzen tropischen Düngungsfrage ungemein wichtigen Verhältnisse heute noch so wenig bekannt und bisher, von Südamerika abgesehen, kaum praktisch ausgewertet sind, es sei denn in einem gegenstandslosen Streit über den Wert von „Lateritböden", ist das Ergebnis der kritiklosen Übertragung europäischer bodenkundlicher Gesichtspunkte und Untersuchungsmethoden auf die Tropen, wie sie leider in der Mehrzahl der Fälle allgemein üblich war und noch ist.

Die kurz skizzierten Verhältnisse sind der Grund, warum sich auch in sogenannten „chemisch armen" Böden, deshalb erst recht natürlich in reichen Böden der ganz trocknen Tropen und Subtropen, lösliche Salze, und unter ihnen besonders Nitrate, in den obersten Bodenschichten häufen. Sie sind der Grund, warum im humiden Klima mit starkem Regen auf Rot- und Violetterden diese Häufung, besonders der Nitrate, im Untergrund, mit besonderer Intensität natürlich auf etwa vorhandenen Illuvialhorizonten, zu beobachten ist, in einem Grade, der zuweilen bis zu vielen Tonnen Nitrat je Hektar geht. Daß derartige Umstände zu einer Stickstoffüberfütterung besonders tiefwurzelnder Dauerkulturen, wie Citrus, führen können, die sich in Verschlechterung der Erntequalität und Wirkungslosigkeit der sonstigen Düngung bemerkbar macht, haben schon viele Pflanzer zu ihrem Schaden erfahren.

Leider wird seitens des Düngerhandels teilweise nach Kräften dafür gesorgt, daß derartige Erfahrungen möglichst falsch gedeutet werden und nicht an die Öffentlichkeit gelangen.

Die ganz besonders häufig zu beobachtende praktische Folge der hohen Zersetzungsintensität von Mineralreserve und vor allem organischer Substanz in den Tropen ist, daß viele Urwaldböden unter Aufzehrung der in ihren obersten Schichten im Laufe von Jahrhunderten angehäuften, aber wegen des Stoffkreislaufes zwischen Bestand und Boden, der in ganz besonderem Maße den Urwald charakterisiert, keineswegs unerschöpflichen, sogar oft recht kleinen, Reserve an löslichen Salzen und Humus, zwar in der Regel einige Jahre hervorragende Ernten geben, dann aber mit einem Schlage völlig versagen, wenn nämlich in Krume und nahem Untergrund eine mineralische Reserve fehlt.

Der für das gemäßigte Klima richtige Maßstab der Bodenfruchtbarkeit: der Gehalt des Bodens an austauschbaren Basen, ist also für die Tropen oder für die warmen Klimate im allgemeinen ergänzungsbedürftig und zwar um so mehr, je tropischer die Verhältnisse und insbesondere je höher die Niederschläge sind.

Es ist interessant, daß sich die gleiche Folgerung schon aus der kritischen Betrachtung der von Baeyens für die Böden des Kongo auf Grund der austauschbaren Basen aufgestellten und praktisch in gewissen Grenzen sicher gut brauchbaren Fruchtbarkeitsskala ergibt, die die nachstehende Tabelle zeigt.

Schon in den mittleren, erst recht aber in den unteren Fruchtbarkeitsklassen überschneiden sich, wenn man die den Mitteln zugrunde liegenden Einzelwerte betrachtet, die Gehaltsziffern so stark, daß die Mittel ihre Bedeutung verlieren.

Beziehung zwischen dem Gehalt der Kongoböden an austauschbaren Basen und ihrer Eignung für die wichtigsten Kulturen

(Nach J. Baeyens: Les sols de l'Afrique Centrale)

Milliäquivalent %	15—10	10—5	5—3	3—1	1—0,5	0,5—0,3	0,3
Kakao	H	H	G	M	S	S	S
Zuckerrohr	H	H	G	M	S	S	S
Rolusta Café	H	H	H	G	M	S	S
Hevea-Kautschuk .	H	H	H	G	M	S	S
Ölpalme..........	H	H	H	H	G	M	S

H = hervorragend. G = gut. M = mittelmäßig. S = schlecht.

Zusammenfassend muß man jedenfalls sagen: Ein tropischer Boden muß unter allen Umständen, außer nach seinem Gehalt an austauschbaren Basen und verfügbarer Phosphorsäure, nach seiner schwer löslichen, aber durch die hohe Verwitterungsintensität der Tropen dennoch nutzbar werdenden, Reserve an Nährstoffen, aber auch, als Kriterium dieser Zersetzungsintensität, nach seinem Gehalt an löslichen Salzen und an Humussubstanzen beurteilt werden, ... selbstverständlich unter Berücksichtigung des ganzen Profiles! ... wenn das Urteil Anspruch auf Zuverlässigkeit erhebt.

So begründen sich aus der praktischen Erfahrung gleicherweise wie aus theoretischen Erwägungen die aufgestellten obigen Forderungen, daß die Analyse eines tropischen Bodens im Gegensatz zur Analyse eines Bodens des gemäßigten Klimas die Bestimmung der schwer löslichen Reserve an Nährstoffen, der wasserlöslichen Salze im Profil neben dem Gehalt an austauschbaren Basen, vor allem aber auch die Röntgenanalyse der Tonsubstanz umfassen muß. Nur die letztere kann nämlich entscheiden, ob in dem betreffenden Boden außer Humus noch sorptionsstarke Substanzen mineralischer Natur vorhanden sind oder nicht, d. h. ob und in welchem Maße bei der Bodenpflege das Schwergewicht auf die Erhaltung und Vermehrung des Humusgehaltes zu legen ist.

Der nicht leicht zu überschätzende Wert des Humus für die Fruchtbarkeit der Böden des gemäßigten Klimas bedarf keiner weiteren Erörterung, da er allgemein anerkannt ist. Immerhin können diese Böden unter Umständen sehr weitgehend an Humus verarmen und geben doch, wenn sie mit künstlicher Düngung in genügendem Umfange versehen werden, noch befriedigende Ernten. Sie bauen sich, wie der Landwirt gewöhnlich sagt, verhältnismäßig langsam ab. Auf jeden Fall ändern sie, abgesehen von der Abnahme ihres Gehaltes an organischen Substanzen, ihren Charakter durch den Humusverlust nicht wesentlich und im besonderen bleiben ihre physikalischen Eigenschaften mindestens der Größenordnung nach erhalten, d. h. Sand bleibt Sand, Ton bleibt Ton usw. Es ist das die Folge des oben erörterten Umstandes, daß die Böden des gemäßigten Klimas sorptionsstarke Tonmineralien und sonstige mineralische Substanzen, die durch die Verwitterung nur sehr langsam angreifbar und damit zerstörbar sind, in solcher Menge enthalten, daß diese im wesentlichen den Bodencharakter bedingen, während, von den eigentlichen „organogenen“ Böden, wie Moor- und Humusböden abgesehen, demgegenüber der Einfluß der organischen Bodenbestandteile auf die physikalischen und chemischen Bodeneigenschaften wohl wichtig und vorteilhaft ist, aber doch an zweiter Stelle steht. Ganz anders liegt die Sache in den Tropen! Viele Böden machen dort bei oberflächlicher Betrachtung den Eindruck, fast keinen Humus zu enthalten. Es konnte sich sogar die verhängnisvolle Annahme bilden, daß der Humusgehalt der Tropenböden, insbesondere der anscheinend besonders humusarmen Rot- und Violetterden, praktisch ohne Bedeutung sei. Die praktischen Erfahrungen und theoretischen Forschungen des letzten Jahrzehntes lassen aber keinen Zweifel daran, daß in den Tropen und gerade bei allen Rot- und Violetterden, und zwar um so mehr, je älter, d. h. je lateritischer und ferritischer sie sind, der Humus nicht nur ebenso wichtig ist, wie in den Böden des gemäßigten Klimas, sondern im Gegenteil der über die physikalische und chemische Güte der Böden absolut entscheidende Bestandteil.

Es ist oben bereits auseinandergesetzt, daß in den roten tropischen Böden mindestens in der Oberflächenschicht der Humus in um so stärkerem Maße am Aufbau der Komplexe als Träger des Bodenchemismus teilnimmt, je mehr die Böden an Kieselsäure verarmt sind. Der Humus ist in diesen tropischen Böden nicht nur, wie in den an Tonmineralien reichen Böden des gemäßigten Klimas, eine wichtige und erwünschte Beimengung des mineralischen Tones. Der Humus ist im Tropenboden, wo die Tonmineralien stark in den Hintergrund treten oder oft sogar ganz fehlen, ein Baustein der sogenannten Tonsubstanz selbst, der im Komplex die Kieselsäure ersetzt.

Daraus folgt zweierlei:

1. Das an Eisen und Aluminium gekoppelte Humusmolekül verliert, wie sich experimentell leicht nachweisen läßt, einen großen Teil seiner Farbkraft. Selbst mehrere Prozente nicht nur Humus, sondern sogar Kohlenstoff enthaltende Rot- und Violetterden, die bei gleichem Kohlenstoffgehalt im gemäßigten Klima schwarze Humusböden wären, zeigen daher nur eine etwas dunkle Rostfarbe, machen aber sonst den Eindruck, humusfrei zu sein. Die Annahme, daß tropische Böden humusarm seien, weil die dunkle Farbe oft fehlt, und daß der Humus daher für ihre Fruchtbarkeit belanglos sei, ist ein verhängnisvoller Irrtum.

2. Böden selbst mit einem 50% übersteigenden Gehalt an sogenanntem Rohton, d. h. schwere Böden, nehmen bei Zerstörung ihres Humus den Charakter leichtester Sande an. Zerstörung des Humus bedeutet bei ihnen ja nicht nur den Verlust eines Nebenbestandteiles ihres Tones, sondern die Vernichtung der wertgebenden Tonsubstanz selbst und ihr Auseinanderfallen in wertlose Hydroxyde des Aluminiums und Eisens. Ihres Humusgehaltes beraubte Rot- und Violetterden vermögen daher keine Nährstoffe mehr festzuhalten, soweit es sich um Basen handelt, weil ihre Sorptionskapazität mit dem Zerfall der Komplexe verschwunden ist. Dafür legen sie etwa in löslicher Form gegebene Phosphorsäure derartig fest, daß unter Umständen selbst 10 t Superphosphat je ha noch ohne Wirkung bleiben, weil die Phosphorsäure an Stelle des fehlenden Humus in die Komplexe eintritt. Anders ausgedrückt: Der Humus der Tropenböden ist mindestens bei Rot- und Violetterden Vorbedingung der Nutzbarkeit ihres Phosphorsäuregehaltes und einer befriedigenden Wirkung der Kunstdüngung. Physikalisch verlieren derartige an Humus verarmte Böden nicht nur jede Spur von Plastizität sondern auch von Zusammenhang und sind damit, wie die katastrophalen Erfahrungen aller Tropenländer beweisen, in ständig steigendem Maße der Erosion ausgesetzt, über welche als die ernsteste Gefahr der tropischen Landwirtschaft weitere Worte zu verlieren nicht nötig ist.

Wenn tropische Böden zur unangenehmen Überraschung aus Europa kommender neuer Siedler sich oft in ganz überraschend kurzer Zeit „abbauen", d. h. unproduktiv werden; wenn sich bei den Eingeborenen — soweit sie nicht auf jungvulkanischen Böden sitzen, die noch mineralische Tonsubstanz in großer Menge enthalten und daher lange produktiv bleiben — das System der „Wanderbrandwirtschaft“ oder englisch „shifting agriculture“ entwickelt hat, das darin besteht, Böden nur 1—3 Jahre zu bestellen und dann eine Reihe von Jahren der Erholung unter natürlichem Neuaufschlag zu überlassen; wenn die sachgemäße Gründüngung neben Stalldüngung und Indoreverfahren, also die organische Düngung sich mehr und mehr als „Rettung der tropischen Ackerwirtschaft“ erweist, so sind das alles die einfachen, leider sehr lange verkannten, Folgen der im Tropenklima alles beherrschenden Wichtigkeit des Humus für alle Reaktionen der Böden.

Leider steckt die tropische Humusforschung zur Zeit noch völlig in den Kinderschuhen. Fest steht nur, daß man die Erfahrungen mit dem Humus der gemäßigten Klimate nur sehr vorsichtig auf die Tropen anwenden kann, was nach dem Ausgeführten eine Binsenweisheit ist. Fest steht ferner, daß weitaus die Mehrzahl der für den Humus des gemäßigten Klimas ausgearbeiteten und erfolgreichen Untersuchungsmethoden, auf den tropischen Humus nicht anwendbar sind. Er liegt, wie ausgeführt ist, kaum jemals als selbständige Beimengung, d. h. als für sich darstellbarer und damit studierbarer Stoff, sondern fast stets nur in Bindung mit meist vielfach größeren Eisen- und Aluminiummengen im Boden vor. Die Isolierung einer tropischen Humussubstanz ist bis heute ohne völlige Zerstörung ihrer ursprünglichen Struktur im Boden noch nicht gelungen.

Hier spezielle Methoden zu entwickeln, die bei der beschriebenen grundlegenden Wichtigkeit des Humus für die Fruchtbarkeit der tropischen Böden ein dringendes Bedürfnis ersten Ranges sind, wird eine der bedeutungsvollsten Aufgaben der zukünftigen tropischen Bodenforschung sein müssen.

Im einzelnen ist zum Verständnis der Ergebnisse der oben geforderten chemischen Untersuchungen durch den Praktiker das Folgende zu bemerken:

Der Ausdruck „Mineralreserve“ für unzersetzte, d. h. noch in kristalliner unveränderter Form vorliegende Mineralreste im Boden, die in konzentrierter Säure unlöslich sind, besagt für die schwere Zersetzbarkeit dieser Mineralien und damit die geringe Verfügbarkeit der darin etwa enthaltenen Pflanzennährstoffe genug. Zu denken ist dabei im wesentlichen an die verschiedenen Feldspate, Glimmer, Amphibole und Pyroxene, ausnahmsweise an Apatit als Phosphorsäuremineral. Die Mineralreserve, soweit sie durch solche

Mineralreste mit noch intaktem Gitter repräsentiert wird, unterliegt der Zersetzung außerordentlich langsam und ist dementsprechend wohl als Zukunfts- aber weniger als Gegenwartswert anzusprechen.

Greifbare Reserve und Arbeitskapital repräsentieren dagegen alle die Nährstoffmengen, die sich als Bausteine bereits zerbrochener oder doch schon stark deformierter und damit leicht weiter angreifbarer Gitter der genannten Mineralien, d. h. in sogenannten „angewitterten" Mineraltrümmern, ferner in meist amorphen Neubildungen oder „locker" an Grenzflächen gebunden, also „sorbiert" und als lösliche Salze im Boden vorfinden. Ihre Gesamtmenge wird im triazidlöslichen Totalgehalt eines Bodens erfaßt. Dieser Totalgehalt ist, da nur er in seinen verschiedenen Anteilen in verschiedenem aber stets merklichem Maße den Pflanzen zur Verfügung steht, der grundlegende Wert für die chemische Einschätzung des Reichtums eines Tropenbodens, der aber als Gehalt an Nährstoffen, wie oben auseinandergesetzt ist, zunächst mit der Lieferung, d.h. der momentanen Fruchtbarkeit nichts zu tun hat. Er ist, was der Praktiker, ohne sich des Umfanges des Begriffes im allgemeinen bewußt zu sein, unter „nachhaltiger Bodenfruchtbarkeit" oder auch „alter Kraft" eines Bodens versteht und seiner Schätzung des Bodenwertes zugrunde legt, ohne im allgemeinen zahlenmäßige Vorstellungen damit zu verbinden. Logischerweise wird in verschiedenen Tropenländern Amerikas neben der selbstverständlichen Berücksichtigung des Profilbaues die Benutzung der zahlenmäßigen Daten des Totalgehaltes der Böden als Grundlage der Bemessung objektiver Bodenpreise in Form von Punktsystemen seit längerem angebahnt. Der triazidlösliche Totalgehalt des Bodens an Nährstoffen setzt sich 1. aus einem mizellaren, d. h. am Bau der sorptiven Kerne teilnehmenden und daher nicht ohne weiteres austauschbaren Anteil von Phosphorsäure und Basen zusammen, 2. aus den locker an der Oberfläche der Komplexe leicht austauschbar gebundenen Phosphorsäure- und Basenmengen und 3. aus den in wasserlöslicher Salzform vorliegenden Verbindungen. Drückt man die Summe des sorbierten und löslichen Nährstoffteiles in Prozenten der Totalmenge aus, so gibt das einen für jeden Boden äußerst charakteristischen Maßstab der Flüssigkeit des Bodenkapitals und des Alters der Böden, dessen praktische Bedeutung für Vergleichszwecke so selbstverständlich ist, daß sie keiner besonderen Betonung bedarf. Inwiefern sich daraus auch auf die Nährstofflieferung aus der nicht austauschbaren und nicht löslichen Nährstoffreserve schließen läßt, was weitgehend möglich ist, soll hier nicht untersucht werden, da die Erörterung dieser komplizierten Verhältnisse den Rahmen des Aufsatzes überschreiten würde.

Die Kenntnis der Nutzungskoeffizienten (1/*q*) der sorptiv gebundenen Basen und Phosphorsäure gestattet es, die je Saison in der Wurzelzone minimal für ein bestimmtes Kulturgewächs auf den Komplexen freikommende Nährstoffmenge mit guter Annäherung zu berechnen. Die Summe dieser Menge und der in der ausnutzbaren Wurzelzone vorhandenen Menge an löslichen Salzen ergibt mit guter Näherung die jährliche minimale Totallieferung des Bodens an eine bestimmte Kultur.

Durch Vergleich dieser Totallieferung mit dem Nährstoffbedürfnis der nach den physikalischen Daten des Profiles voraussichtlich möglichen Ernte, die nach den oben erläuterten Gesichtspunkten geschätzt wird, ergibt sich zahlenmäßig das eventuelle Nährstoffdefizit und damit schließlich der maximale Düngungsbedarf der individuellen Kultur auf dem individuellen Boden. Die Berechnung des Nährstoffbedarfs für die nach den physikalischen Vorbedingungen möglichen Ernte der betreffenden Kultur und nicht etwa eine Höchsternte, ist eine Selbstverständlichkeit. Sie muß aber als solche hier ausdrücklich betont werden, weil bereits vielfach, auch von Autoren, die es eigentlich besser wissen sollten, diese Selbstverständlichkeit bei ihren Rechnungen nicht berücksichtigt worden ist, was zu vollständig unsinnigen Resultaten bezüglich der Düngermengen führen muß. Derartige Resultate sind als Argumente gegen die moderne Auffassung verwendet worden. Sie beweisen aber nur, daß diese Rechenkünstler nicht logisch denken können. Berechnung des Düngerbedarfes für den individuellen Boden will besagen, daß bei der Berechnung, was auch sehr oft übersehen wird, der Festlegung gewisser, oft durchaus nicht kleiner Düngemittelmengen durch den Boden selbst Rechnung getragen werden muß.

Diese Festlegung ist aus bekannten, hier aber nicht näher zu erörternden Gründen ganz besonders stark auf bereits stark an dem betreffenden Nährstoff verarmten Böden. Die Vernachlässigung dieses physikalisch-chemisch völlig selbstverständlichen Umstandes bei der landwirtschaftlichen Versuchsanstellung hat schon oft zu vollkommen falscher Deutung erzielter Versuchsresultate und zwar ganz besonders bei tropischen Böden geführt.

Die Folge dieser Festlegung von Nährstoffen durch daran erschöpfte Böden ist nämlich, daß kleinere und selbst mittlere und große Gaben einer Düngung zunächst um so weniger Wirkung äußern, je stärker der Boden bereits verarmt ist. Eine Wirkung setzt erst dann ein, wenn die Bindungskräfte des Bodens weitgehend abgesättigt sind, weil erst dann etwas für die Pflanze zur Verfügung bleibt, genau wie es beim Wasser war! Allgemein betrachtet man aber, und zwar nicht nur in der Praxis, sondern leider bis vor kurzem auch in der teilweise schwer hinter der modernen Entwicklung der physikalischen Chemie herhinkenden landwirtschaftlichen Theorie, das Ausbleiben eines Düngungserfolges als Zeichen, daß der betreffende untersuchte Nährstoff in ausreichender Menge im Boden vorhanden ist. D. h. es ist schon sehr häufig aus Düngungsversuchen, die deswegen kein positives Resultat ergaben, weil der Boden zu arm war, um auf die im Versuch in den ersten Jahren gegebene Düngermenge zu reagieren, die Folgerung gezogen worden, daß er daran zu reich war, also genau das Gegenteil des Richtigen.

Auf dieser falschen Folgerung hat sich dann die Düngerberatung basiert. Den Erfolg dieses vollendeten Widersinnes, als welcher eine völlig falsche Düngergabe bei den hohen Preisen der Düngemittel in Kolonialgebieten nur zu bezeichnen ist, kann sich für seine Rentabilität jeder Praktiker selbst ausmalen.

Ganz besonders häufig sind in den Tropen derartige Mißgriffe, die gar nicht selten zu wirtschaftlichen Katastrophen geführt haben, bei Dauerkulturen zu verzeichnen gewesen, auf deren besonders bei Roterden tiefgehendes Wurzelsystem eine gegebene Düngung häufig erst nach so langer Zeit zur Wirkung gelangt, daß damit der Zweck des Versuches, wenn dieser zur Feststellung des Düngungsbedarfes dienen soll, illusorisch wird.

Die selten fehlende Anfangsreaktion der Kultur in den ersten Versuchsjahren ist, wie man heute weiß, fast regelmäßig nur durch das in der Krumenschicht konzentrierte oberflächliche Lateralwurzelsystem, aber durchaus nicht durch den für tiefwurzelnde Dauerkulturen entscheidenden Untergrund bedingt. Bis zur Katastrophe gesteigerte Dürreempfindlichkeit der Kulturen durch infolge falscher, auf Anfangserfolgen basierender Düngung erzwungene Konzentration der Wurzeln in der Oberflächenschicht waren auf den alten, teilweise seit 100 und mehr Jahren in Produktion stehenden Kaffeepflanzungen Brasiliens keine Seltenheit. Solche alten Bestände von Kaffee und Kakao haben sich bei dem Versuch der Steigerung der Intensität durch Düngung ganz allgemein als die hohe Schule für alles erwiesen, was man mit einem Boden machen darf und vor allem was nicht.

Die schwierigsten Verhältnisse liegen bei der Phosphorsäuredüngung vor, die in tropischen Böden wegen deren hohen Gehaltes an die Phosphorsäure stark festlegenden Sesquioxyden (Eisen und Aluminium) an Wichtigkeit an erster Stelle steht. Daher die Forderung, stets den Sorptionskoeffizienten eines Bodens für lösliches Phosphat analytisch zu bestimmen, da dieser sich leider einstweilen noch nicht, wie es bei den Basen der Fall ist, aus den sonstigen Daten berechnen läßt. Die Wahl des Düngephosphates wird um so mehr auf lösliches Phosphat wie Superphosphat, Kaliumphosphat usw. fallen müssen, je größer als 1,0 der Sorptionskoeffizient q ist. Je kleiner als 1,0 und je näher der Null er ist, desto wirkungsloser bleiben alle löslichen Phosphate und sind durch basische Phosphate (Thomasschlacke, Rhenania usw.) und auf sauren Böden auch Rohphosphate zu ersetzen. D. h. die Größe des Sorptionskoeffizienten gibt außer im Zusammenhange mit dem etwaigen Phosphorsäuredefizit über die zweckmäßig zu verabfolgende Phosphorsäuremenge auch über die sachgemäße Phosphorsäureform Aufschluß.

Auf die Einzelheiten der Durchführung aller dieser Rechnungen einzugehen, ist hier nicht der Ort. Sie interessiert den Praktiker nicht, da er ja die Resultate fertig von der untersuchenden Station mitgeteilt erhält (vgl. Anhang!). Auf zwei Punkte sei aber zur Vervollständigung des Bildes der modernen praktischen Bodenanalyse noch besonders hingewiesen.

Es ist oben gesagt, daß um unnütze Rechnungen zu vermeiden, die moderne Angabe der chemischen Analysendaten nicht mehr in Gewichtsprozenten, sondern in Wirkungseinheiten: Milliäquivalent je 100 Milliliter Boden oder Kiloval je Hektar und Zentimeter Tiefe erfolgt, wie es auch im unten beispielsweise mitgeteilten Gutachten geschehen ist. Diese Art der Angabe ist darum heute international angenommen und verdrängt die gewichtsprozentische Angabe mehr und mehr, weil nur bei der Benutzung der Wirkungseinheit die einzelnen Nährstoffe untereinander vergleichbar sind, was bei gewichtsprozentischer Angabe absolut nicht der Fall ist. Ein Vergleich, z. B. von 1 kg Kali mit 1 kg Stickstoff hinsichtlich der Auswirkung der Nährstoffe auf die Pflanze ist genau so wenig zulässig, wie der Vergleich von 1 kg Pellkartoffeln mit 1 kg Kaviar, wenn man sich nicht mit einer bloßen Zahlenspielerei begnügen will. Tierische bzw. menschliche Nahrungsmittel können, wenn man Zusamenhänge und besondere Eigenschaften auffinden will, nach ihrer Wirkung je Kalorie oder einer sonstigen eindeutigen Wirkungseinheit verglichen werden, aber nicht global. Genau dasselbe muß natürlich mit pflanzlichen Nährstoffen geschehen. Die gegebene eindeutige Wirkungseinheit ist hier das Äquivalent, d. h. die mit der elektrischen Ladungseinheit verbundene Menge des betreffenden Elementes, da alle chemischen Reaktionen in letzter Analyse im Ausgleich elektrischer Ladungen bestehen.

Die einer Wirkungseinheit (Kiloval) entsprechenden Gewichtsmengen der einzelnen Pflanzennährstoffe sind außerordentlich verschieden. Eine Wirkungseinheit entspricht für

Kalium	47	kg	Reinkali (K_2O)
Kalzium	28	,,	Reinkalk (CaO)
Magnesium	20	,,	Reinmagnesia (Mgo)
Stickstoff	14	,,	Reinstickstoff (N)
PO_4	23,7	,,	Reinphosphorsäure (P_2O_5).

Aus den nach Zehntausenden zählenden Düngungsversuchen der deutschen Landwirtschaftsgesellschaft und sonstiger objektiv arbeitender landwirtschaftlicher Organisatonen ergibt sich nun, daß bei der gleichen Kulturpflanze die Wirkungseinheit der verschiedenen Nährstoffe recht gut genähert dieselbe Produktionssteigerung bewirkt. Je Kilogramm Nährstoff gerechnet ist sie bekanntlich völlig verschieden, was zu vielen Spekulationen über den Grund dieser Verschiedenheit Anlaß gegeben hat, der im wesentlichen ganz einfach in der Wahl einer falschen Vergleichseinheit besteht.

Der Ausdruck: objektiv arbeitender landwirtschaftlicher Organisationen ist mit Absicht gewählt. Benutzt man zur Prüfung der Frage nämlich sogenannte, meist aus propagandistischen Gründen sehr scharf gesiebte, „Demonstrationsversuche" usw., so finden sich erhebliche Abweichungen. Sie können in der nicht immer sehr objektiv zu nennenden Versuchsanstellung, die ja nur propagandistischen Zwecken einseitiger Richtung zu dienen hat, und noch mehr in der Auswahl der Resultate, unschwer begründet werden.

Eigenartig ist, daß die erörterte Gesetzmäßigkeit zwar seit Jahren in Frankreich, in Südamerikanischen Staaten, England, Nordamerika usw. bekannt und benutzt ist, dagegen in der deutschen landwirtschaftlichen Forschung anscheinend bisher noch keine Rolle gespielt hat, trotzdem ausgerechnet die Deutsche Landwirtschaftsgesellschaft, ohne es anscheinend zu wissen und zu wollen, den schlüssigsten und gründlichsten Beweis dafür erbracht hat, wie auch allgemein anerkannt wird.

Der zweite zu erörternde Punkt ist die geforderte Bestimmung des austauschbaren Mangans, die speziell in der deutschen Bodenanalyse bisher kaum irgendeine Rolle spielt. Sie ist für die Tropen insofern von einer besonderen Wichtigkeit, als Mangan anscheinend das „Spurenelement", d. h. der in kleinsten Mengen sich findende Stoff ist, dessen Fehlen oder Überschuß sich am schnellsten und einschneidendsten im Kulturerfolg bemerkbar macht. Manganmangel erhöht allgemein die Anfälligkeit der Kulturgewächse gegen Krankheiten und vielleicht auch Parasiten. Manganüberschuß, der sehr viel weniger bisher bekannt und bearbeitet ist, kann für Baumwollkulturen geradezu prohibitiv wirken, da er zu fast völligem Abfallen der Kapseln und damit zur Mißernte führt. Auch für die Qualität des Tees ist er verderblich, anscheinend auch für die der Bananen.

Überhaupt bildet die Rolle der Spurenelemente bei den tropischen Kulturen ein ungemein wichtiges Forschungsgebiet, namentlich hinsichtlich der Qualitätserzeugung, auf welchem bisher allerdings erst sehr kleine Schritte getan sind.

Die ehemaligen deutschen Kolonialgebiete sind für diese praktisch sehr wichtigen Untersuchungen noch vollkommenes, für die moderne Bodenanalyse im allgemeinen nahezu vollkommenes Neuland, dessen Erforschung um so dringlicher ist, als von einer genauen Kenntnis der Bodenverhältnisse, wie die moderne Bodenkunde sie heute vermitteln kann, die Rationalität und damit die Rentabilität der Betriebe bei ständig starker Überstockung des Weltmarktes mit kolonialen Produkten und damit einem niedrigen Preisniveau weitgehend abhängen wird.

Anhang

Gutachten über Baumwollprojekt Fazenda B. T.

Allgemeines

Fazenda B. T. liegt am Ufer des Rio S. im Distrikt O. in 830 m Meereshöhe. Der durchschnittliche Regenfall beträgt rund 800 mm, von welchen der größte Teil in den Monaten Dezember bis Februar, also in der heißen Jahreszeit fällt. Im März klingen die Regen schnell ab. Von Mitte April bis Oktober ist eine ausgesprochene Trockenzeit.

Klimatisch sind dementsprechend die Vorbedingungen für den Baumwollanbau günstig.

Mit der Erschließung des Pflanzungsgeländes ist erst vor einem Jahre begonnen worden. Hauptfrucht soll auf den dafür geeigneten Ländereien Baumwolle sein, und zwar im Fruchtwechsel mit Zerealien und Weide, bzw. Leguminosen. Die für Baumwolle nicht geeigneten Böden sind für Baumkulturen bestimmt.

Das Pflanzungsgelände liegt auf dem Südufer des R. S. . . ., dessen Bett sich aus einem flachen Niederwasserbett und einem durchschnittlich 5 m tiefen, von der Flußmitte gerechnet im Areal der Fazenda 100 m breiten Hochwasserbett zusammensetzt. Letzteres ist am Ende der Regenzeit meistens ganz gefüllt. Überschwemmungen der Talsohle scheinen jedoch nach allen Anzeichen seit langem nicht mehr vorzukommen. Eine geringe Regulierung des Flusses, der ziemlich stark mäandert und stellenweise auch durch Baumstämme verstopft ist, dürfte die Überschwemmungsgefahr völlig ausschließen.

Die Wasserführung bei Niedrigwasser ist auf rund

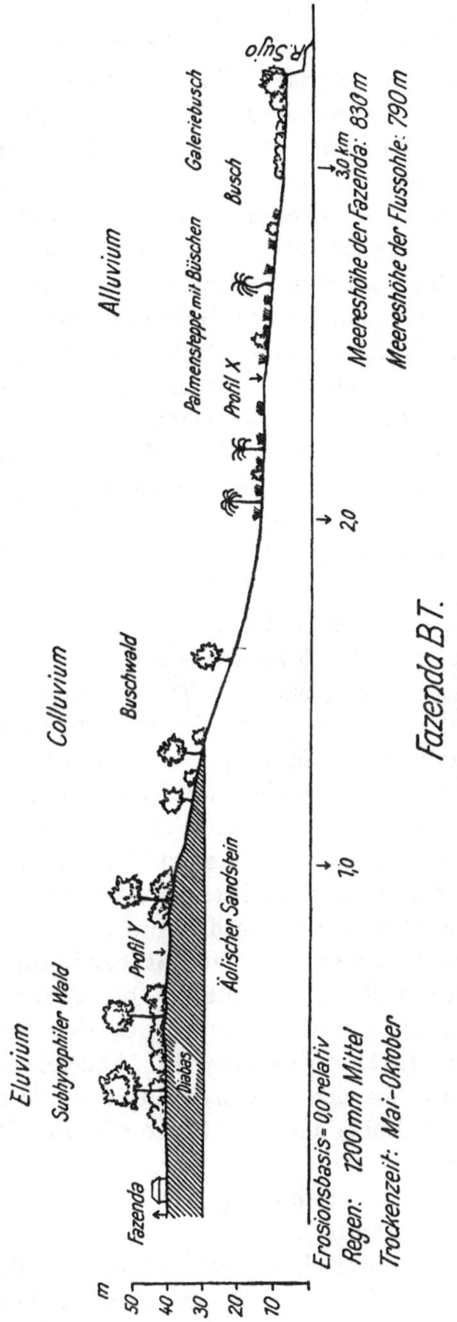

Abb. 4. Geländeschnitt

18 cbm je Sekunde, die maximale Wasserführung auf etwa 400 cbm je Sekunde zu schätzen.

Wie die Lageskizze (Abb. 4) zeigt, steigt vom Rande des Hochwasserbettes das Pflanzungsgelände nach Süden zunächst etwa 1,5 km fast unmerklich, dann auf den nächsten 900 m stärker, nämlich um rund 25 m (2,6%) an bis zum Rande eines praktisch horizontalen Plateaus, an dessen Westrand der Sitz der Fazenda sich im Bau befindet. Die Meereshöhe der Erosionsbasis (Flußsohle) ist 790 m, die des Plateaus 833 m. Vom Gesamtareal von 4000 ha liegen rund je 1000 ha auf dem Plateau und am Hange, rund 2000 auf der Talsohle. Im Steilufer des Hochwasserbettes stehen etwa 3 m unter der Oberfläche äolische Sandsteine an. In 830 m Meereshöhe lagert darüber nahezu horizontal eine Diabasdecke, die unter einer rund 3 m starken Bodenschicht liegt.

Das Gelände der Fazenda gehört also der Botucatuformation an. Beabsichtigt ist, zunächst die der Erosion am wenigsten ausgesetzten Flächen, also die Talböden und die Plateauböden in Kultur zu nehmen. Das Plateau ist von Diabaseluvium, d. h. Violetterde von etwa 3 m Mächtigkeit bedeckt, die durch eine Grünlehmlage unmerklich in die Zersatzschicht der Diabasoberfläche und weiter in das feste Gestein übergeht (Terra Roxa legitima). Die Vegetation bildet subhygrophiler artenreicher Urwald mit vielen Lianen und Figueira branca, Urtigão, Lixa usw. als „Indikatorpflanzen" guten Bodens (Padrões da terra boa). Die Talsohle weist eine ebenfalls etwa 3 m mächtige sandige Violetterde auf, die durch den Augenschein kaum von der Violetterde des Plateaus zu unterscheiden ist. Sie geht nach unten in ständig heller werdenden Detritus des äolischen Sandsteines über. Der Boden ist also eine Mischbildung des Sandsteineluviums mit vom Plateau herstammendem violetterdigem Sediment zu betrachten (Terra Roxa misturada bis Terra Roxa de Campo). Wie die Analyse ausweist, handelt es sich um eine sandige schon stark ferritische Violetterde. Abgesehen von einer schmalen Buschzone, die sich an den Galeriebusch des Flusses anschließt, trägt die Talsohle als Vegetation Palm(Coqueiro-)Steppe mit einzelnen Büschen.

Die zunächst für die Kultur interessierenden Böden sind die Glieder 1 und 4 der normalen Botucatu-Catena.

Das zunächst nicht interessierende Colluvium des Hanges trägt in fast voller Ausdehnung auf transportierter Violetterde mit nach oben zurücktretender Sandbeimischung Buschwald, der nach oben zu mit Zunahme der Bodengüte üppiger wird und ohne scharfe Grenze in den Urwald des Plateaus übergeht.

Die Begehung des Geländes, wobei im Eluvium des Plateaus und im Alluvium der Talsohle je Kilometer eine Profilgrube ausgehoben wurde, erwies eine so große Gleichmäßigkeit der respektiven Bodentypen, daß für die zunächst beabsichtigte allgemeine Orientierung die Untersuchung der Muster von nur je einer besonders charakteristischen Profilgrube im Urwald und in der Palmensteppe als ausreichend angesehen werden konnte. Ihre Lage zeigt die Skizze (Abb. 4), alle Einzelheiten sind im untenstehenden Probenahmeprotokoll enthalten.

Bemerkt sei noch, daß die von dem Besitzer vertretene Anschauung, daß die fast völlig gleich aussehenden Böden von Talsohle und Plateau wirtschaftlich den gleichen Wert hätten, ja, daß man wahrscheinlich im Tale die besseren Böden habe, weil die auf weniger guten Boden weisende Vegetation hier nur sekundär sei, durch die Untersuchung als völlig unzutreffend sich erwiesen hat.

Beschreibung der Profile

1. Profil x: Boden der Palmensteppe (Abb. 5).

a) Physikalische Eigenschaften (vgl. Tabelle 1 und Diagramm 1). Wie die Tabelle 1 und das dazugehörige physikalische Diagramm zeigen, handelt es sich bei dem Boden der Palmensteppe um einen tonigen, im Untergrund lehmigen Siltboden, der zwischen 20 und 100 cm Tiefe durch Infiltration mit Tonsubstanz einen typischen Illuvialhorizont ausgebildet hat. Außer im gesteigerten Tongehalt kommt diese Tatsache im negativen Luftwert (— 12,7!) bei voller Wassersättigung des Horizontes, die bei dem großen Porenvolumen und der entsprechend hohen Durchlässigkeit der dünnen Krumenschicht jeder stärkere Regen hervorrufen muß, zum Ausdruck, ganz besonders aber in dem riesigen Sprung des Kapillarpotentiales von 86 in der Krumenschicht auf 245 im Illuvialhorizont. Dieser Sprung ist um so bedenklicher, als das Porenvolumen nicht nur in der dünnen, von Pflanzenwurzeln und Tieren sehr stark aufgelockerten Humusschicht, sondern auch im Illuvialhorizont selbst noch über dem maximalen, ohne äußere Einflüsse möglichen Porenvolumen liegt. Der geringste Druck auf die Oberfläche, z. B. beim Weidegang muß bei dieser Sachlage den Horizont so stark unter Emporschnellen des Potentiales verfestigen, daß er nicht nur für Wasser, sondern auch für die Wurzeln etwaiger

Kulturen völlig unzulänglich wird, wie es aus der Erfahrung mit dem gleichen Bodentypus schon in vielen Fällen bekannt ist.

Schon im augenblicklichen Zustand ist die Wasserbewegung im Horizont, wie der negative Luftwert (Luftwert = Porenvolumen — Nutzwasser — totes Wasser) zeigt, außerordentlich langsam. Der bei der Probenahme beobachtete leichte Wasserstau auf der oberen

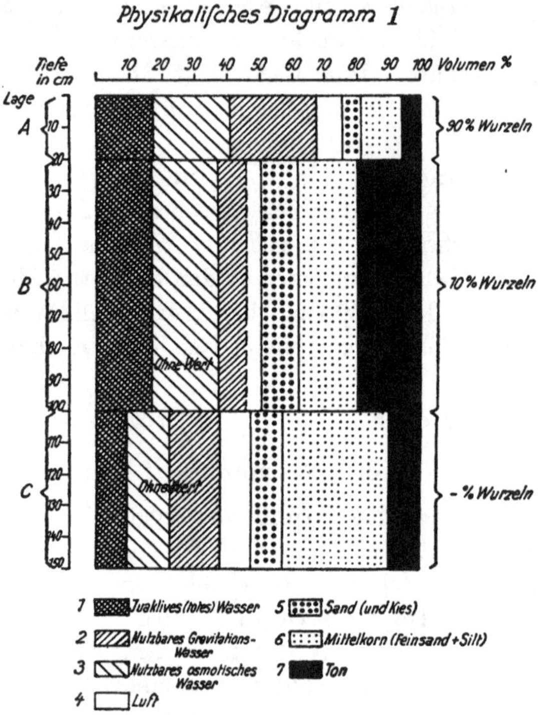

Abb. 5. Profil x (vgl. Tabelle 1)

Horizontgrenze ist also voll verständlich, ebenso, daß durch den mindestens zeitweiligen Luftausschluß nach jedem stärkeren Regen im Verein mit dem für die Wurzelverbreitung an sich ungünstigen Potentialsprung, die Wurzeln der natürlichen Flora sich von wenigen Buschwurzeln abgesehen, praktisch vollkommen in der dünnen Humusschicht von 20 cm Tiefe konzentriert haben. Ein gleiches, die Dürreresistenz stark verminderndes Verhalten ist für flachwurzelnde Kulturgewächse mit Sicherheit in verstärktem Maße zu erwarten.

Es erscheint ausgeschlossen, daß ohne starke Untergrundlockerung, deren nachhaltige Wirkung jedoch recht zweifelhaft ist, Wurzeln der Kulturgewächse in den Horizont eindringen können. Nur Kulturen,

Phys

Profil		Tiefe in cm	Analysenwerte									
			100 ml Volumengewicht		% Porenvolumen			Wasseraufnahme				% Hy nat.
								Menge		Steighöhe		
Nr.	Lage		scheinbar	real	real	min.	max.	mm/ha	$p \cdot 10^3$	mm	$q \cdot 10^3$	
x	A	0—20	65	260	75	50	62	339	24	740	10	8,8
(201)	B	20—100	127	259	51	41	45	339	24	830	15	8,5
	C	100—150	113	271	48	40	40	409	21	1000	14	5,0
y	A	0—50	81	290	72	46	63	247	19	577	12	11,0
(49)	B	50—100	93	310	70	45	65	277	39	740	8	12,5
	C	100—150	99	312	68	46	67	308	30	659	16	13,0

Chemische U

Profil		m Tiefe	Bodentypen	pH Reaktion		C (tot)		PO_4			N (tot)		H	Al	Mn	Na	
Nr.	Lage			Wasser	n-KCl	%	KV	tot	sal.	q	%	KV	sal.	sal.	sal.	sal.	t
x	A	0—20	Ferrit-	4,7	4,2	1,89	11,34	1,39	0,66	757	0,10	7,14	10,50	1,90	0,07	0,05	2,
	B	20—100	Violett-	4,7	4,3	0,98	5,88	1,62	0,99	1217	0,05	3,57	7,69	1,90	0,06	0,10	1,
	C	100—150	erde	4,9	4,3	0,61	3,66	1,85	0,27	174	0,04	2,86	4,90	1,60	0,05	0,07	1,
y	A	0—50	Junger	6,8	5,5	1,54	9,24	11,19	3,75	80,4	0,17	12,14	3,00	0,05	1,06	0,16	2,
	B	50—100	Violett-	6,4	5,0	0,63	3,78	8,67	3,19	68,9	0,05	3,57	2,80	0,05	0,37	0,12	3,
	C	100—150	lehm	6,9	5,2	0,53	3,18	6,30	1,99	198,9	0,03	2,14	2,00	0,03	0,13	0,09	3,

Genäherte Nährstofflieferung an Bau

Profil		Dicke	Lösung					Komplex				Reserve				Schichtsu		
Nr.	Lage	cm	PO_4	K	Mg	Ca	N	PO_4	K	Mg	Ca	PO_4	K	Mg	Ca	PO_4	K	Mg
x	A	20	0,0	0,2	1,0	1,4	1,4	0,08	0,02	0,11	0,02	Spuren!				0,08	0,22	1,11
	B	80	0,0	0,4	0,6	2,0	0,7	0,0	0,0	0,0	0,0					0,00	0,40	0,60
	C	50	0,0	0,0	0,0	0,0	0,0	0,0	0,0	0,0	0,0					0,00	0,00	0,00
Profil	Summe		0,0	0,6	1,6	3,4	2,1	0,08	0,02	0,11	0,02	Spuren!				0,08	0,62	1,71
y	A	50	0,0	0,5	2,5	3,5	6,1	1,9	1,54	6,36	44,64	0,56	0,14	0,15	0,45	2,46	2,18	9,01
	B	50	0,0	1,0	1,5	5,0	1,8	2,1	1,66	3,54	22,40	0,43	0,15	0,17	0,21	2,53	2,81	5,21
	C	50	0,0	0,5	2,5	4,5	1,1	?	?	?	?	0,31	0,16	0,14	0,24	?	?	?
Profil	Summe		0,0	2,0	6,5	13,0	9,0	4,0				1,30	0,45	0,46	0,90	4,99	4,99	14,2

Verlag Walter de Gruyter & Co., Berlin W 35
Deko II. Zu Vageler, Sachgemäße Entnahme von Bodenproben

aten

% Totes Was-ser	% Nutzwasser		% Luft	mm/ha Nutz-wasser im ge-sättigten Profil	μ Mittl. Poren-durch-messer	cm Min. Poten-tial	Bemerkungen
	Osm.	Grav.					
			Abgeleitete Werte				
17,6	23,0	26,4	+ 8,0	98,8	35	86	90% Wurzeln
17,0	21,2	(7,8)	– 12,7	(± 80)	12	245	10% Wurzeln
10,0	12,5	(15,0)	– 10,5	(137,5)	87	35	0% Wurzeln
22,0	27,5	17,5	– 21,5	225,0	17	182	100% feine Wurzeln
							40% Baumwurzeln
25,0	31,2	8,8	– 23,7	200,0	10	291	30% Baumwurzeln
26,0	32,5	4,5	– 29,5	185,0	9	342	25% Baumwurzeln

iloval / ha / cm

Ig		Ca			*T*	*S*	*V*	*q*	Mo-dul.	PO_4-		Zusammensetzung des Rohtons	% Flüssig-keitsgrad				Mittl. Verwit-terungs-grad in %
l.	lösl.	tot	sal.	lösl.	KV	KV	%		C	Bin-dung	*q*		PO_4	K	Ca	Mg	
18	0,05	0,72	0,03	0,07	12,80	0,36	2,8	32,1	72,5	18,3	0,6	Vorherrschend Eisenhydr-	47	2	14	37	24
15	0,03	1,18	0,03	0,10	9,90	0,41	4,1	19,4	43,6	48,2	0,2	oxyde, etwas Hydrargillit u.	62	5	10	24	25
14	0,05	1,12	0,04	0,09	6,90	0,39	5,6	11,0	23,8	6,5	0,9	Kaolinit	15	7	9	20	13
)6	0,28	8,90	7,44	0,10	12,67	9,24	72,9	2,4	22,0	2,7	1,8	Eisenhydroxyde, Böhmit, viel	34	10	84	43	44
37	0,28	4,30	2,45	0,10	6,57	3,65	55,6	3,2	11,8	2,6	3,4	Illit, Hydrargillit, Kaolinit,	37	6	59	19	30
13	0,25	4,75	2,07	?	4,76	2,67	56,1	3,2	8,5	6,7	0,8	Haloysit und SiO_2	32	5	44	14	24

her Totalgehalt der Profile in KV/ha

ilanz	PO_4	K	Mg	Ca	N	Düngerbedarf					KV-Totalinhalt						Bemerkungen
						PO_4	K	Mg	Ca	N	C	N	PO_4	K	Mg	Ca	
erfordern zur	0,60	0,90	1,00	2,10	3,30	1,2	0,32	0,0	(100,0)	2,4	226	142	28	44	13	14	Reaktion schließt
Bodenlieferung	0,08	0,62	1,71	3,60	2.10			als			472	288	128	152	61	9	Baumwolle aus!
KV.						Bas. Phosphat	Kainit	—	Kalkstein	Kalk-salpeter	183	143	92	80	47	56	
Differenz	– 0,52	– 0,28	+0,71	+1,50	– 1,20						881	573	248	276	121	79	
erfordern zur	2,40	3,60	4,00	8,40	13,20	0,0	0,0	0,0	0,0	4,2	462	607	559	144	155	445	Mn-Gehalt zu
Bodenlieferung	4,99	4,99	14,22	78,20	9,00			als			189	178	433	158	170	215	hoch!
										Schwefels. Ammon	159	107	315	166	140	238	
Differenz	+ 2,59	+ 1,39	+ 10,22	+ 69,80	– 4,20	—	—	—	—		810	892	1307	468	465	898	

die tiefe Pflanzlöcher, die den ganzen Horizont durchstoßen, zur Voraussetzung haben, oder ähnlichen Untergrundverhältnissen angepaßt sind, haben Aussicht auf eine normale Wurzelentwicklung.

An Nutzwasser stehen im Profil unmittelbar zur Verfügung nur 98,8 mm in der Krumenschicht. Aus dem Unter-

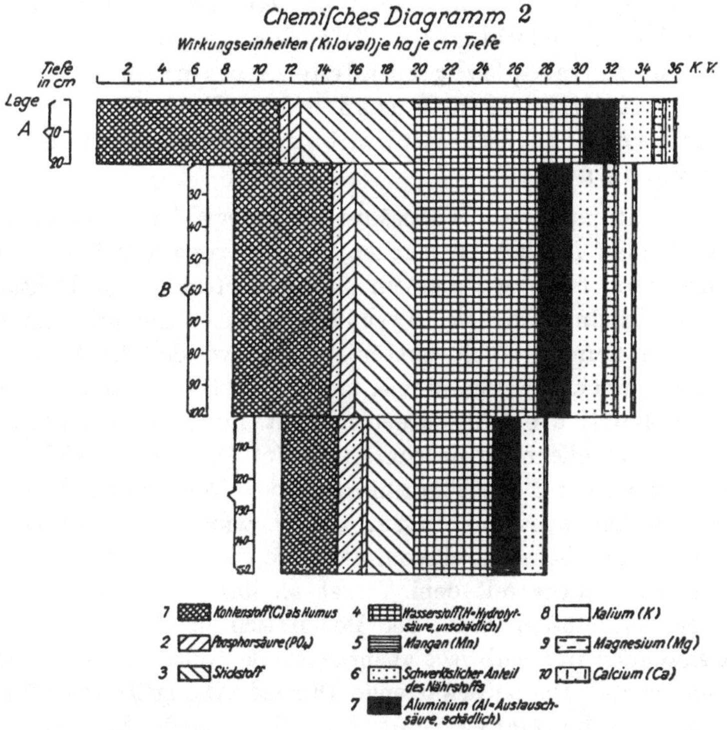

Abb. 6. Profil x (vgl. Tabelle 2)

grunde kommen für den Bedarf einer in schneller Entwicklung befindlichen Vegetation höchstens noch 30 mm hinzu. Maximal ist also mit nur 130 mm Nutzwasser zu rechnen, was schon eine Dürreperiode von auch nur einem Monat für anspruchsvolle Kulturen sehr bedenklich macht.

Die ärmliche heutige Vegetation: Coqueirosteppe mit einzelnen Büschen ist also durchaus nicht sekundär, sondern ursprünglich, und zwar durch die Bodenverhältnisse bedingt (edaphisch), da der Boden eine anspruchsvolle Vegetation physikalisch überhaupt nicht tragen könnte.

b) Chemische Eigenschaften (Tabelle 2 und Diagramm 2). Wie die sehr niedrigen Ziffern des Total- und noch mehr des Komplexgehaltes an Basen beweisen, handelt es sich um einen Boden, der sich bereits im Endstadium der Ferritisierung befindet, und außerordentlich an allen Nährstoffen verarmt ist. Die Sorptionskapazität des Bodens, die an sich bei einem T-Wert von fast 13 Milliäquivalent noch keineswegs niedrig ist, ist durch nahezu völlige Sättigung mit Wasserstoff (H) und Aluminium (Al) weitgehend außer Gefecht gesetzt. Die niedrige p_H-Ziffer von 4,7, die durch das sorptiv gebundene Aluminium mit seiner starken Giftwirkung auf anspruchsvollere Pflanzen bedingt ist, schließt Baumwollanbau als rentabel von vornherein völlig aus.

Zur Beseitigung der Bodensäure in genügendem Umfange, um Baumwollanbau möglich zu machen, würden rund 100 Kiloval Kalzium, also rund 5000 kg Kalkstein in feinster Mahlung je Hektar erforderlich sein, durch dessen Anwendung in einer Gabe mit Sicherheit der gesamte Humus völlig zerstört werden würde, der heute dem Boden noch einen gewissen Momentanwert verleiht. Die augenblickliche Nährstofflieferung wäre noch nicht einmal für die bescheidene physikalisch mögliche Ernte von rund 150 kg Lint je Hektar bei Neutralisierung der Bodensäure hinreichend. Von einer Rentabilität des Baumwollanbaues auf diesem Boden kann nicht ernsthaft die Rede sein, ganz abgesehen davon, daß, wie ein Vergleich der Jahreslieferung des Bodens mit dem Vorrat an löslichen und sorptiv gebundenen Nährstoffen zeigt, der Boden sich in allerkürzester Zeit durch eine auch nur halbwegs anspruchsvolle Kultur vollkommen erschöpfen würde. Die zu erwartende Düngerwirkung ist zwar für alle Basen und für basisches Phosphat (Thomasschlacke, Rhenania) gut. Die geringe Menge des einjährigen Kulturen zur Verfügung stehenden Nutzwassers und die dadurch bedingte starke Beschränkung der möglichen Erntehöhe lassen jedoch größere Aufwendungen zur Intensivierung auf diesem Boden als wenig angezeigt erscheinen. Es kann dringend empfohlen werden, diese Böden nur für den extensiven Anbau sehr anspruchsloser Baumkulturen zu verwenden. Zu denken ist dabei in erster Linie an Eukalyptus, allenfalls kämen noch geeignete Citrusarten in Betracht, die allerdings bereits eine gewisse Kunstdüngung zur Stimulierung der notwendigen Gründüngung mit Mucuna benötigen würden.

2. Profil y: Boden des Urwaldes.

a) Physikalische Eigenschaften (vgl. Tabelle 1 und Diagramm 3). Wie die Ziffern der Tabelle 1 und das dazugehörige physikalische Diagramm zeigen, sind die physikalischen Bedingungen des Profiles y nahezu ideal. Ganz langsam sinkt der mittlere Porendurchmesser unter Steigen des Potentiales in einem außerordentlich hohen und gleichmäßigen Porenvolumen mit zunehmender Tiefe. Ein zwar wegen des negativen Luftwertes langsames aber stetiges Eindringen der Niederschläge bis in die tiefsten Bodenlagen ist dadurch garantiert. Jeder Stau ist ausgeschlossen, so daß trotz des negativen Luftwertes bei gleichzeitiger Existenz immer noch nennenswerter Mengen nutzbaren Gravitationswassers ein Luftmangel der Wurzeln nicht zu befürchten ist. Das gesamte Nutzwasser des Profiles in Höhe von 610 mm ist, wie auch die äußerst gleichmäßige Wurzelverteilung bis in die tiefsten Lagen des Profiles beweist, verwertbar und garantiert physikalisch Höchsternten aller denkbaren Kulturpflanzen. Wie auch die praktischen Erfahrungen auf diesem Bodentypus es in allen Fällen gezeigt haben, können selbst 4—5 Monate Dürre bei der tiefen Bewurzelung und dem hohen Gehalt des Untergrundes an Nutzwasser und bei dem völligen Verdunstungsschutz des Profiles unterhalb rund 60 cm Tiefe, den Kulturen nichts anhaben. Das Profil ist physikalisch als erstklassig zu beurteilen.

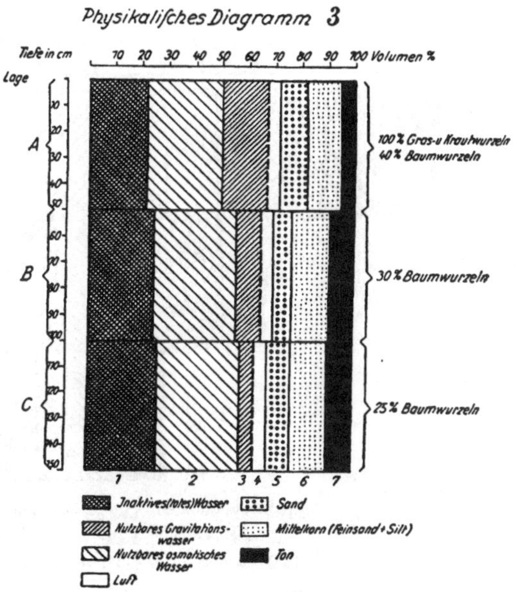

Abb. 7. Profil y (vgl. Tabelle 1)

b) Chemische Eigenschaften (vgl. Tabelle 2 und Diagramm 4). Das gleiche gilt für die chemischen Eigenschaften des Profiles. Es besitzt bei hervorragend günstiger Reaktion Überfluß an allen verfügbaren Nährstoffen und eine große, die Nachhaltigkeit der Fruchtbarkeit garantierende Reserve. Das im Stickstoff bei der Berechnung der Nährstofflieferung für eine Höchsternte von 600 kg Lint je Hektar sich ergebende Defizit ist bei der außerordentlich starken Nitrifikationsenergie der Violetterden, der aber bei der Berechnung der Nährstofflieferung im Einzelnen noch nicht Rechnung getragen werden kann, mehr als durch Kopfdüngung leicht zu behebende Möglichkeit, als als Sicherheit zu betrachten.

Chemisch besitzt das Profil für Baumwollanbau nur einen Fehler. Der Gehalt an löslichem Mangan ist so hoch, daß ein starker

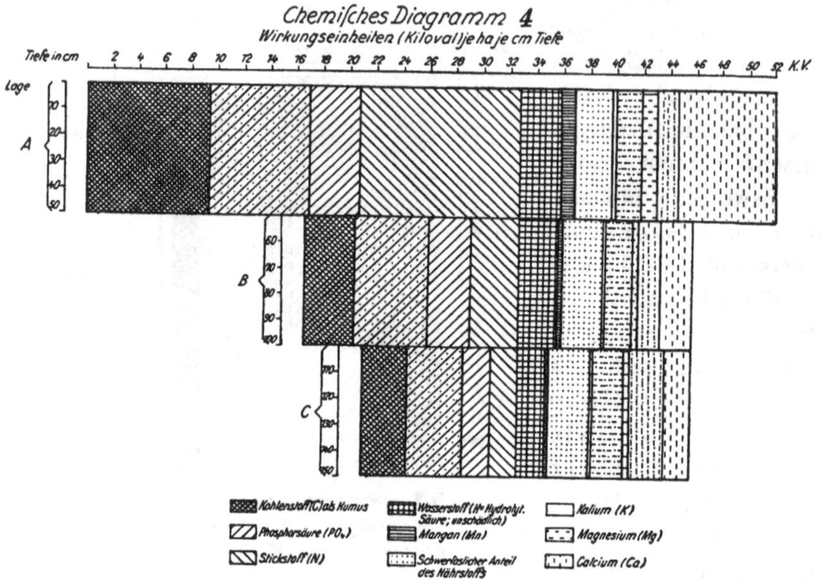

Abb. 8. Profil y (vgl. Tabelle 2)

Kapselabwurf der Baumwolle in der Reifezeit zu befürchten ist. Da sich dieser Gehalt auf die Humusschicht beschränkt, ist zu seiner Beseitigung trotz der an sich schon neutralen Reaktion eine schwache Kalkgabe, vielleicht am zweckmäßigsten in Form von 300 kg Gips zu empfehlen.

Dringend notwendig zur Verhütung einer Festlegung der Phosphorsäure an Eisen ist im Profil eine sorgfältige Pflege des Humusinhaltes, durch Verwendung mindestens eines Teiles der ohnehin für die Fruchtfolge vorgesehenen Leguminosen als Gründüngung.

Das Profil ist für alle Kulturen mit Ausnahme von Tee, für welchen die Reaktion zu alkalisch ist, um die Erzeugung erster Qualität zu gestatten, hervorragend geeignet.

Probenahme-Protokoll

Staat: M. G. Profil Nr. x 1937 Distrikt O.

1. Geographische Koordinaten: ....

....

2. Örtlichkeit: a) Unternehmung: B. T. Schlag: I
b) Kilometer....... von........... nach: ....

....

3. Lage des Profiles: Talebene des Rio S.
Meereshöhe: 802 m. Topographische Beschreibung: völlig eben. minimales Gefälle S : N,

....

4. Geologische Provinz: Botucatú. Petrograph. Provinz: Aremito Eolico
Vermutliches Muttergestein: Äolischer Sandstein und Diabas (bzw. Melaphyr).
Gerölle: Vereinzelte Diabasgerölle in Rissen, am Flußufer 4 m unter Oberfläche äolischer Sandstein anstehend.

....

5. Vegetation:
Natürliche Vegetation:
Vorwiegend Palmsteppe (Coqueiros) mit Büschen. Am Fluß Buschzone und Galeriebusch.
Kulturvegetation:
Noch nicht entschieden!

....

6. Allgemeine Bemerkungen: 800 mm Regen im Mittel. Trockenzeit Mai bis Oktober. Das Gelände ist überschwemmungsfrei.

....

7. Bodentypus: Aluvium, wahrscheinlich gemischte ferritische Violetterde (Terra roxa de campo).

....

8. Film Nr. 34. 1937; Bild Nr. 26—28:

Profillage	A	B	C	D	E
Mächtigkeit in cm	0—20	20—100	100—150	—	—
% feine Wurzeln % grobe Wurzeln	90%	10%	—	—	—
Bodenfarbe	violett bis braun	violett bis braun	violett bis braun	—	—
Bemerkungen:	Sehr locker, völlig durchwurzelt, scharf absetzend gegen B, Übergang feucht	Anscheinend verfestigt, leichte Wasserstauung im oberen Teil der Lage	Anscheinend lockerer als B, fast trokken. Übergang zu B sehr allmählich. Tiefe unbekannt	—	—

Probenahme-Protokoll

Staat: M. G. Profil Nr. y 1937 Distrikt O.

1. Geographische Koordinaten: ....

....

2. Örtlichkeit: a) Unternehmung: B. T. Schlag: II
   b) Kilometer .... von .... nach ....

....

3. Lage des Profiles: Randplateau der südlichen Talhälfte des Rio S.
   Meereshöhe: 820—830 m. Topographische Beschreibung: völlig eben.

....

4. Geologische Provinz: Botucatú Petrograph. Provinz: Lava (Diabas)
   Vermutliches Muttergestein: Diabas, teilweise Melaphyr.
   Gerölle: ....

5. Vegetation:
   Natürliche Vegetation:
   Subhygrophiler Urwald mit Figueira branca, Sixa, Urtigão.
   Kulturvegetation:
   Noch nicht entschieden!

....

6. Allgemeine Bemerkungen: vgl. Profil Nr. x.

....

7. Bodentypus: Junge Violetterde, eluvial. Durch Grünlehm in 300 cm Tiefe übergehend in Zersatz des Diabases (Terra Roxa legitima).

....

8. Film Nr. 34. 1937; Bild Nr. 29—32:

Profillage	A	B	C	D	E
Mächtigkeit in cm	0—50	50—100	100—150	—	—
$^0/_0$ feine Wurzeln	100	—	—	—	—
$^0/_0$ grobe Wurzeln	40	30	25	5	
Bodenfarbe	violett bis braun	violett bis braun	violett bis braun	—	—
Bemerkungen	Völlig homogenes, sehr lockeres Profil!				

Böden Westafrikas vom Standpunkt der Catenamethode

Von **Professor Dr. Paul Vageler**

Mit 5 Abbildungen im Text und 4 Tafeln

Einleitung

Unter allen Wissenschaften ist keine zweite zur Zeit in einer so schnellen Entwicklung und Wandlung begriffen wie die Bodenkunde. Hervorgegangen aus praktischen Bedürfnissen des Ackerbaues, dessen neben dem Klima wichtigsten und für Betriebsart und -wert entscheidenden Produktionsfaktor der Boden bildet, war die Bodenkunde seit Jahrzehnten von Geologie und Landwirtschaft in gleicher Weise umkämpft und als Teil ihres Wissensgebietes in Anspruch genommen. Mit als Folge davon haben sich die geologisch ausgerichtete theoretische Bodenkunde und die physiologisch orientierte angewandte Bodenkunde nicht konvergent oder auch nur parallel, sondern vielfach in scheinbar auseinanderstrebenden Richtungen entwickelt.

Während die Gestaltung der Weltwirtschaftsverhältnisse die Landwirtschaft aller Zonen und in ganz besonderem Maße die auf weite Transportwege angewiesene koloniale Landwirtschaft zur äußersten Rationalisierung zwingt, die nur möglich ist, wenn man die produktiven Eigenschaften des örtlichen Bodens richtig einzuschätzen und zu beeinflussen vermag, stehen die Praktiker der Tropen der logischerweise für sie fundamental wichtigen Bodenkunde zum Teil noch fremd, wenn nicht gar ablehnend gegenüber.

Der vielfach erhobene Vorwurf, daß die heutige Bodenkunde der Praxis besonders der Tropen noch zu wenig Handgreifliches zu bieten habe, ist unberechtigt und berechtigt zu gleicher Zeit. Unberechtigt ist er, wenn man sich die Erfolge vergegenwärtigt, die in Niederländisch-Indien, Kuba, Hawai, Brasilien, Sudan usw. sinngemäß ausgewertete bodenkundliche Untersuchungen für die Praxis mit sich gebracht haben. Erinnert sei nur an die im Zuckerrohrbau Javas durch bodenkundlich richtige Düngung erzielten Rekordresultate oder an die Ergebnisse der Schädlingsbekämpfung im Teebau durch richtige Einstellung der als grundlegend wichtig erkannten Bodenreaktion. Die gesamte wirtschaftliche Entwicklung des anglo-ägyptischen Sudans zum wichtigen Baumwolllieferanten Englands wäre ferner ohne sachgemäße bodenkundliche Vorarbeit unmöglich gewesen. Berechtigt ist aber andererseits der Vorwurf ungenügender Auswertbarkeit bodenkundlicher Daten für die Praxis deswegen, weil tatsächlich erst in recht beschränktem Grade, wiederum besonders in tropischen Gebieten, der Boden als Boden, d. h. als Ganzes und damit als ein durch sein natürliches Material, seine Umgebung und Vorgeschichte bedingtes, seinerseits den Wirtschaftserfolg bedingendes, Etwas untersucht und dargestellt worden ist.

Man hat wohl einzelne Eigenschaften der Böden im Laboratorium in großer Anzahl untersucht, aber selten Böden als Ganzes im Felde — — — trotzdem einzig und allein mit diesen der Landwirt in der Praxis zu tun hat.

So trugen und tragen zum Teil heute noch die Darstellungen bodenkundlicher Aufnahmen den Charakter eines Mosaiks, oft ohne erkennbaren inneren Zusammenhang, wie es bei der geregelt lückenhaften Untersuchung der Böden in Einzelmustern, die außerdem meistens nur auf wenige, praktisch als besonders wichtig betrachtete Eigenschaften im Laboratorium an laboratoriumsmäßig vorbereitetem Material durchgeführt ist, auch nicht anders sein kann.

Die Unterscheidung bestimmter Bodenklassen und -typen, die sich zwangsläufig zur Ermöglichung wenigstens von Analogieschlüssen und zur Vergleichung der Reaktion der Böden auf verschiedene Behandlung und Düngung mit versuchsmäßig festgestellten Standardwerten entwickelte, hat an diesem Mosaikcharakter wenig geändert.

Dem ersten, schon früh unternommenen Versuch, zu einem praktisch auswertbaren Gesamtverständnis von Bodeneigenschaften und Bodenverteilung auf der Erde zu gelangen, indem man die Böden zu ihrem Ausgangspunkt, also zu Petrographie und Geologie in Beziehung setzte, war kein Erfolg beschieden. Er konnte es auch unter keinen Umständen sein, weil kein Ding in der Welt allein vom Materialstandpunkt in seinen Eigenschaften verständlich ist. Stahl bleibt Stahl als Pflug und als Schwert, in formbedingter Funktion.

Da auch der Laie erkennen kann, daß die Form, d. h. Art und der Charakter der Bodensubstanz in der Natur, also ihre physikalischen und chemischen Eigenschaften im Profil, die die Entwicklung der natürlichen oder künstlichen Vegetation bedingen, das Ergebnis der klimatischen Einwirkungen der Örtlichkeit ist, schien die Auffassung des Bodens als Klimafunktion, die sich noch vor verhältnismäßig kurzer Zeit allgemeiner Anerkennung erfreute, die ideale Lösung des Problems der praktischen Bodenkunde zu sein. Trotz warnender Stimmen wurde die klimatische Bodenbedingtheit gedanklich ins Extrem getrieben unter völliger Vernachlässigung des an sich selbstverständlichen Einflusses des Ausgangsmaterials. Es entstand das Axiom: „Aus jedem Gestein kann als Endergebnis im gleichen Klima nur ein und derselbe gleiche Boden entstehen.“

Es war das eine genau so absurde Annahme wie die, daß nur das Ausgangsmaterial über die Natur des entstehenden Bodens entscheide. Die extreme Klimatheorie hatte daher genau so wenig befriedigende Resultate wie die geologisch-petrographische Bodentheorie.

Die mit unendlichem Fleiß und Scharfsinn auf Grund der Klimatheorie der Bodenbildung konstruierten Bodenkarten der Kontinente decken sich nur dort mit den tatsächlichen Verhältnissen, wo tatsächliche Beobachtungen ihre Grundlage bildeten. Wo das nicht der Fall war — und das ist es nicht auf mindestens 80% der Erdoberfläche als Ganzes und rund 98% der warmen Zonen-, sind diese am Schreibtisch konstruierten Bodenkarten nicht nur meistens falsch, sondern sogar das Urteil über die Produktivität ganzer Länder, wie z. B. Brasiliens, völlig irreführend.

Aber auch da, wo die klimatische Bodenkarte richtig ist, ist sie als regionale Karte, die sie unter allen Umständen nur sein kann, für den Praktiker von relativ geringem Wert. Der klimatische Bodentypus bewegt sich physikalisch und chemisch in so außerordentlich weiten Grenzen, daß er über die Bodeneigenschaften letzten Endes nahezu überhaupt nichts mehr besagt. Jede sachliche Planung, wie sie als Grundlage einer gesunden, gerichteten Entwicklung der kolonialen Landwirtschaft unbedingtes Erfordernis ist, ist auf Grund der klimatischen Bodentypen genau so eine vollendete Unmöglichkeit, wie auf Grund des in allen Tropen und Subtropen noch sehr lockeren und lückenhaften Netzes zusammenhangloser Einzeluntersuchungen von Böden örtlicher Natur.

Auch die Kombination des Material- und Klimastandpunktes oder, wie man sich bodenkundlich ausdrückt, die Auffassung des Bodens als Produkt endo- und ektodynamischer Faktoren, ändert am Endergebnis nicht viel. Die Vagheit des Bodentypus bleibt auch dann bestehen und macht ihn für praktische Zwecke nahezu unauswertbar.

Den Grund dafür spricht jeder Praktiker schon mit der für ihn selbstverständlichen Frage aus, wie sich denn im gleichen Gesteins- und Klimagebiet und damit im theoretischen Bereich eines Bodentypus die Böden auf Höhen, an Hängen und in Senken ihrem Charakter nach verteilen, wo sie doch unmöglich gleich sein könnten, wie jede unmittelbare Anschauung ohne weiteres lehre?

Der Grund der Unzulänglichkeit des Klimatypus für die Praxis ist nämlich darin zu suchen, daß in der Theorie der Bodenbildung und -verteilung bisher, wie Milne sich ausdrückt, die transversale Komponente fehlte, die man noch schärfer als topographisch-historischen Faktor bezeichnen kann.

Unter dem Einfluß von Regen, Wind und Schwerkraft, d. h. von unmittelbaren und mittelbaren Wirkungen des örtlichen Klimas und Reliefs, unterliegt ja ständig jeder Boden nicht nur einem oberflächlichen Transport durch Flächen- und Linienerosion, sondern auch einer ständigen physikalischen Sortierung und chemischen Umwandlung seiner Substanz beim Wiederabsatz.

Schnell fließendes Ablaufregenwasser transportiert an Hängen gröberes und mehr Bodenmaterial als das langsam oder auch gar nicht bewegte Wasser der Senken. So ergibt sich rings um jede örtliche Erhebung vom relativen Erosionsscheitel bis zur relativen Erosionsbasis eine zonare, oft konzentrische, physikalische Sortierung des von der Höhe stammenden Bodenmaterials, dessen Charakter zunächst durch Ausgangsmaterial und örtliches Luftklima gemäß der älteren Theorie eindeutig gegeben war.

Schon diese physikalische Sortierung bedingt aber, wie jedem Beobachter geläufig ist, die weitestgehenden Unterschiede der Böden von Höhe, Hang und Senke im Makro- wie im Mikrorelief. Der Praktiker sagt gewöhnlich, die Böden werden mit Annäherung ans Zentrum der Erosionsbasis schwerer, d. h. tonreicher, und seien damit schon technisch und wirtschaftlich völlig verschieden zu bewerten, wie schon die völlige Änderung des Charakters der natürlichen Vegetation vom Gipfel bis zur Senke lehrt. Dieser physikalische Prozeß, den das Relief bedingt, hat noch viel weitergehende Folgen.

Hält man sich vor Augen, daß klimatisch wirksam auf den Boden nur die Faktoren werden können, die direkt auf ihn zum Einfluß gelangen, so liegt es ohne die Notwendigkeit einer besonderen Begründung auf der Hand, daß auf einem Hang die Exposition nach einer bestimmten Himmelsrichtung die Menge der dem Boden aus der Sonnenstrahlung zugeführten Wärme bedingt, die sich aus dem Luftklima gar nicht ableiten läßt. Noch viel weniger aber lassen sich die Feuchtigkeitsverhältnisse des Bodens aus der klimatischen Niederschlagshöhe ableiten.

Es versteht sich von selbst, daß ein Hang im gleichen Regengebiet bodenklimatisch um so trockener ist, je steiler er ist, weil eben wegen der Steilheit das Regenwasser so schnell abläuft, daß es nicht in nennenswertem Maße in den Boden eindringen — also auch nicht seine Entwicklung chemisch beeinflussen — kann. Steile Wände sind so auch bei Niederschlägen von 10 m und mehr Höhe, wie die Beobachtung zeigt, „arid" und zeigen „Wüstenvegetation" auf „Wüstenböden". Auf der anderen Seite sind im Wüstenklima, wo vielleicht nur alle 10 Jahre einmal ein ausgiebiger Platzregen fällt, Senken mit undurchlässigem Untergrunde im höchsten Grade „humid" und lassen unter Umständen in Sümpfen und Niedermooren Torf- und Podsolböden entstehen, die theoretisch nach der klimatischen Bodentypentheorie keinerlei örtliche Daseinsberechtigung haben. Zur Rettung der Theorie hat man daher das niedliche Hintertürchen der „intra- und extra-zonaren Bodentypen" in das Klimasystem der Böden eingebaut, das nicht gerade ein logisches Glanzstück ist.

Die älteste Bodenkarte kannte nur das Einzelmuster des Bodens als Baustein des Bodenmosaiks. Die klimatisch-geologische Bodenlehre betrachtete als einen solchen Baustein bereits das reife Typenprofil, das sich unter dem Einfluß von Ausgangsmaterial und Luftklima in seiner Folge von Horizonten geformt hat.

Die moderne, auch das Relief berücksichtigende Bodenkunde kann als Einheit nur noch die vom Erosionsscheitel bis zur Erosionsbasis gesetzmäßig je nach Ausgangsmaterial, Luft- und Bodenklima, Gefälle und Dauer der Wirkung aller dieser Faktoren sich ständig fortbildende und praktisch niemals zur Reife kommende Serie ursächlich untereinander, mit der Vegetation und jeder eventuellen Änderung der örtlichen Zustandsbedingungen durch den Menschen verknüpfter Profile anerkennen. Milne, der, basierend auf den Arbeiten von Vageler und Robinson, als Schöpfer dieser letzten Synthese zu betrachten ist, nennt diese gesetzmäßige, transversale Profilserie eine „Catena", d. h. Kette.

Die Einführung dieses Begriffes in die Bodenkunde bedeutet zweierlei:

1. Die erstmalige Betonung und damit Fruchtbarmachung des Gedankens des ständigen Werdens, d. h. der Dynamik

an Stelle der Statik, für die praktische Bodenkunde, womit die praktisch wichtigen Änderungen der Böden und ihrer Eigenschaften nicht nur durch Änderungen des Klimas, sondern vor allem auch durch menschliche Maßnahmen wie: Schlag von Wäldern, Ent- oder Bewässerung, Erschöpfung durch Raubbau usw., erfaßt werden.

2. Eine unmittelbare Nutzbarmachung bodenkundlicher Daten für die Praxis in einem Umfange und zu so verminderten Kosten der bodenkundlichen Aufnahme auch größter Territorien, wie es für kein sonstiges System gilt.

Die dynamische Behandlung der Bodenfrage umschließt automatisch nicht nur die volkswirtschaftlich grundlegend wichtigen Probleme der Bodenkonservierung, d. h. des systematisch zu organisierenden Kampfes gegen Versteppung, Erosion und Bodenerschöpfung und -versalzung. Sie ändert zwangsläufig die gesamte Behandlungsart bodenkundlicher Fragen.

Dynamische Vorgänge spielen sich notwendig im Raume ab. Aus dem ihren oberirdischen Teil umgebenden Luftvolumen entnimmt die Pflanze ihren benötigten Sauerstoff und ihre Kohlensäure zum Aufbau der organischen Substanz. Im Bodenvolumen verbreiten sich die Wurzeln, nicht künstlich befreit oder eingeengt wie im Versuchstopf, sondern bedingt durch die von Ort zu Ort wechselnde physikalische Struktur des Wurzelraumes, die damit gleichzeitig für das der Pflanze zugängliche Maß von Wasser und Nährstoffen, also chemisch, wirksam wird. Im Bodenvolumen der Wurzelzone spielt sich weiter die Wurzelkonkurrenz der Kulturpflanzen untereinander, mit dem etwaigen Unkraut und mit der Mikroflora ab. Volumenmäßig verlaufen schließlich alle Änderungen des physikalischen und chemischen Bodengefüges unter äußeren Einflüssen.

Damit werden alle bisher üblichen gewichtsmäßigen, prozentischen Angaben von Bodeneigenschaften gegenstandslos. Sie können ja, da der natürliche Produktionswert der Böden struktur-, d. h. volumenbedingt ist, das Bild nur verwischen und unter Umständen zur Unkenntlichkeit verzerren. Man vergegenwärtige sich z. B., daß in Tropenböden der Gehalt einer Raumeinheit an fester Substanz oft zwischen 25 und 75 Vol.-% variiert. Das bedeutet, daß allein schon die Nichtberücksichtigung dieses Umstandes, die bei gewichtsmäßiger Prozentangabe gar nicht zu umgehen ist, Beurteilungsfehler des praktischen Bodenwertes von 300% umschließt! Es ist sicher nicht übertrieben, zu behaupten, daß 99% alles bisherigen Meinungsverschiedenheiten von Theorie und Praxis in der Bodenkunde in der Naturfremdheit der bisher üblichen Bezugsbasis der bodenkundlichen Untersuchungsdaten ihren Grund haben. Allein ihre Änderung, wie übrigens auch anderweitig in steigendem Maße anerkannt wird, würde das heute schon vorhandene Beobachtungsmaterial in einem bisher nicht erreichbaren Maße für die Praxis nutzbar machen.

Denn was der Praktiker wissen will und wissen muß, ist ja das auf einem bestimmten Ackerstück total für die Pflanze nutzbare Wurzelvolumen des Bodens, ist die in diesem örtlichen und individuellen Volumen verfügbare Wasser- und Nährstoffmenge, ist im Falle der Bewässerung das für dieses — und nur für dieses — Volumen benötigte Menge von Irrigationswasser usw. Er will und muß wissen, was er tun soll und kann, um dieses Volumen, das seine Produktionsgrundlage ist, gegen Verschlechterung und Erosion zu schützen und möglichst zu vermehren und zu verbessern. Daß 100 g Boden, die ganz bestimmt in Krume und Untergrund in völlig verschiedenen Volumen enthalten und daher praktisch überhaupt untereinander bei verschiedenen Böden und Bodenhorizonten gar nicht vergleichbar sind, so und soviel Kali usw. enthalten, wäre ihm furchtbar gleichgültig, wenn ihm das Gegenteil nicht durch die laboratoriumsmäßige Ausdrucksweise der älteren Bodenkunde aufsuggeriert wäre.

Für die Catenamethode ist, wie erörtert, die lückenlose Profilfolge, also die relative Volumenentwicklung des Bodens nach Struktur und Eigenschaften, vom Erosionsscheitel bis zur Erosionsbasis die Grundeinheit. Diese neue Grundeinheit aber deckt sich vollinhaltlich mit der Einheit, in der der Praktiker nicht nur zu denken gewohnt ist, sondern überhaupt nur denken kann. Jedes Einzelprofil gilt ja nur für einen Punkt. Erst die Profilserie, also die Catena, umfaßt die Fläche, also die gesetzmäßig sich abstufenden Bodeneigenschaften vom Gipfel über den Hang zur Senke, die Objekt der Praxis sind.

Bei gleichem Luftklima und gleichem Ausgangsmaterial ist aber diese gesetzmäßig aus dem Relief sich ergebende Profilserie oder Catena im Gegensatz zum örtlich stark variablen Einzelprofil konstant.

Sie wiederholt sich grundsätzlich in jedem eine genetische Einheit bildenden Bodenareal. Ist daher die Schwankungsbreite der Eigenschaften gut gewählter Catenaglieder, d. h. im weitesten Wortsinn genetisch vergleichbarer Typenprofile, festgelegt, wozu relativ sehr wenige Einzeluntersuchungen nötig sind, dann läßt sich der praktische Bodencharakter sehr großer Gebiete mit praktisch ausreichender Genauigkeit bis weit in die Einzelheiten erschließen, wenn nur gute Beschreibungen der Vegetation, des oberflächlichen Bodencharakters usw. vorliegen. Es ist dann sogar möglich und, wie die Erfahrung zeigt, erfolgreich durchführbar, Vergleichsdaten aus weit entfernten, aber klimatisch-petrographisch identischen oder doch sehr ähnlichen Gebieten heranzuziehen, was die klimatische Bodentheorie vergeblich versuchte.

An Hand physikalischer und chemischer Eigenschaftsdiagramme ihrer Glieder charakterisiert eine Catena damit verhältnismäßig große Erdräume mit für den praktischen Ackerbau, ganz besonders aber für sachliche Planung ausreichender Genauigkeit. Eine Catenakarte gibt freilich kein Einzelvorkommen einer Bodenart an. Vom dynamischen Standpunkt aus wäre das sogar ein Unding, da jeder Boden sich ständig ändert. Wohl aber bezeichnet ein Catenagebiet scharf eine Region, in welcher jeweils vom Erosionsscheitel bis zur Basis, vom Hügel bis zur Senke der gleiche Profilbildungsprozeß sich wiederholt hat und wiederholt. Seine unverkennbar nach relativer Lage, Aussehen und praktischen Eigenschaften gekennzeichneten Einzelstufen sind für den Praktiker ohne weiteres erkenntlich und verständlich, da er nur mit altvertrauten Begriffen und seiner praktischen Anschauung und Erfahrung zu arbeiten braucht.

In dem nachstehenden Bericht ist der Versuch gemacht worden, von diesen Gesichtspunkten ausgehend ein Bild einer Reihe von Böden Westafrikas, ihrer für die Planung wichtigen Kulturwerte und ihrer Verteilung zu geben. Daß die Genauigkeit der Ergebnisse je nach Art und Menge des aus den einzelnen Gebieten vorliegenden Beobachtungs- und/oder Untersuchungsmaterials verschieden ist, liegt auf der Hand. Es scheint jedoch die Hoffnung berechtigt, daß selbst im ungünstigsten Falle, den fraglos Französisch-Äquatorial-Afrika vorstellt, das sich ergebende Bild trotz seiner Lücken dem praktischen Bedürfnis in etwas genügt.

Wenn nachstehend eine staatliche Anordnung befolgt ist, so hat diese nur die Bedeutung eines lockeren Rahmens, da die bodenkundlichen Verhältnisse an Staatsgrenzen nicht Halt machen.

I.

Französisch-Äquatorial-Afrika

1. Allgemeines

Das Generalgouvernement Französisch-Äquatorial-Afrika setzt sich aus 4 Kolonien unter je einem „Lieutenant-Gouverneur" zusammen. Sie sind von Norden nach Süden gerechnet:

1. Tschad mit der Hauptstadt Lamy,
2. Ubangi-Schari mit der Hauptstadt Bangi,
3. Mittel-Kongo mit der Hauptstadt Brazzaville,
4. Gabun mit der Hauptstadt Libreville.

Sind schon die Grenzen gegen den Anglo-ägyptischen Sudan auch heute noch nicht in allen Punkten sicher festgelegt, so gilt das für die einzelnen Kolonien untereinander erst recht und in noch viel höherem Maße für die Grenzen ihrer Unterteile: Circonscriptionen und Subdivisionen.

Zusammen mit dem Mandat Kamerun umfaßt Französisch-Äquatorial-Afrika 2904000 qkm zwischen 5° 20′ S und 21° 58′ N, entsprechend einem NS-Durchmesser von 2986 km. In Ost-West-Richtung dehnt sich das Areal von 8° 42′ bis 27° 26′, also 2075 km aus. Die Höhenlage variiert von 0 m am Atlantischen Ozean bis 3400 m auf dem Gipfel des Emi Kussi.

Das Klima umfaßt alle Nuancen zwischen Äquatorialklima und Wüstenklima. An der Lieferung der Bodensubstanz sind alle denkbaren Gesteinsarten vom ältesten metamorphen Schiefer bis zum jüngsten basischen Effusivgestein beteiligt, was zusammen mit der Variation des Klimas und des Reliefs eine entsprechende Vielgestaltigkeit von Bodenbildungen und Vegetationen und damit von wirtschaftlichen Möglichkeiten bedingt.

Bedingend für alle heutige bodenkundliche Gestaltung ist die geologische Geschichte des Gebietes, die Relief und Gesteinsverteilung als Ausgangsfaktoren schuf. Um nicht zu Wiederholungen bei der Betrachtung der Einzellandschaften genötigt zu sein, ist es zweckmäßig, da die allgemeine geologische Entwicklung für die ganze westafrikanische Kontinentalmasse gilt, von welcher Französisch-Äquatorial-Afrika nur einen Teil bildet, ihre Hauptdaten in kurzen Zügen soweit es für das Verständnis der Bodenbildung erforderlich ist, schon hier zu umreißen.

2. Hauptdaten der geologischen Geschichte Westafrikas

Literatur

a) Karten:

Bruel, G., Esquisse géologique de l'Afrique Équatoriale Française 1 : 3000000 mit Begleitwort und guter Literatur bis 1928. Paris 1928.

Grandidier, G., Atlas des Colonies Françaises: Afrique Équatoriale Française et Cameroun par G. Bruel. Paris 1931.

b) Benutzte Veröffentlichungen:

Babet, V., Afrique Équatoriale Française: Recherches Géologiques. Paris 1929.

Blondel, F., Bibliographie géologique et minière de la Françe d'outre-mer. 1937.

Bruel, G., L'Afrique Équatoriale Française. Paris 1935.

Lacroix, Géologie et mines de la Françe d'outre-mer. 1932.

* * *

Krenkel, E., Geologie Afrikas. 3. Teil. Berlin 1938. (Aus der Sammlung: Geologie der Erde, Literatur bis 1938.)

Moisel, M., Das Generalgouvernement von Französisch-Äquatorial-Afrika. Mitt. Dtsch. Schutzgebiete 30, Heft 2. 1917. (Enthält die wichtigste Literatur bis 1917.)

Raeburn, C. u. B. Jones, The Chad bassin. Geol. Surv. Nigeria Bull. 16. 1934.

Suess, E., Das Antlitz der Erde. Leipzig 1885/1909.

Tilho, J., Mission cientifique en Afrique Centrale. Compt. rend. Ac. Sc. Paris 1939, 984ff.

Archäische und algonkische Sedimente lieferten das Material des alle jüngeren Bildungen Westafrikas als tiefstes Stockwerk tragenden Africidischen Grundgebirges. Durch ungeheure Intrusionen in Präkambrium und Kambrium gefaltet und zerbrochen, „schwimmen", wie Krenkel sich ausdrückt, „die Massen kristalliner Schiefer in einem granitnen Ozean".

Kristalline Gesteinsrücken scheiden in breitem von Guinea bis Abessinien sich erstreckendem Bande in Westafrika die Sedimentationsbecken des Tschad und des Kongo, deren tiefsten Sockel sie gleichzeitig bilden. Transgressionen des Meeres und Regressionen, Faltungen und Abtrag in Eis- und Zwischeneiszeiten modellierten die Basis der wohl als präpermisch zu betrachtenden geschieferten Kalke und Sandsteine, die in oberer Trias, Rhaet und Jura im Kongo System von den Lualaba- und Lubilaschschichten überdeckt werden. Epirogenetische Bewegungen verschärften in der ältesten Kreide wiederum das durch die äonenlange Sedimentation eingeebnete Relief und arbeiteten besonders das Kongo- und Tschadbecken getrennt heraus. Ungestört verlief inzwischen vom Silur bis zur Kreide im nördlichen flachen Meereslitoral der heutigen Lybischen Wüste, die Sedimentation des riesige Räume des Nordens Afrikas bedeckenden „Nubischen Sandsteins". Sein Name ist nur als Faziesbezeichnung ohne bestimmten Altersinhalt für Bildungen der verschiedensten Art umschließende sandige Transgressionssedimente zu betrachten. (Krenkel.)

Bis zur unteren Kreide hat wohl die Afrika mit Südamerika verknüpfende Landverbindung bestanden. Die Frage, ob sich die in der Kreide beginnende Trennung der beiden Kontinente entsprechend den Vorstellungen der Drifttheorie Wegners, oder durch Absinken von Teilen des Gondwana-continentes vollzog, ist hier nicht zu erörtern. Die Tatsache der Trennung und als ihrer Folge, der Invasion des Meeres in den Sudan und Saharien im Turon (Obere Kreide) unterliegt keinem Zweifel.

Kreideablagerungen sind in den verschiedensten Fazies in ganz Äquatorial-Afrika weit verbreitet. Mit örtlich sehr verschiedener Vollständigkeit, auf deren Einzelheiten bei der Behandlung der Einzelgebiete einzugehen sein wird, sind bisher in größerer Ausdehnung beobachtet und der Kreideformation zugerechnet:

a) Horizontal gelagerte rote bis weiße, kalk- und tonhaltige Sandsteine, von Bruel als „Grès sublitoraux“ bezeichnet.
b) Kiesel- und Tonschiefer von Gabun.
} Alter fraglich!
c) Unteres Cenoman: „Tegama“-Sandsteine und bunte Tone: fossilleere Sandsteine mit Tonlagen.
d) Cenoman/Turon: Sandsteine, Tone mit Gipshorizonten, fossilhaltige Kalke.
e) Senon: Kalke, in den oberen Lagen teilweise verkieselt und kreidig (örtlich auch kalkige und bituminöse Sandsteine).

Die Senonkalke vermitteln den Übergang ins Tertiär, von welchem das Eozän ebenfalls mit Kalk vertreten ist. Darüber lagern teilweise sandig-tonige Formationen noch unbekannten Alters, ihrerseits überdeckt von Konglomeraten und Limoniten.

Im Miozän/Pliozän fand eine allgemeine Senkung des Niveaus statt. Das Meer überflutete erneut Kongo- und Tschadseebecken, in welchem letzteren die Tschadformation zur Ablagerung kam: Tone, Sande und Diatomite.

Gegen Ende des Tertiär, wohl im Zusammenhang oder als Folge der das Tibestimassiv u. a. m. aufbauenden Eruptionen und Bewegungen der Erdkruste, hob sich die ganze Region. Die Tschad-Kongo-Wasserscheide prägte sich schärfer aus. Das Klima wurde mindestens im Tschadseegebiet wüstenhaft und Dünen bedeckten die älteren Sedimente.

Im Frühdiluvium füllte das Pluvialklima weitgehend das Tschadseebecken mit Süßwasser aus zum „Paleo-Tschad“ Tilhos (Abb. 1), der auch Bodele- und Fitribecken mit umfaßte. Rezente Sande und teilweise kalkige Tone waren das sedimentäre Ergebnis im Tschad- wie auch im Kongobecken.

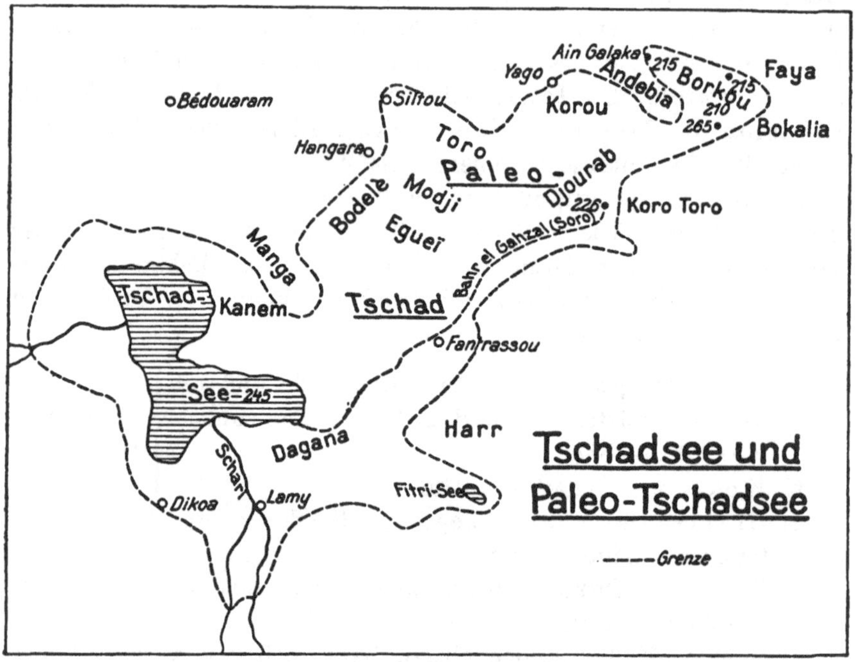

Abb. 1

Mit dem Übergang zur Neuzeit wurde das solange geschlossene Kongobecken angeschnitten und bekam Ablauf zum Meer, so daß der ehemalige Kongosee verschwand. Das Tschadseebecken trocknete im neu sich entwickelnden Wüstenklima allmählich aus. Wanderdünen überdeckten teilweise seine rezenten Schlamm- und Tonbildungen. Es formten sich Tschadsee und Kongo in ihrer heutigen Gestalt.

Ob die heute in großem Umfange bemerkbare Tendenz zur Austrocknung Westafrikas endgültig oder periodisch ist, worauf die Seespiegelschwankungen des Tschadsees hinzudeuten scheinen, ist wohl heute noch kaum zu entscheiden. Eine Gefahr der Versandung des Tschadsee besteht kaum, wohl aber ist die Möglichkeit eines Anschneidens des Tschadbeckens vom Westen her nicht ganz von der Hand zu weisen, was eine Dürrekatastrophe in allerdings noch ferner Zeit bedeuten würde.

3. Die einzelnen Kolonien von Französisch-Äquatorial-Afrika

In Afrika fallen verhältnismäßig häufig politische Grenzen mit den Grenzen von bodengenetischen Einheitsgebieten zusammen. Diese zunächst überraschende Tatsache ist nur logisch, wenn man sich vor Augen führt, daß bei der Abgrenzung von politischen Einheiten in Afrika bei den Kosten, die die Vermessung und Vermarkung einer künstlichen Grenze mit sich bringen würde, allgemein das Bestreben bestanden hat, die einzelnen Interessengebiete in nicht mißverständliche natürliche Grenzen einzuschließen.

Als solche natürliche Grenzen boten sich entweder Flüsse, die, sobald es sich um größere Wasserläufe handelte, mit der Schwierigkeit der Entscheidung des genauen Grenzverlaufs (ob Ufer oder Strommitte usw.), durchaus nicht alle möglichen Reibungspunkte der Anlieger im voraus beseitigten, oder aber Wasserscheiden, deren Kammlinie eindeutig und einwandfrei eine nahezu ideale natürliche Grenze vorstellt.

Wie einleitend bemerkt ist, ist die Kammlinie der Wasserscheide als Erosionsscheitel aber auch die einzig mögliche natürliche Grenze eines Einheitsgebietes der Bodenbildung.

Das oftmalige Zusammenfallen von politischer und bodengenetischer Grenze in Afrika hat also im Grunde nicht nur nichts verwunderliches, sondern ist selbstverständlich. Es ist um so selbstverständlicher, als Wasserscheiden höherer Ordnung, sei es wegen ihrer im Falle von Gebirgskämmen oft schweren Passierbarkeit, sei es wegen der meist in großen Tälern und Depressionsgebieten scharf ausgeprägten Eigenart von Klima und Wasserverhältnissen, Boden und Vegetation in der Regel auch Grenzen von Stammesgebieten, also Scheidungslinien zur Kolonie zusammenzufügender ethnographischer Einheiten sind.

Bodengenetische Haupteinheit ist jedes selbständige von Wasserscheiden begrenzte Fluß- oder Depressionsgebiet.

Allgemeine Regeln für seine Teilung in Untereinheiten lassen sich nur insofern geben, als jede petrographisch scharf ausgeprägte geologische Formationsgrenze wegen des dadurch bedingten plötzlichen Wechsels des Ausgangsmaterials der Bodenbildung auch bodengenetisch eine Grenze bilden kann. Ob das wirklich der Fall ist und nicht z. B. im Sediment von Flußtälern der örtliche Einfluß durch die Materialmischung in der Nähe der Erosionsbasis überdeckt ist, kann nur im Einzelfalle entschieden werden.

Leider existiert in ganz Französisch-Äquatorial-Afrika eine bodenkundliche Forschung, die diese Bezeichnung verdient, bis heute noch nicht, wie Frankreich überhaupt in dieser Hinsicht das weitaus rückständigste Land der Welt ist. Zu einer Landesaufnahme ist noch nicht einmal ein Versuch gemacht; ebensowenig existiert eine landwirtschaftliche Versuchsstation mit bodenkundlichen allgemeinen Aufgaben. Sehr gut ist dafür der geologische Dienst aufgebaut, dessen Informationsstelle: Bureau d'Etudes Géologiques et Minières pour les Colonies Françaises unter Blondel vorzügliche Arbeit leistet.

Die geologische Aufnahme erfolgt im Maßstab 1 : 200000, ist aber noch nicht vollendet. Ihr großer Wert auch für bodenkundliche Fragen ist ohne Zweifel.

A. Die Kolonie Tschad und das Becken des Schari-Logone

Literatur

1. Karten: Vgl. Abschnitt 2. Ferner sind zu erwähnen:

Bruel, G., Chari. 19 Blatt 1 : 200000 (1907).

Bruel, G., Grenze des Anglo-Ägyptischen Sudans. 5. Blatt 1 : 200000 (1924).

Delinguette, Wadai-Massalit. 1 Blatt 1 : 1000000 (1911).

Largeau, Wadai. 2 Blatt 1 : 500000 (1910).

2. Benutzte Beschreibungen: Vgl. Abschnitt 2. Ferner:

Barth, H., Reisen und Entdeckungen in Nord- und Zentralafrika.

Dybowski, J., La route du Tchad. Paris 1893.

Freydenberg, H., Études sur le Tchad et le Bassin du Chari. Paris 1908.

Gide, A., Congo und Tschad. Leipzig 1936.

Klute, F., Wittschell 2, Kaufmann A: Afrika. Handbuch der geographischen Wissenschaften.

Lenfant, E. A., La grande route du Tchad. Paris 1905.

Morau, D., Le Tchad. Paris 1935.

Marquardsen, G., Die geographische Erforschung des Tschadseegebietes. Mitt. Dtsch. Schutzgebiete 18, 318.

Nachtigall, G., Sahara und Sudan. Berlin 1879—89.

v. Oppenheim, Rabeh und das Tschadseegebiet. Berlin 1902.

Rohlfs, G., Quer durch Afrika. Leipzig 1874.

Worthington, E. B., Science in Africa. London 1938.

a) Allgemeines

Die Kolonie Tschad ist der nördlichste Teil von Französisch-Äquatorial-Afrika. Im Norden durchschneidet die Grenze gegen Libyen das Massiv von Tibesti. Die Ostgrenze gegen den Angloägyptischen Sudan folgt bis zum 16° N dem 24. Längengrad und dann bis zum 10. Breitengrad ungefähr der Wasserscheide zwischen dem Tschadbecken und dem Nilbassin. Dieser 10. Breitengrad seinerseits bildet bis zum Schnitt mit der Kamerungrenze ungefähr die Südgrenze der Kolonie. Die Westgrenze verläuft von diesem Schnittpunkt nahe nördlich bis zum Tschadsee, den sie in NW-Richtung durchquert, nunmehr die Tschadkolonie von Nigeria trennend. Vom Nordende des Tschadsees läuft die Grenze gegen die zu Französisch-West-Afrika zählende französische Kolonie Niger in nahezu gerader N-NO-Richtung wiederum zum Tibestimassiv zurück.

Die Totalausdehnung der Kolonie Tschad beträgt rund 1250000 qkm, mit im Durchschnitt 1 Einwohner je Quadratkilometer. Von der sehr ungleichmäßigen, durch die sehr wechselnden natürlichen Vorbedingungen erzwungenen Bevölkerungsdichte gibt dieser Durchschnitt ein völlig falsches Bild. Die Bevölkerungsdichte nördlich des 14. Breitengrades ist dem überwiegenden Wüstencharakter des Landes entsprechend, der nur oasenhafte, mehr oder weniger vorübergehende Besiedelung zuläßt, mit weniger als 0,5 je Quadratkilometer minimal, während im Scharigebiet bis 12—20 Einwohner je Quadratkilometer erreicht werden.

Administrativ ist die Kolonie, deren Hauptort Lamy, nahe dem Zusammenfluß von Schari und Logone, ist, in 8 „Circonscriptionen" geteilt, die in verschieden viele „Subdivisionen" zerfallen, und zwar:

1. Bas Chari: Lamy, Massakori.
2. Kanem: Mao, Moussoro, Ngouri, Rig-Rig, Bol.
3. Borku-Ennedi-Tibesti: Faya, Fada, Bardai, Abo, Bir Cherda.
4. Batha: Ati, Oum, Hadjer, Mongo.
5. Wadai: Abécher, Adré, Biltine, An-Dam, Goz-Beida.
6. Baguirmi: Massengo, Bokoro, Melfi, Bousso.
7. Salamat: Am Timam, Aboa Deia, Mangueigne.
8. Mao Kebi: Bongor, Fianga, Léré, Palla.

Klimatisch gehört der Norden der Kolonie dem ausgeprägt ariden Klima mit allgemein weniger als 200 mm und teilweise bis auf gelegentliche Wolkenbrüche ganz fehlenden Niederschlägen an. Eine schmale von Zinder über den Tschadsee nach Abécher ziehende Zone erhält 200—600 mm Regen je Jahr. Es ist die sogenannte „Sahelzone" der Wüstensteppen bis Steppen. Der Süden bis zum 10. Breitengrad hat schließlich 600—1000 mm Regen aufzuweisen, mit Ausnahme des Ostteiles, wo im oberen Bassin des

6*

Bahr Salamat die Niederschläge 1600 und mehr Millimeter Höhe erreichen.

Die Kolonie Tschad ist ein typisches Beispiel, zu wie falschen Schlußfolgerungen sehr leicht auf künstliche politische Gegebenheiten an Stelle auf natürliche Landschaften Rücksicht nehmende klimatische und sonstige Daten führen können. Die bei der Lage in der heißen Zone geradezu sich aufdrängende Folgerung, daß das Intensitätszentrum des Landes in der Zone der höchsten Niederschläge liegen müßte, wäre nämlich vollkommen falsch. Die politische Kolonie Tschad ist nur ein willkürlicher und teilweise völlig unlogischer Ausschnitt aus einem wohlumrissenen und in seinen Teilen scharf charakteristischen genetischen Einheitsgebiet, das als solches zweckmäßig auch politisch zu einer Einheit zusammenzufassen wäre. Ob man dieses Gebiet als „Tschadbecken", oder mit Marquardsen als „abflußloses Sudanisch-Saharisches Gebiet" bezeichnen will, ist Geschmackssache.

Die natürliche Grenze dieser Einheit bildet die Wasserscheide gegen die Nachbargebiete, wie sie Tafel I zeigt.

Nicht ganz eindeutig ist der Verlauf der Wasserscheide nur an zwei Stellen:

1. Zwischen dem Air Massiv und den Bautschibergen bleibt im ebenen Gelände die Ziehung der Wasserscheide gegen den Niger nicht nur willkürlich, sondern die Wasserscheide dürfte in steter Änderung begriffen sein.
2. Oberer Logone und oberer Mao Kebi stehen bei Hochwasser durch die Tuburisümpfe in Verbindung, d. h. die Abflußlosigkeit des Tschadbeckens ist gegen das Benuebassin nur bedingt gewahrt.

Zur Abrundung der politischen Tschadprovinz zur genetischen und damit natürlichen Einheit ist es erforderlich, noch den nördlichen und nordöstlichen Teil der französischen Kolonie Niger, einschließlich der Massive Tassili der Azdjers, Air und Munio, den nordöstlichen Teil von Nigera, und den Nordzipfel von Kamerun und den ganzen Norden der Kolonie Ubangi-Schari mit einzubeziehen.

Der Grund dafür ist einleuchtend: Das Wüstengebiet des Nordwestens und Nordens, das Einzugsgebiet des Komadugu-Yobé und des Schari-Logone sind ebenso Lieferanten der Rohmaterialien der Bodenbildungen des Tschadbeckens, wie das Massiv von Tibesti und die östlichen Grenzgebirge von Wadai-Darfur.

D
und seine bo

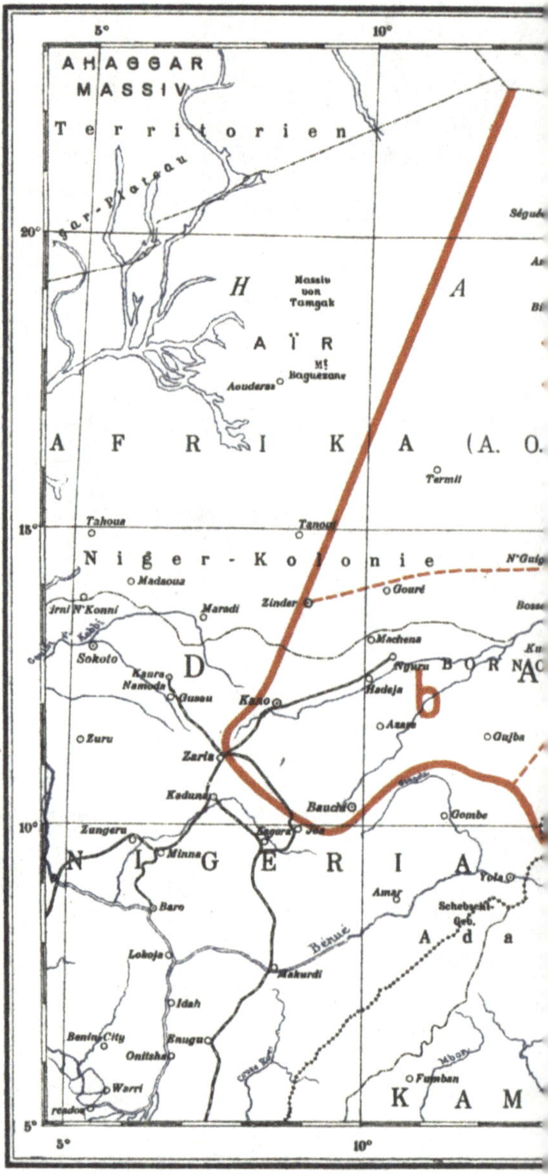

Verlag Walter de Gruyter & Co., Berlin W 35
Deko II. Zu Vageler, Die Böden Westafrikas

Tafel I

n
inheitsgebiete

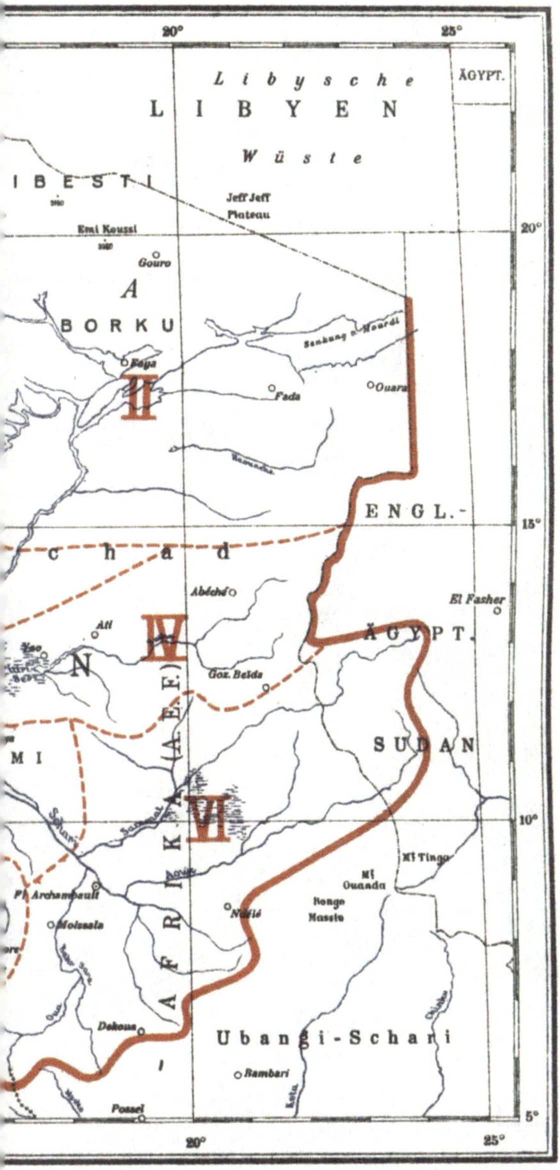

Photolith. von Bogdan Gisevius, Berlin W 35

b) Die Gliederung des Tschadbeckens vom genetischen Standpunkt

Es ist einleitend auseinandergesetzt worden, daß als Katenagebiet im Anschluß an die Erfordernisse der landwirtschaftlichen Praxis ein solches Areal zu betrachten ist, in welchem der Transport eines mindestens genähert gleichartigen, in seiner Zuammensetzung petrographisch-geologisch bedingten Materials unter dem Einfluß der Reliefgestaltung im gleichen Klima zur gesetzmäßigen Ausbildung einer zwischen Erosionsscheitel und Basis sich entwickelnden Serie von typischen Bodenprofilen führt, deren jedes im natürlichen Zustande durch eine typische Pflanzenassoziation gekennzeichnet ist.

Von diesem Standpunkt aus zerfällt die oberste genetische Einheit: Tschadbecken, sofort in zwei Untereinheiten, die sich klimatisch und teilweise petrographisch scharf unterscheiden, obwohl natürlich von scharfen topographischen Grenzen nicht gesprochen werden kann:

1. Die nördliche Wüstenzone mit nur zufälligen Niederschlägen und oasenmäßiger, meist periodischer Besiedlung.
2. Die Zone regelmäßiger, von Norden nach Süden (und Südosten) zunehmender Regen.

Vom bodengenetischen Standpunkt lassen sich die beiden Einheiten auch dadurch charakterisieren, daß hauptsächliches Transportmittel der Bodensubstanz in der Wüstenzone der vom Relief unabhängige Wind, in der Regenzone dagegen das vom Relief abhängige Wasser ist. Dementsprechend muß die weitere Untergliederung der reliefunabhängigen Wüstenzone vom Materialstandpunkt aus, die der Regenzone dagegen vom hydrographischen Standpunkt aus erfolgen.

Es ergeben sich danach, wie die Karte 2 auf Tafel I zeigt, für das Tschadbecken, das die Diagramme 1 und 2 auf Tafel II in diagonalen halbschematischen Schnitten geben, die folgenden genetischen Untereinheiten:

I. Die Wüstenzone

1. Nordwestliche Wüstenzone (Tintumma) zwischen Tschadsee, Air und Munio einschließlich der Kauaroasen.
2. Egéi, Bodelé und Borku („Pays Bas du Chad"-Tschadtiefland).

II. Die Regenzone
3. Steppenzone Kanem — Bahr el Ghasal.
4. Fitribecken.
5. Tschadseebecken.
6. Oberes Scharibecken.
7. Oberes Logonebecken.

I. Die Wüstenzone

Literatur

S. oben. Ferner:

Blaizot, R., L'agriculture au Tibesti. L'Afrique Française (Rens) 1918, 243.
Engler, A., Die Pflanzenwelt Afrikas. Leipzig 1910.
Ferranda, J., Borkou méridional. Bull. Soc. Geogr. Comm. 36, 523. 1914.
Fourreau, F., Mission Saharienne. D'Alger au Congo par le Tchad. Paris 1905.
Freydenberg, H., Le Tchad et le bassin du Chari. Paris 1908.
Nachtigall, G., Sahara und Sudan. Berlin 1879—81.
Shantz, H. L. u. C. F. Marbut, Vegetation and soils of Africa. New York 1923.
Schirmer, H., Le Sahara. Paris 1893.
Tilho, J., Le Tchad et les Pays-bas du Tchad. La Géografie 21, 149. 1910.
Tilho, J., La mission Tilho (1906—1909). Paris 1910.
Tilho, J., Borkou, Ennedi, Tibesti, Darfour (1912—17). La Géographie 31, 401. 1917.
Vischer, H., De Tripoli au lac Tchad. La Géographie 20, 349. 1909.
Walther, J., Das Gesetz der Wüstenbildung. Leipzig 1912.

1. Die Nordwestliche Wüstenzone (s. Tafel I, Gebiet 1)

Die nordwestliche Wüstenzone umfaßt die zur Kolonie Französisch-Niger gehörenden Landschaften Teneré, Kauar und Tintumma. Mit Ausnahme der Oasen, deren wichtigste an der Fezzanstraße liegen (Bilma, Dibbela, Agadem u. a. m.), sind die Landschaften Teneré und Kauar, wie Diagramm 1 auf Tafel II es zeigt, weit überwiegend in fossilen, aber auch in rezenten Dünen strukturierte Sandwüsten (Ergs.). Stellenweise ragen wild zerklüftete Steilränder der Gesteinsplatten der anstehenden Kreideformation (Kalke, Tegamasandsteine, in den Oasen als Liegendes salzführende Tone) über den Sand heraus. Sie bilden teilweise von jungen Lavadecken gekrönte Hamadas (Felswüsten), auf welchen sich als Zeichen des ehemaligen Charakters der Höhen als Ufergelände eines Ur-Tschad teilweise ausgedehnte Limonitdecken finden.

Die Hauptmenge der weit überwiegenden Sande stammt, der vorherrschend nördlichen bis nordöstlichen Windrichtung entsprechend (Alizé, Harmattân), nicht von der Verwitterung der örtlichen Gesteine, sondern aus dem Norden und Nordosten. Sie ist Detritus des Hochlandes von Tibesti.

Halbschematisch

Diag

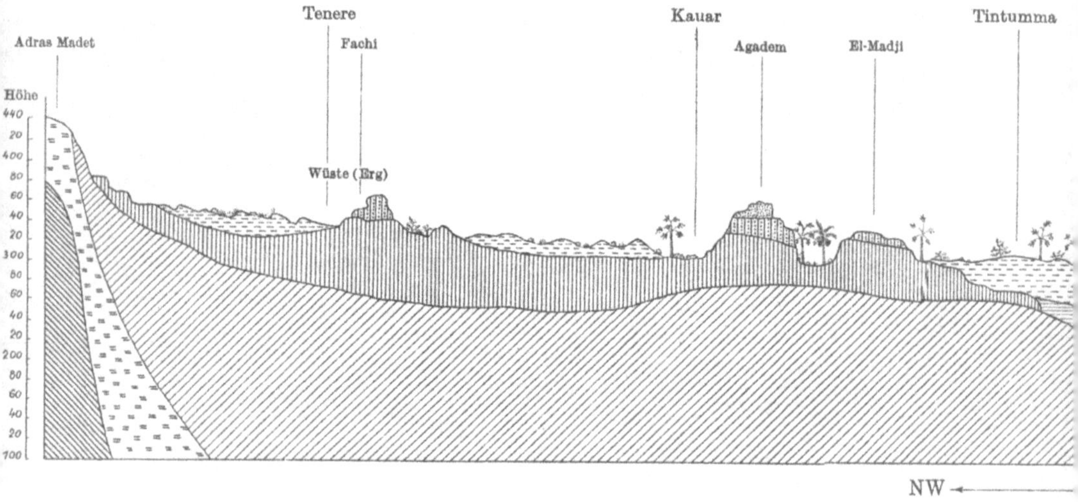

Dia

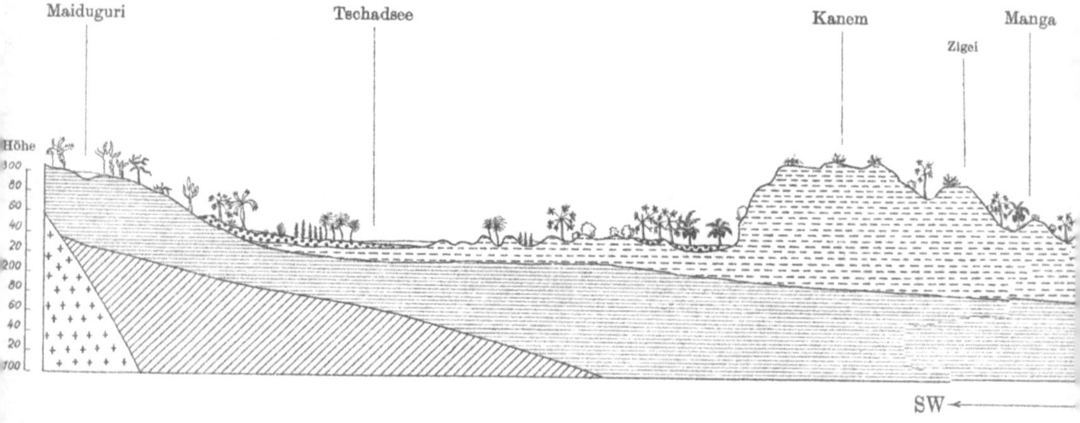

Verlag Walter de Gruyter & Co., Berlin W 35
Deko II. Zu Vageler, Die Böden Westafrikas

es Tschadbeckens

Tafel II

Fitri

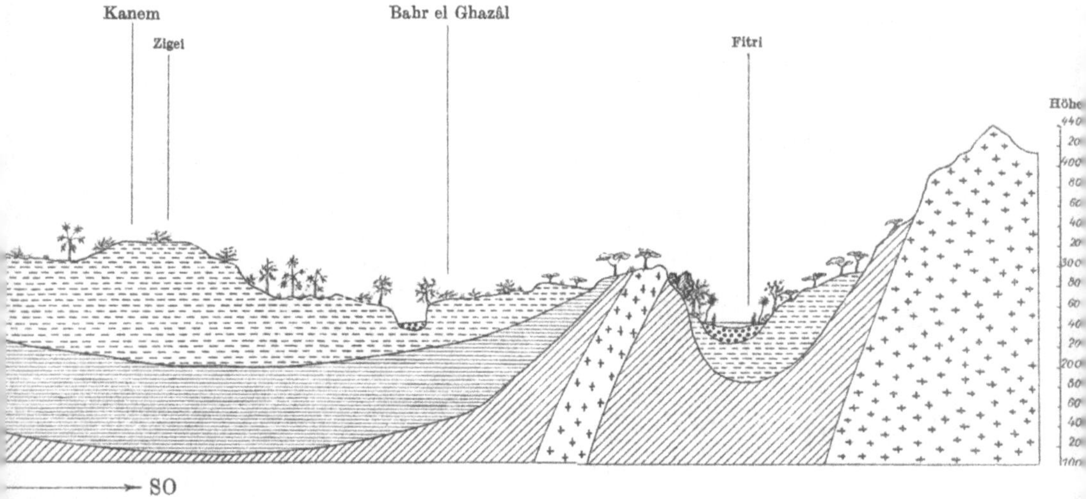

deki

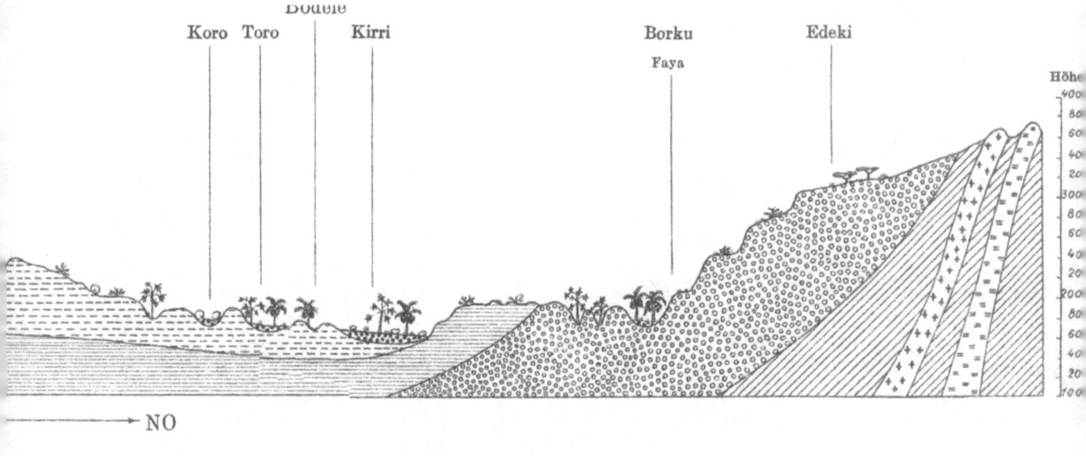

ven | Tschadformation (kalkige und sandige Tone) | basische Intrusionen | fossile Dünen (Präpleistozän) | fossilführende Tone | Wanderdünen

Photolith. von Bogdan Gisevius, Berlin W 35

Dieses Hochland besteht aus verschiedenen petrographisch-geologischen Stockwerken: Zuunterst liegen, von Graniten verschiedener Fazies durchbrochen, Glimmerschiefer und Quarzite neben Phylliten und Konglomeraten. Darüber finden sich fast unveränderte sandig-schiefrige Sedimente, wechsellagernd mit dickbankigen arkoseartigen Sandsteinen. Stellenweise tritt auch farbiger Marmor auf.

Über alles hin ist von basischen Eruptiven (Hornblende-Gabbro Phonolith usw.) durchsetzter Nubischer Sandstein verschiedener Fazies gebreitet (s. oben).

Als oberstes Stockwerk baut sich darüber die Vulkanregion Tibestis auf, die rund 60000 qkm bedeckt. Sie ist sehr jungen Ursprungs, teilweise wohl sogar quartär. Im Emi Kussi, mit 3415 m gipfelnd, umfaßt sie eine Vielzahl meist basischer Eruptivgesteine, unter denen Basalte im Süden überwiegen. Nachstehende Tabelle gibt von dem Gehalt einiger Hauptgesteine der Region an bodenkundlich wichtigen Stoffen eine Vorstellung:

	Ältere Eruptiva		Junge Eruptiva			
Prozent	Granit	Phonolith	Andesit	Trachyt	Basalt	Ankaramit
SiO_2	71,1	57,7	52,6	56,8	46,3	44,8
R_2O_3	16,9	23,2	25,7	23,7	29,5	20,6
MnO	0,05	0,3	0,11	?	0,09	0,14
MgO	?	0,14	2,8	0,50	5,8	15,5
CaO	0,8	—	6,9	2,7	10,0	12,6
K_2O	4,8	5,4	2,2	4,8	1,1	0,68
P_2O_5	0,05	0,09	0,46	0,11	0,76	0,35

Der Reichtum, namentlich der jungen Eruptiva, an alkalischen Erden (Kalk und Magnesia), aber auch an Kali und teilweise an Phosphorsäure, springt in die Augen.

Die vielen aus dem Wüstengebiet angegebenen Vorkommen von Alkalikarbonat usw. sind danach beim Fehlen regelmäßiger Regen selbstverständlich, ebenso wie der Salzreichtum der Kauaroasen.

Oberflächenwasser ist nur dort und an wenigen sonstigen Stellen zu finden, ebenso, sei es in natürlichen Quellen, sei es in Brunnen, Grundwasser. In der eigentlichen Wüstentafel mit ihrem porösen Sedimentuntergrunde liegt es meistens tief, obwohl die fossilen Dünen selbst, wie überall, erhebliche Wassermengen enthalten (s. unten).

Ein Eingehen auf die Bodenverhältnisse des wirtschaftlich völlig aussichtslosen nordwestlichen Wüstengebietes wäre gegenstandslos.

Nur auf einen Punkt sei noch hingewiesen: Zur Zeit sind zwar als Funde nutzbarer Mineralien aus dem Tibesti- (und Air-) Massiv nur Nickel und Kupfer bekannt, soweit sich wenigstens die Literatur überblicken läßt. Bei der ungeheuren Mächtigkeit der vorhandenen Kontaktzonen wäre es aber geradezu als ein Wunder zu bezeichnen, wenn hier nicht noch sonstige nennenswerte wertvolle Vererzungszonen zu finden sein sollten. Weiter scheint bei der geologischen Geschichte des Tschadbeckens durchaus die Möglichkeit des Auffindens von nutzbaren Phosphoritvorkommen parallel zu dem benachbarten Algier zu bestehen. Eine systematische geologisch-mineralogische Durchforschung der Wüstenzone ist dementsprechend entschieden anzuraten.

2. Das Tschadtiefland und Borku

Obwohl über die allgemeine Entwicklungsgeschichte Westafrikas, wie sie einleitend skizziert ist, begründete Zweifel kaum mehr bestehen, gehen bei der verhältnismäßig geringen Durchforschung gerade der Wüstenregion des Tschadbeckens die Ansichten der Autoren über dessen Charakter im einzelnen und noch mehr über den des Tschadtieflandes weit auseinander. Ganz besonders strittig ist, ob der in Abb. 1 wiedergegebene Paleo-Tschadsee eine einheitliche Wasserfläche gebildet hat, oder aber aus verschiedenen, wenn auch untereinander verbundenen, Becken bestand. Ferner ist unentschieden, ob es sich um Seen oder nur um Sümpfe handelte.

Nachtigal neigt zu der Ansicht, daß große Einzelseen existieren. In seinem für die Kenntnis des Gebietes noch heute grundlegenden Werk: „Sahara und Sudan" glaubt er nach Erwägung aller Umstände das Tschadtiefland als eine große Lagune von etwa 100000 qkm Ausdehnung auffassen zu müssen, die etwa 100 m tiefer liegend, als der heutige Tschadsee, mit diesem ehemals durch den Bahr el Ghazal oder Soro verbunden war.

Die Überlieferung der Anwohner erzählt in der Tat von dem heute versandeten und trockenen Bahr el Ghazal als von einem schiffbaren Fluß. Mauerreste und Scherben, die sich reichlich dort finden, wo heute nur noch periodisch nomadische Stämme ihre Herden weiden, sprechen gleichfalls für einen erheblich größeren Wasserreichtum des Tschadtieflandes, als er heute besteht. Die in den heutigen Senken, teilweise aber auch in den in höheren Lagen fast überall sich findenden vorkommenden Fisch- und Konchylienreste, die nur in Borku stark zurücktreten, scheinen gleichfalls auf einen ehemaligen See hinzuweisen.

Raeburn nimmt, nachdem im Miozän/Pliozän die Ablagerung der Tschadseeformation unter Meeresbedeckung beendet war, im Pliozän/Pleistozän eine allgemeine Hebung an, die zur Entwässerung des Tschadbeckens nach Osten zum Nil und zur weitgehenden Erosion der Tschadformation führte, etwa wie die Diagramme 1 und 2 auf Tafel II es schematisch zeigen. Mit dem Aufsteigen der Tschad-Kongowasserscheide soll es dann im Pleistozän zur Versumpfung des Tieflandes gekommen sein, was teilweise als fraglich gilt. Unbezweifelbar ist die dann anschließende Wüstenperiode, die zur Bildung der heute fossilen Dünen (Teneré usw.) und zur Blockierung des Bahr el Ghazal führte. Zweifelhaft wieder ist es, ob wirklich nach der Wüstenperiode dauernd ein feuchteres Klima bis zur Jetztzeit eingesetzt hat, wie Raeburn es will. Zu diesem letzteren Punkte paßt, so sehr die oben erwähnten Beobachtungen über rezente Fischreste usw. die Ansicht Raeburns zu stützen scheinen, eine Tatsache gar nicht, daß die Sahara, von welcher die Wüstenzone des Tschadbeckens doch nur einen Teil bildet, keineswegs erst im Quartär als Wüste entstanden ist, sondern mindestens bis ins Neogen zurückreicht. Damit wird die Raeburnsche rezente Feuchtigkeitsperiode zweifelhaft. Die von ihm angenommene Versumpfung vor der Dünenbildung aber erscheint unhaltbar. Es ist dies um so mehr der Fall, als sich unter den von Freydenberg, Tilho u. a. mitgeteilten, wenn auch nur flachen Profilen nicht ein einziges findet, daß auf eine solche Versumpfung hinweist. Liegendes der rezenten Bildungen ist überall der (fossile) Dünensand, der seinerseits die Reste der Tschadseeformation überdeckt.

D. h. nach der Ausräumung des Tschadbeckens nach der pliozänen Hebung hat hier, im Wüstenklima wie in der übrigen Sahara auch, die Bildung der Dünen stattgefunden. An diese ausgeprägte Wüstenzeit schloß sich dann erst mit größerem Regenreichtum die Pluvialzeit mit ihren Tonabsätzen, Sandanschlämmungen usw. an, in deren Ausklang, wie fast überall in Afrika, wir uns zur Zeit auch im Tschadbecken befinden.

Die Tonbildungen, die fast allgemein als Zeugnis für die Wasserbedeckung des Gebietes angegeben werden, haben trotz der mit ihnen verbundenen Ablagerungen von Fischresten und Konchylien durchaus keine Entwicklung von ständigen Seen, ja nicht einmal von Sümpfen zur notwendigen Voraussetzung.

Wie die Untersuchungen J. Walters über das „Gesetz der Wüstenbildung" zeigen, sind tongefüllte große und kleine, vom

Wind erodierte Wannen im Wüstenklima nicht nur möglich, sondern eine selbstverständliche Erscheinung. Sie sind das Ergebnis der gelegentlichen Wolkenbrüche, Staub- und Sandstürme usw., die in Dünentälern periodische ausgedehnte, aber flache Gewässer schaffen. Der oft ungeheure Fisch- und besonders auch Konchylienreichtum solcher Wüstenseen ist bekannt.

„Die Tierwelt findet ihren Weg bis in das Herz der ödesten Wüste, und an dem Boden von Wüstenseen entstehen Ablagerungen, deren Masse durch Fischleichen oder vermodernde Pflanzen so getränkt, deren Schichtflächen von den Schalenabdrücken von Schnecken und Muscheln so übersät sein können, daß angesichts derselben niemand an eine Wüstenbildung glauben möchte, wenn uns nicht die heutige Wüste solche Bildungen in lehrreichen Beispielen vor Augen führte.“ (J. Walther, a. a. O. S. 233.)

Obwohl das Tschadtiefland und Borku fraglos Teile der gleichen genetischen Untereinheit bilden, weisen sie doch so beträchtliche Verschiedenheiten auf, daß es sich empfiehlt, jeden Teil für sich zu betrachten.

a) Das Tschadtiefland

1. Lage, Relief und Hydrographie des Gebietes. Das Tschadtiefland — Catenagebiet II der Tafel I — wird in der Regel als ein „Becken“, d. h. eine einheitliche, rings geschlossene Depression bezeichnet. Wie das Diagramm 2 zeigt, ist diese Bezeichnung aber falsch und irreführend. Es handelt sich durchaus nicht um eine einheitliche Bodensenke, sondern um ein System verschieden zueinander orientierter langgestreckter Depressionen, die durch mehr oder weniger breite höhere Plateaus: Dünengelände, Ton- und Kieswüsten, selten Hamâdas, voneinander getrennt sind.

Jaeger hat in Anlehnung an den Sprachgebrauch Südafrikas für diese Depressionen die Bezeichnung „Pfannen“ vorgeschlagen. Meiner Überzeugung und Kenntnis der Wüste und der Pfannen Südafrikas nach zu Unrecht. Die südafrikanische, meist durch Kalkbänke charakterisierte Pfanne ist eine Bildung des Steppen- bis Savannenklimas, die unter Mitwirkung des Wassers entstanden ist. Die Depressionen des Wüstenklimas, wie es im Tschadtieflande herrschte, sind reine Ergebnisse der Deflation durch Wind, wie Walther in meisterhafter Weise nachgewiesen hat.

Die Tatsache, daß die Mehrzahl der Depressionen des Tschadtieflandes kein einheitliches Gefälle aufweist, manche sogar blind enden, was beides bei Mitwirkung des Wassers unmöglich wäre, charakterisiert sie nicht als Parallele der südafrikanischen „Pfannen", sondern der „Wannen" (französisch „cuvettes") der Sahara und sonstiger großer Wüsten.

Ob das Tschadtiefland, wie manche Berichterstatter wollen, in Tangur im Bahr el Ghazal ein gemeinsames Depressionszentrum besitzt, ist mehr als fraglich.

Die westliche Wanne, die rund 170 km lange und 30 km breite, NW—SO verlaufende Depression Egéi, endet allseitig blind, ohne den Bahr el Ghazal, dessen Rolle als Abfluß des Tschadsees weiter unten zu erläutern sein wird, zu erreichen.

Die Wanne von Toro, deren Achsenrichtung von den verschiedenen Berichterstattern verschieden angegeben wird — Nachtigal nimmt die gleiche Richtung wie Egéi an, Tilho dagegen W—O! —, ist 70 km lang und 20 km breit. Marquardsen und Nachtigal lassen sie nach Tangur auslaufen. Freydenberg läßt sie, soweit aus seinen ziemlich konfusen Mitteilungen überhaupt etwas zu entnehmen ist, blind enden. Tilho behauptet, daß sie durch eine Reihe von Brunnen mit dem Djurâb (s. unten) verbunden sei.

Die Wanne Koro scheint wirklich gegen Tangur zu verlaufen. Tiggi scheint, dem Platorand von Tibesti näher, bereits Wadicharakter zu tragen. Daß das von NO nach SW gegen Tangur verlaufende Djurâb als Erosionstal beginnt, ist sicher. Der Charakter seines Unterlaufes ist fraglich.

Oberflächenwasser, außer im nächsten Umkreis von Quellen, existiert nicht.

2. Das Luftklima des Tschadtieflandes ist ausgesprochenes Wüstenklima. Wohl fehlen Niederschläge nicht ganz, sind aber nach Auftreten und Stärke völlig unregelmäßig. Die weiter im Süden herrschende Regenzeit prägt sich im Saharagebiet nicht sowohl durch einzelne oft starke, aber kurze Schauer aus, als vielmehr durch eine starke Verminderung des Sättigungsdefizits der Luft (von 70 auf 10% und weniger). Die am Mittag zur heißen Zeit geregelt zwischen 40 und 50° liegende Lufttemperatur wird dadurch als unerträgliche Hitze empfunden. Zur Trockenzeit ist das um so weniger der Fall, als dann der Temperaturunterschied zwischen Tag und Nacht durchschnittlich 20—25° beträgt, dem heißen Tag also stets eine kühle bis kalte Nacht folgt.

Herrschender Wind ist ein von der Sahara kommender trockne Ost-Nordostwind, der sich gewöhnlich 2 Stunden nach Sonnenaufgang erhebt und sein Maximum gegen 14 Uhr erreicht, um gegen Abend wieder einzuschlafen. Da er ständig mit Staub und bei größerer

Stärke mit Sand beladen ist, ist die Klarheit der Luft sehr gering. Die Marschrichtung der meisten als typische Barchane ausgebildeten Wanderdünen entspricht der herrschenden Windrichtung. Daß die Verdunstung riesige Werte erreicht, versteht sich von selbst. Es dürfte mit 10—15 mm Verdunstung je Tag im Durchschnitt zu rechnen sein, während die Maxima bis 30 mm steigen können (Schirmer).

3. Die an der Bodenbildung beteiligten Gesteine

Wie Diagramm 2 zeigt, ist das Tschadtiefland in die fossilen Dünen eingesenkt, d. h. wie im westlichen Wüstengebiet entstammt das petrographische Ausgangsmaterial der Böden überwiegend dem Massiv von Tibesti. Das Auftreten von Sandsteinbrocken, Chalzedonstücken usw., noch in Egéi, ist ein direkter Beweis dafür. Daß sicherlich die weiter östlich anscheinend (?) anstehenden Reste der Tschadformation (kalkige Tone) und der Nubische Sandstein Borkus und Ennedis ebenfalls an der Materiallieferung beteiligt gewesen sind, ändert am Endresultat wenig. Das für das Wüstengebiet des Westens Ausgeführte, Reichtum an Alkalien und alkalischen Erden, gilt auch hier. Die wegen größerer Nähe der basischen Laven logisch zu erwartende Anreicherung speziell an Magnesiumverbindungen, wird allgemein durch den Hinweis auf die purgierende Wirkung der Quell- und Brunnenwasser bestätigt („Bitterwasser").

4. Die natürliche Vegetation als Indikator von Bodentypen

Die Rolle, welche bestimmte „bodenholde" oder „bodenstete" Unkrautpflanzen sogar noch auf dem seit Jahrhunderten bearbeiteten Boden Europas als Indikatoren bestimmter, sei es physikalischer, sei es chemischer Bodeneigenschaften spielen, ist bekannt. Alles, was man im gemäßigten Klima in dieser Hinsicht beobachten kann, ist aber nur ein Schatten dessen, was im warmen Klima in natürlichen Verhältnissen an Zusammenhängen zwischen Boden und Pflanze sich förmlich der Aufmerksamkeit aufdrängt.

In Ländern, wo, z. B. in Brasilien, der europäische Ackerbauer nicht nur vorübergehender Gast, wie in Kolonien, sondern seit Generationen mit seinem ererbten Boden verwachsen ist, hat sich demgemäß aus langer Beobachtung ein zuverlässiges System von Indikatorpflanzen, richtiger Pflanzengruppen, als Indikatoren ganz bestimmter Bodeneigenschaften, entwickelt.

Es unterliegt mir nach langer Erfahrung in dieser Hinsicht keinem Zweifel, daß auch bei den afrikanischen Eingeborenen, soweit sie

Ackerbauer sind, parallele grundlegende Kenntnisse bestehen. Die Nomadenstämme haben dagegen nur dem Zusammenhang von Pflanzen und leicht erreichbarem Grundwasser erhöhte Aufmerksamkeit geschenkt. Ein systematisches Studium dieser eingeborenen Erfahrungen dürfte praktisch für die Bodenbeurteilung in Afrika von größtem Werte sein. Die von Ethnographen teilweise vertretene Annahme, daß die Eingeborenen nicht intelligent genug wären, um derartige Beobachtungen anzustellen, zeigt nur, daß diese Autoren nie Gelegenheit gehabt haben, den Eingeborenen in seinem Milieu kennenzulernen. Die allgemeine Tendenz dieser Zusammenhänge ist, daß zwischen der zu beobachtenden natürlichen Pflanzenassoziation und den physikalischen Bodeneigenschaften nahezu mathematisch enge Zusammenhänge bestehen, was bei der großen Wichtigkeit des Wasser- und Lufthaushaltes im Boden für das pflanzliche Leben nicht überraschen kann. Chemische Eigenschaften des Bodens werden eher durch das Auftreten bestimmter Pflanzenarten angezeigt. Dieses Auftreten bedeutet aber nicht die Bevorzugung einer bestimmten Substanz im Boden, sondern die besonders hohe Resistenz der betreffenden Indikatorpflanze gegen vorhandenen Überschuß oder Mangel an einem bestimmten Stoff.

Daß im ariden Klima, wo das Leben der Pflanzen stets am Rande des Dürretodes sich entlang stiehlt, die physikalischen Verhältnisse sich in der Anordnung der Vegetation besonders scharf bemerkbar machen müssen, liegt auf der Hand.

Bis auf kümmerlichen Krautwuchs auf örtlichen Tonflächen und Sandsteinen lebensfeindlich sind die Kieswüste und auch die Wanderdünen der die Wannen des Tschadtieflandes trennenden Höhen.

Einen allgemeinen Überblick der Vegetationsanordnung der Wannen selbst gibt Abb. 2.

In dem lockeren Sande der Dünenhänge, aber auch auf Sandflächen erhalten sich die Büsche der „Souéda“ (botanisch noch nicht bestimmt!), der Cornulaca monacantha Del. (Hâd), die als bestes Kamelfutter und menschliches Heilmittel gilt, und der im übrigen auch die Wannengründe gern besiedelnde „Ṣiwak“ (Salvadora persica). Bevorzugte Standorte der Vegetation scheinen dort zu sein, wo Kalk- oder Tonschichten in den Dünen als undurchlässige Horizonte und damit wasserstauend wirken, obwohl die langen Wurzeln von „Siwak“ und „Souéda“ bzw. die Reduktion der Atmungsorgane des „Hâd“ die Pflanzen von der Trockenheit des Standortes weitgehend unabhängig machen. Den meist von Ton- und Sandschichten in Wechsellagerung gebildeten Wannenboden deckt oft neben Aristida (Sbot) und Panicumarten (Bu rekeba) eine fast hygrophile Vegetation.

Besonders charakteristisch im Tschadtiefland ist dafür Vilfa spicata (Akrech).

Beherrschender Baum ist die Hyphaene (Dûm)-Palme. Vereinzelt tritt als Vertreter der Dornbäume Acacia tortilis (Talha) in einzelnen Exemplaren und lichten Beständen auf.

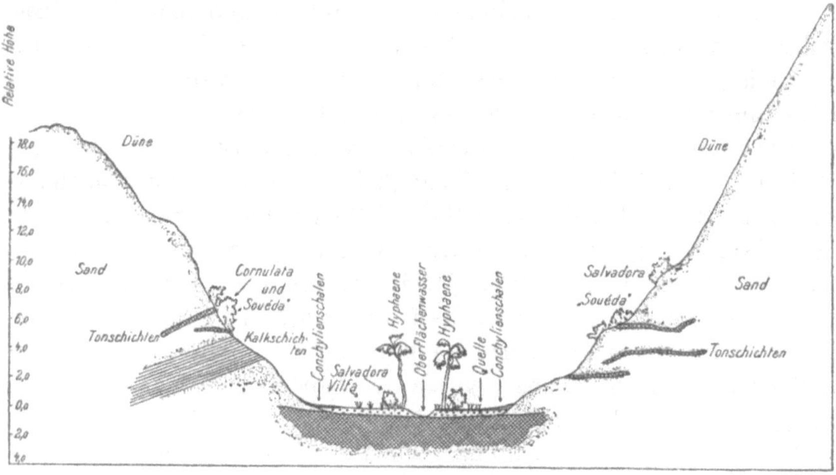

Abb. 2. Typus einer „Wanne"

Als Endtypen der Vegetation an Erosionsscheitel und Erosionsbasis stehen sich die auf große Entfernungen das Wasser erreichenden Tiefwurzeler und die von den eingeborenen Nomaden als sichere Anzeichen von Wasser betrachteten Flachwurzeler mit fast hygrophilen Typus gegenüber. Sie sind die Indikatoren der Extreme: Dünensand und der mehr oder weniger schweren Tone der Senken.

Es liegt auf der Hand, daß ihre Mischung in keiner Wanne ganz der der anderen gleichen kann. Bei der engen Bedingtheit der Vegetation durch die Bodeneigenschaften im einheitlichen Klimagebiet folgen daraus gewisse Vegetationsunterschiede in den einzelnen Wannen. Kurz skizziert sind die Einzelverhältnisse der Wannen die folgenden:

1. Egéi ist „eine Wildnis von Dünen und Tälern", wie Tilho sich ausdrückt. Die Vegetation entspricht bis auf das etwas häufigere Vorkommen von „Talha" (Acacia tortilis) der Abb. 2. Die Vegetation ist verhältnismäßig üppig und liefert gute Weide.

2. Toro zeigt im Gegensatz dazu eine zurücktretende Busch-, Kraut- und Gramineenvegetation, aber zahlreiche Akazien, große Bestände von Hyphaenen und in der Nähe der Quellen einzelne Dattelpalmen.
3. Koro erinnert etwas an Egéi. Nur sind die Dünen hier sehr viel höher, — bis 60 m! — die Täler entsprechend tiefer. Die Vegetation der Hänge beschränkt sich im wesentlichen auf Hâd (Cornulaca), die der Pfannenböden auf Akrech (Vilfa).
4. Die vorhandenen Mitteilungen über Tiggi und Djurâb sind so spärlich, daß sich eine begründete Ansicht über ihre Vegetation nicht bilden läßt. Der Djurâb, der, wie bereits erwähnt ist, als tief eingeschnittenes Erosionstal im nordöstlichen Rande des Tschadbeckens beginnt, gilt in seinem ins Tiefland verschwimmenden Ende als besonders kraut- und grasreich bei vielem, leicht erreichbarem Wasser.

5. Die Catena der Wüstenzone und ihre Glieder

Literatur

S. oben. Ferner:

Braun, J.-Blanquet, Pflanzensoziologie. Berlin 1928.

Glinka, K. D., Typen der Bodenbildung. Berlin 1914.

Kenchington, F. C., Relationship of roots, soilprofile and irrigation. I. S. E. Agric. Coll. 36, 135. 1935.

Nikiforoff, C. C., General trend of the desert type of soil formation. Soil Sc. 34, 105. 1936.

Robinson, G. W., Die Böden. 3. Auflage. Berlin 1939 (übersetzt von A. Jacob).

Schirmer, H., Le Sahara. Paris 1893.

Vageler, P., Grundriß der tropischen und subtropischen Bodenkunde. 2. Auflage. Berlin 1938.

de Villar, Los suelos de la Peninsula Luso-Iberica. Madrid 1937.

Walther, Joh., Das Gesetz der Wüstenbildung. 1912.

Die in Abb. 2: Schematischer Querschnitt einer Wanne des Egéi-Bodele-Beckens dargestellten Verhältnisse lassen sich bodengenetisch nicht besser beschreiben, als es von Joh. Walther in seinem klassischen Werk „Das Gesetz der Wüstenbildung“ anknüpfend an die Karakûmwüste, aber gültig für ausnahmslos alle Wüsten der Erde, geschehen ist. Es sei daher erlaubt, diese Beschreibung wörtlich zu zitieren, die mit photographischer Treue, trotzdem sie für eine asiatische Wüste gilt, die Verhältnisse des Tschadtieflandes bodenkundlich wiedergibt und damit beweist, wie allgemein gültig die großen Grundgesetze des Werdens und der Verteilung der Böden der Erde sind, die die Catenamethode sich als erste in vollem Umfange nutzbar macht.

J. Walther schreibt (a. a. O. S. 235): „Mitten zwischen den Sanddünen der Kara-Kum sieht man langgestreckte oder rundliche Vertiefungen („Schori"), die von Lehmboden oder salzigem Wasser bedeckt, als ehemalige „Flußbetten" gedeutet worden sind. Die Karawanen, welche die Karakum durchziehen, folgen mit Vorliebe dem Verlauf der Schori, weil sie hier ebenen Boden und oftmals Wasser finden und weil die reichlichere Vegetation ihren Kamelen mundet. Die Schori sind Vertiefungen, in denen sich die gelegentlich fallenden Regenwasser sammeln, den von den Dünen herabgeschwemmten Tonstaub zu dünnen Tonschichten formen und beim Verdunsten sogar kleine Salzschichten bilden können. Wanderdünen bringen diese Sedimente zwischen die Sandablagerung und später erscheinen sie im Profil als tonige oder salzige Zwischenschicht."

Ein Blick auf Abb. 2, noch mehr ein Vergleich der Beschreibung der Karakumwüste durch Walther mit den Berichten von Nachtigal und Tilho über die Wannen des Tschadtieflandes zeigt, daß zwischen beiden Landschaften kein Unterschied irgendwelcher Art besteht. Auch die zahlreichen Fischreste vieler Schoris und Takyrflächen Asiens fehlen den Wannen des Tschadtieflandes nicht. Hier wie dort benutzen wegen reichlichen Wassers und guter Kamelweide die Karawanen diese naturgegebene Verkehrsstraßen.

Daß stellenweise Kalkbänke in den Dünen des Tschadtieflandes neben Tonlagen auftreten, kann bei dem basischen Charakter des Ausgangsmaterials der Sandbildung nicht wunder nehmen, wenn es sich um rezente Bildungen dabei handelt. Die Mitteilung Nachtigals über eigenartige graue Staubböden zwischen Koro und Tiggi, die nach der gegebenen Beschreibung nur Kalksteinböden, d. h. Turâb oder tropische Rendzina, sein können, läßt es nicht ausgeschlossen erscheinen, daß auch im Osten der Wüstenzone heute größtenteils von den Dünen überdeckte Reste der Kalke der Kreideformation sich finden, wie es im Westen nachgewiesenermaßen der Fall ist.

Um nicht zu Wiederholungen genötigt zu sein und den Text nicht unnütz mit Einzelbeschreibungen zu belasten, geben die Abb. 3 und 4 die für alles Nachfolgende gültigen Symbole und Klassifikationen:

Abb. 3: Schema der wichtigsten ursprünglichen Vegetationstypen;

Abb. 4: Übersicht der tropischen und subtropischen Bodenkomplextypen.

Zu Abb. 3 erübrigen sich Erläuterungen, sie sind jedoch in kurzer Form erforderlich zu der Abb. 4.

Schema der wichtigsten ursprünglichen Vegetationstypen

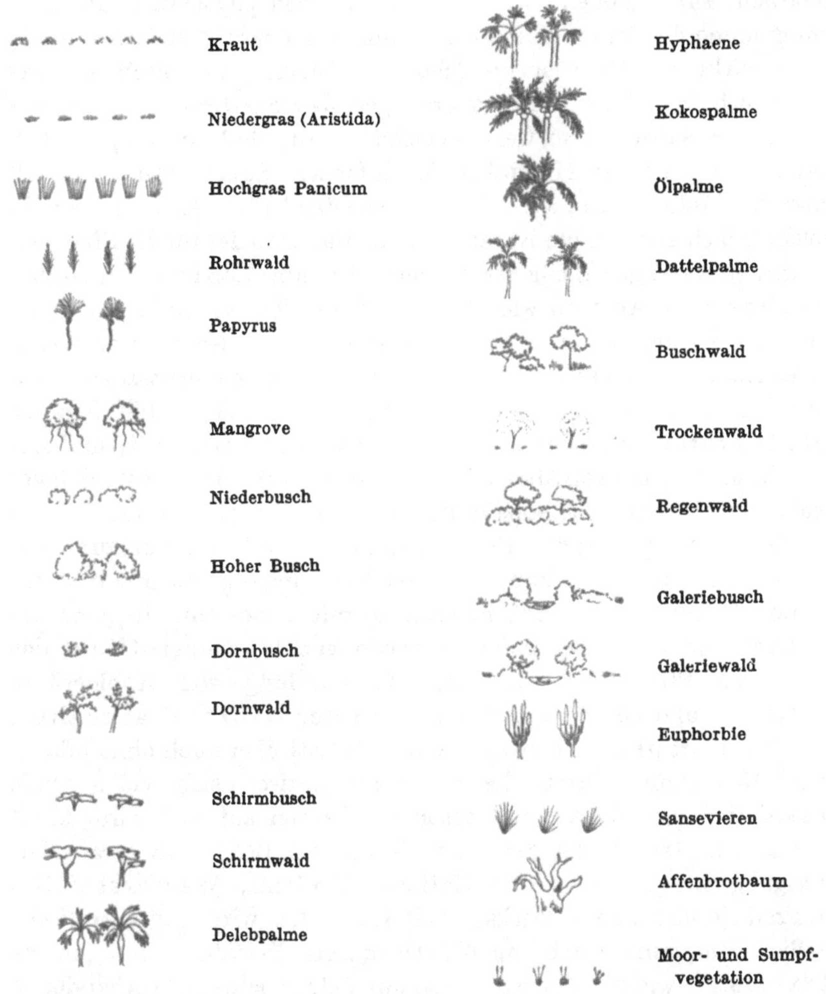

Pflanzenassoziationen werden durch Aneinanderfügen der Symbole gemäß der relativen Häufigkeit bezeichnet.

Beispiele:

Abb. 3

Wenn ein Gestein durch „Verwitterung", d. h. unter dem Einfluß der klimatischen Faktoren: Wärme und Feuchtigkeit, Luft und Lebewelt, zum „Boden" wird, so bedeutet das physikalisch die Zertrümmerung der festen Mineralien in immer kleinere und damit immer mehr wirksame Oberflächen bietende Stücke. Chemisch ist das Wesentliche des Verwitterungsvorganges, daß das Gefüge des Raumgitters der Substanz so weit gelockert wird, daß die ursprünglich kompliziert gebauten Mineralien in einfachere Substanzen, eventuell unter Neubildung von „Tonsubstanz" aus den Trümmern, zerfallen, in welchem insbesondere die Kationen, d. h. die Ionen der für die Pflanzenernährung wichtigen Elemente Natrium, Kalium, Kalzium, Magnesium usw., aber auch Anionen wie Phosphorsäure (PO_4) so locker gebunden sind, daß sie dem sogenannten „Austausch" unterliegen. Das Wesen dieses Austausches besteht darin, daß sich nahezu momentan zwischen dem Ionenbestand der sekundären Stoffe im Boden, die man als „Bodenkolloide" oder „Bodenkomplexe" bezeichnet, und der umgebenden „Bodenlösung" (Bodenwasser) ein gesetzmäßiges Gleichgewicht herstellt, sobald irgendein Kation oder Anion neu in die Bodenlösung gelangt. Der Neuankömmling bleibt nur zum Teil in der Lösung und tritt zum Teil unter Verdrängung früherer Insassen in die „Belegung" der Bodenkomplexe mit Ionen ein. In ganz besonderem Maße gilt das beim Auftreten von Wasserstoffion, das durch die Pflanzenwurzel durch Ausscheidung von Kohlensäure „aktiviert" und damit zum Vermittler der Nährstoffaufnahme aus den Komplexen gemacht wird. Es tritt aber auch ohne pflanzliche Mitwirkung durch die stets automatisch sich vollziehende Dissoziation von Wasser und besonders Säuren auf und wird damit zum wichtigsten Träger der Verwitterung im Boden, da es an Verdrängungsenergie alle anderen Kationen übertrifft. Wasserstoffion in Freiheit und damit Wirksamkeit im Boden wird konzentrationsmäßig gemessen durch p_H-Werte unterhalb 7,0, d. h. „saure Reaktion", wie die Konzentration des stets gleichzeitig vorhandenen Hydroxylions durch p_H-Werte über 7,0 ihren Ausdruck findet als „alkalische Reaktion" des Bodens.

Ihrer ungeheuren, bis zu Tausenden von Quadratmetern je Gramm gehenden, wirksamen Oberfläche entsprechend sind die Komplexe, oder wie die ältere Bodenkunde es ausdrückte, der „Rohton" und der aus der Zersetzung der organischen Substanz sich bildende „Humus", die in tropischen Böden geregelt zu „Humuston" vereinigt sind, die Träger aller physikalischen und chemischen Eigenschaften der Böden. Maßgebend ist für alle Böden vom Ton

Abb. 4. **Übersicht der tro**

I. Mögliche Catenaglieder der semiariden bis ariden Zonen

A. Bodenbildende Gesteine

Gesteinsgruppe	Saure Gesteine $SiO_2 > 65\%$ $Al \gg Fe$	Neutrale Gesteine SiO_2 52—65% $Al \geqq Fe$	Basische Gesteine $SiO_2 < 52\%$ $Al \fallingdotseq Fe$	Kalkgestei… SiO_2, Al und Nebe…
Eruptivgesteine	Granit, Quarzdiorit, Quarzporphyr	Syenit, Diorit, Porphyr Trachyt, Andesit, eisenarme Phonolithe	Gabbro, Diabas, Melaphyr Basalt, eisenreiche Phonolithe	
Metamorphe Gesteine	Gneis, Quarzit	Glimmerschiefer, Phyllit, Tonschiefer	Pyroxenit, Amphibolit	Marmor, kristall… Dolomit
Sedimentgesteine	Sandsteine mit kieseligem und tonigem Zement; Sand	Schiefertone, sonstige Tongesteine	Löß	Kalkstein, Kal… Kalksandstein

B. Entwicklungsreihen der ortseigenen Böden (Eluvium)

Gesteinsgruppe	Saure Gesteine	Neutrale Gesteine	Basische Gesteine	Kalkgestei…
Eruptivgesteine	a) Primärer Graulehm, stark sandig (oft alkali- und kalkreich) 1	a) Primärer Graulehm (meist sehr reich an Kalk und Alkalien) 1	a) Sandiger Graulehm 1 b) Grünlehm 7 (reich an Kalk und Magnesia)	
Metamorphe Gesteine	b) Braunlehm, sandig (oft alkali- und kalkreich) 2	b) Braunlehm (meist sehr reich an Kalk und Alkalien) 2	c) Braunlehm (reich an Kalk und Magnesia) 2	
Sedimentgesteine			Braunlehm, kalkreich 2	a) Turâb b) Rendzina c) Schwarzerde

C. Entwicklungsreihen der Hangböden (Colluvium)

Gesteinsgruppe	Saure Gesteine	Neutrale Gesteine	Basische Gesteine	Kalkgestei…
Eruptivgesteine	a) Braunlehm, sandig 2 b) Rotlehm, sandig 3	a) Braunlehm 2 b) Rotlehm 3 (kalk- und alkalireich)	a) Braunlehm 2 b) Violettlehm 8 (reich an Ca, Mg und PO_4)	
Metamorphe Gesteine	Rotlehm, sehr sandig 3			
Sedimentgesteine			a) Braunlehm 2 b) Rotlehm 3 (sandig)	a) Graulehm, b) Braunlehm c) Terra Rossa
Zonare Neubildungen	Kalkkonkretionen	a) Kalkkonkretionen b) Kalkbänke	a) Kalkkonkretionen Limonitkonkretionen Limonitbänke	Kalkbänke

D. Entwicklungsreihen der Senkenböden (Alluvium)

Gesteinsgruppe	Saure, Neutrale und Basische Gesteine	Kalkgestei…
Eruptivgesteine	a) Sekundäre Graulehme 16 b) Vleyton und Wannenton 17 c) Schwarzerde 18	
Metamorphe Gesteine	d) Tin soda 19 e) Salzton 20	Rendzina
Sedimentgesteine	f) Alkaliton 21 g) Soloti 22	Schwarzerde

Verlag Walter de Gruyter & Co., Berlin W 35
Deko II. Zu Vageler, Die Böden Westafrikas

…chen Bodenkomplextypen

II. Mögliche Catenaglieder der semihumiden bis humiden Zonen

B. Entwicklungsreihen der ortseigenen Böden (Eluvium)

…sgruppe	Saure Gesteine $SiO_2 > 65\%$ Al $\gg$ Fe	Neutrale Gesteine SiO_2 52—65% Al $\geqq$ Fe	Basische Gesteine $SiO_2 < 52\%$ Al $\leqq$ Fe	Kalkgesteine SiO_2, Al und Nebenbestand
…teine	a) Primärer Graulehm 1 b) Rotlehm 3 c) Roterde 4 d) Lateritische Roterde 5 e) Laterit 6	a) Primärer Graulehm 1 b) Rotlehm 3 c) Roterde 4 d) Lateritische Roterde 5 e) Laterit 6	a) Grünlehm 7 b) Violettlehm 8 c) Violetterde 9 d) Ferritische Violetterde 10 e) Ferrit 11	
…e Gesteine				a) Primärer Graulehm 1 b) Braunlehm 2 c) Terra Rossa 14 d) Lateritische Terra Rossa 15
…esteine	Primäre Grauerde als Skelett 1		a) Braunlehm 2 b) Rotlehm 3 c) Roterde 4	

C. Entwicklungsreihen der Hangböden (Colluvium)

…teine	a) Rotlehm 3 b) Roterde 4 c) Lateritische Roterde 5 d) Laterit 6	a) Rotlehm, tonig 3 b) Roterde 4 c) Lateritische Roterde 5 d) Laterit 6	a) Violettlehm 8 b) Violetterde 9 c) Ferritische Violetterde 10 d) Ferrit 11	
…e Gesteine				a) Braunlehm 2 b) Terra Rossa 14 c) Lateritische Terra Rossa
…esteine	In der Regel nackte Hänge		a) Rotlehm 3 b) Roterde 4	
…ubildungen	Limonitkonkretionen 26	a) Limonitkonkretionen b) Limonitbänke	a) Limonitkonkretionen b) Limonitbänke	a) Kalkkonkretionen b) Kalkbänke

D. Entwicklungsreihen der Senkenböden (Alluvium)

…steine	a) Sekundärer Graulehm 16 b) Flächenton 22 c) Trockentorf 23 d) Podsol (Humus) 24 e) Gley (sauer) 25 f) Saures Niedermoor 26 g) Saures Waldmoor (Hochmoor) 27	a) Sekundärer Graulehm 16 b) Flächenton 22 c) Podsol (Eisen) 28 d) Gley (basisch) 29 e) Basisches Niedermoor 30 f) Basisches Waldmoor 31		a) Sekundärer Graulehm 16 b) Gley (basisch) 29 c) Schwarzerde 18 d) Rendzina 13
…he Gesteine				
…esteine				

bis zum Sand nur der Bau ihres „Tones", da ja Sande nur durch indifferentes Material: Quarz und unlösliche Mineralien verdünnte Komplexe vorstellen. Die moderne Bodenkunde unterscheidet daher die Bodentypen nicht mehr nach dem zufälligen Grade der Komplexverdünnung als Sand, Lehm usw., sondern nach dem Bau der Komplexe selbst.

Für diesen ist für tropische und subtropische Verhältnisse maßgebend

1. das Verhältnis von „acidoidem" Anteil (Kieselsäure, Phosphorsäure, Humussäure) zum „basoiden" Anteil (Eisen, Aluminium, Eiweißreste) im Komplexkern;
2. bei gleichem Acidoidgehalt das Verhältnis von Aluminium zu Eisen;
3. die leicht austauschbar, d. h. leicht beweglich, gebundenen Kationen und Anionen und ihre Art.

Es liegt auf der Hand, daß alle 3 Faktoren von der Zusammensetzung der Muttergesteine der Böden abhängen, ob diese viel Kieselsäure und daneben überwiegend Aluminium (saure Gesteine), oder überwiegend Basoide und darunter überwiegend Eisen (basische Gesteine) enthalten oder ob der saure und basische Charakter sich die Wage halten (neutrale Gesteine).

Komplexe mit überwiegendem Acidoid ergeben, vulgär ausgedrückt, Böden mit plastischer Tonsubstanz. Man unterscheidet, um einen kurzen Ausdruck zu haben, derartige Komplexe zweckmäßig als Lehme, die sich als Rotlehm bzw. Violettlehm je nach dem Eisen- (und Mangan!-) Gehalt der Gesteine aus dem anfänglich allgemein gebildeten Graulehm über Braunlehm bzw. Grünlehm entwickeln. Voraussetzung dafür ist freier Luftzutritt und gute Drainage des Profiles, so daß die Oxydation des Eisens, die dem Boden die charakteristische Färbung gibt, nicht gestört wird. Das ist allgemein auf Höhen und Hängen der Fall. Da unter diesen Umständen bei mäßig saurer Reaktion Kieselsäure abgespalten und ausgewaschen wird, gehen als Alterserscheinung besonders im semihumiden (wechselfeuchten) Klima die plastischen Lehme in wenig plastische Erden: Roterde bzw. Violetterde, über. Diese entwickeln sich schließlich über eine Reihe von immer ärmer an Kieselsäure werdenden Zwischenstufen zu Laterit bzw. Ferrit.

Aus Kalkgesteinen entsteht als Parallelreihe bei oxydativen Bedingungen zunächst der feinsten Kalkstaub repräsentierende Turâb, der allmählich in Rendzina und Terra rossa übergeht. Als letztes Altersstadium entsteht auch hier lateritische Terra rossa bis Laterit.

Wo die Bedingungen der Oxydation nicht gegeben sind, was bei starker Humusbildung, vor allem aber bei der Konzentration transportierter Tonsubstanz und dadurch bedingten Stau von Wasser und Luftabschluß auf Sedimenten in Senken und auf Flächen, also bei den alluvialen Schlußgliedern einer Catena der Fall ist, überwiegt die Reduktion der Eisen- (und Mangan-) Verbindungen. So werden aus dem sedimentierenden Material meist mehr oder weniger „schwere", d. h. tonreiche, gebleichte, graue bis schwarze Böden. Leider reicht im Gegensatz zu den oxydierten Böden, wo die Frage des Komplexbaues weitgehend geklärt ist, bei diesen sekundären Graulehmen und Erden das bisher vorliegende Untersuchungsmaterial noch bei weitem nicht aus, um eine allgemeine sichere Klassifizierung zu gestatten. Die Alluvien haben in dieser Hinsicht erst wenig Bearbeitung gefunden.

Die in Abb. 4 gegebenen Entwicklungsreihen beruhen daher einstweilen hauptsächlich auf Beobachtungen im Felde. Allerdings ist es kaum anzunehmen, daß sie bei näherem Studium eine wesentliche Änderung erfahren werden. Für praktische Zwecke kann jedenfalls auch diese Einteilung schon als ziemlich ausreichend betrachtet werden.

Die Entwicklungsreihen gehen im trocknen Klima, wo eine Auswaschung nicht oder nur zur Regenzeit stattfindet, vom indifferenten sekundären Graulehm über den basenreichen Vley- und Wannenton durch die Serie der Horizontböden: Schwarzerde-Tîn soda usw. zum Soloti. Im nassen Klima führt die Entwicklung vom sekundären Graulehm über den schwach gesättigten Flächenton je nach dem Basengehalt des Ausgangsmaterials bzw. der Basenzufuhr durch zulaufendes Wasser über Podsol und Gley zum sauren bzw. basischen Moor, als die Catenas schließende organogene Bildungen.

Überaus charakteristisch für das subtropische und tropische Klima mit seiner zeitweise sehr starken, wenigstens lokalen, Austrocknung der obersten Bodenschichten unter Aufsteigen der Feuchtigkeit des Untergrundes, sind die zwischen Hang- und Senkenböden (Colluvium und Alluvium) oft sich einschiebenden zonaren Neubildungen. In kalkreichen Gebieten sind es Kalkkonkretionen, die vom

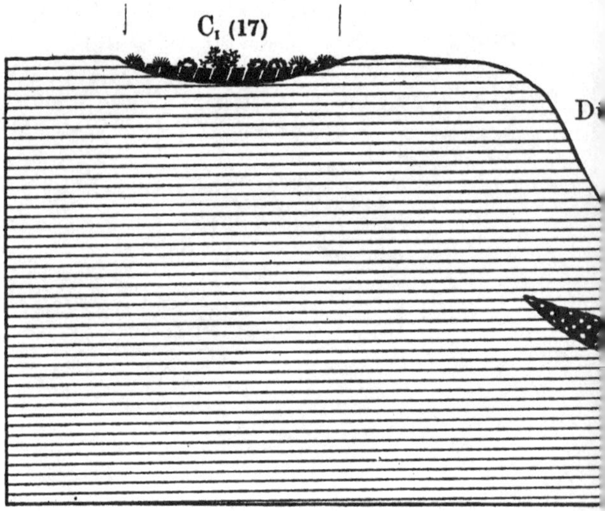

Catenaglieder		Komplextypus
A Eluvium	1	Primärer Graulehm
B Colluvium		Nich
C Alluvium		
C_I Alluvium	17	Vleyton und Wannenton
C_I Alluvium	18	Schwarzerde
C_{II} Alluvium	19	Tin Soda
C_{III} Alluvium	20	Salzton

Verlag Walter de Gruyter & Co., Berlin W 35
Deko II. Zu Vageler, Die Böden Westafrikas

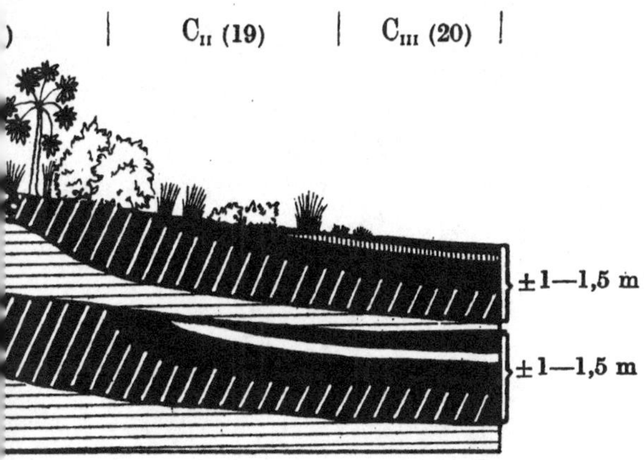

:ter	Vegetation	
	Vegetationslos, nur stellenweise wenig Niedergras und Kraut	
	Am Hang stellenweise Büsche von Sueda über Kalkbänken	
ıer sandiger r Ton, krü-	Niedergras und Krautsteppe mit stellenweise reichlichem Dornbusch	
Ton mit ›nkretionen Fisch- und	In der Gefällsrichtung Niedergras übergehend in Hochgras mit Büschen und Hyphänepalmen	
ndiger bis ; Kalkkar- ılsalz, spe- in wech- t und Tiefe	Im wesentlichen Hochgras und leichte Buschvegetation durch Niedergras übergehend in:	
;alzeffloreshorizonten. ›n, des Ma- :iums über-	Vegetationslos	

Photolith. von Bogdan Gisevius, Berlin W 35

kleinen, oft mit einer Limonithaut überzogenen, Kügelchen über derbe Brocken sogenannten Steppenkalkes bis zu Kalkbänken von mehreren Metern Dicke gehen. Chemisch variieren diese Konkretionen vom fast reinen Karbonat bis zum Silikat.

Wo bei weniger alkalischer Bodenreaktion eisenreichere Gesteine überwiegen, treten fast jede Senke begleitend, oft allen Variationen des Wasserspiegels folgend und sie im Bodenbilde fixierend Limonitkonkretionen auf. Auch sie reichen vom schichtweise locker gelagerten Bohnerz bis zur ebenfalls zuweilen über meterdicken Limonitbank. Die ältere Literatur bezeichnete diese Bildungen mit Vorliebe als „Lateritpanzer“, womit sie nicht das mindeste zu tun haben.

Es versteht sich von selbst, daß nicht an jedem Ort sämtliche möglichen Catenaglieder mit ihrer Charaktervegetation im Naturzustande entwickelt sein können. Je nach Klima und Topographie, geologischer und floristischer Geschichte ist von Ort zu Ort der Beginn oder das Ende der Catena verschieden, und die Zwischenglieder sind mehr oder weniger unvollständig vertreten. Konstant aber ist der jeweilige Bau der Catena innerhalb eines Einheitsgebietes.

Für das Tschadtiefland ergibt sich eine sehr charakteristische Catena, d. h. Serie von Bodenprofilen vom Erosionsscheitel — dem jeweils nächsten Dünenkamm — bis zur Erosionsbasis — dem Senkenmittelpunkt —, die sich in jeder Wanne wiederholt. Da der Windtransport des Rohmaterials unabhängig vom Relief eine Vermischung aller nur erdenkbaren Mineralien im, das relative Eluvium bildenden, Sande der Dünen bewirkt, kann man sie allgemein als „Wüstencatena“ bezeichnen. Sie entspricht nicht nur allen Wüsten Afrikas, sondern auch den Wüsten Asiens, Australiens und Amerikas, da der Lufttransport, wie das Beispiel des Löß zeigt, alle petrographischen Ortsunterschiede verwischt.

Die Glieder dieser „Wüstencatena“ I und ihre räumliche Anordnung im Gefällssinn gibt Abb. 4. Von wirtschaftlicher Bedeutung sind nur die Glieder C 1 (17—18) Vley- und Wannenton (mit oder ohne Kalkkonkretionen, Fischresten usw.) und C 2 (19) Tîn soda.

Die physikalische und chemische Struktur der Profile, die sich in gleicher Topographie grundsätzlich ständig im ganzen Tschadtiefland wiederholen, ist vom Ort selbst in Einzelheiten nicht bekannt. Vollständig mit den Beschreibungen von Nachtigal, Tilho und Freydenberg übereinstimmende Profile habe ich aber persönlich in der nubischen Wüste nördlich der abessinischen Grenze auf etwa gleichem Breitengrade entnommen und untersucht. Die Zahlenwerte gibt Tabelle 1. Die dazugehörigen Volumdiagramme enthält Abb. 5.

C 1 (17—18), Vley- und Wannenton bis Schwarzerde ist danach ein wegen starker natürlicher Drainage je nach der Tiefenlage

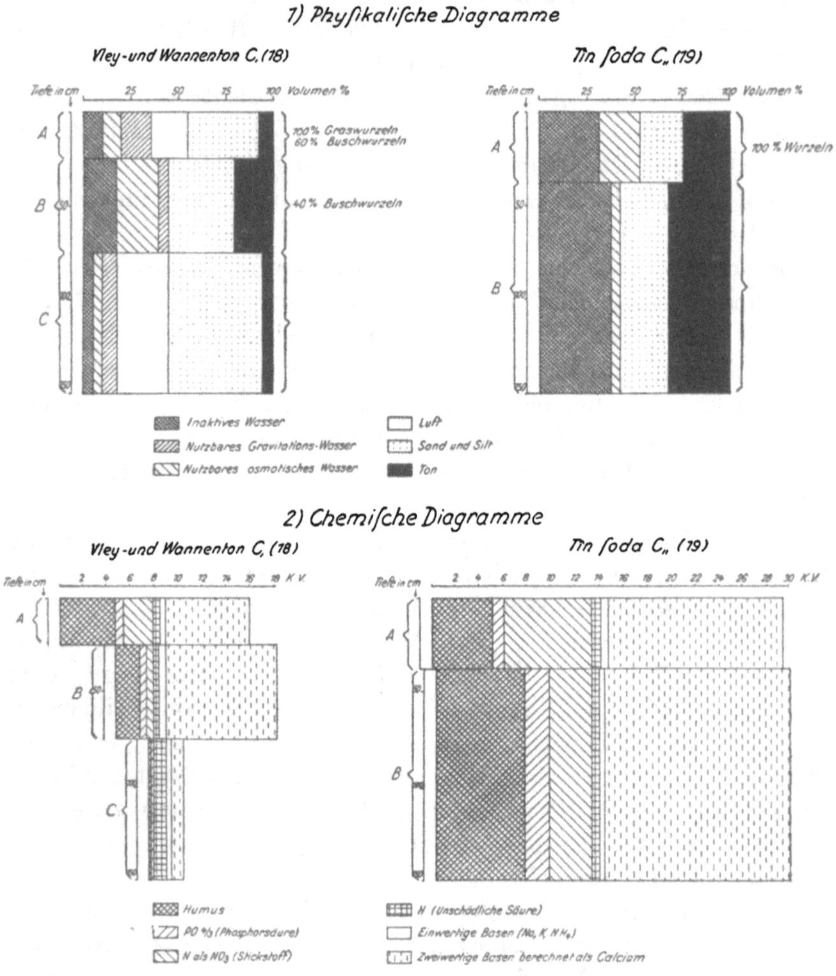

Abb. 5

des Sandhorizontes C mehr oder weniger zur Trockenheit neigender, chemisch in der Wurzelschicht mittelmäßig reicher Boden, der der wesentliche Träger der Weiden des Tschadtieflandes ist. Wo er bewässerbar ist, gibt dieser Boden gute Ernten. Seine Ausdehnung ist, roh aber vorsichtig geschätzt, auf etwa 125000 ha im ganzen Gebiet in einzelnen Stücken zu rechnen.

A.

Catena Nr.	Catena Glied	Horizont	Tiefe cm	% Feste Substanz	% Porenvolumen kapillar	grob	total	δ	Sand und Silt %-Gewicht	%-Vol.	Ton %-Gewicht	%-Vol.	Os inaktiv
I	C 1	A	0— 25	45	35	20	55	120	83,3	37,5	16,6	7,5	8,8
	C 1	B	25— 75	55	40	—	45	7,5	63,6	35,0	36,4	20,0	17,8
	C 1	C	75—150	55	17,6	27,4	45	500	90,0	50,0	9,1	5,0	4,4
I	C 2	A	0— 37	47,5	52,5	—	52,5		47,4	22,5	52,6	25,0	30,0
	C 2	B	37—150	57,5	42,5	—	42,5		43,5	22,0	56,5	32,5	37,5

B.

Catena Nr.	Catena Glied	Horizont	Tiefe	pH in Wasser	pH in KCl	Humus	N	Rel. lösl. % PO_4	PO
I	C 1	A	0— 25	7,0	7,0	9,6	6,6	34	1,5
	C 1	B	25— 75	7,3	7,0	4,7	1,6	37	1,8
	C 1	C	75—150	6,8	6,3	0,2	?	7	0,3
I	C 2	A	0— 37	7,6	7,0	12,7	18,1	4,1	2,4
	C 2	B	37—150	8,0	7,0	18,3	8,5	3,2	4,9

Verlag Walter de Gruyter & Co., Berlin W 35
Deko II. Zu Vageler, Die Böden Westafrikas

bau

zb. vit. as- er	Relatives Luftdefizit	Nutzwasser mm/ha d. Wurzelzone osmot.	kapillar	total	cm Steighöhe	1000 x q	Hy	CP	Bemerkungen
,2	—	27,5	38,0	65,5	45,5	20	4,4	25	Profil neigt wegen starker natürlicher Drainage zur Dürre!
,0	26,2	111,0	25,0	136,0	31,2	50	8,9	400	
,7	—	(5,3)	(6,5)	(11,8)	28,0	3	2,2	6	
enwasser:		143,8	69,5	213,3					
–	—	83,2	—	83,2	52,6	8	15,0		Profil ist nur bei guter Bearbeitung und Bewässerung produktiv
–	—	(6,0)	—	6,0	40,0	33	18,7		
enwasser:		89,2	—	89,2					

u

1 wert. Basen	2 wert. Basen	*S*	*T*	*qs*	Lösl. Salze	Bemerkungen
1,4	19,8	21,2	22,4	1,1	1,0	Bevorzugter Kulturboden der Eingeborenen
1,4	23,1	24,5	25,5	1,1	1,1	
0,1	2,3	2,4	5,5	5,3	?	
1,6	36,9	38,5	40,5	1,2	1,2	Ausgeprägte Versalzungsgefahr
0,9	40,2	41,1	42,7	1,1	2,4	

Der „Tîn soda" ist das äquatoriale, von F. E. Kenchington im Anschluß an den Sprachgebrauch der Eingeborenen im Sudan so genannte Äquivalent des Tschernosems, der die polare Grenze der Wüstengürtel der Erde gegen das semihumide gemäßigte Klima charakterisiert. Er unterscheidet sich von der durch Kalkhorizonte in Form von Karbonat charakterisierten Schwarzerde (Tschernosem) durch das gleichzeitige Auftreten von Gips und — zuweilen! — schwach ausgeprägten Salzhorizonten.

Wie das Diagramm zeigt, ist der Tîn soda physikalisch wegen im Naturzustande geringerer verfügbarer Wassermenge ungünstiger, chemisch aber vielfach reicher als der Wannenton (Schwarzerde). Bei Bewässerung ist er sehr produktiv, da sein nutzbarer Wasserinhalt sich durch Bearbeitung leicht wesentlich erhöhen läßt, so lange die Salzkonzentration nicht zu hoch ist.

Seine Ausdehnung im Gebiet ist vorsichtig auf etwa 75000 ha zu schätzen.

Dünensand sowohl wie Alkaliton haben wirtschaftlich kein Interesse.

6. Die Grundwasserverhältnisse des Tschadtieflandes

Wie ein roter Faden zieht sich durch die Geschichte der Erforschung des Tschadbeckens die Diskussion der Grundwasserfrage des Gebietes.

Wie bei der Besprechung des Tschadlitorals zu erörtern sein wird, zeichnet sich das Wasser des Tschadsees im allgemeinen durch einen für einen See im Wüstenklima ganz ungewöhnlich geringen Salzgehalt aus. Diese Tatsache verlangt als unbedingte Voraussetzung die Existenz eines dauernden Abflusses. Ohne einen solchen müßte der Tschad nach Barrikadierung des Bahr el Ghazal als oberirdische Ablauf, wenn auch dieser Vorgang erst Jahrhunderte zurückliegen sollte, längst eine deutlich zunehmende Versalzung zeigen, wie z. B. die bis in Einzelheiten vergleichbare Etoschapfanne in Südwestafrika. Davon fehlt aber jede Spur.

Tilho spricht daher ebenso wie schon Freydenberg von einem unterirdisch zum Tschadtiefland gerichteten Ablauf des Sees und geht soweit, da der auffallend hohe und reiche Grundwasserstand des Tschadtieflandes dadurch auch noch nicht voll gedeckt erscheint (?), einen den ganzen nördlichen Sudan an der Wüstengrenze unterlagernden ungeheuren Grundwassersee anzunehmen (vgl. Teil II: Die Regenzone des Tschadgebietes).

Hätte Tilho seine eigenen Beobachtungen, vor allem aber auch die Nachtigals und Freydenbergs in die graphische Form der Diagramme 1 und 2 gebracht, die auf diesem Material basieren, so bin ich überzeugt, daß er sich mit sehr viel größerer Bestimmtheit über die Grundwasserverhältnisse ausgedrückt hätte, als er es tut.

Mögen diese Diagramme, was die Mächtigkeit der Untergrundschichten im einzelnen anbelangt, auch viel Hypothesen enthalten: die Tatsachen können nach dem vorliegenden Beobachtungsmaterial gar nicht wesentlich von der gegebenen Konstruktion abweichen.

In vollster Übereinstimmung mit den Beobachtungen sämtlicher Reisenden im Tschadgebiet, die sämtlich ausnahmslos die Menge und teilweise auch die Güte der Brunnen erwähnen — man findet sogar Angaben, daß z. B. in Egéi das Wasser „von den Seiten wie ein Strom in jedes tiefere Loch, das man gräbt, hineinstürze" —, kann die Existenz eines geradezu unerschöpflichen Grundwasserreservoirs in geringer Tiefe im ganzen Tschadtiefland gar keinem Zweifel unterliegen.

Nach allen Beobachtungen ist dieses Grundwasser in seiner Hauptmenge Süßwasser, getragen von den Resten der Tschadformation, soweit sie nicht ausgeräumt sind, bzw. von den basalen älteren Formationen des Tschadbeckens, wie Diagramm 1 und 2 es zeigen. Wie das trotz der starken Verdunstung möglich ist, wird später zu erörtern sein.

Daß stellenweise im Tschadtieflande trotz des Süßwassercharakters brackige und salzige Brunnen genannt werden, ist eine Selbstverständlichkeit. Die Dünen haben sich ja im Laufe der Jahrtausende fortbewegt, und ihr Sand hat Salztone wieder begraben, die einst die Oberfläche bildeten und heute das Grundwasser örtlich versalzen. Welche Bedeutung die örtliche Beschränkung der Versalzung für das ganze Tschadproblem besitzt, wird weiter unten zu erörtern sein.

Die von vielen Reisenden als eigentümlich erwähnte Tatsache, daß Quellen und Wasserstellen sich fast ausnahmslos am Fuße großer Dünen finden, ist ein allgemeiner Zug der Wüstengebiete mit unperiodischen Regenfällen. Da die sogenannte kapillare Steighöhe des Wassers in Dünensand nur ausnahmsweise über $^1/_2$ m beträgt, ist schon in wenig größerer Tiefe die Verdunstung abgesickerten Regenwassers praktisch gleich Null.

Die Abwärtsbewegung einer Wasserfront unter dem Einfluß der Gravitation ist, wie die Untersuchungen Rotmistroffs gezeigt haben, überaus langsam. Das absickernde Regenwasser nimmt aber stets feinste Staub- und Tonteilchen in die Tiefe mit, von denen durch ihre enormen oberflächlichen Richtkräfte, die das Kapillarpotential örtlich um Hunderte von Zentimetern erhöhen, in den tieferen nur noch wenig feuchten Schichten schwerer durchlässige Zonen in der Düne geschaffen werden. D. h., wie man durch die Untersuchung der Potentiale einer großen Düne leicht nachweisen kann: Jeder Regen schafft für sich selbst und ganz besonders für jeden folgenden Niederschlag ein eigenes Reservoir und macht damit jede größere Düne zu einem sehr wirksamen Wasserspeicher. Wie wasserreich viele Dünenkämme sind, zeigt das in Südwestafrika wohlbekannte Verfahren der Buschleute, ihren Trinkwasserbedarf im Sandfeld und der Kalahari durch Aufsaugen des Dünenstauwassers mit Rohrstengeln und Aufbewahrung des so gewonnenen Wassers in Straußeneierschalen zu decken.

Daß vielfach eine Wasserstelle nicht das Ergebnis des Ablaufes einer Düne ist, sondern umgekehrt durch Festhalten von Flugsand und damit Schaffung eines Hindernisses als Kern eines zukünftigen Barchans die Dünenbildung durch die Existenz einer Wasserstelle bedingt ist, kann ebenfalls, wie schon Tilho betont, nicht verwundern. Wie im Einzelfalle die Lage zu beurteilen ist, was praktisch wichtig sein kann, lehrt geregelt die relative Höhe des Wasserhorizontes zur Dünenbasis.

7. Zusammenfassende wirtschaftliche Charakteristik des Tschadtieflandes

Im Tschadtiefland stehen nach dem Ausgeführten im Minimum 200000 ha guten Bodens bei unerschöpflichen Vorräten an meist süßem Untergrundwasser zur Verfügung. Wie bereits betont ist, verraten Mauerreste usw. eine vormals viel dichtere Besiedlung, die allerdings wohl in Zeiten erheblich größerer Niederschläge zurückweist. Daß heute von einer Besiedelung kaum gesprochen werden kann und auch die Nutzung der teilweise vorzüglichen Weiden der Wannen nur eine sehr vorübergehende ist, hat seinen guten doppelten Grund. Kriegerische Unruhen der letzten Jahrzehnte des vergangenen und der ersten des jetzigen Jahrhunderts haben die Bevölkerung dezimiert. Die heute nötige Hebung des Grundwassers aber konnte mit den einfachen Hilfsmitteln der Eingeborenen nur in bescheidenem Maße durch Brunnen gelingen.

Daß durch Aufstellen von Windmotoren zur Wasserhebung sich die Tränkwassermenge und damit die Weidenutzung und die Zahl der möglichen Herden in einfachster Weise um ein Vielfaches steigern ließe, bedarf keiner besonderen Betonung, ebensowenig, daß dadurch der Export an Häuten und Fellen, vielleicht auch an Wolle und Tierhaaren, leicht vermehrbar wäre. Das Beispiel des gut vergleichbaren Gashvorlandes an der abessinischen Grenze des Sudan ist der beste Beweis, da sich dort die Herden in wenigen Jahren durch Wassererschließung durch die Engländer in einem jedenfalls nicht günstigeren, sondern schwierigeren Gelände, als es das Tschadtiefland ist, ungefähr verzehnfacht haben und heute der Erschließungsbahn nach Port Sudan schon nennenswerte Frachten liefern.

Die vorhandene Untergrundwassermenge würde voraussichtlich auch für ausgedehnte Bewässerungskulturen ausreichen. Ob solche allerdings bei der mindestens vorläufigen Abgelegenheit des Gebietes über den Eigenbedarf von Siedlungen hinaus rentabel zu gestalten wären, ist eine nicht ohne weiteres zu bejahende Frage. Sie kann unter Umständen auch von der Möglichkeit des Erbohrens artesischen Tiefewassers abhängen. Ob eine solche Möglichkeit besteht, kann nur die geophysikalische Aufnahme des Gebietes lehren, die bei der Wichtigkeit der Frage der Seßhaftmachung der Nomadenstämme in verwaltungspolitischer Hinsicht unbedingt anzuraten wäre.

Borku
(einschließlich Unterlauf des Bahr el Ghazal, Ennedi und Mordja)

Wie das Blockdiagramm des nördlichen Tschadbeckens zeigt (Tafel IV), fällt Borku nach Höhenlage und Morphologie, im Hange der Tibesti-Gebirge gelegen, aus dem sonstigen Rahmen des Gebietes heraus. In noch höherem Grade gilt das für die Landschaft Ennedi und die höheren Teile von Mordja: Sie liegen bereits im Gebirgsrahmen des Tschadbeckens. Ihre wirtschaftlich im Wüstenklima allein wichtigen, weil allein wasserführenden Depressionen, sind als Erosionstäler ausgebildet und daher flächenmäßig von geringer Ausdehnung.

Ennedi und das obere Mordja sind sehr wenig beschrieben. Nach Cornet sind sie ein Gewirr von Cañons, mit zerklüfteten senkrechten Wänden, Strudeltöpfen und sonstigen Zeichen ehemaligen, heute nur noch unterirdischen Wasserreichtums. Die Täler sind tief in das wüstenhafte, nach Osten steigende Hochplateau eingeschnitten, das hier der nubische Sandstein bildet. Der wirtschaftliche Wert der Gebiete ist nach dem bisher darüber bekannten Material Null.

Das westliche Flachland von Mordja, das sich bis zum versandeten Unterlauf des Bahr el Ghazal bzw. dem Djurâb erstreckt, der heute nur noch eine etwa 200 m breite und 2—3 m tiefe trockene Rinne mit

Blockdiagramm des nördlichen Tschadbeckens NW—SO

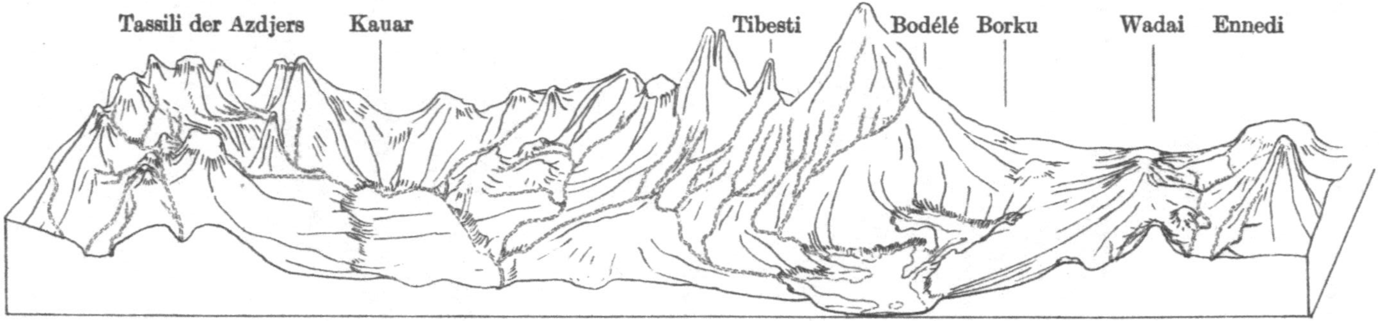

Verlag Walter de Gruyter & Co., Berlin W 35
Deko II. Zu Vageler, Die Böden Westafrikas

Photolith. von Bogdan Gisevius, Berlin W 35

Inseln von Busch und Dornen bildet, soll eine einzige große Ebene von schwerem, zur Trockenzeit stark reißenden Ton sein. Viele, bis lange nach der Regenzeit Wasser führen Pfannen sind über sie verstreut. Die Vegetation ist Gras- und Krautsteppe mit Inseln von Dornbusch. Zur Zeit des Wasserreichtums dient sie den nomadischen Stämmen der Umgegend als Weidegebiet. Tilho faßt diese SW—NO verlaufende Depression als das Bett eines ehemaligen Sees auf, der in höherem Niveau gelegen hat, als der Djurâb.

Ständige Bevölkerung haben weder Ennedi noch Mordja aufzuweisen, von den beiden kleinen Orten Fada und Oum Chalouba abgesehen.

Das Oasengebiet von Borku, von welchem Nachtigal die bisher beste Beschreibung geliefert hat, ist ein von Bodelé durch Sserîr und Kieswüsten getrenntes von NW nach SO verlaufendes Erosionstal, das südlich von dem Hauptort Faya mit dem Djurâb in Verbindung steht. Die südliche Sserîr ist durch 3 Felsrücken, Amanga und Teimanga im Norden und Süden begrenzt. Amanga fällt als Steilwand über fossilreiche Kalkbänke gegen Bodelé ab.

Die Zahl und die Namen der von NW und SO angeordneten Borkuoasen werden verschieden angegeben, was kein Wunder ist, da allgemein in Afrika die eingeborenen Namen, besonders in kriegsbedrohten Gegengende wie Borku, schnell wechseln.

Die wichtigste Oase, neben Faya' ist Ain Gallaka, deren Quelle einen über 1 km langen Bach speist. Außerdem werden Djin, Jarda, Buddu, Wun, ferner Tiggi, Aui, Kirdi, Ngur, Buldva, Elleby usw. genannt.

Die Bodenverhältnisse in allen Oasen sind die gleichen, wie es nach dem Muttergestein der Böden: Kalk und nubischer Sandstein zu erwarten ist: Kalkige Tone, meist von mehr oder weniger mächtigen Sanddecken überlagert. Die Böden gelten sicherlich mit Recht als fruchtbar. Sie tragen die für den ganzen Sudan in ähnlicher Lage typische Vegetation, bestehend aus Gruppen von Dattel- und Hyphaenepalmen in ausgedehnten Beständen von Calotropis procera ('Uschr) und den Gummiakazien: Acacia verec und albida.

Bei allgemein großem Grundwasserreichtum, der bei großer Unregelmäßigkeit der Niederschläge wesentlich die Vegetation am Leben hält, sind die Weiden vorzüglich. In den an den Quellen gelegenen Dauersiedlungen wird viel Hirse und ein als besonders gut gerühmter Tabak gebaut. Der Viehreichtum ist groß.

Der wirtschaftliche Wert Borkus ist als eine Episode in der umgebenden Wüstensteppe zu charakterisieren.

Die Verteilung der Niederschläge im Gebiet um das Kamerungebirge

Von **Wilhelm Semmelhack**
Deutsche Seewarte, Hamburg

Mit 8 Abbildungen im Text. Hierzu Tafeln 1—3

Inhaltsverzeichnis

Einleitung

Für die Darstellung klimatischer Erscheinungen können nur vielfache, langjährige meteorologische Beobachtungen eine sichere Grundlage bieten. Soll zudem eine solche Darstellung ein größeres Gebiet umfassen, so reicht die Zahl der Beobachtungsstationen und die lange Dauer der Beobachtungen allein nicht aus; es müßte hinzukommen, was freilich nicht immer erfüllbar ist, daß die Beobachtungsorte möglichst gleichmäßig über das zu behandelnde Gebiet verteilt wären. Diese Forderung gilt in besonderem Maße für den **Niederschlag, das in den Tropen wichtigste klimatische Element.**

Eine Untersuchung der Verteilung der Niederschläge in den Gebieten um das Kamerungebirge, in denen die ausgedehnten deutschen Pflanzungs- und Wirtschaftsunternehmungen liegen, stellt wegen des vorhandenen immerhin noch spärlichen Materiales zweifellos ein Wagnis dar. Denn es ist zu berücksichtigen, daß in europäischen Ländern, bei gleichmäßigeren Regenverhältnissen und in orographisch weniger gegensätzlichen Gebieten, oft eine mehr als zehnfache Anzahl von Stationen mit langen Beobachtungsreihen zur Verfügung steht. Während in dem von uns betrachteten Gebiet, das etwa 14000 qkm umfaßt, im Mittel nur 9 Regenmeßstationen auf 1000 qkm kommen, ist das Verhältnis in Deutschland stellenweise etwa 70 Stationen auf die gleich große Fläche. Da jedoch die Kenntnis der Niederschlagsverhältnisse auf den deutschen Pflanzungen im Kameruner Küstengebiet für **alle** Fragen der Pflanzungswirtschaft von der allergrößten Bedeutung ist, scheint der Versuch, nach dem heutigen Stande unseres Wissens wenigstens eine Übersicht in dieser Beziehung zu geben, gerechtfertigt zu sein.

Zu unseren Untersuchungen wurde das gesamte, teilweise bis in die neunziger Jahre zurückreichende Beobachtungsmaterial herangezogen, das in dankenswerter Weise zum weitaus größten Teil von deutschen Pflanzern und Missionaren in jahrelanger selbstloser Arbeit gesammelt worden ist. Ihnen allen gebührt auch an dieser Stelle der aufrichtige Dank der Wissenschaft. Im ganzen wurden die Regenmessungen von 123 Stationen in unserem Gebiete verarbeitet. Über deren Lage und Zahl der Beobachtungsjahre unterrichtet die Tabelle 1.

Wenn schon in heimischen Beobachtungsnetzen streng homogene lange Reihen von Niederschlagsmessungen kaum zu finden sind, wird man in dieser Beziehung an tropische Stationen erst recht keine übertriebenen Ansprüche stellen dürfen. Die Auswirkungen des Tropenklimas und der Tropenkrankheiten auf den Gesundheitszustand und die Widerstandskraft des Europäers bedingen einen häufigen Wechsel in der Person des Beobachters. Dazu kommt als weitere Ursache der Inhomogenität die nicht immer hinreichende Unterweisung der Beobachter in der Ausführung und Aufzeichnung der Messungen, die dazu führt, daß diese nicht stets mit der gleichen unerläßlichen Sorgfalt, Regelmäßigkeit und Genauigkeit gemacht werden. Und schließlich ist das mit Aussicht auf Erfolg vor dem Weltkriege geschaffene meteorologische Netz in Kamerun durch den Ausbruch des Weltkrieges und seine Folgen vollständig zerschlagen worden. Erst vom Jahre 1925 an konnte nach der Rückkehr der Pflanzer in ihre alten Arbeitsgebiete im Bereich des Kamerungebirges mit dem Wiederaufbau eines neuen Netzes begonnen werden. Allerdings haben nur einzelne der Vorkriegsstationen den Beobachtungsdienst wieder aufnehmen können. Den wirtschaftlichen Bedürfnissen entsprechend, wurden im Laufe der Zeit neue Stationen eingerichtet, deren Beobachtungsreihen teilweise leider noch verhältnismäßig kurz sind.

Tabelle 1

Verzeichnis der Regenmeßstationen im Gebiet um das Kamerungebirge

Nr.	Station	Geogr. Lage[1]) N. Br.	Geogr. Lage[1]) Ö. Lg.	Höhe über dem Meere (m)	Zahl der Beobachtungs- Jahre	Zahl der Beobachtungs- Monate	Die Regenmessungen wurden ausgeführt durch
1	Ikassa	4° 56′	8° 50′ 30″	20	14	—	Gesellschaft Süd-Kamerun
2	Rio-del-Rey	4° 44′	8° 38′ 30″	5	6	—	Deutsche Regierungsstation
3	Iloani	4° 33′ 30″	8° 58′	15	—	5	Deutsch-Westafrikan. Handelsgesellschaft
4	Beafa	4° 34′ 30″	8° 59′	30	4	2	„ „
5	Mokoko	4° 33′ 30″	9° 0′ 30″	40	1	11	„ „
6	Mbonge	4° 32′ 30″	9° 4′ 30″	55	12	—	„ „
7	Bai	4° 28′	9° 8′	140	5	—	The Bai Rubber & Cocoa Estates
8	Boa	4° 26′ 30″	8° 54′ 30″	5	1	10	Dtsch.-Westafrik. Handelsges./Afrikanische Frucht-Compagnie
9	Mongonge	4° 19′	9° 2′ 45″	555	14	—	Kakaopflanzung Hilfert
10	Soden	4° 15′	8° 58′ 30″	10	—	6	Idenau-Pflanzung
11	Idenau	4° 14′ 30″	8° 58′ 45″	10	7	5	„
12	Klothilde	4° 15′	9° 1′	60	—	11	„
13	Bibundi	4° 13′ 20″	8° 59′ 10″	10	13	9	Bibundi A.-G.
14	Thormählenfelde	4° 12′ 45″	9° 0′ 0″	30	—	2	„ „
15	Wernerfelde	4° 11′ 50″	9° 0′ 30″	30	—	3	„ „
16	Retzlaffelde	4° 11′ 15″	9° 0′ 40″	30	—	7	„ „
17	Isobi	4° 10′	8° 59′ 30″	10	6	10	Pflanzung Pröving
18	Debundscha	4° 5′ 45″	8° 59′ 10″	10	43	—	Debundscha-Pflanzung
19	Mubenge	4° 5′ 10″	8° 59′ 40″	90	1	7	Bibundi A.-G.
20	Isongo[2])	4° 4′ 30″	9° 0′ 45″	30	10	4	„ „
21	Oechelhausen	4° 5′	9° 3′ 20″	203	17	—	Pflanzung Oechelhausen
22	Batoki	4° 1′ 30″	9° 6′	40	3	1	Bibundi A.-G.
23	Mokundange-Ecke	4° 2′	9° 7′	90	4	—	„ „
24	Mokundange-Küste	4° 1′	9° 7′ 30″	15	12	7	„ „
25	Ngeme	4° 1′	9° 9′	10	21	—	Westafrikanische Pflanzungs-Gesellschaft „Victoria“, Victoria-Pflanzung

26	Bota	4° 1′	9° 10′ 25″	10	17	9	Desgleichen
27	Krater-Vorwerk	4° 2′	9° 10′ 30″	100	8	—	„
28	*Viktoria-Vorwerk*	*4° 1′*	*9° 10′ 45″*	*30*	*5*	—	„
29	Mittel-Vorwerk	4° 1′ 15″	9° 11′ 15″	40	8	—	„
30	Viktoria	4° 0′ 30″	9° 12′	17	10	9	Deutsche Versuchsanstalt für Landeskultur
31	Limbe	4° 2′ 20″	9° 12′ 30″	90	8	—	Westafrikanische Pflanzungs-Gesellschaft „Victoria“, Victoria-Pflanzung
32	Bussumbu	4° 2′ 50″	9° 12′ 45″	100	11	—	Desgleichen
33	Boana	4° 3′ 30″	9° 11′ 45″	250	9	—	„
34	Engelberg (Bonjongo)	4° 4′ 30″	9° 10′ 40″	655	6	—	Katholische Mission der Pallotiner
35	Ebongo	4° 4′	9° 13′ 30″	250	7	7	Westafrikanische Pflanzungs-Gesellschaft „Victoria“, Victoria-Pflanzung
36	Wotutu	4° 5′	9° 12′ 45″	420	7	—	Desgleichen
37	Sachsenhof	4° 5′ 50″	9° 12′ 55″	500	18	—	„
38	Einsiedeln	4° 7′	9° 13′ 30″	550	3	9	Katholische Mission der Pallotiner
39	Tole	4° 7′ 20″	9° 14′ 30″	730	6	—	Westafrikanische Pflanzungs-Gesellschaft „Victoria“, Victoria-Pflanzung
40	Klein-Soppo	4° 8′ 45″	9° 14′	766	8	5	Kommando der deutschen Schutztruppe von Kamerun
41	Buca	4° 9′ 45″	9° 13′ 30″	965	17	10	Deutsches Gouvernement von Kamerun und Evang. Basler Missionsgesellschaft
42	Groß-Soppo	4° 9′ 30″	9° 14′ 45″	767	2	8	Evang. Mission der deutschen Baptisten
43	Bolifamba	4° 9′ 45″	9° 17′ 40″	595	8	5	Westafrikanische Pflanzungs-Gesellschaft „Victoria“, Victoria-Pflanzung
44	Molyko	4° 10′ 10″	9° 17′ 40″	540	19	11	Desgleichen
45	Lisoka	4° 10′ 30″	9° 17′ 20″	594	6	6	„
46	Moly	4° 11′	9° 18′	480	6	6	„
47	Mussaka	4° 11′	9° 19′	520	3	3	N. V. Handelmaatschappij „Decoba“, Ekona-Pflanzung
48	Ekona	4° 11′ 40″	9° 19′ 20″	460	14	—	Desgleichen

[1]) Bei der Angabe der geographischen Lage und Meereshöhe der Regenmeßstationen handelt es sich um Näherungswerte. Wenn trotzdem die geographischen Koordinaten bis auf Sekunden angegeben werden, so geschieht das, um das Auffinden der Orte in den Niederschlagskarten (Tafeln 1 bis 3) zu erleichtern.

[2]) Siehe Abbildung 5 auf Seite 181.

Fortsetzung von Tabelle 1

Nr.	Station	Geogr. Lage		Höhe über dem Meere (m)	Zahl der Beobachtungs-		Die Regenmessungen wurden ausgeführt durch
		N. Br.	Ö. Lg.		Jahre	Monate	
49	Mamu	4° 11′ 20″	9° 18′ 40″	420	2	—	N. V. Handelmaatschappij „Decoba" Ekona-Pflanzung
50	Powo	4° 14′	9° 20′ 20″	390	—	2	Desgleichen
51	Pundu	4° 14′ 20″	9° 23′ 10″	100	2	7	„
52	Pundu-Beach	4° 13′ 45″	9° 24′ 25″	16	4	7	„
53	Meanja	4° 16′ 25″	9° 23′	90	9	6	„
54	Moliwe	4° 4′ 15″	9° 14′ 50″	200	13	4	Moliwe-Pflanzungs-Gesellschaft
55	Mbinde	4° 4′ 45″	9° 15′	300	1	—	„
56	Tomatal	4° 3′ 20″	9° 15′ 30″	220	1	—	„
57	Woermannshöhe	4° 4′	9° 16′	250	1	—	„
58	Mebeo	4° 5′ 15″	9° 15′ 45″	260	—	9	„
59	Buenga	4° 5′ 10″	9° 17′	190	2	1	„
60	Esuke	4° 5′ 15″	9° 18′	220	10	—	„
61	Nsone	4° 7′ 20″	9° 19′ 10″	420	2	9	„
62	Bimbia	3° 58′ 30″	9° 13′	15	6	10	Westafrikanische Pflanzungs-Gesellschaft „Victoria", Bimbia-Mabeta-Pflanzung
63	Wasserfallfarm	3° 59′	9° 13′ 45″	100	1	—	Desgleichen
64	Nbamba	3° 58′ 20″	9° 15′ 15″	10	1	—	„
65	Mabeta	3° 59′ 45″	9° 17′ 15″	10	6	2	„
66	Mekullu	4° 0′ 50″	9° 16′ 55″	50	3	7	„
67	Mikange	4° 1′ 30″	9° 15′ 20″	90	1	7	„
68	Ombe	4° 3′ 15″	9° 19′ 20″	35	4	9	„Likomba" Kamerun Bananen Gesellschaft A. G.
69	Benoë-Esuke	4° 4′ 15″	9° 19′ 40″	50	3	7	Desgleichen
70	Mutengene	4° 5′ 50″	9° 19′ 45″	110	5	—	„
71	Ndongo[1])	4° 5′ 30″	9° 20′ 30″	70	14	1	„
72	Sonne	4° 6′	9° 22′ 30″	60	5	—	„

73	Ombe	4° 1′ 45″	9° 18′ 45″	50	8	10	Ombe-Pflanzung Rein & Wessel
74	Bwinga	4° 3′	9° 19′ 45″	10	7	3	Bwinga Estate
75	Tiko (Holtfoth)	4° 4′ 15″	9° 21′ 30″	14	9	6	Holtfoth-Pflanzung
76	Tiko-Luisental	4° 4′ 20″	9° 21′ 20″	14	1	2	„
77	Tiko-Almatal	4° 4′ 25″	9° 21′ 25″	14	1	2	„
78	Tiko (A. F. C.)	4° 4′ 10″	9° 22′	15	14	3	Afrikanische Frucht-Compagnie
79	Tiko-Landungsbrücke (Keka)	4° 4′	9° 23′ 20″	10	5	11	„ „
80	Ikanje	4° 5′ 40″	9° 22′ 50″	20	12	6	„ „
81	Ebondje	4° 5′ 20″	9° 23′ 45″	20	9	1	„ „
82	Sonne	4° 6′	9° 23′ 45″	30	7	4	„ „
83	Pungo	4° 6′ 15″	9° 24′ 15″	20	7	4	„ „
84	Matute	4° 7′ 30″	9° 24′ 40″	20	4	—	„ „
85	Mondoni	4° 8′ 25″	9° 25′ 10″	20	4	4	„ „
86	Neuschlag	4° 9′ 30″	9° 26′ 10″	20	1	9	„ „
87	Muanga	4° 7′	9° 25′ 55″	10	—	7	Westafrikanische Pflanzungs-Gesellschaft „Victoria“, Prinz-Alfred-Pflanzung
88	Missellele	4° 8′ 15″	9° 25′ 50″	10	15	1	Desgleichen
89	Keme	4° 7′ 40″	9° 27′ 20″	15	—	8	„
90	Modeka	4° 8′ 15″	9° 28′ 30″	15	7	5	„
91	Suelaba	3° 49′ 30″	9° 32′	5	—	2	Erholungshaus des deutschen Gouvernem.
92	Duala	4° 3′	9° 41′	10	28	—	Hafenamt d. deutsch. Gouvernements
93	Bonaberi	4° 4′ 10″	9° 41′ 5″	5	—	5	Evangelische Basler Missionsgesellschaft
94	Maka	4° 8′	9° 35′ 40″	5	—	8	Syndikat für Ölpalmenkultur
95	Bomono	4° 10′ 30″	9° 35′	55	2	9	Kamerun-Eisenbahn-Gesellschaft
96	Nkapa	4° 13′ 25″	9° 35′ 30″	78	—	8	„
97	Miang	4° 18′ 45″	9° 42′ 30″	50	—	3	Syndikat für Ölpalmenkultur
98	Mangamba	4° 21′	9° 45′ 40″	60	—	5	Evangelische Basler Missionsgesellschaft
99	Nkong-Pina	4° 22′ 15″	9° 35′ 30″	89	—	8	Kamerun-Eisenbahn-Gesellschaft
100	Bombe	4° 25′	9° 28′ 40″	50	5	10	Evangelische Basler Missionsgesellschaft
101	Mbanga	4° 29′ 45″	9° 33′	117	1	—	Tabakbau- und Pflanzungs-Gesellschaft Kamerun A.-G.
102	Diungo	4° 34′ 45″	9° 37′	100	—	5	Hamburg-Kameruner Tabakbau-Gesellschaft m. b. H.

[1]) Siehe Abbildung 6 auf Seite 181.

8 Deko II

Fortsetzung von Tabelle 1

Nr.	Station	Geogr. Lage N. Br.	Geogr. Lage Ö. Lg.	Höhe über dem Meere (m)	Zahl der Beobachtungs- Jahre	Zahl der Beobachtungs- Monate	Die Regenmessungen wurden ausgeführt durch
103	Njombe	4° 35′	9° 39′ 15″	99	3	—	Tabakbau- und Pflanzungs-Gesellschaft Kamerun A.-G.
104	Mundame	4° 33′ 50″	9° 31′ 5″	64	—	10	Afrikanische Frucht-Compagnie
105	Mungo	4° 34′ 30″	9° 31′ 30″	125	7	4	Kamerun-Kautschuk-Compagnie
106	Laduma	4° 34′ 30″	9° 30′ 5″	165	22	1	„
107	Kompenda	4° 35′ 30″	9° 29′ 30″	180	7	10	„
108	Bekili	4° 36′ 50″	9° 30′ 15″	230	5	5	„
109	Mabanda	4° 37′ 30″	9° 30′ 10″	258	14	4	„
110	Johann-Albrechtshöhe (Kumba)	4° 38′ 50″	9° 24′ 30″	385	6	—	Deutsche Regierungsstation
111	Dikume	4° 55′	9° 15′	1300	5	5	Evangelische Basler Missionsgesellschaft
112	Etam	4° 42′ 55″	9° 32′ 40″	226	—	8	Pflanzung Oloff & Co.
113	Edib-Njok	4° 40′ 20″	9° 38′	330	1	—	Kamerun-Eisenbahn-Gesellschaft
114	Tombel	4° 42′	9° 39′ 40″	385	6	6	„
115	Muansung	4° 43′ 40″	9° 39′ 50″	443	1	—	„
116	Ebunje	4° 43′	9° 37′	260	—	8	Bremer Tabakbau-Gesellschaft „Bakossi“ A.-G.
117	Nyasoso	4° 49′ 45″	9° 40′ 50″	846	6	8	Evangelische Basler Missionsgesellschaft
118	Esosong	4° 50′ 45″	9° 43′ 30″	1010	3	—	Bremer Tabakbau-Ges. „Bakossi“ A.-G.
119	Ngol	4° 52′	9° 46′ 40″	850	—	9	Tabakbau- und Pflanzungs-Gesellschaft Kamerun A.-G.
120	Lala	4° 46′ 30″	9° 46′	351	—	8	Kamerun-Eisenbahn-Gesellschaft
121	Manenguba-Farm	4° 53′ 20″	9° 53′ 35″	770	3	7	Pflanzung Strobel
122	Jabassi	4° 27′ 10″	9° 59′ 30″	10	8	4	Deutsches Bezirksamt
123	Nsake	4° 24′	9° 54′ 30″	10	—	6	Landwirtschaftliche Versuchsstation des deutschen Gouvernements

Anmerkung: Von den 123 Stationen der vorstehenden Tabelle 1 umfassen also

1 Station	41 Jahre	36 Stationen	über 5 bis 10 Jahre
3 Stationen	über 20 bis 30 Jahre	39 Stationen	über 1 bis 5 Jahre
20 Stationen	über 10 bis 20 Jahre	24 Stationen	weniger als 1 Jahr

Immerhin betrug die Zahl der deutschen Regenmeßstationen in unserem Gebiete bei Ausbruch des gegenwärtigen Krieges 71[1]).

Wenn auch wegen der großen Veränderlichkeit der Niederschlagsmengen von Jahr zu Jahr nur diejenigen mittleren Regenmengen wissenschaftlich unmittelbar vergleichbar sind, welche aus den gleichen Jahrgängen berechnet oder durch ein besonderes Verfahren vergleichbar gemacht worden sind, so ist doch in Anbetracht der geschilderten Umstände und im Hinblick auf die außerordentlich stark wechselnden Geländeformen von einer Reduktion kürzerer Reihen von Niederschlagsmengen auf die Normalwerte anderer Stationen abgesehen worden.

Bei der Bearbeitung des umfangreichen Materiales wurde stets auf die an der Deutschen Seewarte verwahrten Originalbeobachtungen zurückgegangen.

Die Bewältigung der erforderlichen Rechenarbeiten — es waren rund 9500 Monatstabellen und 1500 Registrierstreifen von selbstschreibenden Regenmessern zu verarbeiten — war nur möglich durch die Mitarbeit von Hilfskräften. Es ist mir eine angenehme Pflicht, der Gruppe Deutscher Kolonialwirtschaftlicher Unternehmungen auch hier für die Bereitstellung der benötigten Mittel zu danken.

Der zur Verfügung stehende Raum gestattet es nicht, die Ergebnisse der Untersuchungen in vollem Umfange zu veröffentlichen. Ich habe daher eine Auswahl von 30 Stationen in charakteristischer Lage getroffen. Diese Stationen sind:

Nr. der Tabelle 1	Name der Station	Nr. der Tabelle 1	Name der Station
1	Ikassa	48	Ekona
2	Rio-del-Rey	54	Moliwe
6	Mbonge	60	Esuke
9	Mongonge	62	Bimbia
13	Bibundi	73	Ombe
18	Debundscha	78	Tiko
21	Oechelhausen	88	Missellele
26	Bota	92	Duala
33	Boana	100	Bombe
34	Engelberg	106	Laduma
37	Sachsenhof	110	Johann-Albrechtshöhe
40	Klein-Soppo	111	Dikume
41	Buea	114	Tombel
43	Bolifamba	117	Nyasoso
45	Lisoka	121	Manenguba-Farm

[1]) Durch die englische Mandatsverwaltung ist der von der deutschen Regierung vor dem Weltkriege eingerichtete meteorologische Landesdient nicht fortgeführt worden. Die Engländer besaßen in unserem Gebiet 1939 lediglich 3 Stationen.

1. Der jährliche Gang der Niederschlagsmenge

Die Verteilung der Niederschläge über das Jahr wird durch die geographische Lage, die Windverhältnisse und die Bodenplastik maßgebend bestimmt. Die Lage unseres Gebietes in Äquatornähe mit zweimaligem Zenitstand der Sonne im Frühling und Herbst läßt die

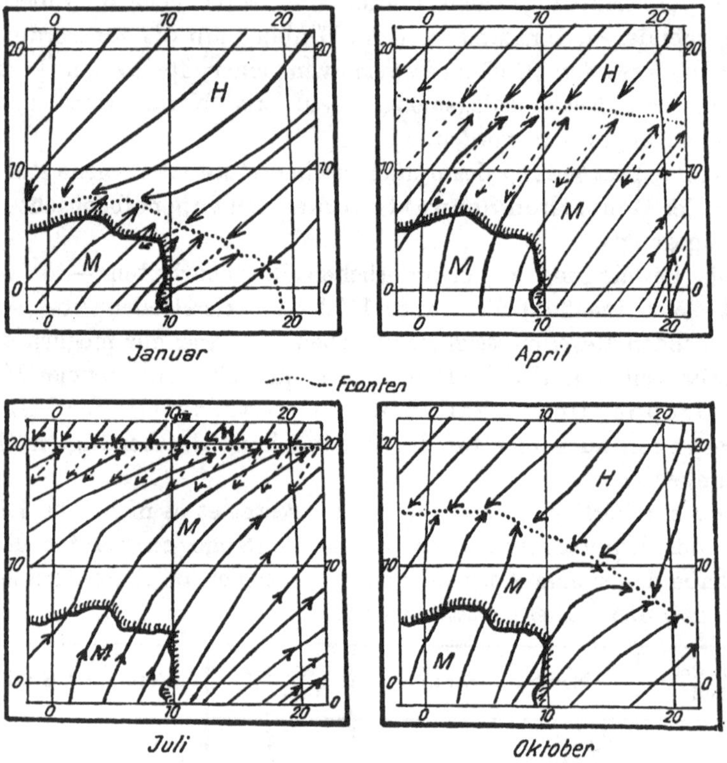

H = Harmattan *M* = SW-Monsun

Abb. 1. Die Bewegung der unteren Luftschichten über dem westafrikanischen Meeres- und Festlandsraum im Bereich des Kamerungebietes

Ausbildung der tropischen konvektiven Regen zu Zenitalregen in den Zeiten des Höchststandes der Sonne und ein Nachlassen der Regen im Sommer und Winter erwarten. Andererseits ist zum Verständnis des jährlichen Ganges der Niederschlagsmenge eine Betrachtung der Luftbewegung über dem westafrikanischen Meeres- und Festlandsraum, dem unser Gebiet angehört, erforderlich. In den Skizzen der Abb. 1 ist die Bewegung der unteren Luftschichten zur Darstellung gebracht[1]). Dabei handelt es sich lediglich um ein schematisches Bild, und es wird ausdrücklich darauf hingewiesen, daß die wirkliche Luftbewegung keineswegs so einfach ist, wie sie durch die Skizzen gekennzeichnet wird. Drei Windsysteme beherrschen während des ganzen Jahres die unteren Schichten der Atmosphäre in dem in Betracht kommenden Gebiet: 1. der aus dem afrikanischen Kontinent aus östlicher Richtung wehende Harmattan (H) oder Urpassat; 2. der Südwest-Monsun (M), der als abgelenkter, von der Südhalbkugel kommender Südostpassat angesprochen werden kann und 3. das System der See- und Landwinde, die am Kamerun-, Rumpi- und Kupegebirge auch in Berg- und Talwinde übergehen können.

Der trockene Harmattan weht im Januar aus dem NE-Quadranten mit großer Beständigkeit und dringt fast bis zur Oberguineaküste vor. Im April hat er sich nordwärts verlagert, und seine Front zieht sich von der Sierra Leone-Küste nordostwärts bis 15° N zurück. In den nächsten Monaten gewinnt der feuchte SW-Monsun immer mehr an Einfluß, während der Harmattan im Juli bis 20° N zurückgewichen ist. Im Oktober schiebt dieser sich erneut nach Süden vor und beginnt, den SW-Monsun zurückzudrängen.

Die im westafrikanischen Meeresgebiet ausgeführten Höhenwindmessungen der Deutschen Seewarte vermitteln ein für die Beurteilung der Niederschläge in unserem Gebiet wesentliches Bild der Strömungen in den unteren und höheren Luftschichten. Die über dem afrikanischen Kontinent bis in große Höhen herrschende Ostströmung des Harmattans überlagert den SW-Monsun, der im Hochsommer mit größter Stetigkeit und Stärke weht. Die Höhenerstreckung des SW-Monsuns ist verhältnismäßig gering, sie beträgt im allgemeinen nur wenig über 2000 m. Es ist daher verständlich, daß die hochgelegenen Teile des 4070 m hohen Kamerungebirges überhaupt keine beträchtlichen Niederschläge empfangen können.

Der Einfluß von See- und Landwinden, deren Mächtigkeit wenige hundert Meter kaum überschreiten dürfte, macht sich in unserem ganzen Gebiet bemerkbar. Die Tabelle 2 teilt beispielsweise die Häufigkeit der See- und Landwinde an der über 70 km von der Küste entfernten Station Laduma (Nr. 106 der Tabelle 1) mit.

[1]) Die Skizzen wurden entworfen nach Brooks u. Mirrlees, A study of the atmospheric circulation over tropical Africa. Geophysical memoirs Nr. 55. London 1932.

Tabelle 2

Häufigkeit der Seewinde (S–SW) und Landwinde (W–N–SE) in Laduma in Prozenten aller Beobachtungen (1932—39)

	Jan.	Febr.	März	April	Mai	Juni	Juli	Aug.	Sept.	Okt.	Nov.	Dez.	Jahr
						7 Uhr:							
Seewinde	1	1	0	2	2	4	3	4	5	3	2	0	2
Landwinde	8	7	8	12	10	9	6	6	5	11	8	5	8
Stillen	92	92	92	86	88	87	91	90	90	86	90	95	90
						14 Uhr:							
Seewinde	83	85	83	71	80	67	72	70	66	64	76	77	75
Landwinde	7	2	1	5	5	19	19	24	25	13	3	2	10
Stillen	10	13	16	24	15	13	9	6	9	24	21	21	15
						18 Uhr:							
Seewinde	11	14	12	18	17	19	15	15	12	12	13	16	15
Landwinde	64	69	67	59	58	52	64	65	59	62	56	59	61
Stillen	25	17	21	23	25	29	21	20	29	26	31	25	24

Da also die inneren Teile des Golfes von Guinea und damit auch unser Gebiet das ganze Jahr hindurch — besonders stark aber im Hochsommer — von dem feuchten SW-Monsun bestrichen werden, müssen die in Luv des SW-Monsuns am Kamerun-, Rumpi-, Kupe- und Nlonakogebirge sich bildenden Stauungs- und Steigerungsregen um die Jahresmitte die größte Häufigkeit und den größten Betrag erreichen. Im Gegensatz zu der zu vermutenden sommerlichen Regenpause wird demnach der Sommer gerade die niederschlagsreichste Jahreszeit sein. Überblickt man die Tabelle 3, so gewahrt man in Übereinstimmung mit den vorangegangenen Erwägungen, daß neben dem überragenden Sommermaximum in der Jahresverteilung des Niederschlages auch die beiden Frühlings- und Herbstmaxima auftreten, wenn sie auch nicht an allen Stationen in den Monatsmitteln klar in Erscheinung treten. Daß es sich bei den Niederschlägen in den Frühlings- und Herbstmonaten tatsächlich um Zenitalregen zur Zeit der Sonnenhöchststände, die in unserem Gebiete etwa am 1. April und 13. September eintreten, handelt, ergibt sich aus der Tabelle 4, in der die mittleren Pentadensummen des Regens in Debundscha (Nr. 18 der Tabelle 1) um die Zenitstände mitgeteilt werden.

In den Tropen wird der Gang der Jahreszeiten nicht durch die Temperatur bestimmt. Diese Rolle fällt vielmehr dem Niederschlag zu. Aus der Tabelle 3 ergibt sich, daß in unserem Gesamtgebiet die eigentliche Regenzeit (Juni bis Oktober) mit rund 70% an der Gesamtjahresmenge beteiligt ist, während die tornadoreichen Übergangszeiten (März bis Mai, zweite Hälfte Oktober/November) 25%

Tabelle 3

Mittlere Monats- und Jahres-Niederschlagsmengen in Millimetern

Nr. der Tab. 1	Station	Januar	Februar	März	April	Mai	Juni	Juli	August	September	Oktober	November	Dezember	Jahr
1	Ikassa	*89*	109	241	370	445	624	810	837	727	587	345	136	5320
2	Rio-del-Rey ...	75	134	93	261	358	524	1032	951	712	531	160	*52*	4883
6	Mbonge	30	*29*	135	172	186	241	507	645	475	285	85	36	2826
9	Mongonge	*25*	49	97	147	258	527	1224	1454	1045	454	63	30	5373
13	Bibundi	*88*	142	270	316	621	1326	1537	1669	1614	1045	451	141	9220
18	Debundscha ...	*190*	278	428	401	632	1270	1489	1375	1405	1130	597	297	9492
21	Oechelhausen .	113	153	226	188	383	886	1590	1664	1316	685	190	*86*	7480
26	Bota	60	69	126	168	279	650	861	772	407	275	90	*49*	3806
33	Boana	45	36	81	144	185	663	1051	692	452	249	72	*17*	3687
34	Engelberg	30	63	104	171	201	530	984	748	385	261	72	*17*	3566
37	Sachsenhof ...	30	41	103	143	163	428	768	653	370	246	68	*23*	3036
40	Klein-Soppo ...	34	54	98	185	177	413	664	488	380	297	76	*18*	2884
41	Buea	*24*	51	122	177	220	288	439	560	430	260	82	26	2679
43	Bolifamba	46	41	100	184	193	247	471	387	389	312	93	*17*	2480
45	Lisoka	36	48	108	195	166	251	434	379	361	315	80	*23*	2396
48	Ekona	32	41	124	188	191	240	356	471	412	284	76	*30*	2445
54	Moliwe........	*26*	30	122	139	178	368	664	653	301	255	77	44	2857
60	Esuke	*22*	42	129	171	196	440	627	561	325	256	100	33	2902
62	Bimbia	80	63	150	229	407	651	824	927	474	493	171	*35*	4504
73	Ombe.........	*21*	64	141	199	242	569	642	657	294	290	93	36	3248
78	Tiko	*17*	35	110	175	216	403	582	511	282	257	83	21	2692
88	Missellele......	*17*	26	90	156	206	331	363	426	241	230	71	22	2179
92	Duala	*41*	94	208	231	316	550	748	703	524	423	153	70	4061
100	Bombe........	29	51	97	175	225	191	334	315	326	283	134	*10*	*2170*
106	Laduma	*31*	62	209	223	280	258	310	309	313	343	122	42	2502
110	Johann-Albrechtshöhe	44	69	146	234	220	232	255	275	264	332	109	*18*	2198
111	Dikume	57	108	262	284	238	367	591	753	649	450	221	*51*	4031
114	Tombel	*24*	141	317	220	228	455	588	553	619	440	133	139	3857
117	Nyasoso	*21*	60	210	186	261	378	519	662	611	395	97	22	3422
121	Manenguba-Farm	26	44	161	142	240	413	675	617	586	321	84	*16*	3325

Tabelle 4

Mittlere Pentadensummen der Regenmenge in Debundscha in den Monaten März/April und September (26 Jahre)[1]

Pentade	22.—26. März	27.—31. März	1.—5. April	6.—10. April	6.—10. Sept.	11.—15. Sept.	16.—20. Sept.	21.—25. Sept.
Millimeter	60,6	89,8	73,9	48,1	217,0	255,9	244,0	217,4

[1]) Nach W. Semmelhack: Die Regenverhältnisse von Debundscha in Kamerun. In: Annalen der Hydrographie und maritimen Meteorologie. Berlin 1933. S. 148.

und die Trockenzeit (Dezember bis Februar) nur 5% liefern[1]). Von einer wirklichen Trockenzeit kann allerdings im Bereich der überaus regenreichen Südwesthänge des Kamerungebirges nicht die Rede sein. Denn bei den großen absoluten Niederschlagsmengen, die hier im Mittel eines Jahres gemessen werden, erhält z. B. in Debundscha der trockenste Monat Januar mit 190 mm oder 2% der Jahressumme immerhin eine Regenmenge, die etwa das Doppelte bis Dreifache derjenigen der feuchtesten Monate im ebenen Nord- und Mitteldeutschland ausmacht. Jenseits, d. h. im Regenschatten des Kamerungebirges und der anderen Gebirgsstöcke, macht sich aber in den Wintermonaten die Trockenheit durchaus bemerkbar, und sie nimmt an Intensität und Dauer immer mehr zu, je weiter man sich von ihnen entfernt.

2. Die mittleren Jahres-Niederschlagsmengen

Die besonderen orographischen Verhältnisse unseres Gebietes sind die Ursache dafür, daß auf kürzeste Entfernungen sich die gewaltigsten Unterschiede in der Bemessung der Jahresregenmengen ergeben. **Das Kamerungebirge trennt in einer Luftlinienentfernung von nur 50 km das regenreichste Gebiet mit über 10000 mm im Jahresmittel an seinen Südwesthängen von dem niederschlagsärmsten mit weniger als 2000 mm an seiner Ost- und Nordostflanke.** Ähnliche extreme Verhältnisse dürften sich auf der Erde kaum wieder finden! Von der Bedeutung und dem Ausmaße der hier durchschnittlich in einem Jahre niedergehenden Regenmengen erhalten wir eine Vorstellung, wenn wir sie mit heimischen Verhältnissen vergleichen. Hamburg erhält im Jahresmittel 730 mm Regen, in unserem Gebiet würde also das niederschlagsärmste mehr als das $2^1/_2$fache, das regenreichste etwa das 14fache der jährlichen Menge in Hamburg empfangen!

Mit rund 9500 mm mittlerem Jahresniederschlag stand nach unserer bisherigen Kenntnis Debundscha in der Reihe der regenreichsten Stationen der Erde an dritter Stelle. Es wird übertroffen durch die Stationen Mount Waialeale auf Kauai (Hawaii-Inseln) und Cherrapunji auf einem Plateau des Khasiagebirges (Nordindien), die eine mittlere Jahresmenge von 12090 mm bzw. 11024 mm aufweisen. Da aber diese beiden Stationen in 1548 m bzw. in 1313 m Meereshöhe liegen, dürften die Gebiete um Debundscha die nieder-

[1]) Die Regenmengen der Trockenzeit werden meist durch kurzdauernde heftige Gewitter geliefert.

schlagsreichsten Gebiete im Meeresniveau sein. Es ist daher anzunehmen, daß in höheren Lagen am Südwesthang des Kamerungebirges — möglicherweise in 1000—1200 m Höhe — die Steigungsregen noch wesentlich größere Beträge erreichen, so daß hier die stärksten Niederschläge auf der Erde überhaupt zu finden sein werden.

Debundscha wird allerdings seinen Rang an die 6 km nördlich gelegene Pflanzung Isobi (Nr. 17 der Tabelle 1) abtreten müssen. Im Mittel einer sechsjährigen Messungsreihe weist nämlich **Isobi eine Jahresregenmenge von mehr als 10680 mm** auf. Damit ist **Isobi die drittregenreichste Station der Erde und die regenreichste im Meeresniveau!**

Das Mehr in Isobi wird im wesentlichen durch das Überwiegen der Augustregenmengen hervorgerufen; im Januar, d. h. in der Trockenzeit, liegen die Mengen in Isobi unter denen von Debundscha. Das bestätigt die Tabelle 5, in der die Monatsregenmengen im Januar und August sowie die Jahresmengen aus den gleichen Jahren einander gegenübergestellt worden sind.

Tabelle 5

Januar-, August- und Jahres-Regenmengen in Isobi und Debundscha in den gleichen Jahren (mm)

Jahr	Station	Monats-Regenmengen		Jahres-Regenmengen
		Januar	August	
1928	Isobi	?	2227	> 11497
	Debundscha	186	1555	8880
1929	Isobi	160	1862	9540
	Debundscha	347	1316	8804
1930	Isobi	109	2181	10667
	Debundscha	251	1293	9209
1931	Isobi	266	?	?
	Debundscha	498	1229	8450
1936	Isobi	?	2227	> 12719
	Debundscha	127	1667	10612
1937	Isobi	9	1696	10370
	Debundscha	14	1080	8699
1938	Isobi	49	1597	9296
	Debundscha	60	1232	9496
1939	Isobi	95	?	?
	Debundscha	119	?	?

Daß das erhebliche Überwiegen der Regenmengen in Isobi in der Regenzeit dem Einfluß der örtlichen Lage zu den regenbringenden

Winden zuzuschreiben ist, steht außer Zweifel. Jedoch läßt sich der Betrag dieses Einflusses nur auf Grund genauer lokaler Untersuchungen feststellen. Wie sehr übrigens die Einwirkung der örtlichen Lage und die Schwankungen des SW-Monsuns in Richtung und Beständigkeit bei der Entstehung der Niederschläge eine ausschlaggebende Rolle spielen, mag hier nur dadurch angedeutet werden, daß die am Südwesthang im Regenschatten des 374 m hohen Kötheberges in 203 m Meereshöhe gelegene Station Oechelhausen (Nr. 21 der Tabelle 1, in Luftlinie 8 km südöstlich von Debundscha) in ihren monatlichen Regenmengen gelegentlich diejenigen von Debundscha übertrifft, daß sie aber trotz der größeren Meereshöhe in den Jahresmengen hinter Debundscha zurückbleibt.

Die übrigen Hänge des Kamerungebirges erhalten wesentlich geringere Regenmengen, da sie durch die Form des Vulkanmassivs mehr oder weniger in Lee des regenbringenden SW-Monsuns liegen. Schon die am Südfuße in Luftlinie nur 18 bzw. 19 km von Debundscha entfernt gelegenen Stationen Batoki und Mokundange (Nr. 22 und 24 der Tabelle 1) weisen kaum die Hälfte der Jahresregenmengen von Debundscha auf.

3. Die Veränderlichkeit der Monats- und Jahresmittel der Niederschlagsmengen

Der annähernd normale Gang des Niederschlages, wie er durch mehrjährige Mittelwerte dargestellt wird, unterliegt infolge störender Ursachen in den einzelnen Jahren mehr oder minder beträchtlichen unregelmäßigen Schwankungen, die praktisch von größter Bedeutung sind. Betrachten wir zunächst die Schwankungen der Jahressummen des Niederschlages in den einzelnen Jahren, so bietet uns in einfacher Weise ein Maß für diese Veränderlichkeit der Vergleich der größten und der kleinsten Jahressummen mit dem vieljährigen Mittelwerte; denn es leuchtet ohne weiteres ein, daß die Veränderlichkeit der Niederschlagsmengen um so größer sein wird, je mehr das Maximum die durchschnittliche Jahressumme übersteigt und zu gleicher Zeit das Minimum unter diese hinabsinkt. Einen einzigen treffenden Ausdruck für die Veränderlichkeit der Jahresmengen stellt daher das Verhältnis der größten zur kleinsten Jahressumme dar; doch können naturgemäß zur Bildung dieses Quotienten nur solche Stationen verwendet werden, von denen längere Reihen zur Verfügung stehen, weil bei allen Fragen über Extreme die Länge der Beobachtungen maßgebend ist.

In der folgenden Tabelle 6 sind für 10 Stationen unseres Gebietes die Quotienten Maximum : Mittel, Minimum : Mittel und Maximum: Minimum, geordnet nach der Größe des letzten Wertes, mitgeteilt. Aus dieser Tabelle ergibt sich, daß die Quotienten Maximum: Mittel und Minimum: Mittel durchschnittlich 1,41 und 0,66 betragen. Vergleichen wir diese Zahlen mit den Werten, die dieselben Quotienten in Deutschland haben, so bemerken wir, daß im Gebiet um das Kamerungebirge etwa die gleichen Verhältnisse in dieser Hinsicht wie in Deutschland vorwalten; denn in den norddeutschen Stromgebieten beträgt das Verhältnis der größten Jahresmenge zum Mittelwert etwa 1,4, während die kleinste Niederschlagsmenge eines Jahres ungefähr 0,6 des Mittels ausmacht. Für den Quotienten Maximum : Minimum ergibt sich im großen und ganzen am Kamerungebirge eine Zunahme mit der Höhe, so daß Buea die größte Veränderlichkeit der Jahresmengen der Niederschläge aufweist.

Tabelle 6

Veränderlichkeit der Jahresmengen der Niederschläge

Nr. der Tab. 1	Station	Max. / Mittel	Min. / Mittel	Max. / Min.	Nr. der Tab. 1	Station	Max. / Mittel	Min. / Mittel	Max. / Min.
92	Duala	1,23	0,74	1,67	21	Oechelhausen	1,48	0,69	2,16
106	Laduma ...	1,24	0,75	1,66	54	Moliwe	1,46	0,67	2,16
78	Tiko	1,37	0,76	1,81	48	Ekona	1,57	0,63	2,48
18	Debundscha	1,53	0,72	2,13	37	Sachsenhof..	1,53	0,57	2,68
26	Bota	1,38	0,62	2,13	41	Buea	1,26	0,42	2,99

Zu einer weit sicheren Erkenntnis der mittleren zeitlichen Veränderlichkeit oder Anomalie der Monats- und Jahresregenmengen, als durch die Betrachtung der beiden extremen Niederschlagsmengen möglich ist, gelangt man, wenn man die Mittel der Abweichungen der einzelnen Monate und Jahre von den zugehörigen Gesamtmitteln berechnet. Die Ergebnisse dieser Rechnung sind in der nachstehenden Tabelle 7 zusammengestellt worden.

Wirft man zunächst einen Blick auf die mittlere Veränderlichkeit der Jahressummen und vergleicht sie mit diesen selbst, so fällt sofort auf, daß den größeren Niederschlagsmengen auch eine größere Veränderlichkeit entspricht und umgekehrt. Doch zeigen die Werte unserer Tabelle, daß hierbei eine ausgesprochene Proportionalität der beiden Größen nicht besteht, vielmehr scheint ihre gegenseitige Beziehung in einer bis jetzt noch unbekannten Weise von den Einflüssen der topographischen Lage abhängig zu sein.

Tabelle 7

Mittlere Veränderlichkeit der Niederschlagsmengen in Millimetern

Nr. der Tab. 1	Station	Januar	Februar	März	April	Mai	Juni	Juli	August	Septemb.	Oktober	November	Dezember	Jahr
1	Ikassa	64	*56*	80	117	118	**226**	136	**226**	139	132	78	72	804
2	Rio-del-Rey	54	40	47	46	**198**	132	148	150	85	106	50	*29*	398
6	Mbonge	39	24	47	27	35	64	114	100	**116**	76	32	*22*	351
9	Mongonge	*23*	42	37	50	66	153	338	**376**	240	138	34	26	950
13	Bibundi	*54*	62	103	112	145	**386**	246	353	213	243	84	75	756
18	Debundscha	101	108	126	*98*	219	**381**	271	316	318	262	173	120	1456
21	Oechelhausen	90	66	74	53	188	**366**	336	334	270	246	88	*49*	1492
26	Bota	65	42	46	44	106	289	**398**	249	129	90	32	*31*	750
33	Boana	43	25	20	35	89	258	**469**	312	145	57	29	*15*	786
34	Engelberg	26	34	45	35	137	294	**449**	203	62	90	30	*15*	717
37	Sachsenhof	26	31	34	50	45	191	**368**	270	91	67	35	*21*	682
40	Klein-Soppo	30	40	20	30	40	163	157	**164**	41	84	43	*14*	260
41	Buea	26	*25*	44	60	76	64	117	**135**	99	90	33	27	456
43	Bolifamba	32	32	36	44	65	78	61	**123**	59	62	44	*9*	222
45	Lisoka	28	35	33	45	45	62	45	**111**	64	58	42	*13*	236
48	Ekona	28	29	53	36	59	72	88	**106**	96	62	36	*20*	250
54	Moliwe	25	*21*	70	59	40	173	**325**	264	96	79	40	41	625
60	Esuke	*17*	20	69	57	40	146	**287**	198	63	91	34	28	340
62	Bimbia	43	43	*38*	61	124	203	**226**	113	145	141	58	60	459
73	Ombe	*20*	35	84	68	80	241	**313**	206	74	68	48	31	467
78	Tiko	*16*	20	38	51	59	142	**292**	178	76	66	39	17	375
88	Missellele	20	23	42	45	82	123	**131**	129	46	55	33	*17*	257
92	Duala	*40*	43	60	57	100	183	198	**204**	108	99	51	41	343
100	Bombe	41	36	21	26	31	39	76	**90**	55	64	25	*8*	218
106	Laduma	*28*	35	84	35	60	50	82	**87**	62	64	44	31	264
110	Johann-Albrechtshöhe	46	41	59	19	50	20	88	**93**	52	99	33	12	136
111	Dikume	58	39	45	45	30	54	67	**163**	142	54	40	*18*	482
114	Tombel	22	54	77	51	*7*	137	**230**	104	89	59	78	45	212
117	Nyasoso	25	22	24	56	*20*	119	88	**143**	109	90	46	21	320
121	Manenguba-Farm	27	26	49	31	67	94	**168**	96	**173**	98	50	*12*	293

Einer ähnlichen Abhängigkeit wie bei den Jahressummen unterliegt die Veränderlichkeit der Monatssummen des Niederschlages: sie ist im allgemeinen mit diesen selbst im Zunehmen und Abnehmen begriffen. Die Regenmengen schwanken von Jahrgang zu Jahrgang durchschnittlich am meisten in den Monaten der Regenzeit, und die Niederschlagsschwankung ist am geringsten in den Monaten, die die kleinste Regenhöhe aufweisen.

Da Menge und Veränderlichkeit des Niederschlages in enger Beziehung zueinander stehen, ist es zweckmäßig, die Anomalie in Prozenten der Regenmenge, auf welche sie sich bezieht, auszudrücken. Es ergibt sich alsdann folgende Tabelle 8.

Tabelle 8

Mittlere Veränderlichkeit der Niederschlagsmengen in Prozenten der zugehörigen Mittel

Nr. der Tab. 1	Station	Januar	Februar	März	April	Mai	Juni	Juli	August	Septemb.	Oktober	November	Dezember	Jahr
1	Ikassa	72	51	33	32	27	28	*17*	27	19	23	23	53	15
2	Rio-del-Rey	72	30	51	18	55	25	14	16	*12*	20	31	56	8
6	Mbonge	127	83	35	*16*	19	26	23	*15*	24	26	38	61	12
9	Mongonge	92	86	38	34	*21*	29	28	26	23	30	54	87	18
13	Bibundi	46	31	32	28	*22*	33	16	21	*13*	21	18	39	8
18	Debundscha	53	39	29	*24*	35	30	*18*	23	23	23	29	42	15
21	Oechelhausen	80	44	32	*28*	49	41	21	*20*	20	30	46	55	20
26	Bota	108	61	36	*26*	38	44	46	32	*32*	33	35	63	20
33	Boana	96	69	25	*24*	48	39	45	45	32	*23*	40	88	21
34	Engelberg	87	54	43	20	68	55	45	27	*16*	34	41	88	20
37	Sachsenhof	86	75	33	35	*27*	45	48	41	*24*	27	53	87	22
40	Klein-Soppo	91	74	20	27	23	39	24	34	*11*	28	57	78	9
41	Buea	108	49	36	34	35	*22*	27	24	*23*	35	40	104	17
43	Bolifamba	70	78	36	*24*	34	32	*13*	32	*15*	20	47	53	9
45	Lisoka	78	73	31	23	27	25	*10*	29	18	18	53	57	10
48	Ekona	87	71	43	*19*	31	30	25	22	23	*22*	47	67	10
54	Moliwe	96	70	57	43	*22*	47	49	40	32	*31*	52	94	22
60	Esuke	76	48	54	33	20	33	46	35	*19*	36	34	85	12
62	Bimbia	68	56	25	25	32	26	28	*12*	31	29	37	85	10
73	Ombe	84	54	55	34	32	38	48	29	28	*24*	46	108	14
78	Tiko	91	56	34	29	28	35	50	34	27	*26*	47	81	14
88	Missellele	119	88	47	*29*	40	37	36	30	*19*	24	46	79	12
92	Duala	98	46	29	*25*	32	33	26	29	*21*	23	33	59	8
100	Bombe	141	71	22	15	*14*	20	23	29	17	23	19	80	10
106	Laduma	90	57	40	*16*	21	19	26	28	20	*19*	36	74	11
110	Johann-Albrechtshöhe	105	59	40	*8*	23	19	35	34	20	30	30	67	6
111	Dikume	100	36	17	16	12	5	*11*	22	22	12	18	35	12
114	Tombel	96	38	24	23	*3*	30	39	19	14	13	58	32	5
117	Nyasoso	121	37	11	30	*8*	31	17	22	18	23	47	96	9
121	Manenguba-Farm	104	59	30	22	28	23	25	*16*	30	31	60	75	9

Aus den Werten dieser Tabelle erfahren wir, daß die durchschnittliche Veränderlichkeit der Jahressummen der Niederschläge in unserem Gebiete 5—22% ihres mittleren Betrages ausmacht. In den Monaten der Trockenheit schwankt sie zwischen 50 und weit über 100%, nur halb so große Schwankungen hat man in der Regenzeit zu erwarten. Die regenärmsten Monate haben somit die größte relative Veränderlichkeit aufzuweisen, und die weitausgreifenden Schwankungen der Niederschläge finden nicht regellos statt, sondern sind an ganz bestimmte Gesetze gebunden. Wenn es auch zur zuverlässigen Feststellung der Jahresperiode des betrachteten klimatischen Elementes in allen ihren Einzelheiten im allgemeinen längerer Reihen von Beobachtungen, als bis jetzt zur Verfügung stehen, bedarf, so wird man doch wohl annehmen können, daß die Werte unserer Tabelle die Erscheinung wenigstens in ihren Hauptzügen zur Kenntnis bringen.

4. Gruppierung der Monatssummen des Niederschlages um das arithmetische Mittel und den Scheitelwert

Die Ausführungen des vorigen Abschnittes zogen die Abweichungen der Regenmengen der einzelnen Monate und Jahre von den zugehörigen Gesamtmitteln der Beobachtungsreihe lediglich ihrem Betrage nach in Betracht und nahmen keine Rücksicht darauf, ob sie Überschuß oder Mangel bedeuteten. Von selbst ergibt sich die Anregung, die Rechnung fortzuführen, getrennt für die Abweichungen nach der Seite des Zuviel und Zuwenig im Vergleich zum Mittelwerte. Hierüber unterrichtet für die Station Debundscha mit der längsten Beobachtungsreihe die Tabelle 9.

Tabelle 9

Wahrscheinlichkeit negativer Anomalien der Monats- und Jahres-Niederschlagsmengen in Debundscha in Prozenten (1896—1930)[1])

Jan.	Febr.	März	April	Mai	Juni	Juli	Aug.	Sept.	Okt.	Nov.	Dez.	Jahr
61	59	53	59	53	*50*	53	63	56	56	59	59	59

Aus ihren Zahlen geht hervor, daß die Anomalien der Monats- und Jahressummen ein übereinstimmendes Verhalten insofern zeigen, als die Anzahl der negativen Abweichungen größer als die der positiven ist. (Die Anzahl der positiven Abweichungen erhält man durch Subtraktion der Zahlen von 100.) Nur im Juni halten sie sich das Gleichgewicht.

Da die Anzahl der positiven und negativen Anomalien verschieden ist, muß auch die Größe der positiven Abweichungen einen anderen Wert haben als die der negativen. Es wird daher nötig, die mittlere positive und negative Anomalie getrennt zu berechnen. Dadurch erhalten wir eine obere und eine untere Grenze, zwischen denen die Regenhöhe durchgehends zu schwanken pflegt. In folgender Tabelle 10 werden die beiden Anomalien ihrem wirklichen Betrage nach und in Prozenten der zugehörigen Mittelwerte mitgeteilt. Es zeigt sich, daß die negativen Anomalien im Laufe des Jahres ihrem prozentischen Betrage nach weit geringeren Schwankungen unterworfen sind als die positiven, daß aber die Form ihrer Jahreskurven annähernd die gleiche ist. Eine Folge solcher Verteilung der Einzelbeträge um das arith-

[1]) Nach W. Semmelhack, a. a. O. S. 149 und 150.

metische Mittel ist, daß die wahrscheinlichste, also häufigste Niederschlagsmenge eines Zeitabschnittes, der sogenannte Scheitelwert, kleiner sein muß als die mittlere.

Tabelle 10

A. mittlere negative, B. mittlere positive Anomalie der Monats- und Jahres-Niederschlagsmengen in Debundscha in Millimetern und Prozenten der zugehörigen Mittel (1896—1930)[1])

		Jan.	Febr.	März	April	Mai	Juni	Juli	Aug.	Sept.	Okt.	Nov.	Dez.	Jahr
A.	mm	*80*	97	**108**	*90*	202	**397**	277	253	**301**	231	152	102	1303
	%	**42**	34	26	*22*	**33**	30	18	*18*	**21**	*21*	26	**35**	14
B.	mm	*123*	**137**	128	*118*	227	**397**	*313*	**476**	388	279	217	145	1845
	%	**65**	48	31	*29*	**37**	30	*21*	**34**	27	*25*	38	50	19

Daß dem in Wirklichkeit so ist, zeigt die Tabelle 11. In ihr sind die Monatssummen des Niederschlages von Debundscha und Laduma nach Gruppen von je 50 bzw. je 20 mm Umfang geordnet, und es ist angegeben, wie oft jede von ihnen innerhalb der mitgeteilten Jahresreihen vorgekommen ist. Ferner sind die Gruppen, die besonders häufig erscheinen, fett gedruckt, diejenigen aber, in welchen das arithmetische Mittel liegt, durch einen Stern ausgezeichnet worden. Die Übersicht ist in mehrfacher Beziehung lehrreich. Wenn auch bessere Resultate von einer Gruppierung nach noch engeren Intervallen zu erwarten sind, so kann doch eine solche Tabelle hier nicht mitgeteilt werden, da sie zu viel Raum in Anspruch nehmen würde.

Aus unserer Tabelle 11 ergibt sich: Die Monatssummen des Niederschlages sind über den weitesten Spielraum verstreut in den Hauptregenmonaten. Man erkennt weiter, daß sie sich unsymmetrisch um das arithmetische Mittel gruppieren, und daß der Scheitelwert, wie zu erwarten, meist zwischen dem Mittel und der unteren Grenze der Monatssummen liegt. Die Mehrzahl der Monate bringt also weniger Regen, als man nach dem Mittelwert erwarten möchte, und ein Monat mit einer Regenmenge gleich der mittleren ist immerhin schon als ein recht ergiebiger zu bezeichnen. Außer den Scheitelwerten treten noch sekundäre Scheitel auf, welche alle Beachtung verdienen, da sie die zugehörigen arithmetischen Mittel dem Betrage nach übertreffen und mit einer Häufigkeit auftreten, die jener der primären Scheitel wenig nachsteht.

Aus unserer Darstellung zeigt sich wiederum deutlich, daß die arithmetischen Mittel zwar die erste Orientierung über den

[1]) Nach W. Semmelhack, a. a. O. S. 149 und 150.

Tabelle 11

Häufigkeit der monatlichen Niederschlagshöhen nach Gruppen

von je 50 mm

Millimeter	Jan.	Febr.	März	April	Mai	Juni	Juli	Aug.	Sept.	Okt.	Nov.	Dez.
Debundscha (1896—1939)												
0— 49	4	—	—	—	—	—	—	—	—	—	—	1
50— 99	8	3	—	—	—	—	—	—	—	—	—	1
100— 149	8	5	—	—	1	—	—	—	—	—	—	5
150— 199	7*	6	1	—	1	—	—	—	—	—	—	3
200— 249	2	4	5	6	—	—	—	—	—	—	—	8
250— 299	5	9*	6	2	3	—	—	—	1	—	1	7*
300— 349	4	3	4	5	1	—	—	—	—	—	2	8
350— 399	—	5	4	11	4	—	—	—	—	—	3	2
400— 449	3	3	5*	8*	4	—	—	—	—	—	7	1
450— 499	1	3	8	3	3	—	—	—	—	—	3	1
500— 549	—	1	1	2	1	3	—	—	—	—	4	—
550— 599	—	—	3	5	4	1	—	1	—	1	2*	2
600— 649	—	1	2	—	2*	—	—	—	—	1	4	—
650— 699	—	—	2	—	4	1	—	—	—	—	4	2
700— 749	—	—	1	—	5	2	—	1	—	3	2	—
750— 799	—	—	—	—	1	—	—	—	1	—	3	—
800— 849	—	—	—	—	1	1	—	1	1	3	—	—
850— 899	—	—	—	—	1	—	1	—	2	1	2	—
900— 949	—	—	1	—	2	1	1	1	—	2	3	—
950— 999	—	—	—	—	1	2	—	2	1	6	—	—
1000—1049	—	—	—	1	1	6	1	—	1	2	1	—
1050—1099	—	—	—	—	1	—	1	3	—	—	—	—
1100—1149	—	—	—	—	1	1	1	3	1	6*	—	1
1150—1199	—	—	—	—	—	1	3	3	3	1	—	—
1200—1249	—	—	—	—	—	3	2	2	4	4	—	—
1250—1299	—	—	—	—	—	—*	2	4	2	1	—	—
1300—1349	—	—	—	—	—	1	5	3	4	2	—	—
1350—1399	—	—	—	—	—	3	1	1*	2	1	—	—
1400—1449	—	—	—	—	—	—	3	1	2*	2	—	—
1450—1499	—	—	—	—	—	3	—*	1	—	1	—	—
1500—1549	—	—	—	—	1	—	3	—	1	1	—	—
1550—1599	—	—	—	—	—	2	5	3	2	—	—	—
1600—1649	—	—	—	—	—	4	1	1	2	—	—	—
1650—1699	—	—	—	—	—	—	1	1	1	—	—	—
1700—1749	—	—	—	—	—	1	1	2	2	—	—	—
1750—1799	—	—	—	—	—	2	2	1	1	—	—	—
1800—1849	—	—	—	—	—	2	1	2	—	—	—	—
1850—1899	—	—	—	—	—	—	1	1	2	2	—	—
1900—1949	—	—	—	—	—	—	—	—	2	—	—	—
1950—1999	—	—	—	—	—	—	—	—	2	—	—	—
2000—2049	—	—	—	—	—	—	1	—	1	—	—	—
2050—2099	—	—	—	—	—	—	1	—	—	—	1	—
....	..	..	..	...	..	...	...	..	..	..	..	..
2250—2299	—	—	—	—	—	—	—	—	—	1	—	—
2300—2349	—	—	—	—	—	—	1	—	1	—	—	—
2350—2399	—	—	—	—	—	—	—	1	—	—	—	—
2450—2499	—	—	—	—	—	1	—	—	—	—	—	—
2700—2749	—	—	—	—	—	1	—	—	—	—	—	—
2750—2799	—	—	—	—	—	—	—	1	—	—	—	—
2900—2949	—	—	—	—	—	—	1	—	—	—	—	—

von je 20 mm

Millimeter	Jan.	Febr.	März	April	Mai	Juni	Juli	Aug.	Sept.	Okt.
Laduma (1906—1914, 1925—193										
0— 19	12	4	—	—	—	—	—	—	—	—
20— 39	2*	4	—	—	—	—	—	—	—	—
40— 59	3	3	1	—	—	—	—	—	—	—
60— 79	2	2*	3	—	—	—	—	—	—	—
80— 99	1	3	1	—	—	—	—	1	—	—
100—119	—	3	2	1	—	1	1	—	—	—
120—139	—	—	2	—	—	—	—	—	—	—
140—159	—	—	—	—	—	1	—	1	—	—
160—179	1	1	1	2	1	1	2	—	2	1
180—199	—	1	2	1	2	1	2	1	—	—
200—219	—	—	1*	6	2	2	—	1	1	—
220—239	—	—	1	5*	2	5	—	1	1	—
240—259	—	—	2	1	3	2*	3	1	1	1
260—279	—	—	1	1	2	2	—	1	2	3
280—299	—	—	2	4	2*	1	—	2	2	2
300—319	—	—	1	1	1	1	1*	—*	3*	—
320—339	—	—	—	—	2	3	1	2	1	2
340—359	—	—	—	—	2	—	2	2	4	3*
360—379	—	—	1	1	—	1	1	1	1	3
380—399	—	—	—	—	—	—	2	—	—	2
400—419	—	—	1	—	1	1	1	2	1	3
420—439	—	—	—	—	—	—	2	—	—	—
440—459	—	—	—	—	1	—	1	2	—	—
460—479	—	—	—	—	1	—	—	—	—	—
480—499	—	—	—	—	—	—	1	1	—	2
500—519	—	—	—	—	—	—	—	—	1	—
520—539	—	—	—	—	—	—	—	1	—	—
540—559	—	—	—	—	—	—	—	—	—	—
560—579	—	—	—	—	—	—	—	—	—	—
580—599	—	—	—	—	—	—	—	—	—	—
600—619	—	—	—	—	—	—	—	—	—	—
620—639	—	—	—	—	—	—	—	—	1	—

Verlauf meteorologischer und klimatischer Erscheinungen recht gut gestatten, indem sie dieselben gleichsam in ihrem Schwerpunkt erfassen; es wäre aber weit gefehlt, wenn man in ihnen ein Abbild des häufigsten, also wahrscheinlichsten Auftretens der Erscheinungen erkennen wollte.

5. Die extremen Monats- und Jahressummen des Niederschlages

Die größten und kleinsten Monats- und Jahressummen des Niederschlages, die an den ausgewählten 30 Stationen unseres Gebietes gemessen worden sind, teilen die Tabellen 12 und 13 mit. Sie vermitteln eine Vorstellung von den außerordentlich weitliegenden Grenzen, innerhalb welcher die Schwankungen stattfinden. An den meisten

Tabelle 12

Größte Monats- und Jahres-Niederschlagsmengen in Millimetern

Nr. der Tab. 1	Station	Januar	Februar	März	April	Mai	Juni	Juli	August	September	Oktober	November	Dezember	Jahr
1	Ikassa	246	201	437	728	899	1344	1197	1263	1294	1050	495	344	8200
2	Rio-del-Rey	204	186	167	355	820	845	1341	1194	866	724	241	133	5559
6	Mbonge	137	130	232	220	254	364	685	932	690	509	215	98	3531
9	Mongonge	65	270	159	316	379	812	1705	2145	1590	783	159	131	6718
13	Bibundi	251	463	608	640	945	2255	2201	2231	2060	1848	651	346	11324
18	Debundscha	498	645	909	1047	1538	2703	2940	2792	2302	2282	1251	1102	14545
21	Oechelhausen	316	446	402	337	887	2118	2463	2443	1973	1572	442	290	11074
26	Bota	275	234	360	326	494	1265	1602	1308	695	529	154	180	5066
33	Boana	143	104	130	247	521	1127	2083	1232	782	396	113	48	5664
34	Engelberg	108	108	174	238	612	1412	2000	1061	543	381	136	44	4780
37	Sachsenhof	94	149	248	269	404	748	1651	1246	613	381	150	112	4643
40	Klein-Soppo	118	119	138	234	327	826	1015	749	438	415	142	41	3185
41	Buea	72	147	212	277	572	461	834	836	585	506	162	104	3381
43	Bolifamba	113	101	146	269	439	445	605	553	494	465	150	28	2770
45	Lisoka	74	102	145	304	266	386	526	506	456	410	126	43	2874
48	Ekona	98	117	295	272	351	541	765	739	626	434	162	72	3838
54	Moliwe	98	74	448	269	274	879	1589	1303	430	500	185	155	4163
60	Esuke	53	77	397	314	317	689	1347	915	438	460	175	99	3664
62	Bimbia	160	164	195	313	631	1035	1105	1148	698	900	285	252	5278
73	Ombe	83	130	393	274	423	1026	1257	942	416	354	174	94	4494
78	Tiko	68	70	310	325	417	638	1229	848	423	420	163	61	3694
88	Missellele	62	75	181	265	421	587	660	879	334	310	161	64	2592
92	Duala	225	239	360	356	571	1258	1090	1368	853	739	272	168	5004
100	Bombe	132	98	119	209	300	234	437	473	455	364	184	35	2407
106	Laduma	160	165	411	300	459	407	443	452	628	491	238	124	3115
110	Johann-Albrechtshöhe	131	191	241	267	318	255	363	449	387	492	174	43	2456
111	Dikume	172	175	373	356	296	502	743	1003	805	516	270	79	4507
114	Tombel	79	209	419	329	242	698	895	720	818	541	317	207	4675
117	Nyasoso	84	94	236	289	290	590	631	884	780	572	198	69	3573
121	Manenguba-Farm	45	57	222	216	262	596	1013	681	776	247	182	26	3517

Tabelle 13

Kleinste Monats- und Jahres-Niederschlagsmengen in Millimetern[1])

Nr. der Tab. 1	Station	Januar	Februar	März	April	Mai	Juni	Juli	August	Sep-tember	Oktober	November	Dezember	Jahr
1	Ikassa	·	30	53	102	247	296	604	533	433	141	155	47	4083
2	Rio-del-Rey	·	78	45	197	192	251	728	555	501	436	92	6	3953
6	Mbonge	·	3	53	98	96	147	282	497	213	147	33	1	2444
9	Mongonge	·	6	33	72	106	236	589	805	475	251	15	·	3427
13	Bibundi	11	31	155	159	395	663	1068	845	1226	810	263	63	8136
18	Debundscha	·	53	206	217	138	502	855	567	283	580	263	42	6815
21	Oechelhausen	2	32	114	106	94	287	824	1004	608	359	68	19	5128
26	Bota	·	1	49	32	129	167	299	339	141	90	10	·	2378
33	Boana	5	·	50	77	87	203	519	285	237	137	·	·	2381
34	Engelberg	5	19	44	133	87	172	398	443	281	162	2	1	2819
37	Sachsenhof	·	0,2	30	25	67	99	289	220	110	132	·	·	1734
40	Klein-Soppo	·	8	68	134	126	53	315	243	309	156	·	·	2282
41	Buea	·	12	11	52	90	147	168	119	170	102	21	·	1130
43	Bolifamba	2	4	34	119	75	76	349	171	260	212	·	·	2022
45	Lisoka	·	16	42	145	121	90	355	200	277	287	·	·	2048
48	Ekona	·	·	6	124	97	110	183	172	197	161	·	·	1546
54	Moliwe	·	·	35	31	125	119	161	267	73	131	1	·	1929
60	Esuke	·	4	64	36	129	216	301	118	112	112	28	·	2164
62	Bimbia	2	·	81	100	194	219	483	665	121	247	95	15	2662
73	Ombe	·	22	43	50	157	272	328	364	159	153	30	0,1	2580
78	Tiko	·	2	35	53	127	153	184	243	146	118	25	·	2039
88	Missellele	·	0,4	27	47	23	117	141	141	104	128	22	·	1488
92	Duala	·	2	74	117	160	259	213	300	299	252	22	·	3000
100	Bombe	·	20	62	132	164	103	180	173	241	181	76	·	1608
106	Laduma	·	·	54	116	172	144	116	93	162	166	·	·	1874
110	Johann-Albrechtshöhe	·	14	48	186	175	198	125	119	197	199	50	·	2111
111	Dikume	1	50	204	230	200	263	525	439	268	351	143	15	3577
114	Tombel	·	56	157	167	217	276	375	358	527	357	52	30	3280
117	Nyasoso	·	31	149	115	233	208	344	434	406	277	30	0,1	2728
121	Manenguba-Farm	2	11	152	77	154	376	376	536	214	204	22	·	2942

Stationen gehen während einzelner Monate derartig ungeheure Regenmengen nieder, daß von ihnen die durchschnittliche Jahressumme des Niederschlages in Deutschland (71 cm) weit übertroffen wird. Ja, in Debundscha wurde im Juli 1901 mehr als das Vierfache dieser Regenmenge erreicht[2]).

[1]) In allen Tabellen bedeutet ein Punkt (·): Kein Niederschlag, keine Regentage usw.

[2]) Die größte Jahres-Regenmenge in Debundscha beträgt nach den Originalbeobachtungen 14545 mm (1919). Die Angabe bei E. B. Worthington, Science in Africa, London 1938, Seite 107, daß sie in diesem Jahre $577^1/_4$ inches = 14656 mm betragen habe, erscheint mir zweifelhaft.

Bemerkenswert ist, daß die Monatsregenmenge Null (·) in Bibundi, Oechelhausen, Engelberg und Dikume bisher nicht festgestellt worden ist, während in Debundscha in der langen Beobachtungsreihe ein einziges Mal, nämlich im Januar 1902, ein Monat regenlos war.

Betrachtet man die einzelnen Jahrgänge und bestimmt aus ihnen die Häufigkeit der Monatsextreme in den einzelnen Jahren, so bemerkt man, daß die entsprechende größte Monatssumme des Niederschlages im allgemeinen am häufigsten in dem Monat vorkommt, der das größte Generalmittel des Regenfalls aufweist. So erscheint z. B. das Monatsmaximum in Debundscha am häufigsten im Juli, doch kann es auch in den ihm benachbarten Monaten erwartet werden. In der Beobachtungsperiode 1895—1938 trat die größte Regenhöhe 13mal im Juli, 11mal im September, je 9mal im August und Oktober auf. Demgegenüber ist die kleinste Monatssumme mit der größten Wahrscheinlichkeit, wie zu erwarten, im Januar zu finden, in welchem sie 23mal festgestellt wurde. Daneben weisen auch die Monate Februar (9mal), Dezember (8mal) und sogar Mai (1mal, 1917) die geringste Regenhöhe des betreffenden Kalenderjahres auf.

6. Mehrjährige Schwankungen der Niederschlagsmenge

Untersuchungen, die sich mit der Frage nach den periodischen Klimaänderungen in historischer Zeit befassen, setzen Beobachtungsreihen von sehr langer Dauer voraus. Über diese verfügen wir in unserem Gebiete einstweilen noch nicht. Wenn die für Debundscha vorliegende Beobachtungsperiode von 43 Jahren auch noch keineswegs ausreichend ist, um hinsichtlich der Jahresregenmengen allgemeine Schlüsse auf das Bestehen rhythmischer Änderungen zu ziehen, so zeigen doch die Jahressummen in ihrer Folge gewisse zyklische Schwankungen, welche der Beachtung wert sind.

Um von den absoluten Jahresmengen unabhängig zu sein, sind diese in der Tabelle 14 in Prozenten des Mittels dargestellt. Um ferner aus den so erhaltenen relativen Mengen zufällige Einflüsse auszuschalten und Gesetzmäßigkeiten besser hervortreten zu lassen, wurden sie nach der Formel $(a + 2b + c) : 4$ einer Ausgleichung unterzogen. Da die normale Niederschlagsmenge mit 100 beziffert erscheint, wurden statt der ausgeglichenen Prozente deren Differenzen gegenüber 100 gebildet. Diese geben sodann ein anschauliches Bild der Schwankungen von Jahr zu Jahr; denn sie lassen durch das Vorzeichen sofort erkennen, ob die Regenmenge über dem Normalwert (+) war oder unter ihm blieb (—). Auf diese Weise wurde die folgende Tabelle 15 der mehrjährigen Schwankungen des Niederschlages erhalten.

Tabelle 14

Jahres-Niederschlagsmengen von Debundscha in Prozenten des Mittels 1896—1938

Jahr	%	Jahr	%	Jahr	%	Jahr	%	Jahr	%
1896	103	1901	(137)	1906	110	1911	124	1916	89
1897	100	1902	**149**	1907	83	1912	79	1917	84
1898	101	1903	114	1908	(93)	1913	82	1918	86
1899	*77*	1904	124	1909	*72*	1914	111	1919	**153**
1900	(95)	1905	115	1910	81	1915	116	1920	109
Mittel	95	Mittel	**128**	Mittel	*88*	Mittel	102	Mittel	**104**

Jahr	%	Jahr	%	Jahr	%	Jahr	%
1921	*73*	1926	(98)	1931	89	1936	112
1922	98	1927	*79*	1932	108	1937	92
1923	96	1928	94	1933	106	1938	100
1924	(88)	1929	93	1934	87	—	—
1925	(96)	1930	97	1935	**115**	—	—
Mittel	*90*	Mittel	92	Mittel	**101**	Mittel	—

Tabelle 15

Prozentische Abweichungen der ausgeglichenen Jahres-Niederschlagsmengen von Debundscha vom Mittel 1896—1938

Jahr	Abw.	Jahr	Abw.	Jahr	Abw.	Jahr	Abw.	Jahr	Abw.
1896	0	1901	(+30)	1906	+ 5	1911	+ 2	1916	− 5
1897	+ 1	1902	**+37**	1907	− 8	1912	− 9	1917	−14
1898	− 5	1903	+25	1908	(−15)	1913	−11	1918	+ 2
1899	−12	1904	+19	1909	*−20*	1914	+ 5	1919	**+25**
1900	(+ 1)	1905	+16	1910	−15	1915	+ 8	1920	+11
Mittel	− 3	Mittel	**+25**	Mittel	*−11*	Mittel	− 1	Mittel	+ 4

Jahr	Abw.	Jahr	Abw.	Jahr	Abw.	Jahr	Abw.
1921	−12	1926	(− 7)	1931	−4	1936	+8
1922	− 9	1927	*−12*	1932	+3	1937	−1
1923	− 5	1928	−10	1933	+2	—	—
1924	(− 8)	1929	− 6	1934	−1	—	—
1925	(− 5)	1930	− 6	1935	+7	—	—
Mittel	− 8	Mittel	− 8	Mittel	+1	—	—

Überblickt man diese beiden Zusammenstellungen und ihre graphischen Darstellungen (Abb. 2 und 3), so springen deutlich zwei Maxima des Regenfalls um 1902 und 1919 ins Auge. Weniger scharf ausgeprägt sind die um die annähernd gleiche Zeitspanne von 17 Jahren voneinander getrennten Minima um 1909 und 1927. Ob jedoch diese

Periode als reell anzusehen und mit der von A. Wagner[1]) für die Temperatur aufgewiesenen 16jährigen Schwankung in Einklang zu bringen ist, läßt sich zur Zeit nicht entscheiden. Das gleiche gilt für das Maximum um 1936.

Da die Regenmessungen von Debundscha vier Sonnenfleckenperioden umfassen, ist versucht worden, der viel erörterten Frage

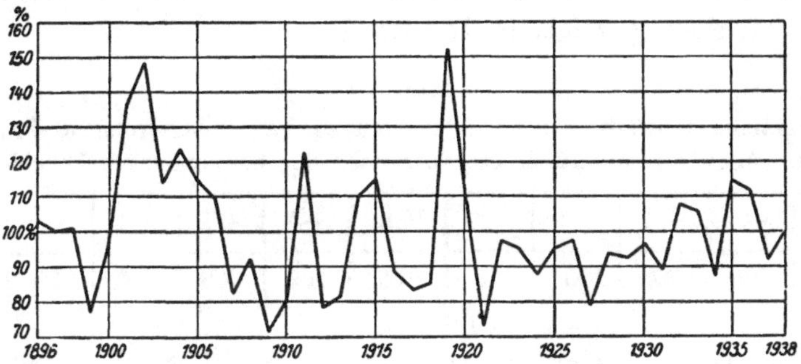

Abb. 2. **Jahres-Regenmengen von Debundscha in Prozenten des Mittels 1896—1938 (nicht ausgeglichen)**

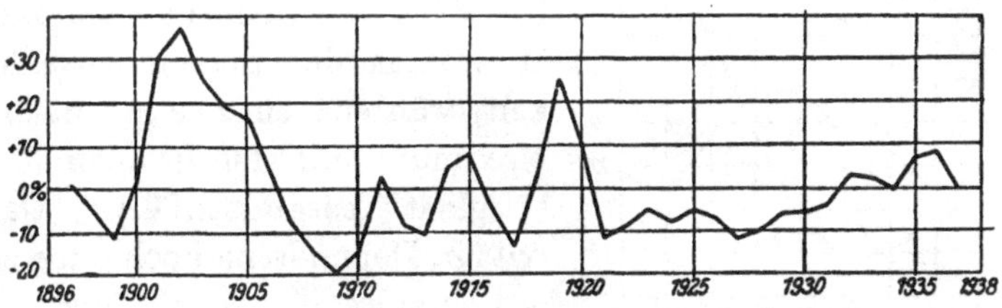

Abb. 3. **Prozentische Abweichungen der Jahres-Regenmengen von Debundscha vom Mittel 1896—1938 (ausgeglichen)**

nach dem Zusammenhange zwischen der Regenmenge und der Häufigkeit der Sonnenflecken näherzutreten. Zu diesem Zwecke wurden die Jahre der Sonnenfleckenminima 1901, 1913, 1923, 1933 als Mitte der 11jährigen Periode genommen, von der aus je sechs Jahre vorwärts und rückwärts gezählt wurden, so daß jede Periode aus 13 Jahren besteht. Diese reduzieren sich bei der Ausgleichung auf 11. Für die Sonnenfleckenhäufigkeit wurden die Wolfer-Brunnerschen Zahlen zugrunde gelegt (Tabelle 16).

[1]) A. Wagner: Eine bemerkenswerte 16jährige Klimaschwankung. Sitz.-Ber. Akad. Wiss. Wien 1924.

Tabelle 16

Ausgeglichene Relativzahlen der Sonnenflecken

− 5	− 4	− 3	− 2	− 1	Min.	+ 1	+ 2	+ 3	+ 4	+ 5
60,7	47,6	31,6	18,4	10,3	*8,0*	16,5	36,8	60,3	76,0	**76,9**

Werden in entsprechender Weise die einzelnen jährlichen Regenmengen nach der Sonnenfleckenperiode angeordnet, so erhält man nach Ausgleichung folgende Tabelle 17:

Tabelle 17

Ausgeglichene jährliche Niederschlagsmengen von Debundscha in Prozenten des Mittels 1896—1938, geordnet nach der Sonnenflecken-Periode

− 5	− 4	− 3	− 2	− 1	Min.	+ 1	+ 2	+ 3	+ 4	+ 5
94	**100**	97	*93*	96	103	**109**	108	103	*97*	**99**

Beide Tabellen sind in Abbildung 4 graphisch dargestellt. Es ergibt sich alsdann folgendes Bild: In Übereinstimmung mit den Befunden in anderen Gebieten der Erde stellt sich das Hauptmaximum des Niederschlages ein um die Zeit des Minimums der Sonnenfleckenhäufigkeit, während ein zweites, niedrigeres Maximum mit der größten Fleckentätigkeit zusammenfällt. Daneben tritt in Debundscha noch ein weiteres, das letztere ein wenig überragendes Maximum auf. Das Zustandekommen des Hauptregenmaximums mag seine Erklärung darin finden, daß die mittlere Temperatur im Tropengebiet zur Zeit der Fleckenminima oder bald danach höher ist als in den Jahren um das Fleckenmaximum. Erhöhte Temperatur aber hat größere Verdunstung im Gefolge, so daß zu den Zeiten wärmerer Perioden auch mit stärkerem Niederschlag zu rechnen ist. Doch ergibt sich aus unserer Untersuchung, daß die durchschnittliche von der Fleckenhäufigkeit abhängige jährliche Schwankung der Regenmenge mit 16% sehr klein ist gegenüber den unperiodischen Schwankungen, die im äußersten Fall in der langjährigen Beobachtungszeit 82% des Generalmittels betragen. Schließlich darf nicht übersehen werden, daß letzten Endes auch die Schwankungen der Regenmengen in den Tropen in dem

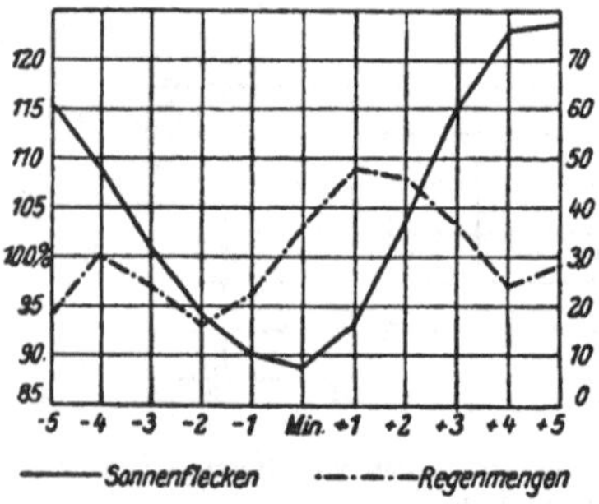

Abb. 4. **Sonnenflecken und Regenmengen (ausgeglichen)**

Ineinandergreifen der meteorologischen Verhältnisse der gesamten Erde wurzeln. Erst mit der fortschreitenden Erkenntnis ihrer Zusammenhänge und Wechselbeziehungen wird es möglich sein, dem Schwankungsproblem näher zu kommen. Jedenfalls sind die angedeuteten rhythmischen Änderungen der Regenmengen in Debundscha und damit in unserem Gebiete vorerst keineswegs geeignet, eine sichere Grundlage für die Vorhersage nasser und trockener Perioden zu bilden.

In diesem Zusammenhange interessiert auch die Frage, wie weit am Kamerungebirge die für die Anlage neuer Pflanzungen notwendige Entwaldung einen Einfluß auf die Niederschlagsmengen gehabt habe. Es ist nicht von der Hand zu weisen, daß örtlich ein solcher bestehen mag. Doch läßt er sich zahlenmäßig nicht erfassen, da es an den erforderlichen Vergleichsmessungen fehlt. Auf keinen Fall gestattet die mehrfach gehörte Ansicht, die Häufigkeit der Gewitter und Tornados habe durch die Entwaldung gegenüber der Zeit vor dem Weltkriege zugenommen, Schlüsse in dieser Richtung zu ziehen. Wenn tatsächlich heute die meteorologischen Tabellen eine größere Zahl von Gewittern und Tornados aufweisen, als es vor dem Weltkriege der Fall gewesen ist, so hat das sicherlich seinen Grund darin, daß heute dieser Erscheinung verständlicherweise mehr Interesse entgegengebracht wird als früher.

7. Die Niederschlagskarten

Verbindet man auf einer geographischen Karte eines Landes die Orte, welche eine gleiche Niederschlagsmenge besitzen, durch Linien, so entstehen Kurven, die Isohyeten genannt werden. Bei der innigen Beziehung, die zwischen Höhenlage und Niederschlagsmenge besteht, ist es klar, daß die Isohyetenkarte eines Gebietes Ähnlichkeit mit dessen Höhenschichtenkarte aufweist. Der Einfluß der Seehöhe ist jedoch dem Maße nach in verschiedenen Gebirgen und auf verschiedenen Seiten desselben Gebirges so unterschiedlich, daß er sich nicht ohne weiteres abschätzen läßt. Daher bedarf es in einem so reichgegliederten Gebiet wie dem unsrigen einer viel größeren Zahl von günstig über alle Lagen verteilten Regenstationen als bis jetzt vorhanden ist, um dem Zeichner der Niederschlagskarten die nötigen Anhaltspunkte zu bieten. Ist schon, wie eingangs betont wurde, die Anzahl der Stationen in unserem Gebiete mit Höhenunterschieden zwischen 0 und 4000 m eine außerordentlich geringe für die Darstellung der räumlichen Anordnung der Niederschlagshöhen, so wird diese noch unsicherer durch die ungleichmäßige Verteilung der Stationen. Es liegt in den gegebenen Verhältnissen begründet, daß die meisten Stationen sich um die Südwest-, Süd-, Südost- und Osthänge des Kamerungebirges scharen und daß andererseits in weiten Räumen unseres Gebietes, weil in ihnen bisher keine Europäer leben, Regenmeßstationen fehlen. Unzulänglich ist auch das Verhältnis der Stationen, wenn man ihre Verteilung nach orographischen Gesichtspunkten betrachtet. Der Meereshöhe nach ergibt sich nämlich, daß mehr als die Hälfte der Stationen in der Nähe des Meeresspiegels liegt. Im einzelnen befinden sich in einer Meereshöhe

zwischen	0—100 m	75	Stationen	über	500—1000 m	14	Stationen
über	100—250 „	16	„	„	1000—1500 „	2	„
„	250—500 „	16	„	„	1500 m	keine	Station.

Hinzu kommt, daß die orographischen Unterlagen in der von mir als Grundkarte verwendeten Karte von Kamerun in 1 : 300000 keineswegs gesichert und für eine zuverlässige Führung der Isohyeten ausreichend sind[1]).

In Anbetracht der Verteilung der Stationen ist es erklärlich, daß der Verlauf der Isohyeten in den Pflanzengebieten im Bereich des Kamerungebirges anders zu bewerten ist als in den übrigen Teilen unseres Raumes. Aus diesem Grunde ließen sich in den erstgenannten Gebieten den tatsächlichen Verhältnissen wohl annähernd entsprechende Kurven ziehen, während im übrigen die Isohyeten, auf teilweise recht spärlichen Anhaltspunkten beruhend, gefühlsmäßig zu zeichnen waren. Allerdings ist bei der Betrachtung der drei Niederschlagskarten (Tafeln 1—3) immer im Auge zu behalten, daß die Isohyeten, welche schon im Hinblick auf die mehr oder weniger unzureichende kartographische Grundlage über Berge, Hänge und Täler verlaufen, in Wirklichkeit in eine außerordentlich große Zahl größerer und kleinerer Inseln zerfallen müßten, besonders über den Gebirgen. Denn im Luv und Lee eines Gebirges oder Gebirgshanges können auf geringe Entfernungen in der Luftlinie in unserem Gebiete bei den mit großer Regelmäßigkeit aus südwestlichen und westlichen Richtungen wehenden regenbringenden Winden bereits erhebliche Unterschiede in den Niederschlagshöhen vorhanden sein. Auch der Niederschlag als Folge der Vertikalbewegung über den Massiven des

[1]) Es ist irreführend, wenn auf der dem Aufsatz von W. **Hasselblatt**, Die deutsche Tropenwirtschaft am Kamerunberg in der „Kolonialen Rundschau“ 1937, S. 345, beigegebenen Skizze des Kamerungebirges Höhenlinien (Isohypsen) in Abständen von 200 m eingezeichnet worden sind. Das ist nach dem bisherigen Stande der kartographischen Aufnahme am Kamerunberg nicht möglich.

Kamerun-, Kupe- und Rumpigebirges trägt zu einer örtlich starken Differenzierung der Niederschlagswerte bei.

Wegen der angeführten Schwierigkeiten bei der Zeichnung der Isohyeten habe ich in der Wiedergabe der entworfenen Niederschlagskarten absichtlich auf die Eintragung der Linien gleicher Regenhöhe verzichtet, um dadurch auch äußerlich zum Ausdruck zu bringen, daß den Karten noch mancherlei Unsicherheiten und Unstimmigkeiten anhaften.

Auf der Jahreskarte (Tafel 1) sind die Niederschlagsgebiete mit weniger als 2000 mm bis über 10000 mm in Gruppen von je 500 bzw. 1000 mm wiedergegeben, während auf den Monatskarten in entsprechenden Gruppen Zonen mit weniger als 10—200 mm (Januarkarte, Tafel 2) und mit weniger als 300 bis über 2000 mm (Augustkarte, Tafel 3) abgegrenzt sind. Für die Farbengebung wurden drei Hauptniederschlagszonen unterschieden. Orange getönt sind in absteigender Farbenskala die regenärmeren Gebiete bis 3000 mm im Jahresmittel. Es folgen von Hell- zu Dunkelblau die Zonen mit einem Jahresniederschlag bis 8000 mm, denen sich in gebrochenem Braun die Gebiete größten Regenfalls bis 10000 mm und mehr anschließen. Entsprechend ist auf den Monatskarten verfahren.

Die Farbengebung auf den Karten endet am Kamerungebirge jeweils an der scharf ausgeprägten Grenze zwischen geschlossenem Urwald und Grasland, die sich im allgemeinen in Höhen zwischen 1700 und 2300 m um das Gebirge zieht. Das Gebiet oberhalb der Waldgrenze wurde hinsichtlich der dort fallenden Regenmengen mit Fragezeichen versehen, da aus ihm weder Messungen vorliegen, noch die Vegetation der höheren Lagen (Gebirgssavanne, Hochweiden) Schlüsse auf die zu erwartenden Niederschlagshöhen zuläßt. Daß die unter der Herrschaft der trockenen Ostströmung des Harmattans stehende Gipfelregion des Kamerungebirges keine beträchtlichen Niederschläge erhält — wenn auch gelegentlich (besonders in der Hauptregenzeit und nach Tornados in den Übergangszeiten) eine Schnee- oder Hageldecke den Gipfel krönt —, geht auch daraus hervor, daß die Hochregionen nur wenige Wasserrisse und eine verhältnismäßig unbedeutende Zerschluchtung der parasitischen Kraterkegel aufweisen[1]).

Überblickt man die drei Niederschlagskarten, so fällt auf ihnen unmittelbar der starke Gegensatz zwischen dem westlichen Teil

[1]) K. Hassert, Das Kamerungebirge. In: Mitteilungen aus den deutschen Schutzgebieten 24, 110. Berlin 1911.

unseres Gebietes und seinem mittleren und östlichen auf. Ins Auge springend ist ferner die Tatsache, auf die bereits im Abschnitt 2 (Seite 120) hingewiesen worden ist, daß die Niederschläge selbst auf geringe Entfernungen beträchtliche Unterschiede aufweisen. Dieser Gegensatz ist einzig und allein durch die orographische Gestaltung unseres Gebietes, nämlich durch die Erhebungen des Kamerun-, Rumpi-, Kupe- und Nlonakogebirges sowie der Westkameruner Massivregion, bedingt. Wenn zwischen der atlantischen Küste und dem Ostrand unseres Gebietes eine freie Ebene von gleichartiger Oberflächenbeschaffenheit läge, so hätten wir zweifellos ein homogenes Gebiet zu erwarten, das entsprechend der vorherrschenden Richtung des Südwestmonsuns relativ gleichmäßig benetzt würde bei langsamer Abnahme der Niederschläge nach Nordosten. Das tritt in unseren Karten auch deutlich u. a. in der Niederung des Memeflusses zwischen dem Kamerun- und Rumpigebirge hervor, in der sich die Niederschläge vom Atlantik allmählich und gleichmäßig nach Osten vermindern. Weisen doch hier Beafa 3521, Mokoko 3500, Mbonge 2826 und Bai 2500 mm im Jahresmittel auf[1]).

Für die Verteilung der Jahresniederschlagshöhen (Tafel 1) ergibt sich folgendes Bild:

Das regenärmste Gebiet mit weniger als 2000 mm liegt im Regenschatten des Kamerungebirges. Es bedeckt dessen mittlere und untere Nord-, Nordost- und Osthänge und erstreckt sich in östlicher Richtung über den mittleren Mungo-Fluß bis in das Gebiet der Kamerun-Nordbahn. Durch die erhebliche Zunahme der Niederschläge in der sommerlichen Regenzeit, besonders an den Luvhängen der Gebirgsmassive, steigern sich von diesem Gebiete aus die Jahresbeträge in immer größerem Ausmaße, und schalenförmig ordnen sich schließlich die Niederschlagszonen von 6000 mm und mehr den südwestlichen Hängen des Kamerungebirges an. Auf die Erörterung von Einzelheiten der Karte muß hier verzichtet werden. Nur so viel sei erwähnt, daß sich an den Südhängen des Kamerungebirges, etwa im Meridian von Bota, eine ausgeprägte Regenscheide befindet; denn es ist häufig zu beobachten, daß die kräftigen Regenfälle am Südwesthang ihr plötzliches Ende in der Gegend von Bota finden.

In den einzelnen Monaten und Jahreszeiten bleibt das Bild der Verteilung der Regenmengen, wie die Karten für die Monate Januar (Trockenzeit) und August (Regenzeit) lehren, der Hauptsache nach das gleiche — ein Beweis für den hervorragenden Einfluß

[1]) Nr. 4, 5, 6 und 7 der Tabelle 1.

des Reliefs auf die Intensität der Kondensation des atmosphärischen Wasserdampfes.

Der Gegensatz in der Beregnung der einzelnen Teile unseres Gebietes tritt noch besonders sinnfällig in Erscheinung, wenn wir die Jahresmengen des regenärmsten Gebietes mit den Augustmengen des niederschlagsreichsten vergleichen: erhält doch das letztere in diesem einen Monat mehr Regen als die niederschlagsärmste Zone in einem ganzen Jahre!

Für die Bestockung unseres Gebietes mit Urwald bis in Höhen von 2000 m reichen die Niederschläge nicht nur am Kamerungebirge, sondern auch an den vom Regenwind getroffenen Hängen der übrigen Massive aus. Auffallend ist, wie auf den Karten angegeben, das Vorhandensein von Busch- und Grassteppen mit Borassuspalmen an der Nordseite des Kamerungebirges in 200—300 m Höhe. Mit Recht darf man, wie Fickendey ausführt[1]), wohl annehmen, daß diese im Regenschatten des Gebirges liegenden Steppengebiete mit zu den niederschlagsärmsten unseres Raumes überhaupt zählen und daß die Trockenzeit hier besonders stark ausgeprägt ist.

Ich bin mir bewußt, daß die veröffentlichten Niederschlagskarten das wahre Bild der geographischen Verteilung und Anordnung der Regenmengen nur in großen Zügen widerspiegeln können. Unstimmigkeiten, die sich insbesondere aus dem Mangel an Beobachtungsstationen mit längeren Reihen gerade in solchen Gebieten ergaben, in denen sie wegen der Reliefverhältnisse besonders erwünscht wären, ließen manche Zweifel aufkommen und führten notgedrungen zu Unsicherheiten. Möge es im Interesse unserer Pflanzungswirtschaft gelingen, in absehbarer Zeit unter Zugrundelegung vermehrten Materiales mit Erfolg die vorhandenen Lücken auszufüllen.

8. Die Zahl der Tage mit Niederschlag

Von klimatologischem und praktischem Interesse, namentlich für Pflanzungskulturen, ist es zu wissen, auf wieviel Tage sich die jährlich herabfallende Regenmenge verteilt. Denn es ist offenbar nicht gleichgültig, ob sie in seltenen heftigen Güssen oder in häufigen, weniger starken Regen niedergeht[2]). Die Tabellen 18—21 teilen die mittlere Zahl der Tage mit, an denen bestimmte Schwellenwerte der Regen-

---

[1]) E. Fickendey, Die Borassus-Steppen am Kamerungebirge. In: Amtsblatt für das Schutzgebiet Kamerun 1913, 97.

[2]) Die Aufzeichnungen eines „Landregens" und eines „Gewitter- (Tornado-) Regens" durch einen selbstschreibenden Regenmesser in Tiko geben die Abb. 7 und 8 auf Seite 182 wieder.

menge erreicht bzw. überschritten wurden. Als Stufen wurden die Regenmengen von 0,2, 5,0, 25,0 und 50,0 mm gewählt.

Es ist von vornherein anzunehmen, daß zwischen der Häufigkeit der Niederschläge und der Regenmenge eine enge Beziehung besteht. Denn wenn die regenerzeugenden Faktoren in einem Jahresabschnitt verstärkt bzw. geschwächt sind, so wird offenbar sowohl die Ergiebigkeit als auch die Häufigkeit des Regenfalls gesteigert bzw. vermindert. Wenn auch eine einfache Proportionalität zwischen Stärke und Häufigkeit des Niederschlages nicht besteht, so stimmt doch der Verlauf der jährlichen Periode der Häufigkeit und Menge des Regens im wesentlichen überein. Auch die zwar meistens schwach ausgebildeten Früh-

Tabelle 18

Mittlere Zahl der Tage mit 0,2 und mehr Millimeter Niederschlag

Nr. der Tab. 1	Station	Januar	Februar	März	April	Mai	Juni	Juli	August	September	Oktober	November	Dezember	Jahr
1	Ikassa	*3,8*	7,6	13,6	21,8	23,0	25,5	26,0	**28,2**	26,6	25,7	19,7	8,4	229,9
2	Rio-del-Rey .	*4,2*	6,7	10,5	14,2	16,7	19,0	26,2	**27,3**	24,8	21,0	13,8	4,4	188,8
6	Mbonge	*1,8*	3,4	10,9	13,4	15,3	17,2	21,5	**23,2**	21,3	16,3	7,8	4,3	156,4
9	Mongonge ...	*2,5*	4,8	10,1	14,3	18,8	22,6	27,0	**29,2**	28,8	24,2	8,5	3,5	194,3
13	Bibundi.....	*7,5*	10,4	**17,8**	17,0	20,3	23,5	27,0	**27,8**	27,1	24,4	19,2	9,5	231,5
18	Debundscha	*9,2*	14,3	**20,0**	20,0	23,0	26,2	**28,2**	28,0	27,5	26,7	22,5	13,7	259,3
21	Oechelhausen	*8,6*	12,6	**17,3**	16,7	19,8	24,1	29,1	**29,7**	28,4	25,8	17,1	9,4	238,6
26	Bota	*3,0*	5,3	9,9	12,4	15,3	20,2	**26,4**	25,9	20,7	19,0	8,2	3,9	170,2
33	Boana	2,8	1,8	6,5	9,7	12,5	17,8	**22,2**	18,3	15,0	13,2	5,0	*1,3*	126,1
34	Engelberg ...	3,7	6,5	9,2	13,2	16,7	22,0	27,8	**29,2**	21,3	19,7	7,8	*1,8*	178,9
37	Sachsenhof ..	2,8	3,9	8,4	11,0	13,8	19,6	23,4	**25,2**	20,9	17,1	5,9	*1,9*	153,9
40	Klein-Soppo	2,6	4,3	7,7	10,0	11,7	17,5	25,0	**25,3**	25,2	20,0	5,4	*1,7*	156,4
41	Buea	*1,3*	6,2	12,5	12,7	15,6	23,0	26,0	**28,8**	26,2	21,3	9,8	4,0	187,4
43	Bolifamba...	2,2	4,2	6,7	9,8	12,5	14,8	22,2	**23,0**	19,8	18,2	5,2	*1,4*	140,0
45	Lisoka	2,0	3,4	7,6	10,0	12,2	14,3	21,2	**22,2**	19,7	18,2	5,2	*1,8*	137,8
48	Ekona	*1,7*	3,7	7,0	10,1	11,8	14,7	21,9	**24,5**	23,2	17,9	6,8	1,9	145,2
54	Moliwe	*0,8*	4,2	7,8	10,0	14,2	17,4	22,6	**22,7**	15,5	13,2	6,8	1,9	137,1
60	Esuke	*1,2*	3,0	9,0	10,5	12,2	17,7	20,7	**23,3**	16,2	13,0	7,7	3,9	138,4
62	Bimbia	5,3	5,5	12,2	17,3	19,8	24,3	**28,3**	28,2	23,2	22,0	12,8	*4,6*	203,5
73	Ombe	*2,0*	6,0	12,4	14,0	17,3	21,7	**26,9**	25,7	20,4	20,5	9,3	4,0	180,2
78	Tiko........	*1,9*	4,3	9,2	12,9	15,6	20,5	23,6	**24,9**	20,6	20,2	8,3	3,3	165,3
88	Missellele ...	*1,3*	3,0	8,6	11,8	14,3	17,8	20,3	**24,4**	20,7	18,2	7,4	2,7	150,5
92	Duala	*5,3*	7,9	13,0	15,2	18,8	21,0	26,4	**26,5**	24,3	22,7	12,2	6,3	199,6
100	Bombe	3,0	3,8	8,2	12,2	15,6	15,2	21,6	20,0	**22,5**	18,4	8,6	*1,4*	150,5
106	Laduma	*2,3*	4,3	12,4	12,8	15,2	17,4	19,4	**21,1**	**21,1**	19,5	9,2	3,2	157,9
110	Johann-Albrechtshöhe	3,4	4,8	10,0	13,8	14,0	17,7	20,0	**24,3**	21,7	**22,3**	9,8	*2,0*	163,8
111	Dikume	*5,3*	9,4	**20,8**	20,6	20,3	24,2	28,2	**29,0**	28,0	**28,2**	19,2	7,4	240,6
114	Tombel	*3,6*	8,8	17,0	17,2	17,8	22,8	25,8	**28,3**	26,0	24,4	13,2	10,2	215,1
117	Nyasoso	*2,4*	7,0	**19,4**	17,0	22,6	25,4	**30,3**	28,0	27,8	27,3	13,7	4,0	224,9
121	Manenguba-Farm	2,5	3,3	**11,7**	9,5	11,3	17,0	19,7	**22,0**	19,0	12,3	7,3	*1,8*	137,4

lings- und Herbstmaxima der Regenmenge finden sich in den Zusammenstellungen der Regenhäufigkeit wieder.

Auf jeden Fall geben uns die vier Tabellen mancherlei bemerkenswerte Aufschlüsse über die Verteilung der schwachen, mäßigen und starken Niederschläge sowie über das Zustandekommen der jährlichen Periode überhaupt.

9. Häufigkeitsgrenzen der Niederschlagstage für Monat und Jahr

Bedeutungsvoll ist noch die Betrachtung über die mögliche Schwankung der Häufigkeit der Niederschlagstage, an welchen die Schwellenwerte der Regenmenge von 0,2, 5,0, 25,0 und 50,0 mm

Tabelle 19

Mittlere Zahl der Tage mit 5,0 und mehr Millimeter Niederschlag

Nr. der Tab. 1	Station	Januar	Februar	März	April	Mai	Juni	Juli	August	September	Oktober	November	Dezember	Jahr
1	Ikassa	0,8	3,8	6,6	10,3	11,0	12,7	16,5	17,7	15,0	14,3	11,7	3,1	123,5
2	Rio-del-Rey	2,2	5,4	5,0	10,4	10,4	13,6	23,0	24,4	19,8	15,8	8,2	1,6	139,8
6	Mbonge	1,2	1,7	6,0	8,3	8,8	11,1	15,8	17,5	15,1	11,5	4,7	1,4	103,1
9	Mongonge	1,2	1,9	5,0	7,3	11,8	16,8	23,1	27,1	24,7	16,5	3,9	1,6	140,9
13	Bibundi	4,5	7,0	13,9	13,5	16,5	21,2	25,2	26,5	25,2	21,9	15,2	6,7	197,3
18	Debundscha	6,3	10,2	14,3	13,6	16,7	22,6	25,6	25,3	24,7	22,3	17,4	10,2	209,2
21	Oechelhausen	3,3	6,3	10,1	9,4	12,6	18,9	26,6	27,5	25,8	19,8	8,2	4,6	173,1
26	Bota	1,4	2,7	6,3	8,3	10,6	13,7	21,2	21,4	14,7	10,7	4,6	2,4	118,0
33	Boana	1,8	1,5	4,4	6,8	8,2	16,4	18,6	16,0	12,6	10,4	4,0	0,8	101,5
34	Engelberg	1,3	3,0	4,3	7,0	8,3	12,3	18,0	19,0	15,3	10,8	4,3	1,0	104,6
37	Sachsenhof	1,3	2,0	5,2	7,7	8,9	12,2	18,3	20,4	14,8	11,6	3,2	1,3	106,9
40	Klein-Soppo	0,8	2,7	5,2	7,1	7,7	12,4	20,3	18,0	17,2	13,3	4,1	1,4	110,2
41	Buea	0,7	2,0	4,0	9,3	9,0	12,6	18,4	19,0	20,6	14,8	5,5	1,5	117,4
43	Bolifamba	1,0	2,3	4,8	6,5	7,3	11,0	17,3	18,4	17,4	14,1	5,1	1,0	106,2
45	Lisoka	1,0	3,3	6,0	7,3	8,5	9,6	16,0	17,2	16,8	14,8	3,8	1,3	105,6
48	Ekona	0,6	3,0	5,6	6,2	8,6	10,8	15,6	20,6	15,0	11,8	3,2	2,0	103,0
54	Moliwe	0,8	2,2	6,0	5,2	9,0	12,3	17,5	18,5	10,4	9,5	4,7	0,9	97,0
60	Esuke	1,0	1,7	6,3	6,8	9,2	14,5	17,0	18,3	12,4	9,7	5,0	1,4	103,3
62	Bimbia	2,9	3,7	7,9	10,3	13,5	17,9	22,8	25,0	16,9	16,0	6,4	2,7	146,0
73	Ombe	0,9	3,0	4,7	7,7	11,7	15,5	19,0	19,1	11,7	12,0	4,1	1,3	110,7
78	Tiko	1,3	2,0	4,9	7,8	9,3	12,1	14,4	17,2	10,9	10,0	4,2	1,5	95,6
88	Missellele	0,8	1,6	4,5	6,6	8,6	11,4	13,5	17,0	12,3	10,4	4,0	1,3	92,0
92	Duala	1,9	3,8	7,7	8,7	11,7	14,3	19,1	18,7	16,2	14,4	7,5	3,1	127,1
100	Bombe	0,4	3,2	4,4	8,0	12,3	9,4	13,6	13,3	16,3	13,8	5,5	0,5	100,7
106	Laduma	1,3	2,6	9,3	10,2	11,4	11,8	12,8	15,4	14,7	13,4	6,3	2,2	111,4
110	Johann-Albrechtshöhe	0,5	3,5	5,5	7,0	11,0	8,0	12,0	6,5	11,0	8,5	2,5	1,5	77,5
111	Dikume	3,0	4,2	14,4	13,0	11,3	14,2	22,4	23,2	23,2	19,5	12,2	2,8	163,4
114	Tombel	1,4	4,2	12,0	10,8	11,2	14,2	20,2	20,0	20,4	16,8	6,8	6,2	144,2
117	Nyasoso	1,0	4,0	10,0	10,6	12,0	15,6	19,0	23,2	22,7	17,4	5,9	1,3	142,7
121	Manenguba-Farm	0,8	2,8	8,6	8,0	9,7	14,2	20,2	24,3	21,2	17,0	4,5	0,8	132,1

erreicht oder überschritten werden. Zwischen welch großen Beträgen die Anzahl der Niederschlagstage eines Monats und eines Jahres zu schwanken vermag, teilen für die ausgewählten Stationen die Tabellen 22—25 mit.

Wenn auch die für die Pflanzungsunternehmungen im Gebiet des Kamerungebirges erforderliche Anzahl der Regentage und Regenmenge durchschnittlich selbst in den trockensten Monaten erreicht wird, so treten doch gelegentlich Perioden völliger Regenlosigkeit auf, die in ihren Auswirkungen, besonders in der Austrocknung und Verkrustung des Bodens, praktisch von größter Bedeutung sind. Ich brauche nur auf die Notwendigkeit künstlicher Bewässerung auf den

Tabelle 20

Mittlere Zahl der Tage mit 25,0 und mehr Millimeter Niederschlag

Nr. der Tab. 1	Station	Januar	Februar	März	April	Mai	Juni	Juli	August	September	Oktober	November	Dezember	Jahr
1	Ikassa	*0,4*	1,0	3,4	**6,8**	6,7	10,7	12,5	**12,7**	12,1	8,3	4,7	1,0	80,3
2	Rio-del-Rey	0,7	1,3	1,0	4,3	4,3	5,8	**13,2**	10,8	9,0	6,3	1,5	*0,4*	58,6
6	Mbonge	0,4	*0,3*	1,8	**2,5**	2,3	3,0	6,8	**8,7**	6,4	3,8	1,1	0,4	37,5
9	Mongonge	*0,2*	0,4	0,8	1,2	3,1	6,9	14,3	**17,2**	1,4	**5,8**	0,3	0,4	52,0
13	Bibundi	*1,5*	2,3	3,9	4,4	8,1	14,3	17,3	**19,8**	17,9	12,9	5,6	2,5	110,5
18	Debundscha	*2,4*	3,7	**5,7**	5,6	8,0	15,3	**17,0**	16,7	**16,8**	12,9	8,3	3,9	116,3
21	Oechelhausen	1,1	1,9	**2,4**	1,9	4,2	11,2	18,5	**19,7**	16,7	8,9	2,2	*1,0*	89,7
26	Bota	*0,5*	0,8	1,6	2,1	3,9	7,5	10,2	**10,4**	5,4	3,2	0,8	0,6	47,0
33	Boana	*0,3*	0,7	0,9	2,0	2,1	6,4	**11,9**	7,9	6,0	3,0	0,3	0,4	41,9
34	Engelberg	*0,3*	0,8	1,2	1,5	2,5	5,2	**9,3**	8,7	5,6	2,4	0,8	*0,3*	38,6
37	Sachsenhof	0,3	*0,2*	**1,3**	1,2	1,8	4,2	8,6	**8,9**	4,1	2,5	0,5	*0,2*	33,8
40	Klein-Soppo	0,7	0,8	1,1	**3,3**	2,1	5,4	**8,0**	5,6	4,7	4,0	1,1	*0,0*	36,8
41	Buea	*0,3*	0,5	1,4	**2,5**	2,2	3,5	6,0	**8,3**	5,6	2,6	0,8	*0,3*	34,0
43	Bolifamba	0,7	0,7	1,6	**3,0**	2,9	2,9	**5,3**	4,6	**5,6**	4,4	0,7	*0,0*	32,4
45	Lisoka	0,3	0,6	1,6	**3,2**	2,6	3,2	**6,0**	5,2	**6,3**	4,8	0,8	*0,0*	34,6
48	Ekona	0,6	0,8	2,0	2,3	2,5	2,9	5,6	**6,2**	5,3	3,8	0,8	*0,4*	33,2
54	Moliwe	*0,4*	0,6	**2,0**	1,2	1,3	4,8	**9,3**	8,7	2,0	**2,5**	1,1	0,6	34,5
60	Esuke	*0,2*	0,7	1,2	**2,8**	2,3	5,0	7,5	**9,2**	4,0	2,3	1,1	0,7	37,0
62	Bimbia	0,7	1,1	2,0	**3,3**	5,1	8,7	11,2	**12,7**	5,9	**6,1**	2,3	*0,3*	59,4
73	Ombe	*0,3*	0,9	1,7	**3,3**	2,7	7,5	7,9	**9,3**	3,6	3,4	1,0	0,4	42,0
78	Tiko	0,2	0,2	1,8	2,2	2,4	4,6	5,6	**7,0**	3,3	2,9	0,6	*0,1*	30,9
88	Missellele	*0,1*	0,3	1,2	1,7	2,7	**5,0**	4,2	**4,9**	2,9	2,8	0,4	0,2	26,4
92	Duala	*0,5*	1,1	2,8	3,2	3,7	6,3	**9,4**	8,8	7,1	5,9	1,9	0,7	51,4
100	Bombe	0,4	0,8	1,0	2,2	2,4	2,2	**4,2**	4,0	4,0	3,8	2,0	*0,2*	27,2
106	Laduma	*0,3*	0,8	**4,0**	3,2	3,2	3,6	3,7	**4,2**	3,5	**4,7**	1,6	0,7	33,5
110	Johann-Albrechtshöhe	0,4	0,8	1,2	**2,8**	2,4	2,7	3,6	**3,7**	2,7	**4,0**	0,8	*0,2*	25,3
111	Dikume	0,5	1,4	2,8	**3,6**	3,0	4,8	8,2	**10,8**	10,2	6,5	2,3	*0,4*	54,5
114	Tombel	*0,0*	1,4	**4,2**	**4,2**	3,0	6,6	8,0	8,0	**9,2**	5,6	1,4	1,8	53,4
117	Nyasoso	0,2	0,6	**2,4**	2,0	2,6	4,8	7,0	**10,4**	9,2	5,2	0,7	*0,0*	45,1
121	Manenguba-Farm	0,3	0,5	2,0	2,0	3,3	6,3	**7,7**	6,0	**9,0**	2,3	1,3	*0,0*	40,7

Bananenpflanzungen in der Tikoebene hinzuweisen. In der Tabelle 26 ist für ausgewählte Stationen die Zahl der Trockenperioden von 15 oder mehr aufeinander folgenden Tagen ohne Regen zusammengestellt. Dabei sind jeweils solche Perioden, die zwei aufeinander folgenden Monaten angehören, unter demjenigen Monat aufgeführt, welcher die größere Anzahl von Trockentagen aufweist. Perioden von fünf oder mehr Tagen, die ebenfalls für die Pflanzungen eine bemerkenswerte Erscheinung darstellen, sind aus Raumersparnis nicht angegeben worden. Wie zu erwarten, sind Trockenperioden von fünf oder mehr Tagen am häufigsten in den trockensten Monaten Januar, Februar sowie November und Dezember, am seltensten treten sie im Juli und

Tabelle 21

Mittlere Zahl der Tage mit 50,0 und mehr Millimeter Niederschlag

Nr. der Tab. 1	Station	Januar	Februar	März	April	Mai	Juni	Juli	August	September	Oktober	November	Dezember	Jahr
1	Ikassa	*0,0*	1,0	1,0	3,0	3,5	5,5	**6,0**	5,0	**5,3**	3,7	1,7	0,3	36,0
2	Rio-del-Rey .	*0,0*	0,3	0,0	**1,0**	0,7	2,3	**8,0**	7,3	3,0	**4,0**	0,0	0,0	26,6
6	Mbonge	0,2	*0,1*	0,3	0,3	0,3	0,9	2,9	**4,3**	3,3	0,9	0,2	*0,1*	13,8
9	Mongonge...	*0,0*	0,1	0,2	0,2	1,3	3,3	8,2	**11,3**	7,2	2,1	0,2	0,1	34,2
13	Bibundi	4,0	**4,5**	1,5	2,4	3,6	9,0	10,5	**13,4**	11,9	8,3	2,9	*1,1*	73,1
18	Debundscha	*1,0*	1,2	**2,6**	2,2	3,9	8,8	10,7	**10,8**	10,3	7,7	3,1	1,4	63,7
21	Oechelhausen	0,5	*0,3*	**0,8**	0,5	2,3	5,6	12,6	**13,6**	10,7	3,9	0,7	*0,3*	51,8
26	Bota	0,5	*0,2*	*0,2*	0,6	1,0	4,2	5,0	**5,5**	2,1	1,2	*0,2*	*0,2*	20,9
33	Boana......	·	·	·	·	0,5	2,8	**7,5**	4,8	3,5	0,8	0,3	·	20,2
34	Engelberg...	·	·	0,5	**1,0**	0,5	2,5	4,5	**5,5**	2,0	1,0	·	·	17,5
37	Sachsenhof..	*0,1*	0,2	**0,5**	**0,5**	0,3	1,8	**4,5**	4,1	1,0	0,7	*0,1*	*0,1*	13,9
40	Klein-Soppo	·	·	0,2	**0,6**	0,5	2,2	**3,3**	2,8	1,0	0,7	·	·	11,3
41	Buea	*0,0*	0,2	0,3	**0,8**	0,4	0,8	1,2	**2,8**	1,2	0,4	*0,0*	0,1	8,2
43	Bolifamba ..	·	·	0,2	**1,0**	0,6	1,2	**2,3**	0,5	**1,3**	1,0	·	·	8,1
45	Lisoka......	·	·	·	**0,7**	0,3	1,5	**2,5**	1,5	1,0	0,8	·	·	8,3
48	Ekona	*0,0*	0,3	**1,7**	0,3	0,3	1,0	1,3	**2,7**	1,0	1,0	*0,0*	*0,0*	9,6
54	Moliwe	·	·	**0,8**	0,2	0,7	3,2	**5,2**	4,0	0,7	0,5	0,1	0,1	15,5
60	Esuke	*0,0*	*0,0*	0,5	**1,2**	0,5	2,2	**4,0**	3,3	1,6	0,5	0,3	*0,0*	14,1
62	Bimbia	0,3	0,3	0,2	0,7	2,3	4,3	5,0	**6,0**	2,3	**2,7**	0,7	*0,0*	24,8
73	Ombe	0,2	0,3	0,7	0,7	0,8	2,8	3,2	**5,3**	2,0	1,3	*0,1*	*0,1*	17,5
78	Tiko	·	·	0,2	0,3	0,8	1,8	**2,8**	2,4	0,8	0,8	0,1	·	10,0
88	Missellele ...	*0,0*	0,1	0,3	0,3	0,6	**1,8**	**1,8**	1,6	0,7	0,7	*0,0*	*0,0*	7,9
92	Duala	·	0,3	0,8	0,9	1,0	**3,1**	4,6	**4,8**	3,0	2,2	0,4	0,2	21,3
100	Bombe	·	·	·	·	·	0,3	1,3	**2,0**	1,5	1,0	0,5	·	6,6
106	Laduma	*0,1*	*0,1*	**1,2**	0,6	1,1	0,8	**1,2**	1,1	0,9	**1,1**	0,3	0,2	8,7
110	Johann-Albrechtshöhe	·	0,5	0,5	**1,3**	0,3	0,8	**1,3**	0,8	0,6	**0,8**	·	·	6,9
111	Dikume	0,3	0,4	0,3	**1,0**	0,2	1,4	2,2	**3,8**	3,2	1,2	0,3	*0,0*	14,3
114	Tombel.....	*0,0*	0,8	**1,6**	0,6	0,2	2,2	**3,4**	2,8	**3,6**	1,8	0,4	0,2	17,6
117	Nyasoso	*0,0*	*0,0*	**0,4**	0,2	0,6	1,4	2,5	**3,8**	2,4	0,8	*0,0*	*0,0*	12,1
121	Manenguba-Farm	*0,0*	*0,0*	*0,0*	*0,0*	0,5	2,7	**3,3**	3,0	3,0	1,0	0,3	*0,0*	13,8

Tabelle 22

Häufigkeitsgrenzen der Tage mit 0,2 und mehr Millimeter Regen

Nr. der Tab. 1	Station	Jan.	Febr.	März	April	Mai	Juni	Juli	Aug.	Sept.	Okt.	Nov.	Dez.	Jahr
	A. Maxima													
1	Ikassa	9	12	18	28	25	29	29	31	30	30	28	13	253 (1911)
2	Rio-del-Rey	10	10	14	17	23	23	29	30	29	23	21	7	209 (1909)
6	Mbonge	10	7	16	18	19	21	26	28	27	26	16	12	189 (1931)
9	Mongonge	7	8	15	21	26	30	31	31	30	27	15	14	234 (1936)
13	Bibundi	17	19	22	22	25	29	31	31	30	28	25	15	275 (1931)
18	Debundscha	19	23	27	28	29	30	31	31	30	31	30	26	295 (1919)
21	Oechelhausen	20	17	24	22	29	28	31	31	30	30	24	17	277 (1931)
26	Bota	7	10	17	16	21	26	31	31	26	24	13	7	196 (1933)
33	Boana	6	3	10	11	18	28	28	26	21	18	9	3	134 (1908)
34	Engelberg	10	11	16	20	24	28	31	31	29	28	13	3	212 (1911)
37	Sachsenhof	9	11	15	17	23	26	30	31	26	26	11	5	189 (1929)
40	Klein-Soppo	7	8	14	13	18	25	30	31	28	27	12	5	174 (1911)
41	Buea	9	10	17	19	20	27	31	31	30	29	15	6	198 (1909)
43	Bolifamba	4	7	10	13	18	20	27	28	25	22	11	3	167 (1909)
45	Lisoka	3	6	12	12	15	18	24	28	25	23	12	3	167 (1909)
48	Ekona	6	6	13	14	18	18	26	31	29	23	12	10	178 (1938)
54	Moliwe	2	7	15	14	16	24	27	29	23	25	13	4	160 (1913)
60	Esuke	3	6	11	13	15	21	26	27	24	16	16	8	149 (1932)
62	Bimbia	14	11	16	25	24	28	31	31	28	26	22	10	246 (1931)
73	Ombe	4	9	20	18	21	25	30	31	27	27	17	9	222 (1933)
78	Tiko	5	8	18	15	19	27	29	31	26	26	18	9	209 (1933)
88	Missellele	4	7	14	15	21	23	28	31	26	23	15	8	172 (1931)
92	Duala	13	16	20	21	26	27	30	31	30	31	22	21	228 (1908)
100	Bombe	13	8	12	15	18	18	27	27	29	25	11	4	182 (1911)
106	Laduma	6	8	17	18	20	24	24	30	27	25	19	9	196 (1933)
110	Johann-Albrechtshöhe	10	10	18	18	19	19	23	28	28	29	16	4	201 (1909)
111	Dikume	12	13	23	23	24	27	31	31	29	31	26	11	284 (1933)

114	Tombel	8	16	19	20	21	25	29	31	30	29	20	18	245 (1933)
117	Nyasoso	8	12	23	22	30	30	31	31	30	31	25	12	268 (1933)
121	Manenguba-Farm	12	9	13	12	22	21	31	31	29	30	13	4	182 (1913)
	B. Minima													
1	Ikassa	*1*	4	9	16	21	22	18	20	20	21	12	3	207 (1913)
2	Rio-del-Rey	·	4	7	9	12	16	23	22	19	19	5	2	162 (1913)
6	Mbonge	·	1	7	10	12	10	18	15	16	11	3	1	113 (1937)
9	Mongonge	·	2	6	8	11	17	24	24	27	20	4	·	164 (1926)
13	Bibundi	*2*	6	10	13	14	18	21	19	24	19	16	6	198 (1933)
18	Debundscha	·	4	12	10	13	14	22	18	18	16	13	3	211 (1898)
21	Oechelhausen	*1*	7	13	13	16	20	25	28	24	21	11	4	205 (1926)
26	Bota	·	1	4	8	12	15	24	20	13	15	3	·	151 (1907)
33	Boana	1	1	4	8	10	13	15	13	12	10	·	·	107 (1913)
34	Engelberg	*1*	4	5	10	10	16	23	27	19	14	2	*1*	151 (1910)
37	Sachsenhof	·	1	5	5	9	12	16	16	16	12	·	·	112 (1934)
40	Klein-Soppo	·	1	3	7	7	8	15	7	20	7	·	·	146 (1910)
41	Buea	·	1	4	8	11	15	16	20	17	14	3	·	135 (1912)
43	Bolifamba	1	1	4	7	9	9	19	18	17	15	·	·	106 (1913)
45	Lisoka	·	2	4	7	8	9	17	19	14	15	·	·	119 (1913)
48	Ekona	·	·	2	5	7	7	13	15	10	7	1	·	78 (1913)
54	Moliwe	·	2	7	7	12	11	18	16	9	9	1	·	140 (1935)
60	Esuke	·	1	7	9	9	14	16	18	11	8	4	·	107 (1934)
62	Bimbia	2	·	8	11	12	13	23	20	9	17	8	3	198 (1933)
73	Ombe	1	4	7	10	11	17	24	17	15	16	4	·	145 (1913)
78	Tiko	·	1	5	9	12	13	29	20	16	13	4	·	133 (1925)
88	Missellele	·	1	3	5	10	14	15	20	13	14	3	·	125 (1926)
92	Duala	1	3	5	4	13	15	22	20	17	15	4	·	161 (1897)
100	Bombe	·	2	5	7	11	12	18	16	18	16	6	·	131 (1912)
106	Laduma	·	·	9	9	12	10	11	12	12	16	6	·	138 (1927)
110	Johann-Albrechtshöhe	·	2	4	10	14	16	13	20	13	17	3	1	150 (1910)
111	Dikume	*2*	3	20	16	18	19	26	24	26	25	12	4	224 (1934)
114	Tombel	·	4	14	14	16	20	19	24	22	19	8	6	195 (1934)
117	Nyasoso	·	2	13	11	16	15	30	26	25	22	5	·	223 (1934)
121	Manenguba-Farm	·	1	7	8	7	14	16	22	10	9	·	·	143 (1932)

Tabelle 23

Häufigkeitsgrenzen der Tage mit 5,0 und mehr Millimeter Regen

Nr. der Tab. 1	Station	Jan.	Febr.	März	April	Mai	Juni	Juli	Aug.	Sept.	Okt.	Nov.	Dez.	Jahr
	A. Maxima													
1	Ikassa	4	8	13	26	22	28	29	29	30	27	23	7	233 (1937)
2	Rio-del-Rey	5	7	10	14	13	17	25	28	24	18	12	5	158 (1909)
6	Mbonge	4	4	10	11	12	15	21	23	23	19	9	5	121 (1931)
9	Mongonge	4	6	10	10	18	22	28	31	29	23	7	6	168 (1936)
13	Bibundi	9	12	21	17	24	29	27	29	29	25	21	11	219 (1931)
18	Debundscha	13	19	22	22	26	28	31	31	29	29	27	24	239 (1919)
21	Oechelhausen	8	9	16	14	19	26	31	31	30	25	16	8	194 (1936)
26	Bota	4	5	13	11	15	19	29	28	23	16	8	5	137 (1931)
33	Boana	2	3	5	8	10	27	26	20	18	13	7	2	111 (1907)
34	Engelberg	2	7	5	8	10	15	20	21	18	12	7	2	110 (1912)
37	Sachsenhof	4	5	11	12	12	20	26	27	19	16	8	3	142 (1929)
40	Klein-Soppo	2	5	9	9	10	18	26	25	20	18	8	2	119 (1908)
41	Buea	3	5	12	13	11	16	19	28	25	19	6	4	133 (1933)
43	Bolifamba	2	4	8	8	10	14	21	25	20	19	11	2	126 (1908)
45	Lisoka	3	5	9	9	12	16	19	24	21	20	7	2	132 (1909)
48	Ekona	2	4	9	8	11	14	18	31	21	15	6	4	124 (1935)
54	Moliwe	2	3	10	8	12	16	22	27	19	13	11	4	107 (1935)
60	Esuke	3	3	9	8	14	17	21	24	17	13	11	4	115 (1935, 1936)
62	Bimbia	7	6	14	16	18	24	30	29	21	20	10	5	175 (1931)
73	Ombe	2	5	12	10	17	21	25	24	15	17	11	3	136 (1933)
78	Tiko	4	4	7	12	13	18	24	25	18	16	9	3	135 (1931)
88	Missellele	4	4	9	12	12	17	19	26	17	15	11	4	112 (1931)
92	Duala	4	8	14	12	19	18	24	25	22	18	16	6	140 (1890)
100	Bombe	1	5	7	11	17	13	18	19	22	17	8	1	96 (1912)
106	Laduma	6	9	13	17	15	17	20	23	19	16	11	6	136 (1931)
110	Johann-Albrechtshöhe	3	7	9	14	14	15	13	18	19	18	11	2	114 (1910)
111	Dikume	8	6	18	15	12	17	25	27	28	22	18	5	197 (1935)

114	Tombel	4	7	15	14	14	18	26	25	25	19	13	11	160 (1933)
117	Nyasoso	4	6	12	14	17	21	22	29	27	22	10	3	159 (1932)
121	Manenguba-Farm	2	9	10	11	13	16	31	29	29	29	11	2	172 (1913)
	B. Minima													
1	Ikassa	·	2	3	11	13	15	21	25	17	14	10	3	144 (1913)
2	Rio-del-Rey	·	4	1	6	9	9	19	21	15	15	4	·	129 (1913)
6	Mbonge	·	·	3	5	5	7	11	13	9	7	2	·	80 (1927)
9	Mongonge	·	·	2	4	7	13	17	23	21	12	1	·	131 (1928)
13	Bibundi	*1*	3	7	10	10	13	21	19	22	19	10	3	181 (1937)
18	Debundscha	·	2	6	8	6	13	20	16	13	15	11	1	186 (1916)
21	Oechelhausen	·	1	7	6	6	8	21	22	18	16	4	2	145 (1928)
26	Bota	·	1	2	4	7	6	16	14	9	6	1	·	91 (1934)
33	Boana	1	·	4	6	7	11	15	12	9	9	·	·	89 (1913)
34	Engelberg	·	1	3	6	6	9	17	18	13	9	·	·	98 (1913)
37	Sachsenhof	·	·	3	4	5	7	13	12	10	6	·	·	73 (1937)
40	Klein-Soppo	·	1	2	5	6	5	14	6	14	7	·	·	91 (1913)
41	Buea	·	1	5	6	7	9	15	16	17	10	3	·	103 (1934)
43	Bolifamba	·	·	2	5	3	6	13	12	12	11	3	·	89 (1913)
45	Lisoka	·	1	4	6	7	1	13	10	11	11	·	·	90 (1913)
48	Ekona	·	2	2	4	7	7	12	13	10	7	1	·	74 (1913)
54	Moliwe	·	1	1	2	7	6	13	13	6	7	·	·	93 (1913)
60	Esuke	·	·	4	3	7	12	11	12	9	6	1	·	81 (1934)
62	Bimbia	·	·	5	5	11	9	19	18	6	12	2	2	139 (1932)
73	Ombe	·	1	3	2	8	9	12	14	6	7	·	·	78 (1934)
78	Tiko	·	·	2	3	7	9	9	12	7	8	1	·	78 (1934)
88	Missellele	·	·	1	3	5	8	7	11	9	7	1	·	80 (1934)
92	Duala	·	·	3	5	9	10	13	15	10	9	1	·	116 (1889)
100	Bombe	·	2	2	6	10	5	7	11	12	9	2	·	79 (1907)
106	Laduma	·	·	2	8	9	8	7	8	9	11	2	·	96 (1926)
110	Johann-Albrechtshöhe	·	1	2	5	4	7	11	·	9	2	2	·	92 (1913)
111	Dikume	·	2	12	9	10	10	20	19	15	16	10	1	140 (1934)
114	Tombel	·	3	9	9	10	10	13	16	16	12	3	3	129 (1934 u. 37)
117	Nyasoso	·	2	9	7	9	12	13	19	19	15	3	·	121 (1934)
121	Manenguba-Farm	·	1	5	6	6	11	13	22	10	9	·	·	117 (1932)

Tabelle 24

Häufigkeitsgrenzen der Tage mit 25,0 und mehr Millimeter Regen

Nr. der Tab. 1	Station	Jan.	Febr.	März	April	Mai	Juni	Juli	Aug.	Sept.	Okt.	Nov.	Dez.	Jahr
	A. Maxima													
1	Ikassa	2	2	6	10	14	21	23	18	24	12	6	1	131 (1937)
2	Rio-del-Rey	2	2	2	6	10	9	21	15	14	10	3	1	75 (1908)
6	Mbonge	2	2	4	4	4	4	10	11	10	7	4	2	47 (1933)
9	Mongonge	2	2	2	4	7	11	20	24	19	11	2	2	86 (1929)
13	Bibundi	3	4	9	9	12	26	21	25	23	20	9	6	130 (1936)
18	Debundscha	7	8	11	14	18	23	27	25	23	21	22	15	164 (1911)
21	Oechelhausen	4	4	6	5	10	18	23	27	23	17	6	3	120 (1911 u. 36)
26	Bota	3	3	5	5	7	14	18	19	11	10	3	3	66 (1930)
33	Boana	1	1	3	3	9	10	20	19	10	6	1	1	55 (1911)
34	Engelberg	2	2	3	2	10	9	21	13	8	4	1	1	52 (1911)
37	Sachsenhof	1	1	4	4	4	7	16	17	9	5	2	1	59 (1929)
40	Klein-Soppo	3	3	2	4	5	11	11	11	7	9	4	·	44 (1911)
41	Buea	3	1	2	6	7	5	10	14	9	8	3	2	48 (1909)
43	Bolifamba	2	3	3	5	8	6	8	11	8	7	2	·	38 (1911)
45	Lisoka	1	1	3	5	4	5	8	8	10	7	2	·	33 (1910)
48	Ekona	2	2	6	5	5	6	9	10	9	6	4	1	41 (1912 u. 35)
54	Moliwe	1	2	6	4	2	7	16	17	6	3	2	3	49 (1933)
60	Esuke	1	2	4	7	4	8	15	17	8	3	3	3	51 (1933)
62	Bimbia	2	3	5	5	9	12	16	18	10	10	4	2	76 (1931)
73	Ombe	1	2	6	5	6	11	13	15	6	7	2	1	51 (1936)
78	Tiko	1	2	4	5	5	9	14	14	5	7	3	1	50 (1929 u. 31)
88	Missellele	1	1	2	4	8	9	9	8	4	6	2	1	39 (1929)
92	Duala	3	3	6	7	7	14	15	14	15	11	4	3	61 (1908)
100	Bombe	2	2	2	4	5	3	6	5	5	7	4	1	35 (1913)
106	Laduma	1	2	8	6	6	8	6	7	8	8	5	3	50 (1931)
110	Johann-Albrechtshöhe	1	1	2	4	4	4	5	7	4	5	2	1	29 (1909)
111	Dikume	2	3	4	6	5	8	11	16	13	9	4	1	65 (1935)

B. Minima

1	Ikassa		1	3	3	2	7	8	7	6	6	2	1	65 (1936)
2	Rio-del-Rey		1	·	2	1	1	7	4	5	4	·	·	32 (1913)
6	Mbonge		·	·	·	1	1	4	6	1	2	·	·	29 (1934)
9	Mongonge		·	·	·	·	1	7	10	9	3	·	·	41 (1913)
13	Bibundi		·	1	2	3	8	10	11	13	7	1	·	89 (1937)
18	Debundscha		1	·	2	1	7	11	9	4	6	3	·	82 (1910)
21	Oechelhausen		·	·	·	·	4	12	9	7	4	·	·	59 (1934)
26	Bota		·	·	·	1	1	2	3	3	1	·	·	29 (1927)
33	Boana		·	·	·	·	4	4	3	4	·	·	·	31 (1909)
34	Engelberg		·	·	1	·	3	4	3	3	1	·	·	26 (1913)
37	Sachsenhof			·	·	·	1	4	2	1	·	·		18 (1937)
40	Klein-Soppo			·	1	1	·	3	1	3	1	·		27 (1913)
41	Buea			·	·	·	1	1	·	1	·	·		7 (1907)
43	Bolifamba			1	2	1	·	4	1	4	2	·		25 (1905)
45	Lisoka			1	2	2	1	4	1	3	3	1		33 (1910)
48	Ekona			·	1	·	1	3	1	·	2	·		31 (1937)
54	Moliwe			·	·	·	2	3	2	·	1	·		28 (1913)
60	Esuke			·	·	1	3	4	6	1	1	·		24 (1932)
62	Bimbia			·	1	2	2	6	6	2	2	·		30 (1934)
73	Ombe			·	1	1	4	4	6	1	1	·		31 (1934)
78	Tiko		·	·	·	·	1	2	3	2	1			22 (1927)
88	Missellele		·	·	·	·	·	2	·	1	1			18 (1927)
92	Duala		·	1	·	1	3	2	4	3	1			34 (1907)
100	Bombe		·	·	·	·	1	1	2	3	2			16 (1907)
106	Laduma		·	2	2	1	1	1	2	1	·			23 (1927)
110	Johann-Albrechtshöhe		·	1	2	2	2	2	·	2	1			25 (1908, 1910)
111	Dikume		1	2	2	2	3	6	6	4	4			46 (1934)
114	Tombel		1	·	1	2	5	5	6	7	4			41 (1934)
117	Nyasoso		·	1	·	2	2	5	7	5	2			37 (1934)
121	Manenguba-Farm		·	1	·	2	5	4	6	3	1			39 (1932)

Tabelle 25

Häufigkeitsgrenzen der Tage mit 50,0 und mehr Millimeter Regen

Nr. der Tab. 1	Station	Jan.	Febr.	März	April	Mai	Juni	Juli	Aug.	Sept.	Okt.	Nov.	Dez.	Jahr
	A. Maxima													
1	Ikassa	·	1	1	3	6	6	7	8	8	5	3	1	44 (1937)
2	Rio-del-Rey	·	1	·	1	2	4	13	8	5	4	·	·	37 (1908)
6	Mbonge	1	1	2	1	1	3	5	6	6	3	1	1	18 (1936)
9	Mongonge	·	1	1	1	3	7	15	17	14	5	1	1	43 (1928)
13	Bibundi	1	3	4	5	6	17	15	20	17	13	6	3	81 (1932)
18	Debundscha	3	4	9	8	12	16	19	21	19	14	9	7	104 (1902)
21	Oechelhausen	2	2	2	1	5	13	18	19	18	14	3	1	73 (1932)
26	Bota	3	1	1	2	3	12	15	10	5	4	1	1	34 (1929)
33	Boana	·	·	·	·	1	5	13	9	5	2	1	·	24 (1907)
34	Engelberg	·	·	1	1	1	3	5	6	2	2	·	·	18 (1909)
37	Sachsenhof	1	1	2	2	1	4	10	11	2	1	1	1	24 (1933)
40	Klein-Soppo	·	·	1	1	1	5	4	7	2	1	·	·	13 (1906)
41	Buea	·	1	2	1	1	1	5	5	2	1	·	1	10 (1933)
43	Bolifamba	·	·	1	2	1	3	4	1	3	3	·	·	11 (1907)
45	Lisoka	·	·	·	2	1	2	1	3	2	2	·	·	10 (1907)
48	Ekona	·	1	2	1	1	2	2	3	1	2	·	·	11 (1935 u. 36)
54	Moliwe	·	·	2	1	2	7	13	8	2	1	1	1	22 (1935)
60	Esuke	·	·	3	3	2	5	10	7	3	1	1	·	18 (1935)
62	Bimbia	1	1	1	2	6	7	9	9	6	6	3	·	35 (1929)
73	Ombe	*1*	*1*	3	2	2	6	6	10	4	3	*1*	*1*	24 (1935)
78	Tiko	·	·	2	2	4	6	9	6	2	3	1	·	18 (1933)
88	Missellele	·	1	1	2	2	6	5	6	2	2	·	·	11 (1934 u. 36)
92	Duala	·	1	2	3	3	8	8	12	6	5	2	1	24 (1910)
100	Bombe	·	·	·	·	·	1	3	3	2	2	1	·	10 (1906)
106	Laduma	*1*	*1*	2	*1*	4	3	3	3	2	3	2	*1*	14 (1937)
110	Johann-Albrechtshöhe	·	2	1	2	1	1	2	2	1	3	·	·	9 (1909, 1913)
111	Dikume	1	2	1	2	1	3	3	6	7	2	1	·	18 (1935)

B. Minima

1	Ikassa		1	1	3	1	5	5	3	3	2			29 (1936)
2	Rio-del-Rey		·	·	1	·	1	4	6	2	4			20 (1910)
6	Mbonge		·	·	·	·	·	1	2	·	·			6 (1934)
9	Mongonge		·	·	·	·	1	6	7	4	·			26 (1931)
13	Bibundi		·	·	·	2	4	6	8	8	4			50 (1937)
18	Debundscha		·	·	·	·	1	6	3	1	3			41 (1909)
21	Oechelhausen		·	·	·	·	1	8	7	4	1			28 (1927)
26	Bota		·	·	·	·	·	·	1	·	·			7 (1927)
33	Boana		·	·	·	·	1	3	1	2	·			16 (1910)
34	Engelberg		·	·	1	·	2	4	5	2	·			17 (1910)
37	Sachsenhof			·			·	·	1	·			·	3 (1932)
40	Klein-Soppo			·			·	2	·	·			·	9 (1908)
41	Buea			·			·	·	1	·			·	7 (1934)
43	Bolifamba			·			·	1	·	·			·	5 (1905)
45	Lisoka			·			1	1	·	·			·	5 (1908)
48	Ekona			1			·	1	2	1			·	5 (1938)
54	Moliwe			·			1	·	1	·			·	16 (1932)
60	Esuke			·			1	1	·	·			·	9 (1932)
62	Bimbia			·			1	2	3	·			·	11 (1934)
73	Ombe			·			·	·	·	1			·	14 (1934 u. 37)
78	Tiko						·	·	·	·				6 (1928)
88	Missellele						·	·	·	·				4 (1931)
92	Duala						·	·	1	·				14 (1907)
100	Bombe						·	·	1	1				2 (1907)
106	Laduma						·	·	·	·				5 (1936)
110	Johann-Albrechtshöhe						·	1	·	·				3 (1910)
111	Dikume						·	1	1	·				14 (1933)
114	Tombel						1	1	1	3				14 (1933)
117	Nyasoso						·	1	1	1				8 (1934)
121	Manenguba-Farm						·	2	3	1				8 (1934)

Tabelle 26

Anzahl der Trockenperioden von 15 oder mehr Tagen

Nr. der Tab. 1	Station	Anzahl der Perioden von Tagen	Jan.	Febr.	März	April	Nov.	Dez.
1	Ikassa	25	1	·	·	·	·	·
	(14 Jahre)	30	1	·	·	·	·	·
		33	vom 23.12.36—24.1.37					
		37	„ 1.1.—6.2.36					
9	Mongonge	15	3	4	·		1	2
	(14 Jahre)	20	2	2	·		1	3
		25	2	·	·		·	1
		30	2	·	·		·	2
		31	·	·	·		·	1
		34	vom 4.1.—6.2.34					
		43	„ 27.12.28—7.2.29					
		44	„ 11.12.29—23.1.30					
		60	„ 27.11.26—25.1.27					
		64	„ 8.12.25—9.2.26					
18	Debundscha	15	1	·	·	·	·	
	(41 Jahre)	19	vom 29.1.—16.2.03; 26.12.34—13.1.35					
		20	„ 18.12.12— 6.1.13; 25.12.20—13.1.21					
		23	„ 23.12.32—14.1.33					
		24	„ 30.12.14—22.1.15					
		27	„ 19.12.02—14.1.03					
		31	„ 18.1.—17.2.99; 1.—31.1.02					
		36	„ 9.1.—13.2.18					
21	Oechelhausen	15	3	·	·			·
	(17 Jahre)	20	2	·	·			1
		25	vom 21.12.32—14.1.33					
		32	„ 8.12.29—8.1.30; 23.12.36—23.1.37					
26	Bota	15	4	4	·	·	2	3
	(17 1/12 Jahre)	20	3	·	·	·	1	2
		25	1	·	·	·	·	·
		29	vom 11.12.29—8.1.30					
		31	„ 22.12.36—21.1.37					
		32	„ 16.11.—17.12.30; 19.12.35—19.1.36					
		33	„ 29.11.—31.12.32					
		44	„ 7.1.—19.2.32; 12.12.34—24.1.35					
37	Sachsenhof	15	1	4	·	1	3	1
	(18 Jahre)	20	4	1	·	·	2	2
		25	1	1	·	·	1	2
		35	vom 22.12.35—31.1.36					
		39	„ 16.11.—24.12.30					
		41	„ 14.12.28—23.1.29					
		42	„ 11.1.—21.2.32					
		46	„ 6.12.34—20.1.35					
		51	„ 1.12.32—20.1.33					
41	Buea	15	3	2	·		·	1
	(17 10/12 Jahre)	20	·	·	·		1	2
		25	1	·	·		·	·
		30	1	·	·		·	·
		37	vom 26.12.36—31.1.37					
		38	„ 27.11.37—3.1.38					
		39	„ 4.1.—11.2.34					

Fortsetzung von Tabelle 26

Nr. der Tab. 1	Station	Anzahl der Perioden von Tagen	Jan.	Febr.	März	April	Nov.	Dez.
48	Ekona	15	1	2	.	.	1	1
	(14 Jahre)	20	1	.	.	.	.	1
		25	1	.	.	.	.	1
		32	vom 4.12.34—4.1.35					
		33	„ 26.12.36—27.1.37					
		62	„ 10.12.35—9.2.36					
54	Moliwe	15	1	1	.		2	2
	($13^4/_{12}$ Jahre)	20	3	.	.		1	1
		24	vom 3.1.—26.1.34					
		49	„ 19.12.35—5.2.36					
		54	„ 2.12.34—24.1.35					
		59	„ 25.11.32—22.1.33					
		65	„ 14.12.31—16.2.32					
62	Bimbia	15	1	2	.		1	1
	($6^{10}/_{12}$ Jahre)	20	2	.	.		.	1
		30	.	1	.		.	.
		31	vom 11.12.29—10.1.30					
		36	„ 26.1—2.3.29					
		41	„ 7.1.—16.2.32					
73	Ombe	15	1	2	.	.	.	2
	($8^{10}/_{12}$ Jahre)	20	4	.	.	.	.	1
		25	1	.	.	.	.	.
		31	vom 8.1.—7.2.32; 22.12.36—21.1.37					
		44	„ 23.12.35—4.2.36					
78	Tiko	15	3	2	1	.	1	3
	($14^3/_{12}$ Jahre)	20	3	1	.	.	.	4
		25	2	.	.	.	.	.
		29	vom 12.12.29—9.1.30; 24.12.36—21.1.37					
		32	„ 16.1.—16.2.32					
		45	„ 28.11.32—11.1.33; 12.12.34—25.1.35					
		47	„ 28.11.26—13.1.27					
		59	„ 11.12.35—7.2.36					
88	Misselele	15	2	5	1		1	1
	($15^1/_{12}$ Jahre)	20	5	3	.		2	5
		25	1	1	.		.	1
		27	vom 12.1.—7.2.34					
		29	„ 22.11.—20.12.30					
		36	„ 19.1.—23.2.32					
		44	„ 12.12.36—3.2.37					
		45	„ 8.11.—22.12.37					
		53	„ 4.12.34—25.1.35					
		55	„ 28.11.32—21.1.33					
		57	„ 1.1.—26.2.29; 14.12.31—8.2.32					
		61	„ 11.12.35—9.2.36					
		66	„ 19.11.26—23.1.27					
		75	„ 8.12.29—20.2.30					

Fortsetzung von Tabelle 26

Nr. der Tab. 1	Station	Anzahl der Perioden von Tagen	Jan.	Febr.	März.	April	Nov.	Dez.
106	Laduma	15	4	5	·	·	2	1
	($22^1/_{12}$ Jahre)	20	1	·	·	·	·	1
		25	4	1	·	·	·	1
		30	1	·	·	·	·	1
		31	vom 6.1.—5.2.34					
		33	„ 8.12.29—9.1.30					
		41	„ 7.12.34—16.1.35					
		43	„ 5.1.—16.2.32					
		44	„ 1.12.32—13.1.33					
		45	„ 22.12.36—4.2.37					
		52	„ 13.1.—4.3.28					
		71	„ 17.11.26—26.1.27					
111	Dikume	15	2	·	·			
	($5^5/_{12}$ Jahre)	20	1	·	·			
		23	vom 22.12.32—13.1.33					
		24	„ 23.12.34—15.1.35					
114	Tombel	15	·	·	·			1
	($6^6/_{12}$ Jahre)	23	vom 24.11.—16.12.37					
		26	„ 21.12.34—15.1.35					
		30	„ 1.1.—29.1.36					
		35	„ 31.12.36—3.2.37					
117	Nyasoso	15	2	1	·			2
	($6^8/_{12}$ Jahre)	20	·	1	·			·
		25	1	·	·			·
		30	1	·	·			1
		31	vom 1.1.—31.1.37					
		43	„ 5.1.—16.2.32					
		44	„ 2.12.32—14.1.33					
121	Manenguba-Farm	15	·	1	·	·	2	5
		20	1	·	·	·	·	1
		25	1	·	·	·	·	·
	($3^7/_{12}$ Jahre)	30	·	·	·	·	·	1
		32	vom 26.1.—26.2.33; 8.1.—8.2.34					
		33	„ 11.12.34—12.1.35					
		51	„ 25.11.32—14.1.33					

August auf. In den in der Tabelle 26 nicht genannten Monaten kamen regenlose Perioden von 15 oder mehr Tagen nicht vor. Bei der Durchsicht dieser Tabelle läßt sich feststellen, daß lang andauernde Trockenperioden aus den gleichen Jahrgängen sich bei verschiedenen Stationen wieder finden — ein Zeichen für die Güte und Zuverlässigkeit des Beobachtungsmaterials.

10. Die mittlere Niederschlagsdichte

Die Division der mittleren Niederschlagsmenge eines Monates oder Jahres durch die zugehörige mittlere Anzahl der Niederschlagstage liefert die mittlere „Niederschlagsdichte" oder „Regenintensität". Diese Größe bezeichnet also die durchschnittliche Regenhöhe in Millimetern für den Regentag. Von vornherein sei aber ausdrücklich darauf hingewiesen, daß diese Regendichte nicht annähernd diejenige Menge ist, welche an einem Tage mit Niederschlag am wahrscheinlichsten zu erwarten ist. Diese Menge ist erheblich kleiner; denn für alle auf die Niederschlagshöhe sich beziehenden Werte gilt die Regel, daß der Scheitelwert kleiner als das arithmetische Mittel ist. Die Niederschlagsdichte hat daher auch keine allzu große praktische Bedeutung; doch da wir bereits einige Kenntnis von ihr aus anderen Gebieten der Erde besitzen, so sei auch zur Charakterisierung der Niederschlagsverhältnisse unseres Gebietes im folgenden dieser Faktor berücksichtigt. Es sind daher die mittleren Regenhöhen pro Regentag für die von uns ausgewählten Stationen berechnet und in der nachstehenden Tabelle 27 zusammengestellt worden.

Innerhalb unseres Gebietes schwankt hiernach die monatliche mittlere Regenintensität zwischen den weiten Grenzen 5,5 und 61,4 mm für den Regentag und die mittlere jährliche Niederschlagsdichte zwischen 13,4 und 41,3 mm pro Tag. In beiden Fällen beschränken sich aber die größeren Werte der Intensität auf die sehr niederschlagsreichen Gebiete am Südwesthang des Kamerungebirges. Vergleichen wir die Zahlen der Tabelle 27 mit den Werten der Regenintensität anderer, uns näher liegender Gegenden, so wird unser Verständnis für die Ergiebigkeit eines Regentages in dem von uns betrachteten Gebiete wesentlich vertieft. So ist die Regendichte im allgemeinen Jahresdurchschnitt in Hamburg und Berlin 3,6 mm. Demnach erreicht die Intensität der Niederschläge in den regenärmsten Teilen unseres Gebietes fast das Vierfache derjenigen von Norddeutschland, während in den regenreichsten Teilen mehr als das Elffache der Intensität eines Regentages in Mitteleuropa erreicht wird.

Welch ungeheure Wassermengen durchschnittlich an einem Regentage der Regenzeit in dem Gebiet Debundscha-Bibundi niedergehen, mag ein Vergleich mit dem süd- und mitteldeutschen Berglande lehren. Hier bringt der Sommer die reichlichsten Niederschläge, die in dieser Jahreszeit im Mittel 6,0 mm pro Regentag erreichen. Demgegenüber fallen am Südwesthang des Kamerungebirges in der Regenzeit durchschnittlich über 50 mm pro Niederschlagstag, es wird also

Tabelle 27

Mittlere Niederschlagsmenge für den Regentag in Millimetern

Nr. der Tab. 1	Station	Jan.	Febr.	März	April	Mai	Juni	Juli	Aug.	Sept.	Okt.	Nov.	Dez.	Jahr
1	Ikassa	23,4	*14,3*	17,7	17,0	19,3	24,4	**31,1**	29,6	27,3	22,8	17,5	16,2	23,1
2	Rio-del-Rey .	17,9	20,0	*8,9*	18,4	21,4	27,6	**39,4**	34,8	28,7	25,3	11,6	11,8	25,8
6	Mbonge.....	16,7	8,5	12,4	12,8	12,1	14,0	23,6	**27,8**	22,3	17,5	10,9	*8,4*	18,1
9	Mongonge...	10,0	10,2	9,6	10,3	13,7	23,3	45,3	**49,8**	26,3	18,8	*7,4*	8,6	27,6
13	Bibundi	*15,7*	19,4	18,3	23,6	32,1	53,9	56,6	**61,4**	58,3	46,5	24,6	20,0	41,3
18	Debundscha	20,6	*19,4*	21,4	20,1	27,5	48,4	**52,8**	49,1	51,1	42,3	26,5	21,7	36,6
21	Oechelhausen	13,1	12,1	13,1	11,3	19,3	36,7	54,7	**56,0**	46,4	26,5	11,1	*9,2*	31,3
26	Bota	20,0	13,0	12,7	13,6	18,2	32,2	**32,6**	29,8	19,7	14,5	*11,0*	12,6	22,4
33	Boana......	16,1	20,0	*12,4*	14,8	14,8	37,2	**47,4**	37,8	30,1	18,9	14,4	13,1	29,2
34	Engelberg...	*8,1*	9,7	11,3	13,0	12,0	24,1	**35,4**	25,6	18,1	13,2	9,2	9,5	19,9
37	Sachsenhof..	10,7	*10,5*	12,3	13,0	11,8	21,8	**32,8**	25,9	17,7	14,4	11,5	12,1	19,7
40	Klein-Soppo	13,1	12,5	12,7	18,5	15,1	23,6	**26,6**	19,3	15,1	14,9	14,1	*10,6*	18,4
41	Buea	18,5	8,2	9,8	13,9	14,1	12,5	16,9	**19,4**	16,4	12,2	8,4	*6,5*	14,3
43	Bolifamba ..	20,9	*9,8*	14,9	18,8	15,4	16,7	**21,2**	16,8	19,6	17,1	17,9	12,1	17,7
45	Lisoka......	18,0	14,1	14,2	19,5	13,6	17,6	**20,4**	17,1	18,3	17,3	15,4	*12,8*	17,4
48	Ekona	18,8	*11,1*	17,7	18,6	16,2	16,3	16,2	**19,2**	17,8	15,9	11,2	15,8	16,8
54	Moliwe	32,5	*7,1*	15,6	13,9	12,5	21,1	**29,4**	28,7	19,4	19,3	11,3	23,1	20,8
60	Esuke	18,3	14,0	14,3	16,3	16,1	24,8	**30,3**	28,3	20,0	19,7	13,0	*8,5*	21,7
62	Bimbia	15,1	11,4	12,3	13,2	20,5	26,8	29,1	**32,8**	20,4	22,4	13,3	*7,6*	22,5
73	Ombe	10,5	10,7	11,4	14,2	14,0	**26,2**	23,8	25,6	14,4	14,1	10,0	*9,0*	18,0
78	Tiko	8,9	8,1	12,0	13,6	13,8	19,6	**24,7**	20,5	13,7	12,7	10,0	*6,4*	16,3
88	Missellele ...	13,1	8,7	10,5	13,2	14,4	**18,6**	17,9	17,5	11,6	12,6	9,6	*8,2*	14,5
92	Duala	*7,7*	11,9	16,0	15,2	16,8	26,2	**28,3**	26,5	21,6	18,6	12,5	11,1	20,3
100	Bombe	9,7	13,4	11,8	14,3	14,4	12,6	15,5	**15,7**	14,5	15,4	15,6	*7,1*	14,4
106	Laduma	13,5	14,4	16,9	17,4	**18,4**	14,8	16,0	14,6	14,8	17,6	13,3	*13,1*	15,8
110	Johann-Albrechtshöhe	12,9	14,4	14,6	**16,9**	15,7	13,1	12,7	11,3	12,2	14,9	11,1	*9,0*	13,4
111	Dikume	10,7	11,5	12,6	13,8	11,7	15,2	21,0	**26,0**	23,2	16,0	11,5	*6,9*	16,7
114	Tombel.....	*6,7*	16,0	18,6	12,8	12,8	20,0	22,8	19,5	**23,8**	18,0	10,1	13,6	17,9
117	Nyasoso	8,8	8,6	10,8	10,9	11,5	14,9	17,1	**23,6**	22,0	14,5	7,1	*5,5*	15,2
121	Manenguba-Farm......	10,4	13,3	13,8	14,9	21,2	24,3	**34,3**	28,0	30,8	26,1	11,5	*8,9*	24,2

die deutsche maximale Regenintensität um mehr als das Achtfache überschritten!

Wie bereits hervorgehoben worden ist, bezeichnet die mittlere Niederschlagsintensität durchaus nicht diejenige Menge, welche an einem Tage mit Regen am wahrscheinlichsten zu erwarten ist; denn es ist leicht einzusehen, daß die Werte der Regendichte durch die besonders großen Regenfälle in hervorragendem Maße beeinflußt werden, da sie den Mittelwert nach ihrer Seite hinziehen. Man kann daher ein richtiges Bild von der Intensität der Tagesniederschläge erst dann erhalten, wenn man sich einen Überblick über die tatsächlich in einem längeren Zeitraume gemessenen einzelnen Regenmengen verschafft. Zu diesem Zwecke hätte man die Niederschlagstage nach der Regenmenge in möglichst kleine Gruppen zu ordnen und die Häufigkeit zu bestimmen, mit welcher gewisse Schwellenwerte von den Niederschlagsmengen eines Tages überschritten werden. Von einer derartigen Untersuchung für unser Gebiet ist abgesehen worden, da ihr eine wesentlich praktische Bedeutung, wie gesagt, nicht zukommt.

11. Größte Niederschlagsmenge in 24 Stunden

An die Frage nach der mittleren Niederschlagsmenge eines Tages schließt sich naturgemäß jene nach der größten in 24 Stunden gefallenen Menge. Kurz andauernde, aber ungewöhnlich starke Regenfälle können unheilvolle Wirkungen zur Folge haben, indem sie in den Niederungen Überschwemmungen verursachen, im Gebirge Anlaß zu Bergrutschungen geben und die Bäche füllen, die mit ihren Wassermassen, sowie den von den Gebirgshängen abgeschwemmten Schuttmassen zu Tal stürzen und hier unermeßliche Verwüstungen anrichten. Unter solchen Umständen ist die Kenntnis der extrem hohen Niederschläge nicht nur von theoretischem, sondern auch von hervorragendem praktischen Interesse. Denn bei Wasserbauten der verschiedensten Art, bei Kanal- und Deichbauten, bei der Anlage von Brücken, Be- und Entwässerungen, sollen sie rationell ausgeführt werden, müssen die größten Niederschlagsmengen innerhalb kurzer Zeiträume, wie eines Tages, einer Stunde oder selbst einer Minute bekannt sein. Der Raum gestattet es nicht, hier in extenso die einzelnen Tagesmaxima des Niederschlages, die in den Monaten und Jahren der Beobachtungszeiträume gemessen wurden, zur Kenntnis zu bringen. Wir müssen uns vielmehr auf eine Übersicht beschränken, welche für die von uns ausgewählten Stationen nur je das größte aus der Reihe der gleichnamigen Monate der Beobachtungszeit herausgehobene Extrem anführt, sowie ferner das äußerste der bisher festgestellten täglichen Jahresmaxima[1]) (Tabelle 28).

Schließlich ist auch der Durchschnittswert aus den Jahresextremen aufgenommen worden; denn dieser gibt uns eine beiläufige Antwort auf die Frage, welche größte Regenmenge in 24 Stunden an den einzelnen Stationen durchschnittlich je einmal im Laufe des Jahres zu erwarten ist. Ein Wahrscheinlichkeitsschluß in diesem Sinne ist bezüglich der absoluten wie auch der mittleren Höchstbeträge begreiflicherweise um so mehr berechtigt, je größer die Zahl der Beobachtungs-

---

[1]) Die größte in 24 Stunden gefallene Regenmenge ist mit **1168 mm** im Juli 1911 in Baguio auf der Insel Luzon, Philippinen, gemessen worden.

Tabelle 28

Größte Regenmengen in 24 Stunden in Millimetern

Nr. der Tab. 1	Station	Maximum In welchem Jahre?	Jan.	Febr.	März	April	Mai	Juni	Juli	Aug.	Sept.	Okt.	Nov.	Dez.	Absolutes Jahres-maximum mm	Absolutes Jahres-maximum %	Mittleres Jahres-maximum mm	Mittleres Jahres-maximum %
1	Ikassa	Maximum	132	92	*78*	118	146	**205**	159	185	191	134	95	130	205	3,9	174	3,3
		Jahr	1911	1939	1939	1937	1911	1910	1910	1938	1936	1912	1934	1910	1910	—	—	—
2	Rio-del-Rey	Maximum	170	103	58	64	208	**268**	166	232	162	126	*46*	48	268	5,5	220	4,5
		Jahr	1911	1911	1911	1911	1908	1910	1911	1912	1911	1911	1912	1909	1910	—	—	—
6	Mbonge	Maximum	76	66	61	75	94	114	198	**221**	158	97	*50*	69	221	7,8	169	6,0
		Jahr	1928	1936	1928	1939	1933	1927	1926	1938	1932	1929	1929	1935	1938	—	—	—
9	Mongonge	Maximum	46	184	110	115	113	211	**308**	300	295	190	92	58	308	5,7	218	4,1
		Jahr	1930	1936	1935	1913	1928	1927	1912	1928	1912	1930	1933	1935	1912	—	—	—
13	Bibundi	Maximum	*93*	110	189	150	274	292	**329**	290	272	323	175	124	329	3,5	261	2,8
		Jahr	1933	1936	1935	1931	1934	1933	1933	1936	1927	1934	1937	1897	1933	—	—	—
18	Debundscha	Maximum	327	148	153	*147*	271	**456**	326	282	302	371	220	247	456	4,8	258	2,7
		Jahr	1903	1901	1920	1935	1915	1902	1934	1910	1904	1904	1896	1911	1902	—	—	—
21	Oechelhausen	Maximum	162	215	*102*	127	188	340	423	398	328	**429**	112	153	429	5,7	289	5,4
		Jahr	1930	1936	1911	1930	1933	1911	1933	1935	1931	1934	1911	1936	1934	—	—	—
26	Bota	Maximum	217	167	96	129	175	**353**	299	249	138	206	*76*	90	353	9,0	198	5,2
		Jahr	1931	1930	1936	1938	1936	1908	1935	1934	1936	1937	1931	1927	1908	—	—	—
33	Boana	Maximum	34	41	40	45	78	**353**	210	185	130	89	50	*32*	353	9,6	206	5,6
		Jahr	1911	1905	1907	1908	1910	1911	1905	1911	1907	1909	1908	1909	1911	—	—	—
34	Engelberg	Maximum	*35*	37	95	120	95	60	215	**260**	123	92	47	41	260	7,3	183	5,1
		Jahr	1911	1909	1909	1892	1911	1911	1910	1892	1911	1909	1912	1909	1892	—	—	—
37	Sachsenhof	Maximum	81	85	95	62	76	271	**382**	372	153	142	*53*	92	382	12,6	207	6,8
		Jahr	1933	1909	1930	1912	1937	1907	1933	1934	1929	1937	1933	1927	1933	—	—	—
40	Klein-Soppo	Maximum	39	43	54	69	71	148	**209**	151	125	79	40	*24*	209	7,2	149	5,2
		Jahr	1909	1911	1907	1909	1905	1911	1910	1911	1905	1908	1908	1909	1910	—	—	—
41	Buea	Maximum	59	82	99	79	105	122	137	**259**	133	145	*50*	65	259	9,6	105	3,9
		Jahr	1909	1937	1937	1936	1896	1910	1910	1934	1937	1937	1896	1935	1934	—	—	—
43	Bolifamba	Maximum	39	31	63	114	70	119	**118**	98	87	97	45	*22*	118	4,8	109	4,4
		Jahr	1909	1907	1907	1905	1911	1907	1908	1911	1909	1908	1911	1905	1908	—	—	—

45	Lisoka	Maximum	*25*	42	43	112	60	93	143	146	70	79	53	*25*	146	6,1	117	4,9
		Jahr	1911	1909	1908	1909	1911	1907	1908	1911	1907	1908	1911	1910	1911	—	—	—
48	Ekona	Maximum	50	*31*	91	77	100	110	104	81	115	97	52	37	115	4,7	87	3,6
		Jahr	1907	1937	1935	1936	1907	1907	1906	1936	1909	1905	1912	1935	1909	—	—	—
54	Moliwe	Maximum	49	*40*	169	74	80	216	318	473	99	214	53	65	473	16,5	225	7,9
		Jahr	1933	1938	1936	1936	1935	1933	1933	1934	1932	1937	1931	1935	1934	—	—	—
60	Esuke	Maximum	*33*	50	150	80	120	162	215	191	120	173	82	35	215	7,4	160	5,5
		Jahr	1933	1939	1936	1936	1932	1933	1933	1934	1935	1937	1935	1935	1933	—	—	—
62	Bimbia	Maximum	76	60	66	80	143	236	208	206	164	306	114	*38*	306	6,8	199	4,4
		Jahr	1930	1930	1931	1933	1932	1930	1929	1934	1930	1930	1934	1929	1930	—	—	—
73	Ombe	Maximum	83	69	82	82	115	237	200	318	174	196	72	*59*	318	9,8	209	6,4
		Jahr	1937	1936	1936	1933	1936	1933	1932	1934	1912	1937	1934	1935	1934	—	—	—
78	Tiko	Maximum	38	43	71	70	140	159	151	283	170	167	64	*28*	283	10,5	152	5,6
		Jahr	1928	1933	1936	1926	1911	1933	1933	1934	1912	1937	1934	1910	1934	—	—	—
88	Missellele	Maximum	40	55	109	79	107	144	109	258	79	83	60	*31*	258	11,8	117	5,4
		Jahr	1931	1933	1937	1931	1926	1930	1939	1934	1932	1937	1938	1927	1934	—	—	—
92	Duala	Maximum	148	132	132	127	171	329	279	206	193	224	82	*72*	329	8,1	201	4,9
		Jahr	1912	1905	1908	1901	1894	1909	1894	1898	1892	1910	1908	1888	1909	—	—	—
100	Bombe	Maximum	40	49	43	44	47	69	58	73	61	79	55	*9*	79	3,6	69	3,2
		Jahr	1911	1907	1912	1912	1911	1911	1912	1911	1912	1912	1908	1908	1912	—	—	—
106	Laduma	Maximum	74	80	105	80	111	95	94	88	106	95	78	*57*	111	4,4	87	3,5
		Jahr	1935	1939	1937	1931	1927	1930	1933	1931	1934	1930	1937	1927	1927	—	—	—
110	Johann-Albrechts-höhe	Maximum	83	70	109	81	101	76	113	85	70	90	40	*37*	113	5,6	97	4,3
		Jahr	1911	1913	1911	1913	1909	1913	1913	1911	1912	1908	1913	1909	1913	—	—	—
111	Dikume	Maximum	57	56	63	59	57	94	117	179	109	79	59	*32*	179	4,4	117	2,9
		Jahr	1933	1937	1936	1933	1935	1935	1933	1934	1932	1934	1934	1937	1934	—	—	—
114	Tombel	Maximum	*29*	113	97	60	85	120	125	151	126	119	74	68	151	3,9	127	3,3
		Jahr	1933	1937	1935	1936	1937	1936	1933	1934	1938	1935	1933	1937	1934	—	—	—
117	Nyasoso	Maximum	65	58	58	54	106	80	94	118	99	116	47	*21*	118	3,4	100	2,9
		Jahr	1938	1939	1932	1933	1937	1935	1935	1938	1938	1937	1933	1933	1938	—	—	—
121	Manenguba-Farm .	Maximum	36	33	44	41	57	115	227	122	96	87	58	*20*	227	6,8	155	4,7
		Jahr	1935	1911	1935	1934	1911	1912	1933	1933	1911	1912	1934	1933	1933	—	—	—

jahre ist, auf die er sich stützt. Es muß aber immer im Auge behalten werden, daß die Mittelwerte unter dem Einflusse einzelner extrem hoher Beträge meist höher ausfallen als die wahrscheinlichen. Man hat also die aus den größten Regenmengen eines Tages gebildeten Mittelwerte nicht streng als die wahrscheinlich zu erwartenden Maxima der Niederschläge in 24 Stunden zu betrachten; denn diese sind tatsächlich kleiner als die Mittelwerte.

Um die Höhe der Tagesmaxima im Gebiet um das Kamerungebirge würdigen zu können, sei zunächst ein Überblick über das Ausmaß der größten Regenmengen in 24 Stunden in unseren heimischen Gebieten vorausgeschickt.

Im norddeutschen Flach- und Hügellande sind Quanta bis zu 166 mm gemessen worden, und ein Tagesmaximum der Niederschläge von mindestens 100 mm ist im ebenen Norddeutschland überall zu gewärtigen. Diese untere Grenze kommt etwa 16% der durchschnittlich in einem ganzen Jahre niedergehenden Menge gleich.

Im Harz, Riesengebirge und in den Sudeten steigern sich die größten Tagesquanta häufig um die Hälfte, ja erreichen sogar das Anderthalbfache jener. Es sind im gebirgigen Norddeutschland einzelne, von schweren Katastrophen begleitete Regenfälle von 300 bis 345 mm an einem Tage beobachtet worden.

Betrachten wir nunmehr unsere Tabelle 28, so erkennen wir, daß in unserem Gebiet ein Tagesmaximum des Niederschlages von 100 mm im allgemeinen nur in den regenärmsten Distrikten zu erwarten ist, während etwa das Vierfache den Südwesthängen am Kamerungebirge beschieden ist. Vergleichen wir die höchsten Tagesniederschläge in Kamerun mit den ergiebigsten 24stündigen Mengen, welche bisweilen im norddeutschen Tiefland niedergehen, so gelangen wir zu dem überraschenden Ergebnis, daß in unserem Gebiet die stärksten Tagesniederschläge relativ beträchtlich schwächer sind als in den durchschnittlich viel regenärmeren Teilen Deutschlands, wo sie vielfach 20% der Jahressumme ausmachen. Dieser Umstand findet seine Erklärung darin, daß in dem untersuchten Kameruner Gebiet starke Niederschläge überhaupt so häufig sind, daß sie die Jahressummen namhaft erhöhen, mithin die Maßeinheit vergrößern, nach der wir die Maxima abschätzen, wenn wir sie in prozentische Beträge umrechnen. Bei allen diesen Untersuchungen ist indessen stets zu beachten, daß unsere bisherige Kenntnis von den Regenverhältnissen in unserem Gebiet noch durchaus unvollkommen ist. Es können demnach in bezug auf größte Tages- und Jahresregenmengen noch genug Überraschungen kommen, wenn die Zahl der Beobachtungsstationen eine größere sein wird.

Die mittleren Jahresmaxima des Tagesniederschlages bleiben selbstverständlich hinter den absoluten Extremen zurück. Ihre Beträge wechseln zwar an den einzelnen Stationen, doch schwanken sie allgemein zwischen 3 und 6% der mittleren Jahresmenge.

Der jährliche Gang der Durchschnittswerte der monatlichen Tagesmaxima der Niederschläge in Millimetern, der aus dem Teile A der Tabelle 29 zu ersehen ist, zeigt eine weitgehende Übereinstimmung mit dem Verlauf der mittleren Monatsregenmengen (Tabelle 3). Selbst die schwach ausgebildeten Frühlings- und Herbstmaxima treten an einzelnen Stationen wieder in Erscheinung. Wesentlich anders gestalten sich die Zahlen unserer Tabelle 29, wenn wir sie auf die entsprechenden mittleren Monatssummen des Niederschlages beziehen und sie in Prozente der letzteren umrechnen, wie es in dem Teil B geschehen ist. Wir sehen alsdann, daß das Haupttagesmaximum nicht in den Sommer, sondern in die regenärmsten Monate der winterlichen Trockenzeit fällt.

Eine Erklärung für diesen eigenartigen Gang der prozentischen Tagesmaxima des Niederschlages, namentlich für das Auftreten des Hauptmaximums im Winter, findet man, wenn man sich vergegenwärtigt, wie diese Relativwerte durch die Rechnung zustande gekommen sind. In Tiko z. B. nehmen die maximalen Tagesniederschläge im Sommer von durchschnittlich 104 mm auf 14 mm zum Winter ab. Andererseits nimmt aber auch die normale Gesamtregenmenge ab, doch um vieles rascher. Sie beträgt in Tiko in einem Sommermonat 499 mm, in einem Wintermonat 24 mm. Im Verhältnis zur Gesamtsumme sind also die maximalen Tagesmengen im Sommer schwächer als im Winter. Für die übrigen in der Tabelle 29 mitgeteilten Stationen gilt die gleiche Überlegung.

12. Starke Niederschläge von kurzer Dauer

Die Kenntnis der größten Tagesmengen des Niederschlages reicht jedoch für viele Zwecke der Praxis nicht aus. Für alle Fragen der Be- und Entwässerung usw. müssen auch die starken Regenmengen von kurzer Dauer bekannt sein, um keine Überraschungen bei der Bemessung der zur Abführung von Regenwasser erforderlichen Anlagen zu erleben. Zuverlässige Unterlagen in dieser Beziehung können nur selbstschreibende Regenmesser liefern, von denen in unserem Gebiete bisher vier, und zwar in Idenau, Buea, Debundscha und Tiko zur Aufstellung gelangt sind.

Tabelle 29

Mittel der Tagesmaxima der Niederschlagsmengen. — A. in Millimetern, B. in Prozenten der mittleren Monatssumme des Niederschlages

Nr. der Tab. 1	Station	Jan.	Febr.	März	April	Mai	Juni	Juli	Aug.	Sept.	Okt.	Nov.	Dez.
						A.							
1	Ikassa	*36*	43	**54**	84	88	**152**	126	124	116	102	70	64
2	Rio-del-Rey	59	55	33	54	107	**161**	132	141	101	96	36	*20*
6	Mbonge	*17*	*17*	40	41	50	62	123	**143**	97	60	31	22
9	Mongonge	17	29	**39**	34	60	113	174	**197**	162	102	24	*16*
13	Bibundi	*49*	53	78	91	147	201	**214**	199	186	186	113	69
18	Debundscha	*67*	74	82	87	120	**195**	**195**	169	182	**184**	126	77
21	Oechelhausen	52	53	**58**	50	110	160	227	**234**	170	137	49	*37*
26	Bota	42	38	41	46	78	**154**	131	121	84	71	33	*26*
33	Boana	17	21	32	35	48	**180**	153	113	92	49	28	*12*
34	Engelberg	*14*	23	47	67	52	**212**	169	160	81	61	30	*14*
37	Sachsenhof	*17*	23	**41**	37	41	130	**162**	115	77	68	23	*17*
40	Klein-Soppo	21	20	**59**	54	48	106	**132**	75	71	53	28	*10*
41	Buea	*13*	28	42	49	48	70	67	76	67	47	28	14
43	Bolifamba	24	15	39	**62**	52	56	**99**	55	55	**60**	33	*13*
45	Lisoka	16	25	36	**61**	47	59	**95**	79	53	**59**	35	*14*
48	Ekona	23	*18*	44	48	56	57	**74**	59	**63**	57	30	19
54	Moliwe	23	19	57	38	52	121	129	**161**	56	**70**	40	*15*
60	Esuke	*13*	23	47	52	59	**116**	95	97	70	66	42	36
62	Bimbia	34	32	41	52	73	115	133	**144**	91	**120**	52	*20*
73	Ombe	21	34	38	59	61	**151**	122	144	73	**84**	34	*18*
78	Tiko	*11*	18	39	41	52	103	95	**114**	57	**69**	29	12
88	Missellele	*9*	18	37	42	53	68	71	84	50	55	23	13
92	Duala	*26*	47	**62**	61	74	127	**154**	111	**113**	93	47	27
100	Bombe	13	23	33	34	39	44	52	**60**	56	45	40	*4*
106	Laduma	*19*	23	**65**	52	56	57	58	**59**	56	**61**	39	22
110	Johann-Albrechtshöhe	29	46	**75**	65	51	57	78	57	58	51	22	*18*
111	Dikume	24	36	47	**53**	47	64	90	**112**	74	62	39	*22*

114	Tombel	*11*	76	66	49	51	93	90	101	89	89	41	37
117	Nyasoso	11	26	47	37	65	58	85	76	68	56	27	*9*
121	Manenguba-Farm	16	22	39	32	47	87	146	100	71	62	30	*9*

B.

1	Ikassa	40	39	23	23	*20*	24	16	*15*	16	17	20	47
2	Rio-del-Rey	79	41	35	*21*	30	31	*13*	15	*14*	18	23	38
6	Mbonge	55	57	30	*24*	26	24	23	21	*20*	22	36	61
9	Mongonge	68	59	40	23	23	21	14	*14*	16	22	38	53
13	Bibundi	42	26	24	23	23	16	14	*12*	12	16	24	36
18	Debundscha	35	27	*19*	22	19	15	13	*12*	13	16	21	26
21	Oechelhausen	46	35	*26*	*26*	29	18	14	14	*13*	20	27	43
26	Bota	70	54	33	*27*	28	24	*15*	16	21	26	37	53
33	Boana	37	57	40	*24*	26	27	*15*	16	20	20	38	69
34	Engelberg	46	36	45	39	*26*	40	*17*	21	21	23	42	83
37	Sachsenhof	64	39	45	*21*	24	27	22	22	*19*	26	31	100
40	Klein-Soppo	64	*37*	60	29	27	26	20	*15*	19	*18*	36	52
41	Buea	54	55	34	28	*22*	24	15	*14*	16	18	34	54
43	Bolifamba	52	*37*	39	34	27	23	21	14	*14*	19	36	77
45	Lisoka	44	52	33	31	29	24	22	21	*15*	19	44	58
48	Ekona	62	49	*22*	32	30	27	22	*14*	16	21	34	65
54	Moliwe	93	52	*35*	39	27	27	*18*	23	28	32	41	48
60	Esuke	57	56	37	30	30	26	*15*	17	22	26	42	107
62	Bimbia	53	51	28	23	18	18	16	*16*	19	24	30	56
73	Ombe	89	52	*25*	29	24	24	*19*	20	27	30	33	60
78	Tiko	65	54	35	24	24	25	*16*	20	22	28	35	56
88	Missellele	50	70	41	27	26	20	21	*20*	21	24	32	58
92	Duala	54	48	29	26	25	23	20	*16*	22	22	30	43
100	Bombe	45	45	34	20	*17*	23	*15*	19	17	*16*	30	36
106	Laduma	72	45	26	23	*20*	21	21	18	*16*	18	30	46
110	Johann-Albrechtshöhe	65	67	52	28	*23*	25	25	*17*	22	*15*	22	96
111	Dikume	42	33	20	*19*	20	17	15	15	*11*	14	18	43
114	Tombel	47	54	*21*	22	22	20	15	19	*14*	20	31	27
117	Nyasoso	55	43	22	*20*	25	15	16	12	*11*	14	27	39
121	Manenguba-Farm	61	49	24	22	*20*	21	22	16	*12*	19	47	58

Starke Regenfälle von kurzer Dauer werden gewöhnlich als Platzregen oder Wolkenbrüche bezeichnet. Um Stark- und Platzregen hinsichtlich ihrer Intensität miteinander vergleichen zu können, ist es angebracht, die gelieferten Regenmengen auf die Minute als Zeiteinheit zu beziehen. Die folgende Tabelle 30 gewährt uns einen Einblick in die Beziehungen zwischen der Intensität und der Dauer der Stark- und Platzregen am Kamerungebirge auf Grund der Registrierungen der Regenmengen in Idenau und Tiko. Dabei wurden — dem Beispiel Hellmanns[1]) folgend — als untere Grenzen der Intensität für die folgenden Zeitstufen festgesetzt:

Dauer	Mindestintensität	Dauer	Mindestintensität
1—5 Min.	1,01 mm/Min.	31—45 Min.	0,51 mm/Min.
6—15 „	0,81 „	45—60 „	0,41 „
16—30 „	0,61 „	1—2 Std.	0,31 „

Tabelle 30

Mittlere Intensität (in Millimetern pro Minute) starker Niederschläge von kurzer Dauer in Idenau und Tiko

Nr. der Tabelle 1	Station	Dauer des Regens (Minuten bzw. Stunden)					
		1—5 Min.	6—15 Min.	16—30 Min.	31—45 Min.	46—60 Min.	1—2 Stdn.
11	Idenau (1909—12)	1,21	1,09	0,87	0,79	0,73	0,63
78	Tiko (1933—36)	1,44	0,92	0,87	0,80	0,70	0,61

Wie man sieht, nimmt die mittlere Regenhöhe kurzer starker Niederschläge mit ihrer Dauer regelmäßig ab, und die mittleren Intensitäten weisen in Idenau und Tiko trotz der erheblichen Unterschiede in den Monats- und Jahresregenmengen jeweils nahezu gleiche Werte auf.

Die Verteilung der kurzen Starkregen über das Jahr läßt die Tabelle 31 erkennen. Wir entnehmen ihr, daß, wie bei den größten Tagessummen (Tabelle 28), auch hier die Monate der Regenzeit besonders stark beteiligt sind, daß aber auch in den Übergangs-(Tornado-) Zeiten mit starkem Regen von kurzer Dauer zu rechnen ist.

Die Zahlen der Tabelle 31 zeigen aber auch, daß in Idenau die starken Regenfälle von längerer Dauer der Regenzeit angehören, während in Tiko es die Starkregen von mittlerer Zeitspanne sind, welche in den Hauptregenmonaten in Erscheinung treten.

[1]) G. Hellmann, Die Niederschläge in den norddeutschen Stromgebieten, 1. Bd., S. 144. Berlin 1906.

Tabelle 31

Jährliche Verteilung der starken Niederschläge in kurzer Zeit in Idenau und Tiko

Station	Dauer	Jan.	Febr.	März	April	Mai	Juni	Juli	Aug.	Sept.	Okt.	Nov.	Dez.
Idenau	1—5 Min.	2	3	1	1	·	1	2	·	1	1	1	·
(1909—1912)	6—15 „	2	1	5	1	3	3	5	4	·	1	8	2
	16—30 „	2	3	3	7	2	5	6	13	7	4	7	1
	31—45 „	·	·	·	2	3	2	6	5	3	1	4	·
	46—60 „	1	·	2	2	3	4	7	4	4	·	1	1
	1—2 Stdn.	·	·	2	2	4	4	15	14	14	10	1	·
	2—3 „	·	·	2	·	1	4	8	7	8	3	·	·
	3—4 „	1	·	·	·	1	2	8	5	9	3	·	·
Tiko	1— 5 Min.	·	1	1	4	·	4	·	6	1	2	2	·
(1933—1936)	6—15 „	1	1	7	8	9	30	23	28	10	15	6	·
	16—30 „	·	2	8	9	8	19	18	10	8	8	4	·
	31—45 „	·	3	3	3	1	7	5	12	6	4	2	1
	46—60 „	·	·	·	·	·	2	2	3	·	·	1	·
	1—2 Stdn.	·	·	·	·	·	1	5	4	·	·	·	·
	2—3 „	·	·	·	·	·	·	·	1	·	·	·	·
	3—4 „	·	·	·	·	·	·	1	·	·	·	·	·

Endlich ist in der Tabelle 32 noch die jährliche Verteilung und die mittlere Intensität der **stärksten** Platzregen an den beiden Stationen zusammengestellt. Wiederum zeigt sich, daß die Regenzeit der Zahl nach durch die stärksten Regen von kurzer Dauer überhaupt ausgezeichnet ist.

Tabelle 32

Jährliche Verteilung und mittlere Intensität der stärksten Platzregen in Idenau und Tiko

Station	Dauer	Intensität pro Minute (mm)								
		März	April	Mai	Juni	Juli	Aug.	Sept.	Okt.	Nov.
Idenau	1—5 Min.	·	·	·	1,70	·	·	·	·	·
(1909—12)	6—15 „	·	·	·	·	2,26	·	·	·	·
	16—30 „	·	1,44	·	·	·	·	·	·	·
	31—45 „	·	·	·	·	1,74	·	·	·	·
	46—60 „	·	·	·	·	1,51	·	·	·	·
	1—2 Stdn.	·	·	·	·	·	·	·	1,33	·
	2—3 „	·	·	·	·	·	·	1,26	·	·
	3—4 „	·	·	·	·	0,71	·	·	·	·
Tiko	1— 5 Min.	·	·	·	·	·	·	·	·	2,70
(1933—36)	6—15 „	·	·	·	·	1,02	·	·	·	·
	16—30 „	·	1,45	·	·	·	·	·	·	·
	31—45 „	1,83	·	·	·	·	·	·	·	·
	46—60 „	·	·	·	·	·	·	·	·	0,93
	1—2 Stdn.	·	·	·	·	·	0,95	·	·	·
	2—3 „	·	·	·	·	·	0,67	·	·	·
	3—4 „	·	·	·	·	0,48	·	·	·	·

Die mittleren Intensitäten der stärksten Platzregen am Kamerungebirge (2,26 mm pro Minute am 11. Juli 1910 in Idenau, 2,70 mm pro Minute am 8. November 1933 in Tiko) zählen jedoch keineswegs zu den bekannten größten minutlichen Regenmengen in kurzer Zeit. Diese sind weit größer. Fielen doch in Opids Camp bei Los Angeles (Kalifornien)[1]) am 5. April 1926 **in 1 Minute 26,0 mm** Regen, und in Puerto Belo an der karaibischen Küste in Panamá in 3 Minuten 62,5 mm, d. h. **20,8 mm in 1 Minute.** Mit einer minutlichen Intensität von **15,8 mm** folgt der Wolkenbruch, der am 25. Mai 1920 im Gebiet des Bannwaldsees bei Füssen niederging und in 8 Minuten 126 mm Regen lieferte. Von ungewöhnlicher Stärke waren ferner die Wolkenbrüche auf der deutschen Pflanzung Tangeridza südwestlich von Kilossa (Deutsch-Ostafrika) am 11. Dezember 1933 und in Curtea de Arges in Westrumänien am 7. Juli 1889, bei welchen in **1 Minute 11,7 mm** bzw. **10,2 mm** Regen fielen.

Vergleichen wir schließlich noch die größten Intensitäten von Platzregen pro Minute am Kamerungebirge mit den in Deutschland oder an einer anderen tropischen Station, etwa Batavia auf Java, gemessenen, so stellen wir fest, daß die Höchstbeträge am Kamerungebirge teilweise von denen in Deutschland und Batavia übertroffen werden. Es haben nämlich die größten Intensitäten von Wolkenbrüchen nach ihrer Dauer in Deutschland, Batavia und am Kamerungebirge folgende Werte:

Größte Intensität pro Minute

Dauer	1—5 Min.	6—15 Min.	16—30 Min.	31—45 Min.	46—60 Min.	1—2 Stdn.	2—3 Stdn.
Deutschland[2])	3,19	2,57	1,87	1,37	0,99	0,85	0,45
Batavia[2])	—	2,33	1,84	1,77	1,45	1,12	—
Kamerungebirge	2,70	2,26	1,45	1,83	1,51	1,33	1,26

13. Der tägliche Gang der Niederschläge

Zur Beurteilung der täglichen Periode der Regenmengen stehen für eine erste Unterrichtung die an den Stationen zweimal täglich, und zwar um 6 und 18 Uhr, ausgeführten Messungen zur Verfügung; denn sie gewähren uns einen Einblick in die Verteilung der Niederschlagsmengen auf die Nacht und den Tag. Bei den in der Tabelle 33 mitgeteilten Stationen zeigt sich meist ein erhebliches Überwiegen der Niederschläge in den Nachtstunden von 18 Uhr bis 6 Uhr. Die Ur-

[1]) Hann-Süring, Lehrbuch der Meteorologie, 1. Bd., S. 479. Leipzig 1939.
[2]) Hann-Süring, a. a. O. S. 478.

Tabelle 33

Verteilung der Niederschläge auf die Nacht und den Tag: A. in Millimetern, B. in Prozenten der Monatssummen

Nr. der Tab. 1	Station		Jan.	Febr.	März	April	Mai	Juni	Juli	Aug.	Sept.	Okt.	Nov.	Dez.	Jahr
6	Mbonge	A. Nachtregen	*23,0*	30,5	90,9	120,2	143,2	185,6	312,8	**344,4**	310,8	207,7	64,9	31,0	1865,0
		Tag „	4,6	*1,0*	44,4	47,3	43,2	70,3	206,5	**314,7**	194,7	68,0	32,9	4,5	1032,1
		B. Nachtregen	83,4	**96,8**	67,2	71,8	76,8	72,6	60,2	*52,3*	61,5	75,4	66,4	87,3	64,4
		Tag „	16,6	*3,2*	32,8	28,2	23,2	27,4	39,8	**47,7**	38,5	24,6	33,6	12,7	35,6
			Größte Nacht-Regenmenge 551,6 (Juli 1927) = 19,0% der mittl. Jahresregenmenge												
			„ Tag- „ 601,0 (Aug. 1936) = 20,7% „ „ „												
9	Mongonge	A. Nachtregen	*12,9*	62,6	47,1	60,7	92,4	215,5	525,0	**570,8**	438,3	161,3	36,2	15,9	2238,7
		Tag „	*10,8*	21,8	57,5	93,3	161,3	283,8	494,9	**625,1**	469,2	253,0	64,2	33,0	2567,9
		B. Nachtregen	54,4	**74,2**	45,0	39,4	36,4	43,2	51,5	47,7	48,3	38,9	36,0	*32,5*	46,6
		Tag „	45,6	*25,8*	55,0	60,6	63,6	56,8	48,5	52,3	51,7	61,1	64,0	**67,5**	53,4
			Größte Nacht-Regenmenge 991,0 (Aug. 1936) = 20,6% der mittl. Jahresregenmenge												
			„ Tag- „ 845,7 (Aug. 1935) = 17,6% „ „ „												
18	Debundscha	A. Nachtregen	*124,8*	227,9	447,9	281,0	462,2	824,5	**951,5**	729,5	819,5	735,5	433,8	194,4	6232,5
		Tag „	*18,3*	45,6	136,8	137,9	184,9	292,6	571,8	**600,2**	591,9	523,1	243,7	70,6	3417,4
		B. Nachtregen	**87,2**	83,3	76,6	67,1	71,4	73,8	62,5	*54,9*	58,1	58,4	64,0	73,4	64,6
		Tag „	*12,8*	16,7	23,4	32,9	28,6	26,2	37,5	**45,1**	41,9	41,6	36,0	26,6	35,4
			Größte Nacht-Regenmenge 1220,6 (Juli 1935) = 12,7% der mittl. Jahresregenmenge												
			„ Tag- „ 1151,3 (Aug. 1936) = 11,9% „ „ „												
21	Oechelhausen	A. Nachtregen	*58,6*	78,6	99,8	99,8	192,1	551,3	**1001,5**	971,4	823,7	419,5	80,6	63,4	4340,5
		Tag „	48,9	65,1	104,4	93,4	186,2	351,6	650,6	**717,0**	558,8	312,7	110,4	*36,2*	3235,3
		B. Nachtregen	54,5	54,7	48,8	51,7	50,8	61,1	60,6	57,5	59,6	57,3	*42,2*	**63,7**	57,4
		Tag „	45,5	45,3	51,2	48,3	49,2	38,9	39,4	42,5	40,4	42,7	**57,8**	*36,3*	42,6
			Größte Nacht-Regenmenge 1529,4 (Juli 1937) = 20,2% der mittl. Jahresregenmenge												
			„ Tag- „ 1122,6 (Aug. 1936) = 14,8% „ „ „												
26	Bota	A. Nachtregen	46,1	55,3	92,5	114,2	180,3	397,3	**479,6**	464,4	261,9	159,5	48,5	*39,4*	2339,0
		Tag „	27,2	15,1	40,2	56,6	101,5	235,3	**356,9**	351,6	137,7	106,9	38,2	*11,8*	1479,0
		B. Nachtregen	62,9	**78,6**	69,7	66,9	64,0	62,8	57,3	56,9	65,5	59,9	*55,9*	76,9	61,3
		Tag „	37,1	*21,4*	30,3	33,1	36,0	37,2	42,7	43,1	34,5	40,1	**44,1**	23,1	38,7
			Größte Nacht-Regenmenge 960,4 (Juli 1929) = 25,1% der mittl. Jahresregenmenge												
			„ Tag- „ 695,2 (Juli 1933) = 18,2% „ „ „												

Tabelle 33 (Fortsetzung)

Nr. der Tab. 1	Station		Jan.	Febr.	März	April	Mai	Juni	Juli	Aug.	Sept.	Okt.	Nov.	Dez.	Jahr
37	Sachsenhof	A. Nachtregen	*6,6*	11,1	52,7	58,0	80,6	201,4	**346,7**	307,0	149,1	98,1	17,2	13,4	1341,9
		Tag „	25,5	18,2	58,0	63,8	80,0	193,4	**442,2**	430,3	199,2	129,2	43,8	*11,1*	1707,7
		B. Nachtregen	*20,6*	37,9	47,6	47,6	50,2	51,0	43,9	41,6	42,8	43,1	28,2	**54,7**	44,0
		Tag „	**79,4**	62,1	52,4	52,4	49,8	49,0	56,1	58,4	57,2	56,9	71,8	*45,3*	56,0
			Größte Nacht-Regenmenge 1074,5 (Juli 1933) = 35,3% der mittl. Jahresregenmenge												
			„ Tag- „ 871,6 (Juli 1930) = 28,6% „ „ „												
41	Buea	A. Nachtregen	*2,5*	18,9	92,8	118,1	86,9	157,1	212,7	**253,5**	153,3	109,6	45,3	29,6	1280,3
		Tag „	*4,8*	43,5	64,0	69,5	109,8	156,6	257,0	**361,4**	212,6	131,5	47,8	8,4	1566,9
		B. Nachtregen	34,3	*30,3*	59,2	63,0	44,2	50,1	45,3	41,2	32,9	45,5	48,7	**77,9**	45,0
		Tag „	65,7	**69,7**	40,8	37,0	55,8	49,9	54,7	58,8	67,1	54,5	51,3	*22,1*	55,0
			Größte Nacht-Regenmenge 377,9 (Aug. 1934) = 13,3% der mittl. Jahresregenmenge												
			„ Tag- „ 518,1 (Aug. 1933) = 18,2% „ „ „												
54	Moliwe	A. Nachtregen	*1,3*	15,2	86,2	56,7	96,3	276,1	391,0	**602,4**	130,8	94,1	59,1	27,1	1836,3
		Tag „	15,0	20,5	38,5	47,9	84,5	176,6	**351,3**	313,2	78,1	123,6	47,2	*10,6*	1307,0
		B. Nachtregen	*8,0*	42,6	69,2	54,3	53,2	57,8	52,5	65,7	62,5	43,3	55,7	**71,9**	58,4
		Tag „	**92,0**	57,4	30,8	45,7	46,8	42,2	47,5	34,3	37,5	56,7	44,3	*28,1*	41,6
			Größte Nacht-Regenmenge 912,8 (Juli 1933) = 29,0% der mittl. Jahresregenmenge												
			„ Tag- „ 646,7 (Juli 1933) = 20,7% „ „ „												
62	Bimbia	A. Nachtregen	25,6	33,6	57,6	107,6	180,2	325,5	398,1	**428,1**	255,7	189,4	91,5	*22,7*	2015,6
		Tag „	37,5	29,2	85,3	122,3	219,0	333,1	441,5	**507,3**	219,3	311,7	93,3	*7,6*	2393,1
		B. Nachtregen	40,6	53,5	40,3	46,8	45,1	49,4	47,4	45,8	53,8	*37,8*	49,5	**74,9**	45,7
		Tag „	59,4	46,5	59,7	53,2	54,9	50,6	52,6	54,2	46,2	**62,2**	50,5	*25,1*	54,3
			Größte Nacht-Regenmenge 689,0 (Aug. 1931) = 15,6% der mittl. Jahresregenmenge												
			„ Tag- „ 725,5 (Juli 1929) = 16,4% „ „ „												
78	Tiko	A. Nachtregen	*5,5*	22,3	71,7	107,2	145,5	243,3	254,6	**265,6**	126,4	155,1	42,4	13,1	1452,7
		Tag „	10,8	10,7	36,1	70,2	70,3	182,0	263,9	**295,9**	138,3	101,4	44,3	*7,9*	1231,8
		B. Nachtregen	*33,7*	**67,6**	66,5	60,5	67,4	57,2	49,2	47,2	47,7	60,4	48,8	62,5	54,2
		Tag „	**66,3**	*32,4*	33,5	39,5	32,6	42,8	50,8	52,8	52,3	39,6	51,2	37,5	45,8
			Größte Nacht-Regenmenge 664,0 (Juli 1933) = 24,7% der mittl. Jahresregenmenge												

88	Missellele	A. Nachtregen	*6,3*	16,4	57,3	86,9	144,9	184,0	142,1	**195,7**	107,2	127,3	30,6	17,7	1116,4
		Tag "	10,2	11,6	37,5	69,0	59,6	140,8	199,8	**244,1**	127,4	93,2	36,8	*8,4*	1038,5
		B. Nachtregen	*38,2*	58,6	60,4	55,8	**70,8**	56,6	41,5	44,5	45,6	57,7	45,3	67,8	51,9
		Tag "	**61,8**	41,4	39,6	44,2	*29,2*	43,4	58,5	55,5	54,4	42,3	54,7	32,2	48,1
			Größte Nacht-Regenmenge 427,3 (Aug. 1934) = 19,8% der mittl. Jahresregenmenge " Tag- " 451,6 (Aug. 1934) = 20,9% " " "												
92	Duala	A. Nachtregen	*33,4*	66,6	127,1	163,6	179,5	407,1	435,0	**444,5**	312,3	295,7	119,0	40,8	2624,6
		Tag "	*6,0*	37,4	65,2	73,8	106,4	139,0	263,6	**292,9**	189,1	121,9	46,9	14,5	1356,7
		B. Nachtregen	**84,7**	65,0	66,1	69,0	62,8	74,5	62,3	*60,3*	62,3	70,8	71,7	73,8	66,0
		Tag "	*15,3*	35,0	33,9	31,0	37,2	25,5	37,7	**39,7**	37,7	29,2	28,3	26,2	34,0
			Größte Nacht-Regenmenge 1036,9 (Aug. 1898) = 26,0% der mittl. Jahresregenmenge " Tag- " 562,9 (Juli 1909) = 14,1% " " "												
106	Laduma	A. Nachtregen	*2,4*	33,7	154,6	160,4	151,9	132,7	117,7	147,9	137,0	**206,3**	113,2	77,4	1435,2
		Tag "	*17,3*	25,4	124,9	85,7	111,6	106,8	155,8	**196,4**	169,9	144,5	43,8	26,3	1208,4
		B. Nachtregen	*12,2*	57,0	55,3	65,2	57,7	55,5	43,1	42,9	44,7	58,8	72,1	**74,6**	54,3
		Tag "	**87,8**	43,0	44,7	34,8	42,3	44,5	56,9	57,1	55,3	41,2	27,9	*25,4*	45,7
			Größte Nacht-Regenmenge 269,0 (Aug. 1931) = 10,2% der mittl. Jahresregenmenge " Tag- " 259,4 (Aug. 1931) = 9,8% " " "												
111	Dikume	A. Nachtregen	55,6	54,4	163,9	151,8	143,5	165,8	322,5	**374,4**	311,9	222,8	96,7	*23,2*	2086,5
		Tag "	*0,7*	67,9	97,3	136,2	106,2	198,6	265,6	**377,4**	339,3	226,8	131,6	27,7	1975,3
		B. Nachtregen	**98,8**	44,4	62,7	52,7	52,5	45,6	56,9	49,7	47,9	49,8	*42,4*	45,6	51,3
		Tag "	*1,2*	55,6	37,3	47,3	42,5	54,4	45,1	50,3	52,1	50,2	**57,6**	54,4	48,7
			Größte Nacht-Regenmenge 642,7 (Sept. 1932) = 15,8% der mittl. Jahresregenmenge " Tag- " 609,5 (Aug. 1935) = 15,0% " " "												
117	Nyasoso	A. Nachtregen	*3,3*	41,4	129,6	90,9	145,4	203,0	271,8	**310,3**	255,6	226,0	58,6	10,1	1773,0
		Tag "	17,3	19,1	80,0	94,6	95,0	174,9	247,4	352,0	**355,4**	169,1	42,0	*12,1*	1658,9
		B. Nachtregen	*16,0*	**68,4**	61,9	48,9	60,5	53,7	52,3	46,9	41,8	57,3	58,3	45,6	51,6
		Tag "	**84,0**	*31,6*	38,1	51,1	39,5	46,3	47,7	53,1	58,2	42,7	41,3	54,4	48,4
			Größte Nacht-Regenmenge 412,8 (Aug. 1933) = 12 % der mittl. Jahresregenmenge " Tag- " 485,5 (Aug. 1935) = 14,1% " " "												

sache dieser Erscheinung ist darin zu sehen, daß in den Nächten die besten Bedingungen zu feucht-labiler Schauertätigkeit gegeben sind, weil zu dieser Tageszeit der vertikale Temperaturgradient und die relative Feuchte am größten sind. Es kann also schon in geringer Höhe das Kondensationsniveau erreicht werden. Ganz besonders tritt das Überwiegen der Nachtniederschläge in der winterlichen Trockenzeit im Teile B der Tabelle 33 hervor, in welchem die Beträge der Nacht- und Tagregen in Prozenten der Monatssummen angegeben sind. Hinzugefügt sind ferner die jeweils *größten* während der Nacht und des Tages gefallenen Regenmengen und ihr Anteil an der mittleren Jahresmenge.

Ein umfassenderes Bild des täglichen Verlaufes der Niederschlagsmengen bieten uns wieder die Registrierungen der selbstschreibenden Regenmesser in *Idenau* und *Tiko*. Die Tabelle 34 gibt die mittleren *zweistündigen* Regenmengen an den beiden Meßstellen in Prozenten der Monatssummen.

Tabelle 34

Mittlere zweistündige Regenmengen in Idenau und Tiko in Prozenten der Monatssummen

Uhrzeit	Jan.	Febr.	März	April	Mai	Juni	Juli	Aug.	Sept.	Okt.	Nov.	Dez.
A. Idenau (1909—1914)												
0—2 Uhr	*1,6*	*10,2*	**19,6**	7,8	8,5	11,9	9,2	9,9	8,1	**13,9**	8,2	7,8
2—4 „	2,8	**11,8**	*1,7*	8,1	4,8	**13,1**	10,4	11,5	9,8	9,4	3,6	*2,3*
4—6 „	*1,9*	*1,9*	3,2	*2,8*	3,6	5,6	*10,3*	12,1	**13,2**	*5,5*	2,1	4,3
6—8 „	**13,0**	4,0	**5,2**	**4,2**	3,6	5,5	**11,5**	**12,2**	11,4	**5,6**	*1,5*	**11,2**
8—10 „	9,8	*0,9*	1,8	3,0	*2,6*	*3,8*	10,3	11,8	11,6	*4,1*	3,5	*2,0*
10—12 „	*5,3*	1,0	*1,0*	11,1	7,2	4,4	*8,1*	6,7	*9,1*	6,8	8,3	7,9
12—14 „	10,2	**11,3**	**22,7**	**21,8**	14,3	**9,2**	**8,8**	5,9	**9,9**	7,4	**15,6**	**18,0**
14—16 „	**18,0**	*9,0*	9,5	12,2	**14,9**	*6,4*	6,0	5,3	5,1	*5,3*	*8,4*	**5,5**
16—18 „	*7,7*	11,7	*6,7*	9,6	10,8	6,9	*3,7*	*4,5*	*3,7*	6,1	9,1	*4,6*
18—20 „	12,8	**12,2**	10,4	8,6	*9,5*	**14,3**	5,6	6,2	5,3	9,9	15,4	6,6
20—22 „	**13,9**	4,4	**12,0**	8,0	**10,2**	10,8	7,3	6,5	**6,9**	**15,3**	**15,9**	9,7
22—24 „	3,2	**21,6**	6,2	*3,3*	9,9	*8,1*	8,8	7,4	5,9	*10,7*	8,4	**20,1**
B. Tiko (1933—1936)												
0—2 Uhr	·	12,7	16,7	4,2	16,8	7,2	13,7	6,3	4,2	14,5	*3,5*	1,0
2—4 „	4,0	**29,1**	*6,3*	18,7	*13,5*	**21,0**	**16,2**	**12,4**	5,3	**20,5**	**14,5**	10,7
4—6 „	·	*2,2*	**14,5**	**21,7**	**19,5**	12,0	10,5	*10,8*	**7,9**	13,0	10,2	**13,0**
6—8 „	·	7,2	5,3	*13,0*	12,6	12,1	*9,1*	**18,0**	*6,1*	*6,0*	*8,2*	5,3
8—10 „	**39,2**	**16,9**	3,4	**15,0**	5,0	**12,3**	**11,1**	13,9	**7,7**	**10,4**	**21,8**	·
10—12 „	4,0	*0,3*	*2,8*	4,5	*4,4*	10,1	8,6	10,9	*7,3*	*1,6*	15,8	·
12—14 „	·	**1,9**	**7,4**	0,6	**11,8**	6,3	5,4	8,8	**29,0**	**15,6**	3,0	7,5
14—16 „	9,8	1,9	0,8	*0,1*	*2,2*	2,3	3,1	5,5	17,6	2,0	*0,3*	**9,6**
16—18 „	**39,2**	·	*0,4*	7,5	4,4	*1,9*	*2,2*	*1,6*	2,6	1,9	3,8	*3,2*
18—20 „	2,0	0,3	3,7	**10,1**	4,1	2,4	3,9	2,5	*1,8*	*1,3*	**6,9**	**41,7**
20—22 „	2,0	0,6	**23,5**	2,6	**4,9**	3,8	7,7	2,5	**7,1**	3,6	6,8	8,0
22—24 „	·	**27,0**	15,2	*2,1*	*0,9*	**8,8**	8,6	**6,7**	*3,3*	9,5	5,3	·

Überblickt man die Zahlenreihen dieser Tabelle, so lassen sich bei beiden Stationen in einzelnen Monaten gewisse übereinstimmende Perioden erkennen. Insbesondere können wir deutlich drei oder vier Maxima und Minima feststellen, von denen bei Berücksichtigung der einstündigen Regenmengen das erste Maximum auf die frühen Morgenstunden zwischen 0 und 6 Uhr fällt, das zweite vormittags zwischen 7 und 10 Uhr, das dritte unmittelbar nach Mittag und das vierte in die ersten Abend- und Nachtstunden zwischen 19 und 23 Uhr. Allgemein ist zu bemerken, daß diese Maxima etwa auf die Zeiten 3, 9, 14 und 21 Uhr entfallen, und daß sie, wie aus den Abweichungen der Stundenmittel des Luftdruckes vom Tagesmittel in Buea hervorgeht (Tabelle 35), in der Nähe der Wendestunden im täglichen Luftdruckgange liegen.

Tabelle 35

Abweichungen der Stundenmittel des Luftdruckes vom Tagesmittel in Buea (mm)[1]

1 Uhr	2 Uhr	3 Uhr	4 Uhr	5 Uhr	6 Uhr	7 Uhr	8 Uhr	9 Uhr	10 Uhr	11 Uhr	12 Uhr
+0,16	−0,11	−0,28	**−0,30**	−0,20	−0,01	+0,41	+0,88	**+1,12**	**+1,12**	+0,90	+0,48
13 Uhr	**14 Uhr**	**15 Uhr**	**16 Uhr**	**17 Uhr**	**18 Uhr**	**19 Uhr**	**20 Uhr**	**21 Uhr**	**22 Uhr**	**23 Uhr**	**24 Uhr**
−0,08	−0,73	−1,23	**−1,42**	−1,38	−1,08	−0,54	−0,03	+0,47	**+0,68**	**+0,68**	+0,50

Tabelle 36

Täglicher Gang der Gewitterhäufigkeit in Ombe (1932—35).
Prozente aller Beobachtungen

Uhrzeit	Jan.	Febr.	März	April	Mai	Juni	Juli	Aug.	Sept.	Okt.	Nov.	Dez.
0—2 Uhr	**25,0**	9,5	8,5	4,2	8,8	9,3	8,0	3,9	**13,3**	**10,5**	5,5	4,8
2—4 „	18,8	**14,3**	**11,8**	**27,8**	8,8	**14,0**	**12,0**	·	·	5,2	7,3	**14,3**
4—6 „	·	*4,8*	6,8	6,4	**10,6**	*7,0*	*8,0*	23,1	6,7	7,9	9,1	**14,3**
6—8 „	12,6	9,5	5,0	**10,6**	8,8	9,3	**16,0**	**26,9**	·	7,9	**16,4**	4,8
8—10 „	**18,8**	**23,8**	8,5	8,5	8,8	**18,6**	**16,0**	7,7	·	7,9	5,5	4,8
10—12 „	·	·	*3,4*	*2,1*	·	·	12,0	*3,9*	13,3	7,9	*1,8*	9,5
12—14 „	6,2	·	6,8	6,4	**12,3**	7,0	**16,0**	7,7	**13,3**	7,9	7,3	·
14—16 „	6,2	·	10,1	·	*5,2*	**9,3**	4,0	**11,5**	**20,0**	5,2	12,7	**19,0**
16—18 „	6,2	9,5	6,8	**10,6**	7,0	4,6	·	7,7	13,3	**15,8**	**18,2**	*4,8*
18—20 „	·	·	**15,3**	6,4	**14,0**	7,0	4,0	3,8	*6,7*	13,2	14,5	**19,0**
20—22 „	6,2	9,5	8,5	**14,9**	*5,2*	7,0	4,0	3,8	**13,3**	5,3	1,8	4,8
22—24 „	·	**19,1**	8,5	*2,1*	**10,5**	7,0	·	·	·	5,3	·	·

Unverkennbar ist weiter eine unmittelbare Beziehung zwischen dem täglichen Gange der Regenmenge und der Verteilung der Gewitter auf die Tagesstunden. Auf Grund der in Ombe (Nr. 73 der

[1]) Nach: Deutsche Überseeische Meteorologische Beobachtungen, Heft XXIII, Seite D 17. 1922.

Tabelle 1) in den Jahren 1932—1935 aufgezeichneten Gewitterbeobachtungen ergibt sich der in der vorstehenden Tabelle 36 mitgeteilte tägliche Gang der Gewitterhäufigkeit.

Im Zusammenhang hiermit sei erwähnt, daß auch die Maxima im täglichen Gange der Häufigkeit der meist aus nordöstlicher Richtung heranziehenden „Tornados" (starker Gewitterböen) auf die Stunden 2—4 Uhr und 20—22 Uhr fallen.

Was die Amplituden der zweistündigen täglichen Regenmengen (Maximum-Minimum) in den einzelnen Monaten in Idenau und Tiko anbetrifft, so weisen sie einen ausgesprochenen jährlichen Gang auf. Die Amplituden sind, wie zu erwarten, in der Regenzeit am kleinsten, in der Trockenzeit am größten. Dem Betrage nach erreichen die Extreme der Amplituden in Tiko nahezu das Doppelte wie in Idenau (Maximum der Amplitude: in Tiko 41,7%, in Idenau 21,7%; Minimum der Amplitude: in Tiko 14,0%, in Idenau 7,7%).

Eine wertvolle Ergänzung erhält die klimatische Statistik mit ihren Mittel- und Grenzwerten durch die Beschreibung des Wetterablaufes an typischen Tagen der einzelnen Jahreszeiten. Wenn solche „klimatographische Witterungsschilderungen" aus den einzelnen Klimagebieten der Erde als charakteristische Darstellungen des „erlebten" oder „empfundenen" Wetters der „physikalischen" oder „instrumentellen" Wetterstatistik zur Seite treten, bilden sie wertvolle Bausteine zur Errichtung des Weltklimagebäudes. Denn aus dem meteorologischen Zahlenmaterial allein läßt dieses sich nicht aufbauen: *„Man wird bei der Bearbeitung einmal an eine Grenze kommen, über die hinaus diese Beobachtungen keine genügende Antwort mehr geben können, und wo genauere oder reichhaltigere bzw. anders gerichtete Beobachtungen nötig werden"*[1]). Große Gebiete der Erde, insbesondere in Übersee, harren noch der instrumentellen Klimaforschung. Weit größer aber ist die Zahl derjenigen Räume, aus denen jede „erlebte" Klimabeschreibung noch fehlt.

In dankenswerter Weise haben die Herren Chr. Rein in Ombe, H. Friedrich in Mongonge, Th. Autenrieth in Dikume und W. Schirrmacher in Groß-Soppo[2]) uns den Wetterablauf an

[1]) W. Köppen, Grundriß der Klimakunde. 2. Auflage, S. 22. Berlin und Leipzig 1931.

[2]) Nr. 73, 9, 111 und 42 der Tabelle 1.

typischen Tagen der Regen- und Trockenzeit am Kamerun- und Rumpigebirge geschildert. Wir lassen ihre Ausführungen folgen[1]):

1. Witterungsverlauf in der Regenzeit auf der Ombepflanzung in der Tikoebene. Beobachtungstage: 6.—8. Juli und 1.—5. August 1935

6. Juli. 5 Uhr: Es fällt leichter von SW kommender Regen. Himmelsbedeckung 10; t_{max} 29°, t_{min} 24,5°; rel. Feuchte 95%; Morgenregenmessung 8,0 mm. Von 6—7³⁰ Uhr setzt der Regen aus, aber immer noch hängen die Wolken tief und wälzen sich schwer über die im SW liegenden 200—250 m hohen Bimbiaberge. Bei Windstille fängt es um 7^{30} Uhr wieder verstärkt zu regnen an. Ringsum ist die Sicht durch den Regen stark behindert, auch der Große Kamerunberg im NW ist völlig unsichtbar. Um 10^{30} Uhr wird die Bewölkung im Zenit etwas lichter, aber im S und E über den Creeks liegen schwere dunkle Regenwolken. Es fällt ein leichter, feiner Dauerregen. Allmählich hellt es im W etwas auf, und von 11^{15} Uhr ab regnet es nicht mehr. Aus dem Urwald im W steigen Nebel auf. Die Bewölkung im N wird ein wenig leichter, während im S bis E weiter dicke drohende Regenwolken hängen. Um 13 Uhr wird es bei leichtem SW-Wind etwas heller, aber um 14^{30} Uhr erscheinen im W erneut Regenwolken, die entlang des Kamerunberges nach N ziehen und sich dort weiter verdichten. Bald darauf klart es im E und auch im W auf, so daß um 15 Uhr die Himmelsbedeckung 8 beträgt. Nbst-Wolken[2]) bedecken dann den Himmel bis abends. Abendregenmessung 42,0 mm.

7. Juli. Um 4^{30} Uhr setzt Regen ein, und bei Sonnenaufgang bedeckt eine dichte graue Nbst-Decke den Himmel. t_{max} 28°, t_{min} 25°; Feuchte 98%; Morgenregenmessung 12 mm. Der Regen hat sich zu einem feinen Dauerregen entwickelt, der die Sicht sehr beeinträchtigt. Von 10 Uhr ziehen Nbst-Wolken von W heran. Sie werden um 11^{30} Uhr zwar etwas heller, im übrigen aber hält der schwache Rieselregen nach wie vor an. Um 13 Uhr regnet es nicht mehr. Über den Creeks von S bis E hellt es ein wenig auf, der Kamerunberg aber bleibt verdeckt. Von 14—15^{30} Uhr fällt wieder feiner Rieselregen, der Wind dreht nach SSW, und von 16 Uhr bricht bei einer Himmelsbedeckung 6 die Sonne zeitweise durch. Abendregenmessung 11 mm.

---

[1]) Nach: Annalen der Hydrographie und maritimen Meteorologie. Berlin 1936 (S. 179), 1938 (S. 594), 1933 (S. 393) und 1937 (S. 391).

[2]) Nbst = Nimbostratus, niedrige Regenwolken.

8. Juli. In der Nacht ist unmeßbar geringer Regen gefallen. 6 Uhr: t_{max} 26°, t_{min} 25°; Feuchte 98%; Himmelsbedeckung 9 (Nbst). Im S ziehen dicke schwarze Wolken nach E. Um 7 Uhr setzt feiner Sprühregen ein, der um 7[30] Uhr in Dauerregen übergeht und bis 14 Uhr mit kurzen Unterbrechungen anhält. Der bisher schwache SW-Wind schwillt um 15 Uhr auf Stärke 4 an, er flaut aber um 16 Uhr wieder ab. Die Bewölkung (Ast)[1]) geht bei Aufklarung auf 6 zurück, und um 17[30] Uhr ist im W der Kleine Kamerunberg (Etinde, 1715 m hoch, in Luftlinie 23 km von Ombe) bis zu zwei Drittel seiner Höhe klar zu sehen, während der obere Teil durch eine St-Decke[2]) verhüllt wird. Abendregenmessung 16 mm.

1. August. 6 Uhr: t_{max} 27°, t_{min} 25°; Feuchte 98%; schwacher W-Wind. In der Nacht ist 0,1 mm Regen gefallen. Nach 6 Uhr steigen aus dem Urwald dicke Nebelschwaden auf, und von W kommende St-Wolken verdichten sich zu Nbst. Um 7 Uhr beginnt feiner Regen. Die Sicht ist stark behindert, alles erscheint düster und grau. Nur im E ist die Wolkendecke durch wenige kleine hellere Stellen unterbrochen. 9 Uhr: Bei Ast-Bewölkung hört der Regen auf, aber bald darauf regnet es aus Nbst-Wolken, die von W bis SW kommen, wieder fein bis 10[30] Uhr. Um 12[30] Uhr grollt aus S ein lang anhaltender schwacher Donner. Der Wind dreht gegen Mittag auf SW, die Bewölkung läßt nach, und um 15[30] Uhr scheint im Zenit blauer Himmel durch, während im S bis E noch schwarze dunkle Wolken liegen. Von 17 Uhr verdichtet die Bewölkung sich wieder zu Nbst, aus der von 18 Uhr bei Windstille feiner Regen niedergeht. Abendregenmessung 3 mm.

2. August. Nachts ist bei Windstille feinster Rieselregen (10 mm) gefallen. 6 Uhr: t_{max} 26,5°, t_{min} 24°; feinster Dauerregen, kaum 1 km weite Sicht. Es ist trüb und grau. Um 8 Uhr wird es im S etwas heller, aber nach 20 Minuten ist die Bewölkung wieder düster und dicht. Von 10[30] bis 11 Uhr ist die Bewölkung ein wenig leichter, dann aber setzt erneut bei SW 3 dichter, feiner Regen ein, der um 13 Uhr aufhört. Die St-Bedeckung geht um 15 Uhr in schwere Nbst-Bewölkung über, aus der bis 20 Uhr Dauerregen fällt. Abendregenmessung 47 mm.

3. August. Nachts sind 7 mm Regen gefallen. 6 Uhr: t_{max} 25°, t_{min} 24°. Stcu-Wolken[3]) bedecken bei SW-Wind 1 den Himmel. Aus

---

[1]) Ast = Altostratus, mittelhohe Wolken.

[2]) St = Stratus, untere Wolken.

[3]) Stcu = Stratocumulus, untere Wolken.

dem Urwald und den Flußtälern steigt Nebel auf. Um 8^{30} Uhr dreht der Wind auf SSW. — 10 Uhr: Dichtester Nbst und feiner Regen; bis 14 Uhr reicht die Sicht nur bis 800 m. Bei SW-Wind wird um diese Zeit die Bewölkung etwas leichter, und der Regen hört auf. Der Große Kamerunberg im NW ist dagegen in Regen eingehüllt. Im E ist der Himmel tiefschwarz und gewitterdrohend. Um 16 Uhr beginnt es wieder zu regnen. Die dunkle Wolke im E ist verschwunden. Es ist alles wieder trübe und grau. Abendregenmessung 53 mm.

4. August. Die ganze Nacht über Dauerregen (34 mm). 6 Uhr: t_{max} 25°, t_{min} 24°; Feuchte 98%; S-Wind Stärke 1. Es ist grau und dunstig; Sicht nur 800 m; feiner Regen. — 9^{30} Uhr: Der Regen hört auf; der Wind dreht auf W 2; Ast-Bewölkung. Um 10 Uhr wird es etwas sonnig, aber um 11^{45} Uhr beginnt wieder feinster Regen, der nur eine Sicht bis 100 m zuläßt. Um 13 Uhr hellt es, nachdem der Regen aufgehört hat, bei Ast-Bewölkung auf. So bleibt es vier Stunden lang, bis um 17 Uhr der feine Regen wieder einsetzt. Abendregenmessung 6,2 mm.

5. August. Nachts wenig feiner Regen. Um 5^{30} Uhr beginnt es stark zu regnen, so daß die Morgenregenmessung 62 mm ergibt. 6 Uhr: t_{max} 26°, t_{min} 25°; Feuchte 98%; Wind S 1. Es ist grau und undurchsichtig. Um 7^{45} Uhr wird der Regen etwas schwächer und damit die Sicht ein wenig besser. Aus der Nbst-Bewölkung regnet es dann wieder von 8^{30}—10^{45} Uhr. Die Bewölkung geht in Ast und nach 14 Uhr in Cu[1]) und Stcu über, so daß die Sonne scheint. Abendregenmessung 40,0 mm.

2. Typischer Verlauf der Witterung an Tagen der Regenzeit in Mongonge am Westhang des Kamerungebirges. Beobachtungstage: 31. August bis 6. September 1937

31. August. 5 Uhr: Es fällt, wie in der vorangegangenen Nacht (Regenmessung um 6 Uhr: 41,3 mm), starker eintöniger Regen und dichte Nebel erstrecken sich von E über S bis W. Nach N ist es sichtiger. Die Temperatur beträgt 20°. — 7 Uhr: Das Wetterbild ist nahezu das gleiche geblieben, nur hat der Regen an Heftigkeit zugenommen, und dichte Nebelschwaden verhüllen den ganzen Horizont. Windstille. — 9 Uhr: Kaum eine Änderung. Der Nebel ist jedoch noch stärker geworden. — 12 Uhr: Regen und Nebel wie um 9 Uhr.

[1]) Cu = Cumulus, mittelhohe Wolken.

t unverändert 20°. — 14 Uhr: Das gleiche Bild; hinzukommt ein für das Gefühl unangenehmer S- bis SW-Wind Stärke 3. — 15 Uhr: Der Regen hat erheblich nachgelassen, dagegen hat sich der Nebel verstärkt. Die Sicht beträgt keine 100 m. — 16³⁰ Uhr: Es setzt wieder starker Regen ein; der Nebel bleibt unverändert. — 18 Uhr: Bei gleichbleibendem Nebel geht der Regen in leichtes Nieseln über. Von 6—18 Uhr sind 117,8 mm Regen gefallen.

1. September. Nachdem es während der Nachtstunden von 18 bis etwa 3 Uhr nur nieselte, setzte um 3³⁰ Uhr wieder der übliche starke Regen ein. Von 18—6 Uhr fielen 20,8 mm. — 6 Uhr: Regen und Nebel. *t* 20°. — 7 Uhr: Regen wie um 6 Uhr, der Nebel wird stärker. Windstille. — 8 Uhr: Heftiger starker Regen. Nebel. — 9 Uhr: Der Regen läßt ein wenig nach, doch der Nebel verstärkt sich. — 10 Uhr: Regen wieder stärker. Auch der Nebel verdichtet sich weiter und zieht in dicken Schwaden. — 11 Uhr: Der Regen hört auf, der Nebel aber nimmt noch an Dichte zu: kaum 50 m Sicht. — 12 bis 14 Uhr: Kein Regen. S-Wind Stärke 3. In N klart es etwas auf. — 15³⁰ Uhr: Starker Nebel setzt wieder ein, besonders im SE bis NW. — 16³⁰ Uhr: Stärkerer, böenartiger Regen. Es weht eine kalte und unangenehme Brise aus S bis SW. — 19 Uhr: Wieder starker Regen. Niederschlag von 6—18 Uhr: 42,4 mm.

2. September. 5 Uhr: Nieselregen und starker Nebel. *t* 19,5°. — 6 Uhr: Unverändert. Während der Nacht sind 70,7 mm Regen gefallen. — 7 Uhr: Mäßiger Regen und Nebel. Von SW bis N klart es ein wenig auf. Im SE dagegen, in Richtung auf den W-Hang des Kamerungebirges, ist es stark neblig. Windstille. — 10 Uhr: Regen und Nebel haben aufgehört; Aufklaren am ganzen Horizont. — 12 Uhr: Verschiedene Regenschauer gehen nieder. Im NE bis N wird es klarer. — Im W und E steht starke Nbst-Bewölkung. — 12³⁰ Uhr: Heftiger Regen setzt neuerdings ein. — 14 Uhr: Unter anhaltendem Regen zieht bei SW-Wind 2 wieder Nebel auf. — 16 Uhr: Wie um 14 Uhr, aber der Nebel ist dichter. — 17 Uhr: Kein Regen, auch der Nebel ist verschwunden. — 18 Uhr: Die Regenmessung für die Zeit von 6 bis 18 Uhr ergibt 30,2 mm.

3. September. 5 Uhr: Der Himmel ist völlig mit Nbst bedeckt. Der Hang des Kamerunberges im SE ist teilweise durch den Dunst sichtbar. — 6 Uhr: In den Nachtstunden sind 0,3 mm Regen gefallen. — 7 Uhr: Feiner Nieselregen, unangenehm kühle Temperatur. Windstille. — 9 Uhr: Für 10 Minuten scheint die Sonne durch das Gewölk. —

11 Uhr: Es setzt wieder Nieselregen und Nebelbildung ein. — 12 Uhr: Einige schwere Schauer gehen nieder. Der Nebel wird stärker, der Himmel ist gänzlich mit Nbst bedeckt. Der S bis W erscheint etwas lichter, im NW bis E dagegen stehen schwarze Regenwolken. — 14 Uhr: Nieselregen. SW-Wind 2. — 15 Uhr: Die Sonne strahlt durch die Wolkendecke. Regen und Nebel lassen nach. — 15^{30} Uhr: Die Himmelsbedeckung beträgt 8 (Acu[1]) und Ast), und der Gipfel des Kamerunberges ist sichtbar, während seine unteren Teile bedeckt sind. Der S-Horizont ist frei. — 17 Uhr: Wieder dichter Nebel. — 18 Uhr: Die Abendregenmessung ergibt 8,7 mm.

4. September. 5 Uhr: Kein Regen. Himmelsbedeckung 10 (Nbst). — 6 Uhr: Während der Nacht fielen 0,0 mm Regen. Windstille. — 9 Uhr: Die Sonne versucht vergeblich die Wolkendecke zu durchdringen. — 12 Uhr: In der Zeit von 9—12 Uhr fallen einige Schauer, sonst ist das Wetter „schön". — 14 Uhr: Himmelsbedeckung 8 (Acu und Ast), SW-Wind Stärke 2. — 17 Uhr: Von 14—17 Uhr Sonnenschein mit Unterbrechungen. Im SE setzen aber wieder Nebel ein, während der N- bis NE-Himmel ein freundlicheres Bild zeigt. Doch auch im NE zeigen sich bereits starke Nebel. Der Gipfel des Berges ist sichtbar, der übrige Teil des Gebirges ist jedoch von Wolken dicht verhangen. In den höheren Lagen des Gebirgsmassives bilden sich Cu, die von den Strahlen der untergehenden Sonne purpurn beleuchtet werden. Im NE droht der Himmel schwarz. — 18 Uhr: Regenmessung 0,0 mm.

5. September. In der vergangenen Nacht sind 0,0 mm Regen gefallen. — 6 Uhr: Schönes, klares, sonniges Wetter. — 7 Uhr: Windstille. Nebel steigen auf. — 9 Uhr: Der Nebel verdichtet sich, und es fällt Nieselregen. — 12 Uhr: Es regnet weiter, auch bilden sich immer wieder neue Nebel. — 15 Uhr: Der Regen hat aufgehört, aber der Nebel ist geblieben. SW-Wind 1. — 18 Uhr: Im Laufe des Tages sind 9,6 mm Regen gefallen. — 19 Uhr: Gewitter im W. — 23 Uhr: Wetterleuchten im S.

6. September. Während der Nacht fielen 11,1 mm Regen. — 5 Uhr: Sehr dichter Nebel. Kein Regen. — 6 Uhr: Der Kamerunberg ist in seiner vollen Schönheit sichtbar. — 7 Uhr: Windstille. Feiner Regen, der Berg ist wieder von Wolken verhüllt. Von 8 Uhr an beginnt es aufzuklaren, und die Sonne vermag zu scheinen. Aber

[1]) Acu = Altocumulus, mittelhohe Wolken.

um 10 Uhr regnet es wieder stark. — 11 Uhr: Nebelschwaden überziehen den ganzen Horizont. Von 12 Uhr scheint die Sonne, aber von 17 Uhr ab ziehen wieder Nebel herauf.

3. Verlauf eines Tages der Regenzeit in Dikume im Rumpigebirge; 3. August 1933

7 Uhr: In der Nacht sind 8,1 mm Regen gefallen. Bewölkung 10, Wind W 1, $t = 18^0$. Ganz feiner Sprühregen fällt aus einer tiefhängenden Wolkendecke, die die Häupter der umgebenden Bergketten bis tief herunter einhüllen. Der weitaus größte Teil dieser Wolkendecke bildet ein gleichmäßiges Grau. Nur der Gipfel des nahen, steil ansteigenden Bergmassivs des „Rata"[1]) ist von einem noch bedeutend dunkleren und schwereren Grau verhüllt. Um 9 Uhr nimmt der Wind rasch an Stärke zu. Er erreicht bald Stärke 5 und kommt nun aus WSW. Die gleichmäßige Wolkendecke zerreißt und gibt bald hier, bald dort ein Stück der im NE und E gelegenen Bergkette frei, um sie schnell durch nachrückende Wolkenfetzen wieder zu verdecken. Bis 10 Uhr schwillt der Wind weiter an bis Stärke 7. Zeitweise wird der andauernd fallende Sprühregen zu stärkerem Regen, der in fast waagerechter Richtung über das Gelände gepeitscht wird, um dann bald wieder seine vorherige feine Form anzunehmen. So bleibt es bis 14 Uhr. Die Regenmessung ergibt um diese Zeit 10,2 mm, der Wind ist WSW 7, die Bewölkung 10, $t = 20^0$. Von 14—15 Uhr wird der Regen noch einmal ziemlich heftig, er flaut dann aber in gleichem Maße wie der Wind ab. Um 16 Uhr ist es fast windstill. Rasch hellt es ein wenig im NE, E, SE und S auf, wie es häufig gegen Abend geschieht, ohne daß jedoch die Sonne zum Vorschein kommt. Nur das Ratamassiv im SW und die Berge im W und NW behalten ihre schwere und sehr dunkle Umhüllung, die besonders der Rata während der Regenzeit nur selten einmal ablegt. Um 18 Uhr werden 8,6 mm Regen gemessen. In der Nacht fallen nur 1,1 mm Regen, während sonst oft bei Nacht bedeutend größere Mengen niedergehen.

Selten blickt einmal während der Regenzeit die Sonne für einige Augenblicke durch die Wolkendecke hindurch. Fast immer herrscht Bewölkung 10. Tagsüber weht beinahe regelmäßig WSW-Wind bis Stärke 7. Die Regenpausen sind kurz, die Temperaturschwankungen gering.

---

[1]) Der „Rata" überragt die die Station Dikume umschließenden Berge um etwa 300 m.

4. Witterungsverlauf an Tagen der Trockenzeit in Groß-Soppo am Südosthang des Kamerungebirges und in Mongonge am Westhang

a) Groß-Soppo. Beobachtungstag: 24. Januar 1937

3^{30} Uhr: Leiser Donner im NE. — 7 Uhr: Die Ablesung des Minimumthermometers ergibt 17,6°. Es ist kein Tau gefallen. Sieben Zehntel des Himmels sind mit Wolken bedeckt, davon drei Zehntel mit Ci[1]) und der Rest mit Cu[2]) und Stcu[3]). Über dem Gipfel des Großen Kamerunberges stehen einige langgezogene Cu. Im E erhebt sich eine dicke Cu-Wand, von der allerdings Einzelheiten nicht zu erkennen sind, da der dichte Harmattan[4]) die Sicht stark nach dieser Richtung behindert. Die Sichtweite beträgt zur Beobachtungszeit nach NW etwa 16 km, nach SE dagegen nur 2 km. Es weht W-Wind in Stärke 2 bis 3. Um 7^{30} Uhr erscheint die Sonne über der Wolkenwand im E als roter Feuerball. Die Sichtverhältnisse haben sich kaum geändert, nach NW sind am Berghang noch einige Einzelheiten zu erkennen. Die Temperatur von 21,9° wird als kühl empfunden wie an einem deutschen Herbstmorgen. — 8^{30} Uhr: Der Wind ist ganz eingeschlafen. Die kleinen Cu über dem Kamerunberge sind zu einem schmalen Streifen auseinander gezogen. Die Harmattantrübung im NE nimmt zu. Die Sonne scheint durch eine dünne St-Schicht. In S-Richtung bilden sich Cu-Türme, die langsam nach N ziehen. — 9 Uhr: Die St-Decke ist immer dicker geworden und verdeckt die Sonne völlig. — 9^{30} Uhr: Leichter Wind aus NE bis E. — Um 10 Uhr ist der Himmel mit Cu bedeckt, die jetzt südwestwärts ziehen und das Gebirge bis zur Waldgrenze (1800 m) ganz einhüllen. Die Temperatur von 24,6° wird als schwül empfunden. Die Sicht beträgt kaum 4 km, und der Harmattan im NE, E und SE wirkt wie dicker Nebel. Die St-Schicht beginnt sich aufzulösen, und die Sonne scheint für Augenblicke durch die Wolkenlücken.

12 Uhr: Windstöße aus SE in Stärke 3 verursachen das Gefühl einer Abkühlung, obwohl die Temperatur jetzt 25,2° beträgt. Die

---

[1]) Ci = Cirrus, hohe Wolken.

[2]) Cu = Cumulus, mittelhohe Wolken.

[3]) Stcu = Stratocumulus, untere Wolken.

[4]) Der in Guinea lebende Europäer versteht unter „Harmattan" nicht den über dem westlichen Nordafrika aus dem Ostquadranten wehenden trockenen Wind als solchen, sondern die Begleiterscheinungen dieses Windes (Austrocknung), seine physiologischen Auswirkungen (Reizung der äußeren Haut und der Schleimhäute) und die durch den mitgeführten Staub verursachte Sichttrübung.

Höchsttemperatur des Tages wurde mit 26,5° zwischen 11 und 12 Uhr erreicht. — 14 Uhr: Wind SE 1, Himmelsbedeckung 10. Die Cu am Berghang erscheinen besonders im N dunkel. Die Sonne ist ganz bedeckt. *t* 26,2°. — 15 Uhr: Die dunklen Cu im N haben sich am Berghang entlang nach NW geschoben, sind jedoch schon in Auflösung begriffen. Wind unverändert SE 1. Der Harmattan ist jetzt so stark, daß die Sicht nach E nur $1^1/_2$ km beträgt. Die Wolkenbank am Berghang liegt nunmehr nahe über den Häusern von Buea. Der Wind dreht allmählich auf SW 3. — 15^{30} Uhr: Dunkles Gewölk im S und N. Wind SW 4. Das Wetter bleibt bei langsam abnehmender Windstärke so bis etwa 18 Uhr. — 18 Uhr: Es herrscht fast Windstille. Himmelsbedeckung 7 (Cu im W und S, St im E und NE). Bei der St-Schicht kann es sich jedoch auch um eine Täuschung handeln, die durch den dichten Harmattan hervorgerufen wird. *t* 23,1°. Der obere Teil des Großen Kamerunberges ist wieder ziemlich klar. Über seinem Gipfel stehen einige Cu und Ci in dünnen Streifen.

b) Mongonge. Beobachtungstag: 8. Januar 1937

6 Uhr: *t* 16,5°. Es liegt Tau. Der Himmel ist im W, E und SE mit Acu bedeckt. Es herrscht Haramattandunst, der jedoch noch gestattet, die Umrisse des Großen Kamerunberges im SE zu erkennen. Windstille. — 7 Uhr: Die Bewölkung hat sich inzwischen in Cu verwandelt. Wind NW 1. Der Kamerunberg ist nicht mehr sichtbar. — 8 Uhr: *t* 20°; wolkenlos. Windstille. Der Kamerunberg ist in dem herrschenden Dunst nicht zu sehen, doch kann die Sonne noch den Harmattanschleier durchdringen. — 10 Uhr: Wolkenlos, sonst wie um 8 Uhr. *t* 26,5°. — 12 Uhr: Himmelsbedeckung 8 (Ast). Es weht SE-Wind in Stärke 3. Harmattandunst. *t* 28°. — 14 Uhr: Acu und Ast bedecken sieben Zehntel des Himmels. Windstille. Harmattandunst. *t* 27°. — 16 Uhr: Das Wetter ist unverändert geblieben. Die Sonne sticht. — 20 Uhr: Zwei Zehntel des Himmels sind mit Cu bedeckt. Windstille. Der Große Kamerunberg ist im Dunst wieder sichtbar. *t* 25°.

Aufn. Dr. Semmelhack

Abb. 5. **Regenmeßstation Isongo (Bibundi A.-G.)**

Sonnenscheinautograph Thermometerhütte Regenmesser

Aufn. Dr. Semmelhack

Abb. 6. **Meteorologische Station Ndongo („Likomba" Kamerun Bananen Gesellschaft A. G.)**

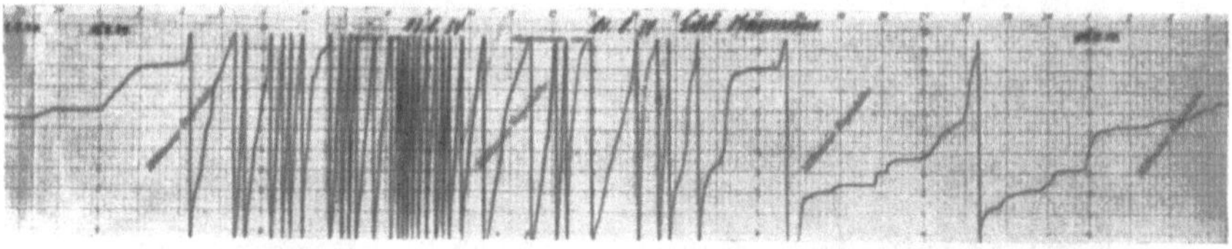

Abb. 7. **Registrierung eines Dauerregens in Tiko (Afrikanische Frucht-Compagnie)** durch einen selbstschreibenden Regenmesser (System Hellmann-Fuess) vom 12. August 1934 23^{21} Uhr bis 14. August 1934 4^{21} Uhr (Regenzeit).

Etwa $^3/_8$ der natürlichen Größe

Dauer des Regens: **29** Stunden

Gesamtregenmenge: **344,6** mm

Mittlere Intensität: 0,198 mm/Min. oder 11,898 mm/Std.

(Bei dem selbstschreibenden Regenmesser fließt das einfallende Regenwasser durch eine Röhre in ein Gefäß mit einem Schwimmer, an dessen Achse sich ein Hebelarm mit einer Schreibfeder befindet. Die Bewegung des Schwimmers wird durch die Schreibfeder auf den Schreibstreifen übertragen. Dieser ist auf einer Registriertrommel befestigt, die durch ein Uhrwerk in 1 Tag einmal um ihre Achse gedreht wird. Fließt Wasser aus dem Auffanggefäß in das den Schwimmer enthaltende Gefäß, so steigt der Schwimmer aufwärts und damit auch die Schreibfeder, die eine aufsteigende Kurve zeichnet. Wenn die Feder am oberen Ende der Teilung des Schreibstreifens bei 10 mm angelangt ist, entleert sich das Schwimmergefäß selbsttätig. Damit geht die Schreibfeder senkrecht nach unten bis zur Nullinie und fängt, wenn es weiter regnet, von neuem an zu schreiben. — Die nicht ganz einwandfreie Einstellung der Schreibfeder in der wiedergegebenen Registrierung ist für die Auswertung des Schreibstreifens ohne Belang.)

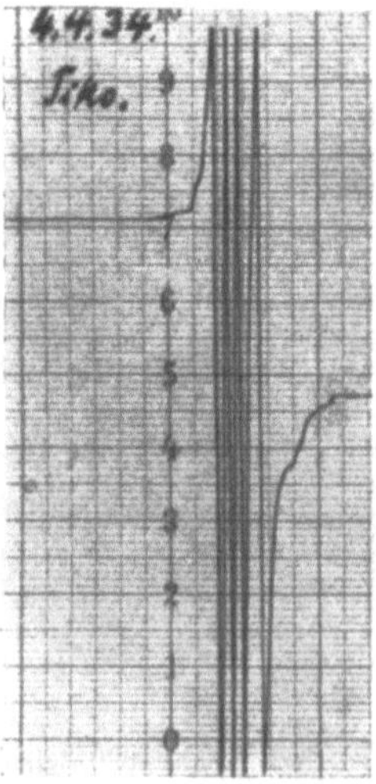

Abb. 8. **Registrierung eines Gewitter-(Tornado-) Regens in Tiko (Afrikanische Frucht-Compagnie)** am 4. April 1934 von 4^{52} Uhr bis 6^{05} Uhr (Übergangszeit).

Etwa $^5/_7$ der natürlichen Größe

Dauer des Regens: **73** Minuten

Gesamtregenmenge: **38,3** mm

Mittlere Intensität: 0,525 mm/Min. oder 31,5 mm/Std.

Der geologische Bau von Kamerun

Von **Professor Dr. Fritz Behrend**

Deutsch-Kamerum umfaßt eine Fläche von rund 800000 qkm. Die Größe des Gebietes hat sich mehrfach geändert. Das ursprüngliche alte Kamerun bedeckte eine Fläche von 519000 qkm; dazu kam noch das Gebiet zwischen den Flüssen Schari und Logone im Tschadseegebiet, mit einem Flächeninhalt von etwa 25000 qkm.

Durch den Marokkovertrag von 1911 trat Frankreich als Entschädigung für die Ansprüche in Marokko einen kleinen Teil seines Besitzes in Äquatorialafrika an der Kameruner Ostgrenze und einen Teil von Gabun an der Südgrenze an Deutschland ab. Dieser ganze Neubesitz hatte etwa 270000 qkm Flächeninhalt.

Dafür erhielt Frankreich von Deutschland das Gebiet zwischen Schari und Logone.

Durch den Versailler Vertrag fielen an Frankreich die neuerworbenen Teile zurück. Von dem Gebiet zwischen Logone und Schari, das 1911 im Austausch dafür an Frankreich abgetreten worden war, war dabei nicht mehr die Rede.

Den verbleibenden Rest der Kolonie mit einem Flächeninhalt von 519000 qkm teilten England und Frankreich unter sich in der Weise, daß England sich mit zwei kleineren Gebieten an der Nigeria-Grenze begnügte die etwa 89000 qkm umfassen, und die verwaltungsmäßig der Kolonie Nigeria angegliedert sind. Das englische Mandat umfaßt auch das sehr wertvolle Gebiet deutscher Pflanzungen am Kamerungebirge.

Den großen östlichen Teil (429750 qkm) verwaltet Frankreich als Mandatsgebiet unter besonderer Verwaltung. Über die Entwicklung dieses Teiles gibt die französische Verwaltung jährlich ausführlichen Bericht.

Die Ausbeute an nutzbaren Mineralien aus Flußalluvionen im französischen Mandatsgebiet Kamerun war nach französischen Angaben folgende:

	Gold in kg	Zinnsteinkonzentrate mit 70% Sn in t	Rutil in t
1933	29,63	76	—
1934	13,38	222	—
1935	88,09	312	45
1936	343,0	315	55
1937	442,0	336	103
1938	483,0	315	118

1. Archaikum und Alt-Algonkium

Archaische, und neben ihnen altalgonkische Gesteine bilden im westlichen Afrika eine riesige zusammenhängende Fläche, die sich von Togo über Dahomey und Nigeria durch ganz Kamerun und in den englisch-ägyptischen Sudan hineinzieht, und die nur stellenweise, z. B. im Niger- und Benue-Tal, von jüngeren Sedimenten verdeckt ist.

Trotz scheinbarer Eintönigkeit wechseln die Gesteine in den einzelnen Gebieten erheblich. Neben dem örtlichen Wechsel des Grades der Metamorphose spielt auch die von Ort zu Ort wechselnde primäre Zusammensetzung der Gesteine dabei eine wesentliche Rolle. Wahrscheinlich umfaßt das Archaikum seinerseits mehrere Formationen.

Die dem Archaikum zugerechneten hochmetamorphosen Gesteine bestehen aus Orthogneisen, und zwar sowohl Biotit- wie Muskowit-, auch Hornblende- und Zweiglimmer-Orthogneisen, die intrusiv in hochmetamorphen Sedimenten sitzen. Diese Sedimente bestehen vorwiegend aus Paragneisen der verschiedensten Ausbildung, zu denen noch stellenweise Muskowitglimmerschiefer, Biotitglimmerschiefer, solche mit reichlicher Granatführung und andere mit Graphit hinzutreten. Auch Graphitgneise sind mehrfach vorhanden.

Die Glimmerschiefergruppe scheint in Kamerun ziemlich stark entwickelt zu sein, wahrscheinlich gehört sie, wenigstens zum großen Teil, ins Altalgonkium, kann aber heute auf den Karten noch nicht vollständig dargestellt werden.

In Kamerum lassen sich nach der Karte von Haugou drei ungefähr WNW, also in erythreischer Richtung streichende Zonen von vorherrschendem Orthogneis unterscheiden, die durch zwei in gleicher Richtung streichende Zonen mit vorherrschenden Paragneisen und Glimmerschiefern getrennt sind.

Aus den einzelnen Gebieten werden sehr wechselnde Streichrichtungen der archaischen Gesteine angegeben und es ist nach den bisher vorliegenden Beobachtungen nicht zu erkennen, ob es sich um spätere tektonische Verdrehungen einzelner großer Schollen oder um primäre Unterschiede in der Faltung von Sedimenten verschiedenen Alters handelt.

Stellenweise, namentlich in den Gebieten von Dschang, Banjo, Mbati, Eseka, Jaunde enthalten die Paragneise und Schiefer Rutil, der sich im Eluvium anreichert und an einigen Stellen in primitivem Bergbau gewonnen wird. Voraussichtlich kann die Gewinnung dieses wichtigen Titanerzes wesentlich gesteigert werden.

2. Jung-Algonkium

Jungalgonkische Gesteine haben in Kamerum eine verhältnismäßig geringe Verbreitung; scheinbar sind sie an vielen Stellen abgetragen und nur noch in Resten vorhanden.

In Nordkamerum sind es Glimmerschiefer, Phyllite, Quarzite und kristalliner Kalk, die die algonkischen Inseln im mittleren Farobecken südlich Garua und die bei Lere östlich Garua zusammensetzen.

Im östlichen Teil von Mittelkamerun, im Stromgebiet des Lom, zwischen den Orten Betare-Oya, Meiganga und Kunde, ferner im Südosten in der Gegend von Jukaduma fehlen die kalkigen Einlagerungen anscheinend teilweise, dagegen sind neben den Quarziten, Sandsteinen und Phylliten stellenweise auch Graphitschiefer vorhanden, die aber vorläufig keinerlei wirtschaftliche Bedeutung haben. Auch Eisen-Quarzitschiefer treten gelegentlich auf. Sie sind aber scheinbar nicht so weit und regelmäßig verbreitet wie in Togo.

Im Bereich des Mambere-(Carnot-)Sandsteins (S. 192) am oberen Sanga ist von West nach Ost die Auflagerung des Jung-Algonkiums auf Archaikum in den Flußtälern zu verfolgen, die durch die flach liegenden Sandsteintafeln bis in die alten Gesteine eingesägt sind.

Im westlichen Teil des Gebietes besteht der Untergrund aus Ortho- und Paragneisen mit Durchbrüchen von Granit, Diorit und Gabbro. Darüber folgen nach Osten hin Glimmerschiefer, glimmerführender Sandstein, Phyllit und Quarzit.

In der Umgebung von Nola und weiter nach Süden sind die Schiefer, Quarzite und Sandsteine nur schwach metamorph und streichen südwestlich.

Am Lom bestehen die Sedimente, die wahrscheinlich zum Jungalgonkium zu stellen sind, aus Tonschiefern und kohligen Schiefern mit Linsen von sandiger Kohle bzw. kohligem Sandstein.

Bei Betare-Oya enthält nach Borgniez (Chronique des Mines coloniales, Nr. 44, 1935, S. 354—372) eine mächtige Zone von quarzitischem Sandstein eine geringmächtige Konglomeratbank mit sandiger Grundmasse und mit Quarzgeröllen.

In der Gegend von Carnot sind die Quarzite und Schiefer in NS-Richtung gefaltet. Die Faltung ist namentlich im Lomtal gut zu sehen und oft steil.

Wahrscheinlich auf diese Faltung ist auch die scheinbare große Mächtigkeit einzelner Sedimentstufen zurückzuführen. Borgniez berichtet z. B., daß an der Lomquelle eine Wechsellagerung von sehr mächtigen Sandstein- und Schieferpaketen zu beobachten ist.

Eine einzige Sandsteinzone und die darauf liegende Schieferzone sollen jede eine Mächtigkeit von mehr als 1000 m haben.

Im ganzen schätzte Borgniez die Gesamtmächtigkeit der jungalgonkischen Schiefer, Sandsteine, Quarzite und dolomitischen Gesteine auf mehr als 3000 m.

Haugou gibt in der Erläuterung zu seiner geologischen Karte von Kamerun vom Stromgebiet des Lom zwischen Meiganga und Betare-Oya folgendes Profil vom Hangenden zum Liegenden:

Quarzitischer Sandstein,
glimmerführender Sandstein mit tonigem Bindemittel,
Schieferischer Sandstein,
Metamorpher Schiefer, zum Teil rötlich,
Graphitschiefer mit Linsen und Trümern von schwach goldhaltigem Quarz.

Van Aubel (Bull. Soc. géol. France, V., Bd. 7, 1937, S. 295—316) hat das südöstliche Gebiet von Kamerum zwischen Jukaduma, Molundu, Sembe, Nola und Sosso genau untersucht, und die dort auftretenden algonkischen Schichten in drei Stufen gegliedert, die dem Muva-Ankolesystem im östlichen Afrika entsprechen. Der Metamorphismus der hangendsten Stufe ist kaum merklich, wird in der mittleren Schiefer-Quarzitstufe, die auf große Erstreckung zu verfolgen ist, deutlicher und ist in der tiefsten Schieferstufe am kräftigsten. Diese tiefste Stufe besteht vom Hangenden zum Liegenden aus folgenden Zonen:

Schwach metamorphe glimmerführende Schiefer, nicht gebändert.
Phyllit oder Glimmerschiefer mit Pyrit.
Amphibolschiefer, Quarzglimmerschiefer und Dachschiefer.

Die Granitintrusionen des Gebietes gehören meist dem gleichen Zyklus an und sind an den Rändern zum Teil in Gneis umgewandelt.

Jünger als diese Granitdurchbrüche sind Gabbrostöcke und saure Granite, die nicht gepreßt sind. Die Sedimente sind verschieden gefaltet, teils NO, teils NW.

An diese jüngsten Durchbrüche von saurem Granit sind goldführende Pyrit-Quarzgänge gebunden.

Im ganzen sind die Gebiete, in denen in Kamerum das Algonkium erhalten ist, ziemlich klein, und nur das von Jukaduma im SO-Zipfel von Kamerun scheint erheblicheren Umfang zu besitzen. Es ist großenteils vom Alluvium des Ubangi-Unterlaufes verdeckt.

Interessant ist die Tatsache, daß die algonkischen Gesteine an vielen Stellen von einem Netz von pyritführenden Quarzgängen durchsetzt sind, die 50—80 mm Mächtigkeit erreichen, und die stellenweise und nur gelegentlich bauwürdige Goldgehalte führen. Meist aber ist der durchschnittlich sehr geringe primäre Goldgehalt in den Alluvionen der das Gebiet durchziehenden Wasserläufe angereichert und hat zu ziemlich erheblichem Seifenbergbau Veranlassung gegeben, so namentlich im Gebiet des Lomflusses und bei Jukaduma. Die Goldproduktion von Kamerum, die im Jahre 1936 etwa 343 kg betrug, stammt fast ganz aus dem Lomgebiet. Der Goldbergbau der Gegend von Jukaduma ist so gut wie ganz zum Erliegen gekommen.

Im Ubangigebiet in Französisch-Äquatorialafrika, in der Gegend von Fort Crampel und Bangi und weiter nach Osten hin bis fast an die Sudangrenze nehmen algonkische Sedimente sehr große Flächenräume ein. Sie bestehen auch hier, wie üblich, aus Quarzit, Phyllit und Serizitschiefer, denen am mittleren Ubangi Zonen von Itabirit, aus Quarz und Roteisen bestehend, eingeschaltet sind. An mehreren Stellen sollen erhebliche Eisenanreicherungen vorhanden sein.

Das Streichen des gefalteten Algonkiums wird im wesentlichen zu NNW angegeben.

3. Intrusiva im Archaikum und Algonkium

Es wurde bereits erwähnt, daß in Kamerun Orthogneise verschiedener Art den archaischen Sedimenten zwischengeschaltet sind. Stellenweise nehmen sie sogar erhebliche Flächenräume ein.

Die alten Sedimente sind also noch in archaischen Zeiten im Verlauf der Faltungsprozesse, wahrscheinlich in mehreren Perioden von sauren Intrusivmassen durchbrochen und kontaktmetamorph verändert, zum Teil assimiliert worden, vielleicht noch bevor sie in den Bereich der Kata- oder Mesozone gerieten. Mit dem endgültigen Abschluß dieser ersten Auffaltungsperioden waren auch die massenhaften Granitintrusionen beendet, die heute als Orthogneise zwischen den alten Sedimenten liegen.

Basische Intrusionen waren in dieser Periode seltener und haben meist geringen Umfang gehabt. Sie liegen heute durchweg als Amphibolite und Pyroxenite vor.

Nun wird aber das Archaikum ebenso wie die algonkischen Schichten von zahlreichen großen und kleinen Massiven und Stöcken von granitischen Gesteinen durchsetzt, die namentlich die algonkischen Sedimente im Kontakthof oft so wesentlich umgewandelt haben, daß sie den archaischen ähnlich werden. Die schnelle Abnahme der Umwandlung mit der Entfernung vom Intrusiv kennzeichnet aber stets die Kontaktmetamorphose.

In der Mehrzahl der Fälle bestehen diese Intrusiva, die also jung- oder postalgonkisch sind, aus Biotitgranit, in manchen Gebieten auch zum Teil oder vorwiegend aus Zweiglimmergranit. Reiner Muskowitgranit ist seltener. Hornblendegranit ist stellenweise, namentlich in Adamaua, ziemlich verbreitet.

Manche größeren Massive zeigen in den Randgebieten oft mehr oder weniger ausgesprochene Gneisstruktur, während der zentrale Teil meist normal granitisch struiert ist. Kleinere Stöcke sind oft völlig in Gneis umgewandelt. Andere Massive und Stöcke zeigen überhaupt keine Deformationserscheinungen.

Im übrigen durchsetzen diese jüngeren Intrusiva die archaischen Orthogneise ebenso, wie die kristallinen Sedimente.

Außer den Graniten treten viel seltener auch basische Intrusivgesteine auf, die gelegentlich größeren Umfang besitzen.

Aus dem Verhalten der Gesteine geht hervor, daß die Intrusionen offenbar in mehreren, vielleicht zum Teil weit auseinanderliegenden Perioden erfolgt sind.

Auf den „älteren" Karten (Denayer, 1928, ferner im großen französischen Kolonialatlas, der auf Denayers Karte fußt), sind die größeren dieser Intrusiva teilweise dargestellt. Dagegen geben die neueren Karten (Borgniez 1935, Haugou 1935, Korableff 1937) archaische Gesteine und intrusiven Granit in gleicher Farbe an, Haugou und ihm folgend Korableff unterscheiden nur die Gebiete mit vorwiegendem Granitgneis von denen mit vorwiegendem Paragneis nebst anderen hochmetamorphen Sedimenten. Da aber doch einige recht erhebliche Massive von intrusivem Granit im Archaikum bekannt sind, wie z. B. das große Gebiet von Jade und Bosum an der Ostgrenze von Kamerun im Stromgebiet des oberen Logone, so müssen auch diese auf Übersichtskarten dargestellt werden, um ein vollständiges geologisches Bild zu geben.

Die granitischen Intrusive in Kamerun weisen im scheinbaren Gegensatz zu denen in Togo ein reichliches Gefolge von Pegmatiten verschiedener Art, pegmatitischen Quarzgängen, gelegentlich auch Aplit und Bostonit auf, die teilweise nutzbare Mineralien führen.

Im Dualabezirk treten Sedimentgneise mit mehrfach eingeschalteten Quarzitlagen auf, die mehrfach von hellfarbigem Biotit- und Zweiglimmergranit durchbrochen werden. In der Umgebung dieser Granitstöcke treten zahlreiche Pegmatit-, Quarz-Turmalin- und reine Quarzgänge auf.

Beim Dorf Behudi am Ostufer des Mbo in der Landschaft Ndembang wurde gelegentlich ein solcher Gang untersucht, der in petrographischer Beziehung sehr interessant war. In der Umgebung des aus weißem Orthoklas, grauem Quarz und hellem Muskowit bestehenden Ganges war nämlich eine Einwanderung von Orthoklas ins Nebengestein festzustellen, außerdem führten einige Nebentrümer des Ganges reichlich Granat. Abseits des Kontaktbereiches diese Ganges fehlten diese Mineralien.

Der Syenit von Ala am Südostende der Croßflußmulde ähnelt dem, der mit den Zinngraniten in Nordnigeria vergesellschaftet ist.

Ferner sind wirtschaftlich wertvolle glimmerführende Pegmatitgänge in großer Anzahl bekannt, von denen der bei Essudan, südlich Mamfe, im englischen Mandatsgebiet, in der Literatur am bekanntesten geworden ist. Er hat große Glimmerplatten von ausgezeichneter Qualität geliefert. Hierher gehören auch die zinnführenden Pegmatitgänge der Prinz-Luitpoldberge, westlich Tibati, noch im französischen Mandatsgebiet liegend. Die aus ihnen entstandenen Seifen liefern heute eine erhebliche Zinnerzproduktion. Im Jahre 1936 wurden 315 t Konzentrate mit 70% Zinnmetall gewonnen. Die Lagerstätten werden von zwei Gesellschaften ausgebeutet.

Hierher gehören ferner die großen Gangzonen von wolframitführenden pegmatitischen Quarzgängen von Gutschumi im Tengelingebirge nördlich von Garua.

In gewissen Zonen sind die archaischen Schichten derart häufig von Pegmatitgängen durchsetzt, die Granat und Turmalin führen, daß Haugou sie auf seiner Karte besonders hervorgehoben hat.

Größere Stöcke von Syenit sind im englischen Mandatsgebiet zwischen den Flüssen Donga und Gamana, ferner zwischen den Flüssen Katsena und Wam bekannt.

Basische Intrusive scheinen in Kamerun nicht häufig zu sein. Bekannt sind bisher nur zwei kleine Gabbromassive bei Marua im Norden der Kolonie und ein größeres im Südosten südlich Jukaduma, dessen Umfang und Zusammensetzung aber noch nicht näher untersucht ist. Ferner werden von verschiedenen Stellen in Adamaua gangförmige Porphyrite von geringer Ausdehnung erwähnt.

4. Katangaformation (Kundelungu)

In Kamerun sind Schichten, die wahrscheinlich hierher zu rechnen sind, bisher nur im Süden bekannt. Sie besitzen in Gabun anscheinend erhebliche Verbreitung und dringen von hier in einer schmalen Zunge östlich der Regierungsstation Akoafim auf deutsches Gebiet vor. Auch am Unterlauf des in den Ubangi fließenden Sanga kommen sie unter dem dort sehr ausgedehnten Alluvium zutage.

Die Schichten bestehen aus einer Folge von quarzitischen Sandsteinen, Arkosen und Tonschiefern von meist roter, selten heller Farbe, mit Konglomeratbänken an der Basis. Stellenweise treten in ihnen Zonen von schwarzem Schiefer auf.

Die gleiche Schichtfolge wurde in der Ubangiregion von Französisch-Äquatorialafrika, wo sie große Ausdehnung besitzt, von Borgniez als „Fouroumbalaformation" bezeichnet, nach der Station Furumbala am Unterlauf des Kotto.

Die Schichten sind den oberen Kundelunguschichten, also dem obersten Teil der Katangaformation gleichzusetzen.

Ob die Grauwackenschiefer und Tonschiefer am Sidifluß östlich Rei Buba in Nordadamaua hierher gehören, wie Range annimmt, ist nicht sicher. Mann stellte sie ohne jeden Zweifel zu den Dakumeschichten, (vgl. aber dazu S. 190) und meint nur, sie seien „älter als turon".

5. Karruformation

Der älteste Teil der Karruformation, die Dwyka- und die Ekka-Lukugastufe fehlt anscheinend in Kamerun. Die jüngeren Stufen dagegen sind vorhanden.

a) Dakumeschichten (Lualabastufe)

In Nord-Adamaua treten an den Flüssen Mao Dakume und Mao Bulo, wenige Kilometer südlich Ssarauiel, NW Lere, schiefrige Grauwacken, Quarzite und dunkle bituminöse Tonschiefer auf, die am Mao Dakume O—W bis NW—SO streichen und mit Winkeln bis zu 40° nach Süden einfallen. Sie werden von einem Porphyrgang durchsetzt. In dem Vorkommen am Mao Bulo, das von ersterem durch eine Gneiszone von einigen Kilometern Breite getrennt ist, streichen die Schichten NO und fallen mit 50° nach NW. Passarge und nach ihm O. Mann haben die beiden Hauptpunkte untersucht. Mann fand in ihnen Fischreste, die von E. Hennig als *Lepidotus manni* beschrieben wurden, einen Saurierzahn und unbestimmbare Pflanzenreste. Ferner fanden sich Schalen, die von Jaekel als „altertümliche Brachiopoden" angesprochen wurden, die aber später scheinbar verlorengingen und daher nicht näher untersucht werden konnten. Da auch der *Lepidotus* eine neue Spezies und deshalb nicht geeignet war für eine genauere Horizontierung, ließ es Hennig offen, ob die Schichten zum oberen Jura oder zur unteren Kreide zu stellen seien.

Neuerdings hat nun W. O. Dietrich (Zentralbl. f. Min. Abt. B. 1939, S. 60—63) in der Berliner Universitätssammlung die angeblichen Brachiopoden der Sammlung Passarge wieder aufgefunden und als *Estheriella lualabensis* festgestellt. Die Phyllopoden liegen in dichtem, brekziösem, eisenschüssigem Dolomit eingebettet. Nach diesem entscheidenden Fund ist die ganze Schichtenfolge also nicht etwa als Kreide anzusehen, sondern sie gehört zur Lualaba-Lubilaschserie, d. h. wohl zur mittleren Karru. Es handelt sich um Absätze periodisch eintrocknender Binnengewässer.

Die Schichten sind sicher älter als der Mambere- (Carnat-) Sandstein, entsprechen also wahrscheinlich den Lualabaschichten in Belgisch-Kongo. Sie müssen als der Abtragung entgangene eingefaltete Reste oder eingesunkene Schollen einer ehemals ausgedehnten Sedimentdecke aufgefaßt werden. Bezeichnend ist ihre Lage am Rande des Tschadbeckens, das vielleicht in der Beaufortzeit mit dem Kongobecken zusammenhing.

Am Mao Lidi (Sidi) und Mao Beimba östlich Rei Buba treten Grauwacken, Grauwackenschiefer und schwarze Tonschiefer auf, die O—W streichen und mit 50° nach Norden einfallen. Fossilien sind in ihnen bisher nicht gefunden. Die Gesteine werden nach der Beobachtung von O. Mann an den Bergen Hossere Beimba und Hossere Lauban von Granitstöcken durchbrochen und die Schiefer sind im Kontaktbereich des Beimbagranits in Knotenschiefer umgewandelt („Sidi-Schichten“).

Ähnliche Grauwacken und Schiefer bei Bidjar in der Gegend von Binder, östlich vom Luefluß enthalten nach den Beobachtungen von Mann eine ausgedehnte Linse von Marmor. Der Granit des Hossere Bidjar hat die Schichten kontaktmetamorph beeinflußt.

Ähnliche kleine Sedimentfetzen sind in Nordadamaua an mehreren Stellen gefunden.

Es wäre wünschenswert festzustellen, ob sich in allen diesen Sedimenten Fossilien nachweisen lassen, die die Auffassung von Mann rechtfertigen würden, „daß alle diese Schollen gleichen Alters und durch Einfaltung vor der Erosion geschützte Reste einer größeren Decke sind“.

Zweitens aber scheint es dringend erforderlich, festzustellen, ob die im Kontakt mit den Granitstöcken umgewandelten Schiefer und der Marmor wirklich identisch mit den nicht metamorphosierten Sedimenten sind. Denn bisher sind in Mittelafrika keine Granitdurchbrüche bekannt, die der Karruzeit angehören oder noch jünger sind. Es ist wahrscheinlicher, daß Reste von Karrusedimenten und von algonkischen Sedimenten im gleichen Gebiet nebeneinander vorkommen, und daß die Sidi-Schichten jungalgonkisch sind.

b) Lubilasch-Sankurustufe
Mambere- (Carnot-) Sandstein

Die jüngsten, triassischen und jurassischen Schichten der Karru, die Lubilaschschichten, sind im östlichen Teil von Neu-Kamerun im Stromgebiet des oberen Mambere zwischen Buar, Carnot und Nola entwickelt und ziehen hier in breiter Fläche nach Südosten bis zum Ubangi, südlich von Libenge und greifen über den Ubangi nach Osten hinweg.

Ihre südliche Fortsetzung bilden die Batekesandsteine im französischen Mittelkongo.

Im östlichen Teil von Französisch-Äquatorialafrika besitzen die Schichten in der Gegend von Ndele, Ouada und Muka weite Verbreitung und werden daher von den französischen Geologen als Muka-Ndeleschichten bezeichnet.

Der Schichtenkomplex baut sich auf aus flach NW—SO gefalteten fluvio-lakustren hellen, leicht zu Sand verwitternden Sandsteinen und bunten Mergeln, die zwischen Ubangi und Mambere ein zum Teil mit Dünen bedecktes wasserloses Plateau bilden. An der Basis liegen einige Konglomeratbänke, zum Teil mit eisenschüssigem Bindemittel.

Im Liegenden sind stellenweise in den Flußtälern schwarze, nicht metamorphe Schiefer freigelegt, mit merklicher Diskordanz zu den Sandsteinen, deren Alter bisher nicht festgelegt ist. Manche Autoren sehen sie als fragliches Algonkium an; mutmaßlich handelt es sich aber um Äquivalente der Transvaal-Nama- (Katanga-) Schichten.

Babet (Bull. Soc. géol. de France, V., Bd. 5, 1935, S. 453) gab ein Profil der Mambere- (Carnot-) Sandsteine aus der Gegend von Carnot, am Zusammenfluß von Mambere und Nana:

5. Alluvialer Kies.
4. Braunvioletter eisenschüssiger Sandstein, im hangenden Teil übergehend in eisenschüssigen sandigen Ton.
3. Weißer grober konglomeratischer Sandstein mit geringem Kaolingehalt.
2. Grober Sandstein wie 4, aber mürbe, reich an Kaolin und hellrot gefärbt.
1. Basis: Roter konglomeratischer Sandstein mit tonig-sandigem Bindemittel.

Liegendes: Im Westen Ortho- und Paragneis mit sauren und basischen Intrusionen. Darüber folgen nach Osten Glimmersandstein, Glimmerschiefer, Phyllit, Quarzit. Die Basiszone (1) hat wechselnde Beschaffenheit.

a) Bei Carnot ist der rote konglomeratische Sandstein offenbar ein fossiler Verwitterungsboden.

b) Bei Nanziembe, OSO Berberati, liegt an der Basis ein Konglomerat mit tonig-sandigem Bindemittel. Die Gerölle bestehen aus Gneis und glimmerführendem Sandstein, die im Untergrunde entstehen.

c) Am Wege nach Gaza, NW Berberati, liegt ein ähnliches, aber gröberes Konglomerat.

d) Bei Samo, am Wege von Bania nach Nola, liegt an der Basis der Sandsteine ein dichter, feiner roter Ton, der scheinbar in einem ruhigen Wasserbecken abgesetzt ist.

e) Am mittleren Lobaye, im Baghirigebiet, ist der liegenden Gneis vor der Ablagerung der Sandsteine verwittert.

Die Basis besteht also überall aus roten Verwitterungs- und Abtragungsprodukten.

Die Mächtigkeit des Basiskonglomerats der Mamberesandsteine ist im Norden am größten und nimmt nach Süden deutlich ab. Nach SO hin verschwindet es sogar allmählich.

Die eigentlichen Mambere- (Carnot-) Sandsteine sind teils fein-, teils grobkörnig; sie zeigen Kreuzschichtung und führen Konglomeratlinsen. Im Bindemittel ist immer Kaolin vorhanden, und zwar im unteren rötlichen Teil viel, im hangenden, weißgefärbten Teil wenig Kaolin. Der Übergang ist unscharf.

Die Mächtigkeit der Mamberesandsteine beträgt im Mittel 300 m. An der Oberfläche zerfällt der Sandstein zu lockerem, meist schneeweißem Sand, der stellenweise, ebenso wie im Kongo eingekieselt ist und „grès polymorphes“ bildet.

In der Gegend von Nola am Mambere und bei Berberati sind in den Alluvionen, die den Basisschichten dieser flachliegenden Sandsteine entstammen, Diamanten gefunden worden, also in der gleichen Position, wie die Diamanten in dem Basiskonglomerat der petrographisch sehr ähnlichen und stratigraphisch gleichwertigen Lubilaschschichten am Kasai.

Bei dem anscheinend gänzlichen Mangel an bestimmbaren Fossilien kann man vielleicht diese Diamanten als eine Art von „Leitmineralien“ für die Horizontierung der Schichten benutzen. Störungen von 50—100 m Sprunghöhe durchschneiden den Mamberesandstein mehrfach. Sie gehören zwei Systemen an, von denen das eine NO, das andere NW streicht.

6. Sedimente unsicheren Alters

a) Djeremsandstein

Passarge beschrieb nach den Beobachtungen des Oberleutnants Nolte weißen Sandstein, der an den Ufern des Djerem (zum oberen Sanaga) anstehen soll und trug ihn als grabenförmige Einsenkung in seiner Karte ein. Guillemain, der später den Fluß ebenfalls von Tibati aus befuhr, konnte aber den Sandstein nicht wiederfinden. Es ist bisher nicht geklärt, ob von einer Seite ein Beobachtungsfehler vorliegt, oder ob etwa Guillemain den Fluß bei höherem Wasserstande befahren hat als Nolte.

b) Mbere- und Mbinasandstein

In den Tälern des Mbere und Mbina, die nach ihrer Vereinigung bei Baibokum den westlichen Logone bilden, liegen helle Sandsteine und Konglomerate, ebenso in den Tälern einiger anderer Nebenflüsse des Logonegebietes. Die zwischen den Tälern liegenden Höhenrücken bestehen aus archaischen Gesteinen; Sandsteindecken fehlen auf ihnen.

Der Gedanke, daß es sich in allen diesen Fällen um Grabenbrüche handeln sollte, ist abzulehnen. Störungen konnten bisher in keinem Falle an den Talrändern nachgewiesen werden. Vielmehr liegen gewisse Anhaltspunkte dafür vor, daß es sich hier um alte Talsysteme handelt, die zu irgendeiner Zeit von ausgedehnten Sandsteindecken ausgefüllt und überdeckt wurden. Die Sandsteintafeln sind später abgetragen worden und die Ausfüllungen der alten Flußtäler sind als ihre letzten Reste zu betrachten.

Edlinger und Mann verglichen diese Sandsteine mit dem ziemlich ähnlichen Benuesandstein. Sie würden dann vielleicht aber kretazisches Alter haben.

Andererseits ist der Mambere- (Carnot-) Sandstein, der ja der oberen Trias oder dem unteren Jura angehört, ebenfalls diesen Sedimenten im Mbere- und Mbinatal sehr ähnlich. Die Vorkommen liegen außerdem zum allergrößten Teil (mit Ausnahme des wahrscheinlich ebenfalls hierher gehörenden Djerem-Sandsteins) östlich der Wasserscheide gegen den Atlantischen Ozean, im Randgebiet des Tschadbeckens. Die rein kontinentalen Lualaba-Lubilaschschichten (Mambere-Sandstein, Bateke-Sandstein, Muka-Ndele-Sandstein) sind im wesentlichen an diese Binnenbecken gebunden, und es ist sehr wahrscheinlich, daß die Mbere- und Mbina-Sandsteine mit ihnen gleichen Alters sind.

Ebenfalls am Rande des Tschadgebietes liegen ja die Dakumeschichten mit ihren Fossilien, die vielleicht als die ältesten Sedimente des Tschadbeckens anzusehen sind, und sich möglicherweise auch in den alten Tälern unter den Sandsteinen wiederfinden werden.

Es ist nicht unwahrscheinlich, daß das Tschadbecken ungefähr ebenso alt wie das Kongobecken ist, und vielleicht in der Lualaba-Lubilaschzeit mit ihm zusammenhing.

Die Täler des Mbere und Mbina gehören dem Randgebiet des großen Binnenbeckens an und aus ihnen und vielen anderen wurde das Material zugeführt, das in den ausgedehnten Sandsteintafeln im Süden und Südosten aufgespeichert wurde.

Im übrigen ist die Ausfüllung alter Erosionstäler durchaus nichts Außergewöhnliches. Im östlichen Teil des Belgischen Kongo sind mehrfach alte Talläufe bekannt, die von Dwyka- und Ekkaschichten ausgefüllt sind, und von den heutigen Flüssen wieder benutzt werden. Ebenso ist das Tal des Lunangwa in Nord-Rhodesia in seiner ganzen von Karrusedimenten erfüllten Breite wahrscheinlich ein reines Erosionstal und kein Graben. Ferner liegen im Kasaigebiet an der Basis der Lubilaschschichten alte Talsysteme, an deren Umgebung zum Teil die Diamantführung der tiefsten Teile der Lubilaschschichten gebunden ist.

c) Tengelin-Sandstein

Von Rei Buba über Garua bis nach Yola in Nigeria fließt der Oberlauf des Benue durch ein von Granit, archaischen und algonkischen Gesteinen umrahmtes Becken, das von flachliegenden Sandsteinen in erheblicher Mächtigkeit erfüllt ist. Die weißen oder gelblichen Sandsteine sind mittel- bis grobkörnig, führen Kaolin, teilweise auch Feldspat. Konglomeratbänke sind ihnen eingeschaltet.

An beiden Ufern des Benue bilden sie Tafelberge von erheblicher Höhe und Ausdehnung.

Eines der größten zusammenhängenden Tafelberggebiete ist das Tengelingebirge nördlich Garua, nach dem wir den Sandstein benennen.

Nach unseren bisherigen Kenntnissen sind in den Sandsteinen keine Fossilien vorhanden.

Bisher hat man angenommen, daß diese mehrere 100 m mächtige Sandsteindecke das Hangende der Kreideschichten des Niger- und Benuetales bildet, und demnach Tertiär, wahrscheinlich Jungtertiär darstellt und hat es als solches auf den Karten eingetragen.

Es ist aber bis jetzt weder der Beweis für das tertiäre Alter noch dafür erbracht worden, daß der Tengelin-Sandstein etwa im Hangenden des sogenannten Benuesandsteins liegt.

Die Gesteinsbeschaffenheit und die Gesteinsfolge erinnert an gewisse Teile der Kreidesandsteine des Niger-Benuetales; andererseits in noch höherem Maße an den Mambere- (Lubilasch-) Sandstein. Es ist durchaus nicht ausgeschlossen, daß hier am Oberlauf des Benue, nicht allzuweit entfernt von den Sandsteinen und Konglomeraten des Mbere und Mbina ein weiterer isolierter Rest der Lubilaschschichten erhalten ist, der in diesem Falle das Liegende der Benuesandsteine bilden würde.

Wo die Wasserscheide lag zwischen den großen Binnenbecken des Tschad und des Kongo einerseits und dem Küsten- bzw. Niger-Benuegebiet andererseits zur Zeit der Bildung der jüngsten Karrusedimente (Mamberesandstein, Lubilaschsandstein) ist bisher noch unbekannt.

Die stratigraphische Stellung des Tengelinsandsteins ist also unsicher.

Anhangsweise mögen hier Sedimente zweifelhafter Stellung erwähnt werden, nämlich

d) die Küstensandsteine,

die „grès sublittoraux" der französischen Autoren. Das sind vorwiegend horizontal liegende grobe braune, rote und gefleckte Sandsteine, ferner Schiefer und Kalksteine ohne Fossilinhalt, die sich auf den Westrand der kristallinen Gesteine gegen das Küstengebiet auflegen und die von Kreide und Tertiär überlagert werden; ob konkordant oder diskordant, ist noch unbekannt. Die Schichten sind von Angola, durch den Niederkongo, Gabun und Spanisch Rio Muni nach Norden bis nach Kribi in Süd-Kamerun zu verfolgen.

Wegen des bisherigen Mangels an Fossilien ist eine Einstufung der Schichten noch nicht möglich. Sie werden von den verschiedenen Autoren teils zur unteren Kreide gestellt, teils mit den Lubilaschschichten verglichen und würden im letzteren Falle ungefähr in den Jura, vielleicht sogar in den oberen Teil desselben zu stellen sein.

Da an der ostafrikanischen Küste ähnliche terrestrische Sedimente auftreten, die ihrer stratigraphischen Stellung nach ebenfalls in den oberen Jura zu stellen sind, so werden die Küstensandsteine hier ebenfalls als terrestrische Fazies des oberen Jura angesehen.

7. Sedimente der Kreidezeit

Die jüngeren Sedimente, die in vielfältiger Ausbildung namentlich im Küstengebiet vorhanden sind, die sich aber durch das Stromgebiet des Niger und Benue bis nach Nord-Kamerun in die Gegend von Garua erstrecken, bilden eine ziemlich lückenlose Schichtenfolge von der Unteren Kreide bis zum Alluvium. Die einzelnen Schichtglieder liegen aber nach der bisherigen Kenntnis zum großen Teil nicht immer unmittelbar übereinander, sondern teilweise verstreut und zeigen so das sehr wechselvolle Aufsteigen und Absinken der Ränder des afrikanischen Kontinents um die Kamerunbucht herum.

Die stratigraphische Horizontierung ist leider nur zum Teil in befriedigender Weise durchgeführt. Das liegt daran, daß einige Schichtenkomplexe sich bisher als fossiler erwiesen haben, in anderen sind zwar Fossilien gefunden, die aber bisher keine eindeutige Einordnung in das stratigraphische Schema erlauben. Nur wenige Vorkommen sind ausreichend bekannt und sorgfältig bearbeitet.

a) Küstengebiet

Teilweise gut erforscht sind die Kreidesedimente des Küstengebietes. Sie beginnen nördlich vom Wurifluß bei Duala und ziehen nördlich vom Kamerunberg vorbei zum Crossfluß, von da zum Benue, dessen Lauf sie nach NO bis ungefähr in die Gegend von Garua folgen. Namentlich die im Unterlauf des Mungoflusses NO-Buea aufgeschlossenen Schichten sind durch Esch und Guillemain genauer untersucht und die Fossilien durch Riedel bearbeitet worden.

Die Schichten am Mungo bestehen im wesentlichen aus Sandsteinen und Kalksteinen, die eine fortlaufende, ununterbrochene Schichtenfolge bilden, die Faunen der Santon-, Kampan- und Mastrichtstufe, also solche der obersten Kreide, lieferten. Riedel konnte bisher 134 Fossilarten beschreiben. Die Schichten transgredieren unmittelbar auf Granit.

Hervorzuheben ist, daß Guillemain in den Mungoschichten bei Balangi Basalttuffe mit dikotylen Pflanzenresten fand. Danach scheint es, daß die ersten Basalteruptionen des Küstengebietes bereits im Senon begonnen haben.

Die von Jaekel aus ähnlichen Schichten in der Nähe beschriebenen Fischzähne sind zu wenig charakteristisch, um aus ihnen auf ein jüngeres (tertiäres) Alter der Schichten schließen zu können, wie ja überhaupt vereinzelte neue Spezies für eine genaue Horizontierung meist nicht in Betracht kommen.

Vom Mungo nach Osten bis zum Wuri und Dibamba treten in gleicher transgredierender Lage Sandsteine, Arkosesandsteine und Konglomerate auf, nach Westen hin, im Gebiet des Rio-del-Rey, Sandsteine und Schiefer. Ob sie Fossilien führen, ist bisher nicht bekannt. Es ist möglich, daß sie mit den Mungoschichten zu parallelisieren sind.

b) Die Bucht von Mamfe (Kreuzflußschichten)

Die Kreidesedimente setzen sich dann über Rio-del-Rey nach NW zum Kreuzfluß (Cross River) fort und folgen diesem in seinem Oberlauf bis westlich und südwestlich Mamfe. Sie bilden hier eine tief nach SO in das Archaikum eindringende Bucht, die die Obanberge und einen Teil der Manengubaberge als Halbinsel, vielleicht sogar als Insel, abschnürt. Das ist die Kreidebucht von Mamfe.

In der Gegend vom Mamfe transgredieren die Sedimente ebenfalls über Archaikum. Es sind weiße bis graubraune teils kalkige, teils kieselige, mittel- bis grobkörnige mürbe Sandsteine mit Kreuzschichtung.

Außerdem treten graugrüne Sandsteine auf, die gewöhnlich Stücke von blaßrotem Feldspat sowie Lettenbänder enthalten. Stellenweise führen diese Sandsteine kohlige Streifen und dünne Kohlenbänder, sowie Bänder von schokoladenbraunem Ton. Einzelne Sandsteinbänke führen Geröllagen.

Im Bassabach bei Ntuku am Ostrande der Mulde treten dünne Sandstein- und Schieferbänke auf, die sehr stark lignitisch sind.

Die hangenden Sandsteinschichten enthalten verkieselte Hölzer. Stellenweise finden sich Einlagerungen von buntem glimmerführendem Ton.

Mit den Sansteinen wechsellagern Schieferbänke, die gelegentlich kleine unbedeutende Kohlenflözchen, ferner bituminöse Schiefer führen. Die Schiefer sind weit verbreitet, treten aber gegen die Sandsteine an Menge sehr zurück.

An den Rändern der Bucht bestehen die tiefsten Schichten aus harten, zum Teil konglomeratischen Sandsteinen und Konglomeratbänken.

Am Nordrande der Mulde bei Ebischi ist z. B. im Nunjaiabach die Basis der Mamfeschichten aufgeschlossen. Sie besteht aus einer groben, aus Granit hervorgegangenen Arkose, die grobes Geröll enthält und auf Gneis liegt.

Einige Gänge und Lagergänge von dichtem, feinkörnigem Basalt mit viel Olivin durchsetzen die Sedimente, so z. B. im Balifluß bei Mamfe und bei Ntai, 9—10 km SO Mamfe, ferner bei Britisch-Obokum an der Grenze. Ob die großen Basalteruptionen, z. B. am Kamerunberg, wesentlich jünger sind, ist unbekannt.

Die Sedimente sind in schwache, ungefähr Ost—West streichende Falten gelegt; das Einfallen der Schichten nach N und S zeigt Winkel von 15—25°, an einigen Stellen auch bis zu 45°.

Es scheinen aber nur wenige Faltenachsen vorhanden zu sein. Scheinbar folgt der Crossfluß einer Antiklinale.

Die stratigraphische Stellung der Mamfeschichten im Verhältnis zur Kreide in Nigeria ist bisher nicht geklärt. Es ist auch noch nicht zu sagen, ob die Faltung der Mamfeschichten etwa gleich alt ist, wie die Faltung der unteren Schiefer und Sandsteine im nördlichen Nigeria. Sehr ähnlich ist den Gesteinen ein Teil der oberen Schiefer in Nigeria.

In den bituminösen Schiefern wurden Fischreste gefunden, die als *Proportheus kameruni* beschrieben wurden, ferner *Estherien.* Jaekel wollte danach die Schichten zum Wealden stellen, doch ist diese Bestimmung durchaus nicht gesichert. Mit vielleicht besserem Recht könnte man der Auffassung von Hennig und Krenkel folgen, die die Schichten der oberen Kreide zurechnen möchten. Der Umstand, daß bisher an der Küste keine Schichten der unteren Kreide bekannt sind, spricht für diese Auffassung. Man sieht aber auch hier wieder, wie wenig bekannt selbst große Teile des Küstengebietes sind, und wie schwierig es ist, paläontologische Einzelfunde stratigraphisch einzuordnen. Range möchte die hangenden Sandsteine mit fossilen Hölzern zum Senon rechnen, also mit dem gleich zu erwähnenden oberen Benuesandstein parallelisieren.

Wilson (Geol. Surv. Nigeria. Occasional paper 6, 1928) weist, vielleicht mit Recht, auf die Ähnlichkeit der Mamfeschichten mit der „kohligen und geröllführenden Sandsteingruppe“ von Nigeria hin, die als „prämittel-eozän“ angesehen wird.

Die von manchen Forschern geäußerte Hoffnung für das Auffinden von bauwürdigen Kohlenflözen ist sehr gering.

Eine Anzahl von Quellen, die aus dem liegenden, nicht erschlossenen Teil der Mamfeschichten kommen, führen einen erheblichen Salzgehalt. Man nimmt danach an, daß in der Tiefe salzführende Schichten vorhanden sind; sie sind aber noch nicht nachgewiesen.

c) Nord-Kamerun

Die Kreideschichten dehnen sich dann weiterhin nach Nordosten durch das Gebiet der Kolonie Nigeria bis nach Nord-Kamerun hinein und das Stromgebiet des Benue folgt ihnen bis Garua aufwärts. Die Schichten zeigen eine etwas wechselnde Ausbildung und bestehen aus Konglomeraten, groben Sanden, Arkosen, Sandsteinen mit Kalkbindemittel, Muschelbrekzien, Kalksteinen und Schiefertonen.

Die tiefsten Schichten, die etwas gefaltet sind, gehören nach Ansicht englischer Forscher dem Turon an. Auf sie legt sich der ungefaltete sogenannte obere Benuesandstein, der bisher als fossilfrei gilt, der aber an anderen Stellen verkieselte Hölzer führt, und der wohl zum Senon zu rechnen ist.

8. Tertiär

a) Alttertiär

Im Hangenden der Mungokreide treten nach der Küste zu fossilführende dünnplattige Sandsteine am Dibamba auf, die auf Gneis liegen, ferner gelblichgraue, kalkige Schiefertone und Kalksteine bei Ba Kundu ba Bombe am Mungo, blaugraue Schiefertone und Kalksteine bei Bonangando am Wuri nahe der Einmündung des Dibombe. Der Schieferton von Bonangando enthält vulkanisches Material. Von diesem Fundpunkt beschrieb Oppenheim eine sehr reichhaltige Gastropoden- und Lamellibranchiatenfauna mit sehr viel neuen Formen. Die Fauna zeigt starke Anklänge an das Eozän des Pariser Beckens. *Cytherea nitida, C. elegans, Çalyptraea trochiformis, Tellina subrotunda, Sycum bulbiforme* treten bei Bonangando und im Pariser Becken auf, hauptsächlich in den Sanden von Cuise. Nummuliten fehlen ganz.

Die Eozänschichten von Togo sind wahrscheinlich abweichenden Alters, da die dortige Fauna stark von der in Kamerun abweicht.

Die genaue Einstufung des Eozäns steht noch aus.

Nach Douvillé (Bull. Com. d'études historiques et scientifiques de l'Afrique Occidentale Française 1926, S. 113) steht westlich des Tschadsees am Adrar Dutschi unteres und mittleres Eozän in mariner Ausbildung an, ferner kontinentales oder brackisches Obereozän und weiter nach Westen marine Kreide.

b) Jungtertiär

Hierher rechnet man Sande, rote Sandsteine (tiefster Teil des „Ossasandsteins") Schiefertone, Kalksteine und gelegentlich Konglomerate, die in schmalem Streifen an der Küste auftreten und die sowohl Kreide und Tertiär, als auch altkristalline Gesteine überdecken.

Wahrscheinlich gehören auch die Schichten von Dschang hierher, die ein Lignitflöz führen.

Jungtertiär und Quartär im Tschadbecken.

Wenn wir von den Dakumeschichten (S. 190) absehen, die im Randgebiet der Tschadsenke auftreten, so sind die ältesten Sedimente im Tschadbecken feldspatführende Sande und graugrüne sandige Tone mit eingelagerten Sandbänken, die in Nigeria durch zahlreiche Wasserbohrungen erschlossen sind und die den Untergrund eines großen Teiles des Beckens ausfüllen dürften. Die Schichten scheinen fossilfrei zu sein, man stellt sie aber zur Zeit ins Jungtertiär.

Darüber liegen diluviale und alluviale Ablagerungen, die außerordentlich weite Flächenräume im Gebiet des Tschadsees und seiner Zuflüsse Schari und Logone bedecken.

Das Gebiet war offenbar in frühdiluvialer Zeit zum größten Teil eine Sandwüste, deren heute tote Dünenzüge sich nach Osten bis zum Bahr el Gazal im Sudan erstrecken. Ob der Bahr el Gazal ein Zufluß oder Abfluß des Tschadsees gewesen ist, ist noch nicht bekannt.

Der Tschadsee hat zur Zeit seines höchsten Wasserstandes, offenbar während der Pluvialzeit, einen wesentlich wohl 10—15 m höheren Wasserstand gehabt als heute, und damit eine sehr viel größete Ausdehnung, vielleicht bis in die Bodele-Senke hinein.

In den Senken zwischen den alten rot gefärbten Sanddünen entstanden damals kalkige und tonige Sedimente, die bis zu 10 m Mächtigkeit erreichen. Sie enthalten Mollusken- und Fischreste, die der heute noch im See lebenden Fauna angehören.

Die heute sich bildenden Sedimente im Tschadsee sind feiner Tonschlamm, Flugsand und Flußabsätze. Der Schari-Logone schüttet in das Südende des Sees ein ausgedehntes Delta, das jährlich um 50 bis 100 m sich weiter in den See vorschiebt. Sand- und Schlammschichten wechsellagern in den Sedimenten. Organische, namentlich pflanzliche Bestandteile, reichern sich in manchen Schichten erheblich an.

Eines der jüngsten Sedimente, das sich bei den jährlichen Seespiegelschwankungen in den überschwemmten Ufergebieten bildet, ist der als „Firki“ bezeichnete Tonboden, der vegetationsarm ist, und der in der Trockenzeit starke Risse aufweist.

Das Wasser des Tschad enthält nur wenig Kochsalz (0,3 NaCl im Liter), dagegen Karbonate und Sulfate. In der Trockenzeit scheiden sich an den Rändern daher Trona (Na-Karbonat) und Thenardit (Na-Sulfat) ab.

Ubangigebiet.

Ein weites Gebiet junger Sedimente dehnt sich am Unterlauf des Ubangi und seines Nebenflusses Ssanga aus. Der sogenannte Kongozipfel von Neu-Kamerun besteht im wesentlichen aus diesen Schichten. Einige Inseln alter Gesteine kommen hier an mehreren Stellen unter den Quartärschichten zutage.

Die jungen Sedimente sind im wesentlichen sandige und tonige Bildungen, die großenteils an der Oberfläche aus rotem Ton bestehen. Häufig sind sie von ausgedehnten Flächen von Krusteneisenstein bedeckt, der in der Literatur oft fälschlicherweise als Laterit oder

Lateriteisenstein bezeichnet wird. Ob hier auch echter Laterit, d. h. Verwitterungsprodukte mit wesentlicher Anreicherung von Tonerde und Auslaugung von Kieselsäure vorkommen, ist nicht bekannt.

Küstengebiet.

Im flachen Küstengebiet von Kamerun bestehen die als Pleistozän anzusprechenden Bildungen aus ungeschichtetem Lehm, Sand und Schotter, die sowohl die alten Formationen, wie auch Kreide und Tertiär überdecken.

Die älteren Schotter- und Sandschichten sind zu rotem Sandstein mit Konglomeratlagen an der Basis verhärtet und werden als „Ossasandstein“ bezeichnet. Dessen tiefste konglomeratführende Schichten werden bereits als Jungtertiär aufgefaßt, ohne daß ein Beweis dafür erbracht werden kann. Immerhin ist ein lückenloser Übergang vom Jungtertiär zum Diluvium wahrscheinlich. Nach dem Hangenden hin werden die Sandsteine von gelbem, Gerölle führendem Lehm bedeckt. Ob der Übergang allmählich geschieht, oder ob es sich um wesentlich jüngere Bildungen handelt, ist nicht geklärt.

Stellenweise enthalten die pleistozänen Sedimente Tuffbeimengungen. Nördlich vom Kamerunberg geht der gelbe Lehm in normalen geschichteten Tuff über.

Die Küstenebene ist von zahlreichen Hügelketten durchzogen, die in der Literatur meist als Strandwälle bezeichnet werden. Vermutlich sind sie als tote Dünen anzusehen.

Mangrowenschlamm mit massenhaften Foraminiferenschälchen und lößartiger hellgrauer Lehm sind die jüngsten Bildungen im Mündungsgebiet der Kamerunflüsse und des Rio-del-Rey.

9. Jungvulkanische Gesteine

Kamerun weist jungvulkanische Gesteine in großer Ausdehnung und großer Mannigfaltigkeit auf.

Das jungvulkanische Kamerungebirge an der Küste, dessen ältester Teil der Etinde oder kleine Kamerunberg ist, beherbergt in dem heute noch tätigen Vulkan des Fako oder großen Kamerunberges den höchsten Berg der ganzen Westküste mit 4070 m Seehöhe. Der Etinde besteht aus Nephelin-, Leuzit- und Hauyngesteinen, während der große Kamerunberg nach unserer bisherigen Kenntnis im wesentlichen aus olivinführendem Plagioklasbasalt nebst reichlichen Tuffen aufgebaut ist.

Vom Kamerunberg nach NNO über den Tschadsee hinaus bis nach Tibesti durchbrechen jungvulkanische Gesteine die alten

Formationen ebenso wie die jüngeren Sedimente an zahlreichen Stellen. Sie liegen heute als zum Teil sehr ausgedehnte Decken, teils als Stöcke vor.

Die Hauptmasse der Laven besteht aus Basalten verschiedener Zusammensetzung, aber auch Andesit, Trachyt, Phonolith und Rhyolit sind in erheblicher Verbreitung bekannt. Diese Laven sind im allgemeinen jünger, als die Basalte und durchbrechen oder bedecken sie häufig.

Am Südufer des Tschadsees, östlich der Scharimündung, liegt ein kleines jungvulkanisches Comendit- (Ägirin-Rhyolith-) Massiv, die Hadjer el Hamis (fünf Felsen). Ein sehr ähnliches Gestein tritt im Schnellengebiet des Flusses Mao Kabi, der zum westlichen Logone fließt, 20 km unterhalb Mburao auf.

Die ältesten sicheren Anzeichen vulkanischer Tätigkeit sind die pflanzenführenden Basalttuffe, die Guillemain in den Kreideschichten am Mungo fand. Die Eruptionen dürften also bereits im Senon begonnen haben. Die Hauptphase der Eruptionstätigkeit der Vulkane im Kamerungebiet liegt zweifellos im Pleistozän, ist aber auch heute noch nicht abgeschlossen, wie die Ausbrüche des Kamerunberges im Jahre 1910 und 1922 zeigen.

10. Tektonik

Unsere Kenntnis von der Tektonik Kameruns ist bisher äußerst mangelhaft.

Eine der wenigen ziemlich sicheren Tatsachen ist die, daß das Sedimentgebiet der Biafrabucht gegen das alte Gebirge des Inneren durch eine Reihe von Staffelbrüchen begrenzt ist, wenngleich die Brüche im einzelnen noch nicht festgelegt sind.

Weiterhin ist das Vorhandensein der sogenannten Kamerunlinie im Sinne von Passarge kaum von der Hand zu weisen. Es scheint allerdings zweckmäßig, statt dessen die Bezeichnung Kamerunzone oder Kamerunrichtung zu wählen, da es sich hier um eine breite Schwächezone im afrikanischen Kontinentalsockel handelt, in der die Zone der jungvulkanischen Ergüsse liegt. Sie ist identisch mit der somalischen Richtung im Sinne von Krenkel.

Es ist dies die große, von Annobon über San Thomé, Fernando Poo und das Kamerungebirge nach NNO zum Tschadsee und weiterhin bis nach der Landschaft Tibesti an der lybischen Grenze verlaufende Zone, in der die wesentlichen jungvulkanischen Ausbrüche des Gebietes stattgefunden haben.

Die ONO ziehende Sanagalinie Passarges gehört vielleicht mit in die Kamerunrichtung hinein.

Als weitere tektonisch wichtige Linien im Bau von Kamerun bezeichnete Passarge die WNW ziehende Benuelinie und ferner die NW gerichtete Balilinie, die wohl ebenfalls eine Gruppe bilden.

Von diesen vieren ist bisher die Kamerunrichtung geologisch am besten wahrscheinlich gemacht, wenn auch noch nicht im einzelnen nachgewiesen. Im übrigen entspricht die Kamerunrichtung derjenigen, die Koert in Togo als die Hauptrichtung der großen Bruchlinien erkannt hst.

Benue- und Balirichtung werden von Krenkel mit Recht als erythreische Richtung zusammengefaßt.

Krenkel glaubt weiterhin annehmen zu können, daß auch eine N—S gerichtete Bruchrichtung im Bau von Kamerun maßgebend sei, diese habe die Senkung derjenigen Teile des Kontinents veranlaßt, in denen die Bildung der Kreide- und Tertiärschichten des Benuebeckens vor sich ging. Er vermutet, daß sich diese Zone bis ans östliche Mittelmeer erstreckt. Es muß aber nochmals daran erinnert werden, daß alle diese „Linien“ und Richtungen bisher rein spekulative Forderungen sind, und daß der unbedingt nötige Nachweis im Felde noch fehlt.

Auf jeden Fall scheint der tektonische Bau von Kamerun recht verwickelt. Anscheinend hat das sich kreuzende Gitterwerk der Störungslinien bewirkt, daß das archaische Hochland von Kamerun nicht eine mehr oder weniger gleichartige Fastebene mit aufgesetzten Inselbergen und Inselgebirgen ist, sondern sich uns als ein scheinbar regelloses Nebeneinander von Gebirgen, Fastebenen mit Inselberg und Hochländern darstellt.

Von den zahlreichen Gräben, Horsten und Kesselbrüchen, die Hassert und Thorbecke durch morphologische Beobachtungen beobachtet zu haben glaubten, ist bisher kein einziger durch geologische Beobachtung wahrscheinlich gemacht worden.

Literatur

Die Literatur ist zusammengestellt in

Reichenbach, E. Stromer v., Die Geologie der deutschen Schutzgebiete in Afrika. 1896. S. 198—199.

Koert, W., Beiträge zur geologischen Erforschung der deutschen Schutzgebiete. Heft 1. 1913. S. 31—38.

Behrend, F., Geologie von Togo und Kamerun, in Ztschr. d. D. Geol. Ges. 1937. S. 548—549.

Krenkel, E., Geologie der Deutschen Kolonien in Afrika. 1939. S. XIX—XXI.

Geologische Übersicht von Kamerun.

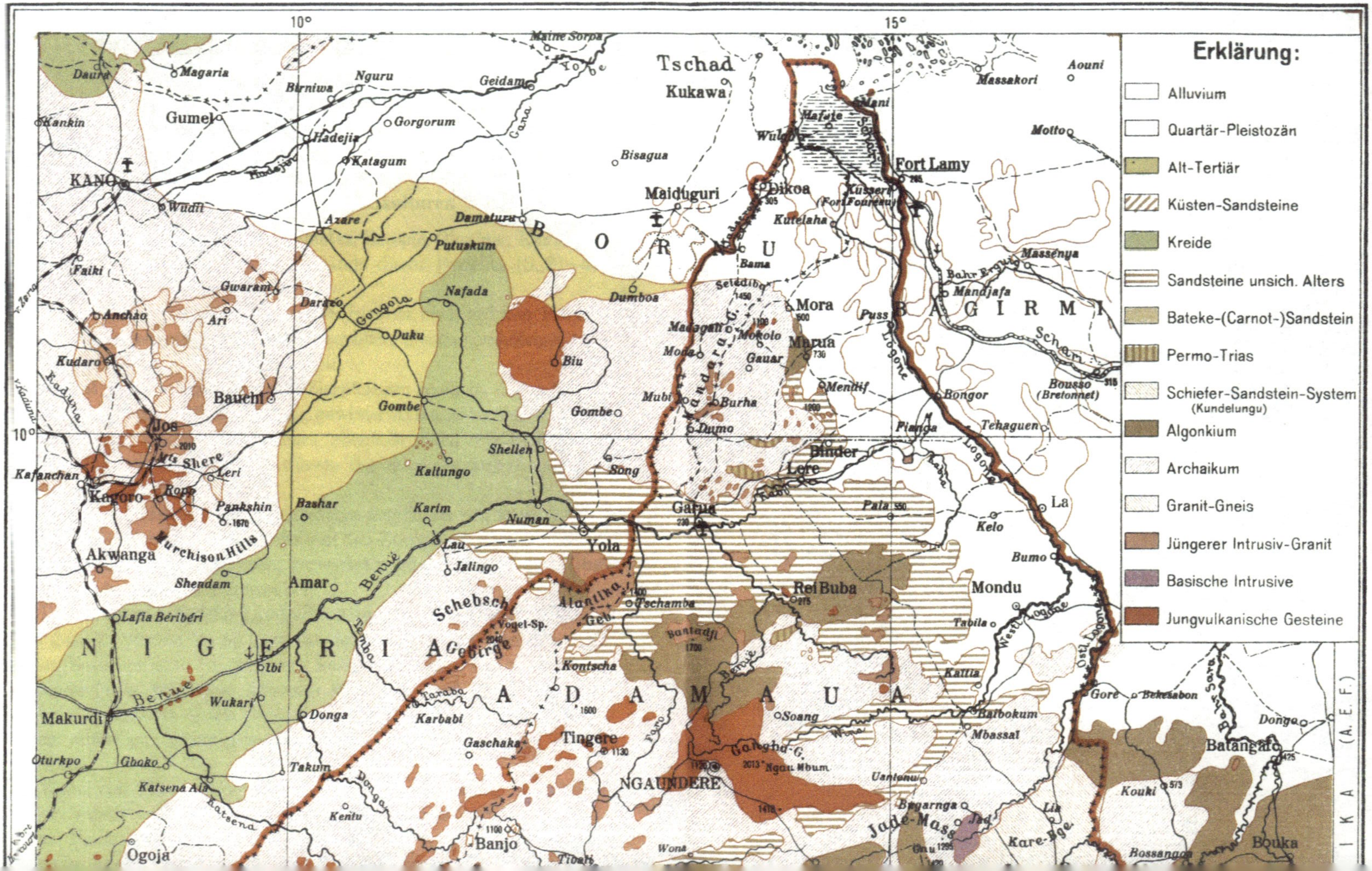

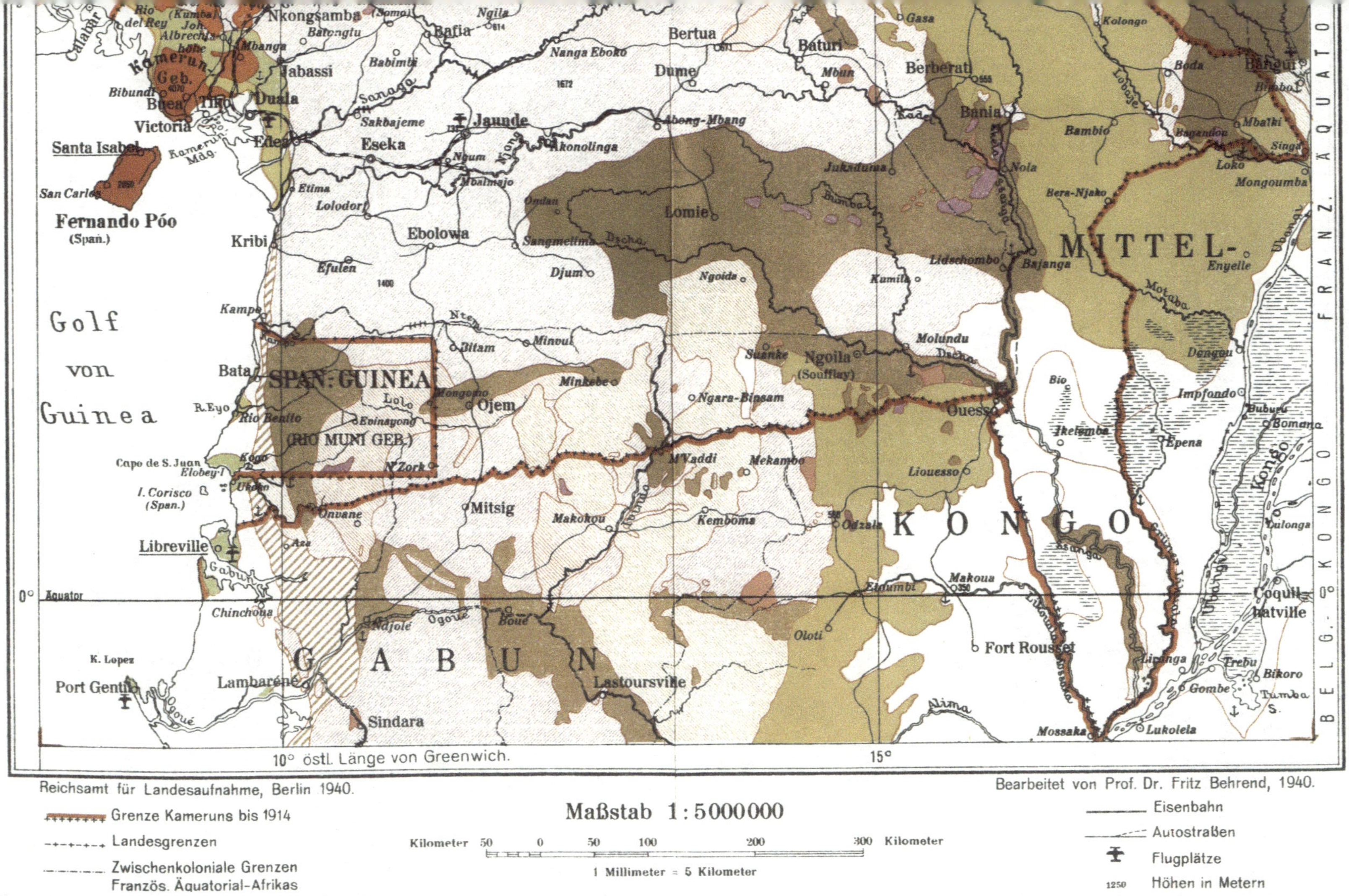
F R A N Z. Ä Q U A T O
B E L G. - K O N G O
Golf von Guinea
Fernando Póo (Span.)
Santa Isabel
San Carlos
Kamerun Geb.
Victoria
Duala
Jabassi
Nkongsamba
Bafia
Jaunde
Eseka
Edea
Kribi
Ebolowa
Efulen
Lolodorf
Akonolinga
Abong-Mbang
Nanga Eboko
Bertua
Dume
Baturi
Berberati
Bania
Nola
Bambio
Bangui
Mbaiki
Boda
Loko
Mongoumba
Bajanga
Lidschombo
Lomie
Sangmelima
Djum
Ngoida
Kumila
Molundu
Ngoila (Souffiay)
Suanke
Ngara-Binsam
Ouesso
Impfondo
Dongou
Enyelle
MITTEL-
KONGO
GABUN
SPAN: GUINEA
(RIO MUNI GEB.)
Bata
Kampo
Mitsig
Ojem
Minkebe
Bitam
Minvul
M'Vaddi
Mekambo
Kemboma
Makokou
Odzala
Liouesso
Makoua
Fort Rousset
Mossaka
Lukolela
Coquilhatville
Libreville
Chinchoua
Lambaréné
Port Gentil
K. Lopez
Sindara
Ndjolé
Boué
Lastoursville
Ogoué
Äquator
0°
10° östl. Länge von Greenwich.
15°
Reichsamt für Landesaufnahme, Berlin 1940.
Bearbeitet von Prof. Dr. Fritz Behrend, 1940.
Maßstab 1 : 5000000
Kilometer 50 0 50 100 200 300 Kilometer
1 Millimeter = 5 Kilometer
Grenze Kameruns bis 1914
Landesgrenzen
Zwischenkoloniale Grenzen Französ. Äquatorial-Afrikas
Eisenbahn
Autostraßen
Flugplätze
1250 Höhen in Metern

Bericht über die Reise nach Kamerun

Ausgeführt im Auftrage der Gruppe Deutscher Kolonialwirtschaftlicher Unternehmungen vom 11. Januar bis 6. Juli 1938.

(Botanische Untersuchungen, Teil 2)

Von **Walter Domke**

Botanisches Museum und Institut für Kolonialbotanik zu Berlin-Dahlem

Die Pflanzen der Nebenkulturen

Die vier Hauptkulturen des Gebietes, Banane, Ölpalme, Kautschuk und Kakao, wurden bereits im 1. Bande dieser Berichte (S. 26—69) behandelt.

Außer diesen Hauptkulturpflanzen ist aber noch auf den Konzessionen am Kamerunberg eine ungleich größere Menge von holzigen oder krautigen Kulturpflanzen anzutreffen.

Soweit es sich dabei um reine Zierpflanzen handelt, deren Kultur am Kamerunberg bei Bevorzugung gewisser Arten unter den heutigen Möglichkeiten des Schnellverkehrs ebenfalls einen wirtschaftlichen Nutzen erlangen könnte, soll in diesem Bericht nicht darauf eingegangen werden.

Dagegen werden hier alle die Gewächse angeführt, von denen irgendwelche Teile oder Produkte bereits von den Europäern, zum Teil bisher auch nur von den Eingeborenen, verwertet werden (also nicht nur Obst und Früchte liefernde Pflanzen).

Daß an diese Aufzählung nicht der Anspruch absoluter Vollständigkeit gestellt werden kann, liegt auf der Hand. Denn einmal werden jedem Besucher auch bei längerem Aufenthalt immer einige versteckt stehende (oder gehaltene) Pflanzen entgehen, und dann treten ja zu jeder Jahreszeit einige Gewächse aus Gründen eines bestimmten, wenig auffälligen Entwicklungszustandes nicht oder wenig in Erscheinung.

Wenn von Pflanzen der „Nebenkulturen" gesprochen wird, so ist dieser Begriff im vorliegenden Falle ganz lokal zu verstehen. Eine ganze Reihe der angeführten Gewächse, wie z. B. Citrus, Mango, Avocato, Ananas usw., bildet ja doch in anderen tropischen oder subtropischen Ländern Hauptkulturen von einer Ausdehnung, hinter der selbst die Hauptkulturen am Kamerunberg noch zurückstehen. Außerdem ist die Bezeichnung „Nebenkultur" meist für das in Frage stehende Gebiet begrifflich noch zu inhaltsreich, da es sich vielfach um zusammenhanglos wachsende Pflanzen oder Pflanzengruppen ohne geregelten Verband und auch in den besten Fällen nur um Anfänge eines Kulturversuches handelt.

Vielfach wird dieser oder jener Baum, der meist noch aus früheren Zeiten stammt, nur geduldet, ohne daß man sich über seine Artzugehörigkeit oder seinen Nutzwert näher unterrichtete, geschweige denn ihn auch nur annähernd so betreute, wie etwa einen Apfel- oder Birnbaum in Europa. Selbst Obst liefernde Gewächse, deren Früchte regelmäßig und gern genossen werden, erhalten keine sonderliche Pflege und Behandlung etwa mit dem Ziel einer Erhöhung der Ernte oder einer Verbesserung der Fruchtqualität.

Von ganz wenig Ausnahmen abgesehen sind für die Mehrzahl dieser Nebenkulturpflanzen Maßnahmen der Düngung und Bodenpflege und der sonstigen allgemeinen Gartenkultur (Selektion, Veredelung, Schnitt usw.) im Gebiet nicht gebräuchlich, obwohl doch ohne solche Arbeiten irgendwelche Fortschritte niemals erzielt werden können, in den Tropen ebensowenig wie in den temperierten Gebieten.

Feine Sorten von Früchten und anderen Produkten sind nur sehr selten in der Natur den speziellen (oft gar nicht im Sinne der Arterhaltung liegenden) Wünschen des Menschen entsprechend zu finden. Es sind nicht selten mühevoll geschaffene Kunstprodukte, und sie müssen auch mit künstlichen Mitteln erhalten werden, weil die einfache Aussaat, wie sie im Gebiet jedoch meist geübt wird, in der überwiegenden Mehrzahl der Fälle wieder Naturformen mit meist unedlen Eigenschaften ergibt.

Nicht allein mit dem Ziele eines gewinnreichen Exportes sollte alsbald auch in Kamerun an eine Hebung der Nebenkulturen gegangen werden, auch der interne Verbrauch für die eigene Lebenshaltung steht keineswegs auf besonders hoher Stufe.

Bisher ist noch nichts in der Richtung geschehen, aus der Menge der zerstreut umherstehenden Pflanzen, einschließlich der in den Eingeborenenfarmen und -gärten anzutreffenden, wirklich einmal die wertvollsten Typen herauszufinden und in besonderen Pflanzgärten zu vermehren.

Mit Ausstellungen und Prämiierung der besten Sorten käme man wahrscheinlich schnell vorwärts, und so ließe sich bald in Versuchsgärten ein bereits vorselektiertes Material sammeln, mit dem anschließend zahlreiche und notwendige wichtige Versuche angestellt werden könnten, z. B. auf dem Gebiet der Okulation, Pfropfung, Kreuzungszüchtung, der Ernährung, der Schädlingsbekämpfung und Immunitätsforschung, schließlich auch der Konservierung, des Transportes und nicht zuletzt der Verwendung.

Auch Lehrgänge ließen sich in diesen Versuchsgärten abhalten, und es könnte hier gleichzeitig Veredelungs- und Pflanzmaterial bereit gehalten werden. Durch Ausgabe und Empfehlung nur genügend erforschter Gewächse ließe sich viel Leerlauf, Zeit und Geld ersparen.

Die zum Teil durch die wirtschaftlichen Verhältnisse notwendig einseitige Konzentration aller Arbeitskräfte auf die vier Hauptkulturen hat hoffentlich das Interesse an manchen anderen wichtigen tropischen Kulturpflanzen nur so lange nicht aufkommen lassen, als neidgeborener Haß dem Deutschen Reich jede intensivere koloniale Betätigung verwehren wollte.

In den gemäßigten Zonen Nordamerikas, in Frankreich und England werden jährlich gewaltige Mengen allein von Fruchtsäften, Marmeladen und frischen Früchten aus tropischen Besitzungen verbraucht, während Deutschland praktisch nichts von diesem Überfluß an Produkten erhalten konnte. Aber der jetzige Krieg wird dahin entschieden werden müssen, daß auch das große Bedürfnis des deutschen Marktes an solchen und anderen billig zu erhaltenden Erzeugnissen eigener Kolonialgebiete ausreichend befriedigt werden kann.

Wie groß die Möglichkeit dazu ist, dürfte aus der unten beginnenden Aufzählung der „Nebenkulturpflanzen" dieses verschwindend kleinen Gebietes am Kamerunberg hervorgehen.

Die dort angepflanzten Gewächse liefern folgende Stoffe oder Produkte[1]:

Nahrungsmittel: 1, 3, 5, 8, 10, 11, 12, 14, 16, 21, 24, 25, 31, 34, 37, 38, 39, 54, 55, 58, 60, 61, 62, 64, 68, 69, 70, 72, 73, 74, 76, 77, 79, 81, 84, 85, 87, 88, 92, 93.

Gewürze und **Genußmittel:** 6, 12, 19, 20, 22, 23, 31, 32, 33, 46, 47, 49, 50, 51, 52, 67, 86.

Fette und **Öle:** 2, 8, 30, 34, 53, 54, 56, 57, 59, 78, 92.

Faser- und **Werkstoffe:** 2, 4, 7, 10, 12, 13, 14, 15, 17, 18, 26, 54, 64, 81, 91.

Arzneiprodukte, Gifte: 6, 12, 29, 43, 45, 48, 49, 53, 65, 74, 89.

Die bei den einzelnen Arten der nunmehr folgenden Liste gegebenen Bemerkungen beschränken sich lediglich auf die Darstellung des beobachteten Zustandes und geben einige Hinweise besonders auf andere als die im Gebiet angewendeten Nutzungsmöglichkeiten einer Pflanze.

---

[1]) Die Zahlen beziehen sich auf die folgende Aufzählung.

Bei jedem Gewächs aber auf eine detaillierte Schilderung der Kulturmethoden und Kulturmöglichkeiten einzugehen, liegt nicht im Sinne dieses Berichtes; es soll in weiteren laufenden Veröffentlichungen geschehen. Der Zweck des vorliegenden Rapportes wäre erfüllt, wenn er zeigte, welche großen naturalen und pekuniären Werte auch in den oft so stiefmütterlich behandelten Pflanzen der „Nebenkulturen" stecken, und wie vielgestaltig und entwicklungsfähig auch heute noch die Grundlage ist, von der aus zum pflanzungswirtschaftlichen Wiederaufbau dieser Kolonie wird beigetragen werden können.

Gräser (*Gramineae*)

1. Mais, *Zea mays* L.

Nur auf den „Shop-Farmen" der eingeborenen Arbeiter, denen stellenweise kleine Parzellen zum Anbau (meist als Folgefrucht) vorübergehend überlassen werden.

Gedeiht gut und bringt mehrere Erträge im Jahre, saugt aber stark den Boden aus, weswegen ein vorher mit Mais bestandenes Feld sich ohne Bodenverbesserung nicht mehr recht für andere Kulturen eignet.

Die Eingeborenen genießen vielfach schon die jungen Kolben roh oder in Palmöl gebacken; die sonst noch übliche Verwendung anderer Teile der Pflanze scheint ihnen unbekannt zu sein.

2. Citronellgras, *Andropogon Nardus* L.

Das etwa 50—100 cm hohe, dicke Bulte bildende Horstgras, das nirgends blühend angetroffen wurde, ist nur stellenweise zur Befestigung an Weg- und Feldbahnböschungen angepflanzt, wozu es sich offenbar gut eignet.

Eine Verarbeitung auf das sehr leicht zu gewinnende Citronellöl, wie in Indien, Malesien und Westindien und eine Weiterverarbeitung der Rückstände auf Papier findet nirgends statt.

Untersuchungen über den Gehalt der Blätter an Citronellöl, das in großen Mengen zur Parfümierung von Seifen Verwendung findet und von dem beträchtliche Quantitäten besonders aus den indischen Gebieten jährlich exportiert werden[1]), liegen für Kamerun noch nicht vor. Die Tsetse-Fliege soll durch den Duft des Öles verjagt werden.

Das Gras kann auch wegen seines dichten, wie ein Filter wirkenden Wurzelballens zur Verhinderung der Erosion angepflanzt werden, die ja gerade am Kamerunberg einen mit größter Aufmerksamkeit zu beobachtenden gefährlichen Faktor darstellt. Es wird zu

[1]) 1938 exportierte Java allein 1 317 900 kg und 1939 1 572 500 kg. (Diese Angabe verdanke ich Herrn Fr. Jarl.)

diesem Zweck an besonders gefährdeten Hängen in (den Höhenlinien entsprechenden) Fangstreifen gepflanzt, deren Abstände naturgemäß vom Böschungswinkel abhängig sind. Das Gras hat also dabei lediglich die mechanische Aufgabe, die Kanten der entstehenden Terrassen gut zu festigen; es darf also niemals als billig auszubeutende Zwischenkultur betrachtet werden und macht auch Gründüngung keineswegs überflüssig. Die zur Ölgewinnung verwendeten Blätter ernte man vor allem von den Gräsern der Böschungen und Wegränder.

Citronellgras läßt sich leicht durch einfache Teilung während der Regenzeit vermehren.

3. Zuckerrohr, *Saccharum officinarum* L.

Nur von den eingeborenen Arbeitern in den ihnen zugewiesenen Gärten stellenweise gebaut und lediglich zum Auskauen des zuckerhaltigen Stengels vorwiegend von Kindern verwendet.

Da das sehr regenreiche Klima des Gebietes das Wachstum des Rohres stark fördert, und der für das Gedeihen unbedingt notwendige Kalk in den Böden am Kamerunberg nur spärlich vorhanden ist, dürfte der Zuckergehalt nicht besonders hoch sein; Untersuchungen darüber liegen jedoch nicht vor.

Palmen (*Palmae*)

4. Königspalme, *Oreodoxa regia* H. B. K.

Nur als Zierpalme hauptsächlich an Wegen angepflanzt, obwohl das Außenholz wegen seiner bedeutenden Härte und Widerstandsfähigkeit für Bauzwecke bestens geeignet erscheint und anderwärts auch benutzt wird.

5. Kohlpalme, *Oreodoxa oleracea* Mart.

Mit der im Habitus sehr ähnlichen Königspalme zusammen ebenfalls nur als Zierpalme angepflanzt. Das Außenholz ist dünner als bei der vorigen. Die Vegetationsspitze liefert zwar gutes Gemüse (Palmkohl), aber dieser geringe Gewinn muß mit dem Tode der Palme bezahlt werden.

6. Betelnußpalme, *Areca catechu* L.

Im Gebiet häufig, jedoch nur als Zierpalme angepflanzt und daher kaum gepflegt und wenig ertragreich (etwa 100 Früchte jährlich je Palme).

In Asien eine der wichtigsten Nutzpflanzen wegen des Betelkauens, das die Verdauungstätigkeit fördert, erfrischt, das Zahnfleisch festigt und gegen Dysenterie und andere bakterielle Infektionen schützt.

Der durch Kochen aus den Früchten gewonnene Katechugerbstoff wirkt adstringierend und wird zur Herstellung von antiseptischen Zahnpulvern und Mundwassern benutzt.

Kultur als Nutzpflanze für Kamerun kaum lohnend.

7. Ölpalme, *Elaeis guinensis* Jacq.

Diese Palme wurde bereits im ersten Teil meines Berichtes über die Hauptkulturen besprochen (vgl. Mitteilungen der Gruppe Bd. 1, 1939, S. 39).

Hier sei jedoch noch das Ergebnis inzwischen durchgeführter Untersuchungen ergänzend mitgeteilt, das vielleicht für die intensivere Ausnutzung der Ölpalme und damit für eine höhere Wirtschaftlichkeit dieser Pflanzungen in Kamerun von Bedeutung werden könnte.

Etwa vor einem Jahre lag der Gruppe von privater Seite ein Angebot vor, die wegen ihrer hohen Adsorptionsfähigkeit viel verwendete α-Kohle aus Kokosnußschalen in Ostafrika fabrikmäßig herzustellen.

Auf Grund anatomischer Erfahrungen vermutete ich, daß sich die Kokosnußschalen durch die Steinschalen der Ölpalmenfrucht direkt ersetzen ließen, wie man auch aus den Schalen der amerikanischen Corozonuß (Frucht der Palme *Attalea Cohnne* Mart.) eine gute α-Kohle herstellen kann. Es wurden daher einige vergleichende Untersuchungen durchgeführt, die folgende Ergebnisse hatten:

	Spez. Gewicht	Ache in %	Flüchtige Stoffe in %
Kokosnußschale	1,31	0,497	75,5
	1,32	0,445	75,3
Schale der Ölpalme	1,39	0,718	73,5
	1,38	0,714	73,7

Die Werte zeigen eine weitgehende Übereinstimmung. Die geringen Verschiedenheiten beruhen auf dem wechselnden Gehalt an Kieselsäure, der in der Ölpalmensteinschale etwas höher ist. Aus der Literatur lassen sich noch weitere Hinweise für die große Ähnlichkeit in der Struktur beider Schalensorten beibringen:

Kokospalme:	Fruchtgewicht	1200 g	im Durchschnitt.
	Steinschale	14%	des Fruchtgewichts
	darin K_2O	0,4%	,, ,,
	P_2O_5	0,04%	,, ,,
	CaO	0,06%	,, ,,
	MgO	0,01%	,, ,,
Ölpalme:	Fruchtgewicht	12 g	im Durchschnitt.
	Steinschale	35%	des Fruchtgewichtes
	Asche	1,56%	,, Schalengewichtes
	K_2O	6,87%	,, Aschengewichtes
	P_2O_5	7,36%	,, ,,
	CaO	5,91%	,, ,,
	MgO	4,05%	,, ,,

Ich gebe hier diese Werte für die Möglichkeit der Nachprüfung. Aus ihnen lassen sich folgende direkt vergleichbaren Prozentwerte berechnen:

	K_2O	P_2O_5	CaO	MgO
Kokosnußschale	0,042	0,006	0,009	0,001
Schale der Ölpalme ...	0,107	0,114	0,092	0,063

Weiterhin ist auch das anatomische Bild beider Steinschalen ungemein ähnlich. Die braunen bis schwärzlich-braunen Stoffe bestehen aus einem Steinzellgewebe, das stellenweise von obliterierten Gefäßbündeln durchzogen wird. Die verschieden geformten Steinzellen besitzen in beiden Fällen Wandungen, die fast bis zum Schwinden des Zellumens verdickt und von zahlreichen Porenkanälen durchzogen sind.

Lediglich das mikroskopische Aschenbild ist etwas verschieden und könnte später zur Bestimmung der Kohlesorten benutzt werden: Kokosschalenasche läßt keine geformten Körperchen erkennen, die Steinschalenasche der Ölpalme enthält isoliert liegende oder zu Gruppen und Perlschnüren verbundene Schmelzkügelchen aus Kieselsäure, wie sie sich ganz ähnlich in der Schalenasche der obenerwähnten Corozonuß vorfinden. Diese Differenzen spielen jedoch für das Kohleprodukt keine nennenswerte Rolle, weil die Kieselsäure die organische Substanz der Zellmembranen in gleichmäßiger Verteilung durchsetzt.

Es läßt läßt sich daher aus den angeführten Befunden der Schluß ziehen, daß die Steinschalen der Kokosnuß und der Ölpalmenfrucht als praktisch gleichwertige Ausgangsmaterialien für die Gewinnung von α-Kohle zu betrachten sind, soweit es sich um die stoffliche Zusammensetzung handelt. Dies wurde inzwischen auch von chemischer Seite her bestätigt.

Hinsichtlich der produzierten Quantitäten ist jedoch die Ölpalme der Kokospalme beträchtlich überlegen. Eine 1200 g schwere Kokosfrucht enthält etwa 160 g Schale, eine 12 g schwere Ölpalmenfrucht etwa 5 g Schale. Eine Kokospalme produziert im Durchschnitt 60 Früchte, eine Ölpalme 10 Bündel mit je 2300 Einzelfrüchten pro Jahr. Daraus ergeben sich folgende Erträge:

1 Kokospalme liefert etwa 10 kg Steinschale pro Jahr
1 Ölpalme „ „ 115 „ „ „ „

Nach den Berichten für 1936 kann man für Ostafrika einen jährlichen Export von 6000 t Kopra durchschnittlich annehmen, woraus sich ein jährlicher Anfall von 3400 t Kokosnußschalen berechnen läßt. Der Export an Palmkernen betrug für 1936 aus dem englischen Mandatsgebiet Kameruns rd. 1500 t, aus dem französischen Mandat 44000 t. Daraus ergibt sich ein jährlicher Anfall von 3750 bzw. 110000 t Ölpalmenschalen (Kern zu 19% des Fruchtgewichtes gerechnet).

Diese Zahlen bedeuten, daß in Kamerun für die Ölpalmenpflanzungen bis heute relativ hohe Werte verloren gehen und daß andererseits infolge des großen Angebotes von Rohstoffen (Steinschalen) eine im Preise niedriger als bisher stehende α-Kohle hergestellt werden könnte. Kamerun scheint daher für die Kohlefabrikation wesentlich geeigneter zu sein als Ostafrika.

Noch ein weiterer Punkt wäre zu beachten. Es werden zur Vermeidung höherer Frachten die Schalen von den Palmenkernen bereits in Kamerun maschinell getrennt. Sollte sich aber nach Berücksichtigung der für Steinschalen zu erhaltenden Preise (für Kokosschalen wurden 1919 etwa 500 Fr. pro Tonne gezahlt) die Rentabilität der Verfrachtung ganzer Ölpalmensteine (Kerne mit Schale) herausstellen, so läge es nahe, die Verarbeitung der Steinschalen ebenso wie die der Kerne erst in Deutschland vorzunehmen.

Dies würde folgende Vorteile mit sich bringen: Durch Abkürzung des Arbeitsganges in der Kolonie Verringerung des Verschleißes an Maschinen und rationellere Ausnutzung der massenhaft (etwa 73%) anfallenden wertvollen Nebenprodukte (wie Holzteer, Holzessig, Holzgeist, Azeton), falls die Verkohlung der Schalen auf trockenem Wege vorgenommen würde.

8. **Kokospalme,** *Cocos nucifera* L.

Findet sich einzeln oder in kleineren Gruppen fast auf jeder Pflanzung vorwiegend in Nähe der Küste, was nach alter, aber nicht zutreffender Ansicht dem Wachstum der Palme besonders förderlich sein soll. Abgesehen von einem kleineren, vielleicht $1/2$ ha großen Bestande bei Bota sind mir nirgends umfangreichere, geschlossene Kulturen begegnet, obwohl das Gedeihen der Palme darauf hindeutet, daß ihr die ökologischen Verhältnisse im allgemeinen zusagen; ausgenommen vielleicht die extrem regenreichen Bezirke, die auch zu wenig Sonnenscheinstunden für die lichtbedürftige Pflanze aufweisen, und Landstriche mit besonders dichten Böden.

Wenn die Erträge mit etwa 15—30 Früchten pro Jahr (die Angaben sind sehr verschieden!) auch erheblich hinter den Ernten der Hauptkulturgebiete Südasiens und Malesiens zurückbleiben, so kann daraus noch kein Schluß auf die Unrentabilität einer Kokospalmenkultur gezogen werden, da die Europäer den Palmen ebensowenig irgendeine Aufmerksamkeit widmen, wie sie sie praktisch nutzen.

Es ist mir nicht bekannt geworden, daß man in letzter Zeit irgendwo einmal eine Auswahl des Saatgutes vorgenommen oder das Auspflanzen und Unterhalten der Palmen systematisch betrieben hätte. Alle diese Arbeiten sind völlig dem freien Ermessen der Eingeborenen ohne jede Kontrolle durch Europäer überlassen. Die Eingeborenen sind daher auch die hauptsächlichsten Nutznießer der Palme. Daß unter diesen Umständen nicht von einer Produktion, sei es auch nur von Kopra, gesprochen werden kann, liegt auf der Hand.

Es wäre daher sehr wünschenswert, wenn man sich auch einmal der Kokospalme etwas zuwendete, um wenigstens genau zu erfahren, ob sich unter Berücksichtigung der Selektionsmöglichkeiten und Bodenbearbeitung mit einer Rentabilität ihrer Kultur rechnen ließe oder nicht.

Vielleicht befaßt man sich auch einmal zunächst im kleinen mit der Herstellung von Kokosöl, also Öl aus den frischen (!) Samen, die nach einem einfachen Koch- und Preßvorgang ein sofort im Haushalt verwendbares und dem Ölpalmenöl angeblich überlegenes Speiseöl liefern.

Aronstabgewächse (*Araceae*)

9. Fensterblatt, *Monstera deliciosa* Liebm.

Selten und nur als Zierpflanze kultiviert. Die etwa 20 cm langen und 10 cm dicken Fruchtstände, die im Geschmack etwas an Ananas erinnern, werden nirgends verzehrt. Infolge des Gehaltes an Kalziumoxalatkriställchen wird der Genuß stark beeinträchtigt. Kultur als Nutzpflanze ist nicht zu empfehlen.

10. Taro, Coco-yam, *Colocasia antiquorum* Schott (= *C. esculentum* Schott).

Wird wegen der stärkehaltigen Knollen oft zusammen mit Makaboarten für die Pflanzungsarbeiter kultiviert.

Taro wird oft mit den Arten von Makabo (*Xanthosoma*) verwechselt. Beide unterscheiden sich jedoch deutlich schon durch die Form der Blattspreite. Diese ist beim Taro verlängert schild-herzförmig, d. h. der Herzeinschnitt an der Spreitenbasis reicht nicht bis an die Anheftungsstelle des Blattstieles heran, bei den *Xanthosoma*-Arten dagegen ist der Einschnitt bis unmittelbar an die Anheftungsstelle des Blattstieles an der dadurch mehr pfeilförmigen Spreite fortgeführt.

Es ist gut, sich diese Unterschiede zu merken, weil nach den neueren Untersuchungen von Clark die *Colocasia*-Knollen neben den bekannten Oxalatraphiden reichlich Sapotoxin enthalten. Dieses kann im Gegensatz zu den im Wasser löslichen Kristallnadeln nicht (!)

durch Kochen entfernt oder zerstört werden. Seine Wirksamkeit auf den menschlichen Organismus besteht nun nicht etwa in einer akuten Vergiftung, sondern nach Untersuchungen von M. Oberdörffer darin, daß eine Schwächung des Allgemeinzustandes eintritt (!) und der Körper langsam seine Abwehrkräfte gegen den Urheber der Lepra (*Mycobacterium Leprae*) einbüßt.

Oberdörffer sagt selbst: „Ich halte ... *Colocasia antiquorum* für einen wichtigen prädisponierenden und auslösenden Faktor im Geschehen der Lepra" (Archiv für Schiffs- und Tropenhygiene, Deutsche Tropenmedizinische Monatsschrift 42, 1938, H. 8, S. 371). Ich halte es für zweckmäßig, an dieser Stelle auch das von Oberdörffer gegebene Diagramm (a. a. O. S. 369) weiteren Kreisen bekanntzumachen.

Nebenstehende Darstellung ist das Resultat jahrelanger Forschungen in Afrika und Asien. Aus ihr dürfte mit Deutlichkeit hervorgehen, daß den Kulminationspunkten der Leprakurve (schwarz) stets Höhepunkte im Verbrauch des Taro (waagerecht schraffiert) entsprechen.

Vom hygienischen und daher auch wirtschaftlichen Standpunkt aus wäre es also angebracht, auf eine Einschränkung des Taroverbrauches bei den Eingeborenen hinzuarbeiten und, soweit eine Durchmischung erfolgt ist, auch eine Reinigung der Makabofelder (*Xanthosoma*) vornehmen zu lassen, bis mit Sicherheit die Unschädlichkeit des Taroknollengenusses erwiesen ist, was kaum erwartet werden kann.

Übrigens scheinen sich nach Oberdörffer hinsichtlich des Gehaltes an Sapotoxin und auch an Raphiden die beiden Kulturformen, der trocken angebaute „Bergtaro" und der naß kultivierte „Sumpftaro", verschieden zu verhalten; die Untersuchungen darüber sind jedoch noch nicht abgeschlossen.

Es wäre übrigens sehr wichtig, festzustellen, ob und wieviel Sapotoxingehalt die verschiedenen Produkte aufweisen.

Aus den Knollen läßt sich nämlich ein Mehl und eine dem Arrowroot ähnliche Stärke gewinnen.

Blätter mit geschälten Stielen, die wenig oder kein Sapotoxin enthalten, oder auch nur die zarten Teile der Spreiten können als spinatartiges Gemüse zubereitet werden. Ein besonders feines Gemüse wird erhalten, wenn man die Knollen im Dunkeln zum Austreiben bringt. Auf diese Weise entstehen gebleichte und nur kleine Spreiten tragende Blattstiele, die wie Spargel bereitet werden können.

Ausgewachsene Blattstiele enthalten auch Fasern, aus denen allerlei Gewebe herzustellen sind.

Die Kultur der Pflanze gleicht der des Makabo.

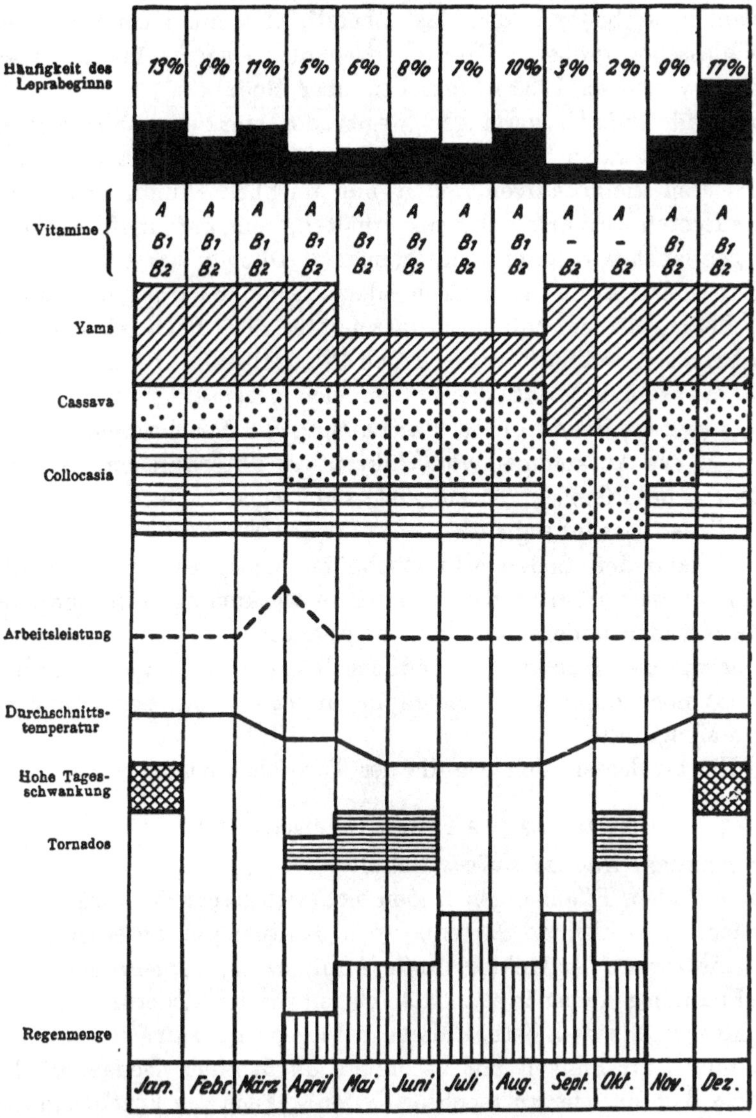

Abb. 1. **Diagramm über die Beziehung der Lepra zu diätetischen und klimatischen Kurven bei den Isugwatus in Süd-Nigeria. Nach M. Oberdörffer 1938. Vgl. auch die Karten über Kongruenz der Areale von Taro und Lepra bei Oberdörffer und Gehr [Zschr. f. Hyg. u. Infektionskrankh. 122 (1940), 486, 487]**

11. Makabo, Coco-yam, wahrscheinlich drei nahe verwandte Arten mit mehreren Varietäten: *Xanthosoma sagittifolium* Schott, *X. violaceum* Schott und *X. mafaffa* Schott.

Wie der durch die Form der Blattspreite verschiedene Taro (s. oben!) wegen der stärkehaltigen Knollen, die eine Hauptnahrung der Pflanzungsarbeiter bilden, fast überall, aber nur ausnahmsweise in geschlossener größerer Kultur angebaut. Gedeiht bis zu einer Höhenlage von etwa 1500 m (gesehen über Buëa!).

Taro und Makabo verlangen wegen der stark transpirierenden Blätter eine ständige Bodenfeuchtigkeit (aber kein stagnierendes Wasser!) und tiefgründigen Boden mit reichlich Humus und Kali. Gute Ernten wird man daher nur erhalten, wenn auf jungfräulichem Boden gepflanzt wird oder wenn genügend Dünger (am besten Mist oder Kunstmist) in das Pflanzloch oder auf den Kopf gegeben wird.

Der Boden wird am besten schwarz gejätet, öfter flach gehackt und der Verband so gewählt (etwa 1—1,2 m Pflanzabstand, bei der großen *X. maf.* etwas mehr), daß die Blätter sich gegenseitig etwas überdecken, um dem Boden durch Beschattung die Feuchtigkeit zu erhalten und das Aufkommen von Unkraut zu unterdrücken. Im Gebiet stehen die Pflanzen oft zu weit und tragen vielfach Anzeichen unzulänglicher Ernährung.

Da Makabo den Boden sehr erschöpft, eignet er sich natürlich ebensowenig als Vorkultur wie es ganz unzweckmäßig wäre, ihn womöglich zwischen andere Kulturen zu pflanzen.

Ob er wie der Taro auch schädliche Mengen von Sapotoxin enthält, steht noch dahin[1]). Oxalatraphiden fehlen oder treten nur in geringer Menge auf.

Die Blätter lassen sich wie die des Taro als Gemüse verwenden.

Ananasgewächse (*Bromeliaceae*)

12. Ananas, *Ananas sativus* Schult.

Fast auf allen Pflanzungen finden sich wenigstens mehrere Exemplare oder einige kleinere Gartenbeete in Kultur; nur an einer Stelle wurde eine etwa 1—2 Hektar große Anpflanzung vorgefunden.

Die Pflanzen gedeihen in allen Höhenlagen von der Niederung bis etwa 900 m Meereshöhe den Verhältnissen entsprechend zufriedenstellend, ausgenommen an Plätzen mit besonders ungünstigen Bodenverhältnissen (zu dichter oder zu feuchter Boden). Auch die Fruchtbildung ist gut, desgleichen meist auch Geschmack und Aroma der Früchte[2]).

---

[1]) Nach mündlicher Mitteilung von Oberdörffer hat sich auch in Rhizomen von *Xanthosoma*-Arten (Kult. Warmhäuser Bot. Gart. Dahlem 1940) Sapotoxin nachweisen lassen!

[2]) Es hat sich in der Praxis eingebürgert, die Bezeichnung „Frucht" für den aus zahlreichen Einzelfrüchten („Augen" oder „Felder") zusammengesetzten Fruchtstand der Ananas zu gebrauchen. Diese Gewohnheit soll hier zwar beibehalten werden, doch ist es für gewisse Fälle (Kreuzung) notwendig, den richtigen Sachverhalt zu kennen.

Vorwiegend sind Rassen angepflanzt mit stark stachelig gezähnten Blättern und verschieden in Form und Größe der Frucht. Sichere Angaben über die Sortenzugehörigkeit waren nicht zu erhalten, doch wurden genannt: „Ananas von San-Miguel", wobei es sich vermutlich um die auf den Azoren meist kultivierten und auch von dort nach Deutschland exportierten Sorten „Jamaica" und „Cayenne" handelt, ferner die wegen ihrer unbewehrten Blattränder die Kultur erleichternde, aber gewisse Vermehrungsschwierigkeiten bietende „Smooth Cayenne" („Cayenne lisse" = „Maipuri") und schließlich eine Lokalsorte „Sweet Sachsenhof", die angeblich durch besonderen Zuckergehalt ausgezeichnet sein soll.

Eine der ersten vorzunehmenden Arbeiten wäre auch hier zunächst einmal die genaue Klarstellung und Sichtung des vorhandenen Materials, um zu wissen, womit man es überhaupt zu tun hat und was von dem vorhandenen zu erwarten wäre. Dann erst werden Entscheidungen darüber getroffen werden können, was vernachlässigt bzw. gefördert werden könnte und ob vielleicht aus anderen Kolonialgebieten zweckmäßigere Sorten eingeführt werden müßten.

Denn die Wahl des Pflanzers wird ja nicht allein dadurch bestimmt, daß nun diese oder jene Sorte unter den gegebenen Bedingungen des „Standortes" (Summe aller Faktoren von Klima und Boden) gut gedeiht, sondern daß auch die Frucht in ökonomischem Einklang steht mit den Absichten des Produzenten.

So werden besonders luxuriöse, große Früchte, wie etwa „Porto-Rico" (6—7 kg) und „Bracamorensis" (12—15 kg) nur für den Hausgebrauch verwendet werden können, während der Frischfruchtexport mittelgroße und möglichst transportfeste Früchte benötigt (z. B. „Ripley's Queen", „Piña Morada", „Red Spanish", „Montserrat", „Baronne de Rotschild", „Jamaica"). Auf eine möglichst zylindrische „Konservenbüchsenform" wäre dagegen wieder bei der Fabrikation von Konserven zu achten (z. B. „Queen", „Blood", „Piña Morada", „Comte de Paris", „Smooth Cayenne").

Zur vorläufigen Orientierung über die im Gebiet vorhandenen Sorten oder ihre Verwandtschaft mit anderen kann der folgende Schlüssel (nach Kopp) dienen:

1. Gruppe: Queen.

Felder von den Rändern an regelmäßig bis zum Nabel vorgewölbt. Fleisch gelb. Frucht orangegelb. Blattrand stachelig gezähnt.

a) Braktee (an der Basis der Frucht) rötlich, bedornt, häutig
Black Ripley.

b) Braktee grün, schlank, Ende scharf zugespitzt
Egyptian Queen.
c) Braktee gelb, häutig, mit Enddorn ... Golden Queen.
d) Braktee weiß oder grünlich-weiß, Ende zugespitzt
Green Ripley.
e) Braktee rosa .... Pernambouc.

2. Gruppe: Cayenne.

Felder flach und breit, ohne deutliche Zitze. Fleisch gelb. Blattrand nicht oder schwach gezähnt oder mit angedrückten oder versenkten Zähnen.

a) Braktee grün, schwach rosa getönt. Felder ganz leicht zu einer Zitze ansteigend .... Cayenne lisse.
b) Braktee rosa.
Feld mit abgerundeten Ecken. Zitze $\pm$ eingedrückt. Brakteen der Felder dünn mit kleiner Spitze .... Enville.
Feld oben abgerundet. Zitze schwach ansteigend. Brakteen der Felder sehr groß mit scharf zugespitztem Ende
Baronne de Rotschild.
Feld oben abgerundet, unten abgestumpft. Zitze eingedrückt
Pain de sucre.

3. Gruppe: Spanish.

Felder $\pm$ flach, rechtwinkelig, mit Zitze.

a) Zitze nur leicht erhoben .... Blood.
b) Zitze deutlich ausgebildet.
Basalbraktee zur Spitze hin rosa ...... Red Ceylan.
Brasalbraktee strohfarben .... Yellow Ceylan.
Brasalbraktee rosa oder gelb gefleckt.. Spanish.

4. Gruppe: Porto-Rico.

Felder unregelmäßig geformt.

a) Felder leicht zu einer Zitze erhoben... Porto-Rico.
b) Felder leicht eingedrückt mit einer schwach vorspringenden Zitze
Prince Albert.

Für die Zukunft sei dringend empfohlen, die Neupflanzung nur mit bekannten und erprobten Sorten vorzunehmen.

Als positive Kennzeichen, die auch bei jedem weiteren Neupflanzen berücksichtigt werden müssen, seien zu werten: Gesundheit, Frohwüchsigkeit, Frühreife, Größe, Gestalt und Geschmack der Frucht, flache Felder, dünner Achsenstrang, geringe Faserigkeit. Kränkelnde

Pflanzen und solche mit einem Kranz von Kronenschößlingen schalte man in jedem Falle aus.

Von den besten der so ausgewählten Pflanzen sollten in nicht zu kleinen Zuchtgärten gute Stämme angelegt und stets in Reserve gehalten werden, um in relativ kurzer Zeit auch ausgedehntere Kulturen anlegen zu können. 5000, 6500, sogar 15000—25000 Pflanzen können auf den Hektar gerechnet werden, je nach der Pflanzmethode.

Am zweckmäßigsten hat sich der zweireihige Beetstreifen erwiesen, weil dann die Pflanzen von allen Seiten besser erreicht werden können als bei dem mehrreihigen Verband und gleichzeitig nicht so freistehen wie in der Einerreihe. Der Beetabstand betrage etwa 110 cm, die Beethöhe etwa 30 cm mit beiderseits etwa 20 cm freiem Rand; der Pflanzabstand sei auf 60 oder 75 cm (etwa 15000 Pflanzen pro Hektar) bemessen.

Das Auspflanzen auf einer nicht in Beetstreifen aufgeteilten Fläche, wie ich es in Kamerun sah, erschwert jede Arbeit so sehr, daß durch das Mehr an Pflanzen kaum ein Gewinn in der Großkultur erzielt wird.

Auch auf Gleichartigkeit der Pflänzlinge ist sehr zu achten. Ebenso ist zu bedenken, daß die an den verschiedenen Stellen der Mutterpflanze entstehenden Schößlinge sich auch physiologisch verschieden verhalten, was in Wüchsigkeit und Zeitspanne bis zum Fruchtansatz zum Ausdruck kommt.

Wenn gegenwärtig auf den Pflanzungen die Schößlinge aus dem unteren (Wurzelschößlinge = ratoons), mittleren (Stengelschößlinge = suckers) und oberen Stengelteil (Fruchtschößlinge = slips) zusammen mit der Krone selbst zur Fortpflanzung nebeneinander für dasselbe Beet gebraucht wurden, so kann diese Methode nur für den gegenwärtigen kleinen Betrieb, der auf die sehr verschiedenen Fruchtzeiten wenig zu achten braucht, zugelassen werden. Eine größere Anpflanzung, die mit einheitlichen Ernten rechnen muß, darf nur jeweils die eine oder die andere Schößlingsart verwenden.

Am besten werden nur Stengelschößlinge oder Wurzelschößlinge genommen, soweit man die letzteren nicht bei mehrjährigen Kulturen für die nächste Ernte an der Mutterpflanze belassen möchte.

Wenig beachtet wird auch die gleichartige Behandlung der Pflänzlinge, die stets auf besonderen Saatbeeten aufgezogen werden müssen: an der Basis glatt geschnitten, die unteren Blätter entfernt, an der Luft gut angewelkt, werden sie mit gut vernarbter Schnittfläche etwa 7—10 cm tief in den Boden gebracht. Auf jeden Fall muß hierbei verhütet werden, daß Sandkörnchen in das Herz gelangen, wodurch empfindliche Wachstumsstörungen eintreten können. Um dies zu verhindern, wird empfohlen, eine Handvoll eines Gemisches von Baumwollmehl (3 Teile) und Tabakpulver (1 Teil) in das Herz des Pflänzlings zu legen (etwa 500 kg pro Hektar).

Manche Sorten erzeugen nur wenig Schößlinge, was für eine schnelle Vergrößerung der Kultur hinderlich ist, aber auch in solchen Fällen gibt es Methoden, die diese Schwierigkeiten einigermaßen beheben: so die von Walters (Vermehrung durch dünne Stengelscheiben) oder eine angeblich erfolgreichere von Macluskie (Vermehrung durch Längsviertel). Gegenwärtig waren solche Methoden im Gebiet natürlich nicht in Gebrauch; man wird sich ihrer aber bedienen müssen, wenn in Zukunft in Kamerun auch Ananas für den Export angebaut wird, wie es Belgisch-Kongo bereits getan hat. Bei der schnellen Verbindung zwischen dem Reich und den Pflanzungen dürften keine Transportschwierigkeiten entstehen.

Auch die Klimaverhältnisse können bis in die Höhe von Buëa als durchaus geeignet angesehen werden. Die regenreichsten Plätze auf der Westseite des Berges wären jedoch besser zu vermeiden, da durch viel Niederschläge das Aroma nach der ungünstigen Seite hin verändert wird; aber Regen von 2000—3000 mm, wie sie auf der Ostseite des Berges vorkommen, sagen der Ananas noch zu.

Durch zeitlich richtiges Auspflanzen läßt sich durch die Trockenmonate der Reifungsprozeß sehr günstig hinsichtlich Zucker- und Aromabildung beeinflussen.

Die Haupternten müßten auf Ende Februar oder Mitte Mai gelegt werden, da starke Regen die Haltbarkeit der Früchte vermindern und vor dem Versand dann erst ein gründliches Abtrocknen notwendig machen.

Die für Ananas sehr wichtige Durchlässigkeit des Bodens findet sich im Gebiet allenthalben, und da bei dem sehr flachen Wurzelsystem der Pflanzen (etwa 30 cm) auch an die Tiefgründigkeit keine hohen Anforderungen gestellt zu werden brauchen, dürften sich genügend geeignete Flächen für ausgedehntere Kulturen finden lassen. Die p_H-Werte liegen meist richtig, da Ananas etwa p_H 6 verlangt. Desgleichen ist die Kalkarmut des Gebietes für Ananaskulturen besonders günstig.

Ohne kräftige Düngung jedoch und ohne intensive Reinhaltung des Bodens (am besten Bodenbedecker) ist niemals ein gutes Resultat zu erwarten. Ohne auf Einzelheiten hier näher einzugehen, sei nur darauf hingewiesen, daß in der Literatur immer wieder die Notwendigkeit ausreichender Kalimengen und ganz besonders eines hohen Humusgehaltes betont wird. Versuche in Queensland haben ergeben, daß durch Volldüngung die vierfache Ernte erzielt wird und daß bei gleichzeitiger Anwendung von kräftiger Gründüngung mit Leguminosen auch keine Anzeichen der Erschöpfung bemerkbar werden.

Art und Menge des Düngers, ebenso die Methode der Darreichung werden sehr verschieden für die einzelnen Gebiete angegeben. Es wäre verfrüht, sich bereits in diesem Punkte auf Besonderheiten einzulassen. Die folgenden Angaben sollen daher nur eine Vorstellung über diesen wichtigen Arbeitsbereich bei der Ananaskultur vermitteln.

Als organische Dünger werden vielfach Trockenblut, Knochenmehl, Stallmist und Baumwollsamenmehl (eventuell auch Rizinussamenmehl) etwa 0,5 kg pro Pflanze empfohlen, weil sie bei nachhaltiger Wirkung direkt auf die Pflanzen gestreut werden können, ohne deren empfindlichen Vegetationsscheitel (das „Herz") einer Verätzungsgefahr auszusetzen; an Stelle von Stallmist lassen sich auch kompostierte Gründünger verwenden. Wenn aber bereits ausreichende Humusmengen vorhanden sind, läßt sich auch, wie neueste Erfahrungen gezeigt haben, an Stelle von Stalldünger wasserlöslicher Mineraldünger gebrauchen.

Dieser wird wegen des oberflächlichen Wurzelsystems der Ananas schnell wirksam und kann Blühreife und Fruchteigenschaften beeinflussen; das Aroma ist jedoch unabhängig davon; es hat sich als erbgebunden erwiesen.

In Guadeloupe und Martinique wird nach einer guten organischen Düngung zugleich mit der Anlage der Pflanzung Mineraldünger in folgender Form erfolgreich verabreicht:

	1. Gabe 1 Monat nach Pflanzung	2. Gabe 6 Monate später	3. Gabe 8 Monate später	
Ammoniumsulfat	450	350	250	kg pro ha
Superphosphat	300	400	300	
Kaliumsulfat	250	350	450	

Obwohl an dieser Stelle in bezug auf die Verhältnisse im Gebiet nur wenige Andeutungen über Ananaspflanzungen gemacht werden konnten, wird sich doch aus dem Gesagten entnehmen lassen, daß Großkulturen nur mit größter Sauberkeit und bei intensivem Einsatz zahlreicher Mittel durchgeführt werden können und ein mehrfaches von dem verlangen, was bisher im Gebiet selbst für Ölpalmen und Bananen kaum aufgewandt wurde.

Dennoch bin ich der Meinung, daß in Zukunft gerade Kamerun wegen seiner günstigen Verhältnisse und schnellen Verbindungsmöglichkeiten für ausgedehnte Ananaskulturen herangezogen werden könnte.

Falls es wider Erwarten zu große Schwierigkeiten machen sollte, die Haupternte auch nach Anwendung von Äthylen oder Azetylenbehandlung so zu legen, daß sie in die Monate der geringsten Bananenproduktion fällt, ließen sich zu jeder Zeit Konserven herstellen, deren Absatz als gesichert angesehen werden dürfte. Denn die Produktion von Ananaskonserven war vor dem Kriege ständig im Steigen begriffen, wie aus folgender Übersicht hervorgeht:

Hawaii:	1932:	5000000	Kisten (je 24 Büchsen à 1 kg)
(etwa 36400 ha)	1934:	9000000	„
	1936:	12000000	„
Malesien:	1932:	66000 t	
(etwa 28300 ha)	1936:	76000 t	
Formosa:	1932:	560000	Kisten
(etwa 7300 ha)	1936:	1000000	„

Die Ananaseinfuhr nach Deutschland zeigte ebenfalls steigende Tendenz bis zum Jahre 1936; der Rückgang des folgenden Jahres ist offenbar durch die Wirtschaftsblockade hervorgerufen. Es wurden importiert:

1935	2909 t
1936	3273 t
1937	1533 t

Bei vorsichtiger Kalkulation (6000 Pflanzen pro Hektar mit 4000 Früchten und einem Ertrage von wenigstens 6000 kg im Jahr) könnten schon etwa 600 ha zur Deckung der deutschen Einfuhr von 1936 ausreichen. Der eigentliche Bedarf dürfte aber bereits in jenem Jahre wesentlich größer gewesen sein, und es läßt sich ein gewaltiges Anschwellen der Einfuhr für die Zeit nach dem Kriege erwarten.

Eine Ausdehnung oder vielmehr erst eine wirkliche Anlage von Ananaskulturen wäre also für das Gebiet am Kamerunberg durchaus zu rechtfertigen.

Außer frischen Früchten, Konserven verschiedener Art und Marmeladen liefert die Ananas aber noch eine Anzahl weiterer Produkte, von denen einige noch kurz angeführt werden sollen.

Bei der Konservenbereitung kann der Abfall auf Saft, dieser weiter auf Wein, Likör, Alkohol und schließlich Essig verarbeitet werden. Dabei kann man etwa rechnen:

100 Früchte = 100 l Saft = 115 l Wein = 15 l 50%iger Alkohol.

Die vitaminreichen Preßrückstände (sog. „Ananaskleie") enthalten so viel Eiweiß und Zucker, daß sie als wertvoller Zusatz zum Viehfutter nutzbar zu machen sind.

Frischer Saft gibt mit Guayavenextrakt zu gleichen Teilen gemischt ein wohlschmeckendes Gelee. Medizinisch hat sich der Saft reifer bzw. unreifer Früchte als Digestivum, Diuretikum, Purgativum, Abortivum Anthelmintikum, ebenso gegen Diphtherie und Bronchitis als wirksam erwiesen. Ausgegorener Saft soll sich wegen seines Gehaltes an Fermenten und Zitronensäure gut zur Koagulation von Latex eignen.

Die Blätter enthalten besonders bei manchen Sorten etwa 3—5% (nach anderen nur 1,1%) ihres Frischgewichtes an Fasern. Die Eingeborenen vor allem in Südchina und auf den Philippinen benutzen sie meist in Vermischung mit Baumwolle, zu feineren Geweben für leichte Kleidungsstücke, Decken, Tücher usw.

Die Rückstände der Fasergewinnung ergeben ein dem Japanpapier ähnliches gutes Produkt. Eine industrielle Ausbeutung der Fasern scheint sich aber bisher nicht gelohnt zu haben, obwohl sie fast wie Manilahanf bewertet wurden. Am Kamerunberg fertigen die Eingeborenen angeblich Schnüre aus den Blattfasern.

Liliengewächse (*Liliaceae*)

13. Bogensehnenhanf, *Sansevieria guineensis* (L.) Willd. und andere Arten.

Im Gebiet wegen der marmorierten Blätter nur als Zierpflanzen kultiviert. Die meisten Arten dieser Gattung sind jedoch auch im ganzen tropischen Afrika heimisch und finden sich daher auch wild am Kamerunberg.

Speziell in Westafrika kommen folgende 3 Arten vor:

A. Blätter in mittlerer Höhe flach, an der Basis mit mondsichelförmigem oder halbkreisrundem Querschnitt, ohne Längsriefen.
   a) Blütenstand eine dichtgedrängte, kurze, fast kopfartige Traube. Blüten 8—10 cm lang . . *Sansevieria longiflora* Sims.
   b) Blütenstand eine lockere, lange, walzenförmige Traube. Blüten 2,5 bis 5 cm lang . . . . *S. guineensis* (L.) Willd.

B. Blätter in ihrer ganzen Länge mit kreisrundem Querschnitt, mit Längsriefen.
   Blüten in einfachen Trauben . . . . . . *S. cylindrica* Boj.

Von den Eingeborenen werden die Blattfasern wegen ihrer großen Festigkeit zu Schnüren, Fangstricken und Bogensehnen verwendet. Zu feineren Geweben sollen sich die Fasern nicht verarbeiten lassen.

Die Entfaserung gelingt leicht auf mechanischem Wege mit oder ohne Röstverfahren.

Es wurde bereits versucht, Sansevieriaarten, die an den Boden nur geringe Ansprüche stellen, im großen zu kultivieren, doch scheint das Ergebnis kein befriedigendes gewesen zu sein.

Legt man jedoch weniger Wert auf Feinheit und Farbe, sondern will lediglich feste und gröbere Fasern zur Anfertigung von Säcken und ähnlichem Verpackungsmaterial gewinnen, das ja in gewaltigen Mengen von der Wirtschaft verbraucht wird, so dürften auch die Sansevierien eine Bedeutung bei der Lösung des „Sackfaserproblems", auf das Tobler eingehend hingewiesen hat, erlangen.

Amaryllisgewächse (*Amaryllidaceae*)

14. Agave-Arten.

Einzeln oder als Wegeinfassungen wegen ihres stattlichen Wuchses häufig angepflanzt, aber sonst von den Europäern nicht weiter benutzt.

Soweit festzustellen war, handelte es sich vorwiegend um *Agave fourcroydes* Lem. („Henequen"), doch sind auch noch 2—3 andere Arten vertreten. Zur Unterscheidung der in Frage kommenden diene folgende Übersicht (nach Tobler und anderen):

Agave Sisalana Perrine, echter Sisal. Stamm bis 2 m Höhe, zuweilen Ausläufer treibend. Blätter in dichter Rosette, bei Bildung des Blütenschaftes oben lockerer gestellt, meist steif und gerade abstehend, fleischig, derb, grün bis grau-grünlich, mit glatter Oberfläche, 1—2 m lang, am Grunde 3—4 cm dick, nach oben ihre gebogene Oberfläche zur Rinne übergehend, im unteren Teil 8—10 cm, oberhalb bis 14 cm breit; Blattränder knorpelig oder nur zuweilen mit angedeuteten Zähnen; Blattspitze mit kleinem, schwach rückwärts gekrümmtem Enddorn. Schaft mit Blütenstand bis 7 m hoch; reichlich Brutknopsenbildung[1]).

Agave cantala Roxb., Kantala oder Maguey. Stammbildung gering, mit zahlreichen Wurzelschößlingen. Blätter in dichtem Strauß steil aufrecht gestellt, weniger fleischig als bei voriger, grün, mit glatter Oberfläche, 1,5—2 m lang, in der Mitte bis 14 cm breit; Blattrand mit feinen hakig gekrümmten Stacheln besetzt; Blattspitze mit kräftigem, 1—2 cm langem Enddorn. Schaft des Blütenstandes 3—5 m hoch; reichlich Brutknospenbildung.

Agave fourcroyoides Lem., Henequen. Stamm bis etwa 1,30 m hoch, mit Ausläufern. Blätter in sternartiger Rosette allseits steif

[1]) Diese entstehen im Blütenstand an Stelle der Blüten.

abstehend, blaugrün, mit glatter Oberfläche, 1,5—2 m lang, an der breitesten Stelle bis 15 cm breit, nach unten deutlich verschmälert, nach oben langsam zugespitzt, unterseits gekielt. Blattrand mit langen, gegen beide Blattenden hin kleiner werdenden, teils abwärts, teils aufwärts gerichteten Stacheln besetzt. Blütenschaft 6—7 m hoch; reichlich Brutknospenbildung.

Agave americana L., „Zier-Agave". Stammbildung gering, mit Wurzelschößlingen. 30—40 Blätter in dichter Rosette, oberhalb ihrer Mitte (besonders ältere) oft auswärts geschwungen, blaugrün, mit glatter Oberfläche und konkaver Oberseite, 1—2 m lang, verkehrt spatelförmig, oberhalb ihrer Mitte 15—22 cm breit; Blattrand mit 4—6 mm langen braunen, vorwärts gekrümmten Stacheln; Blattspitze mit starkem, dunkelbraunem, nicht rinnig gefurchtem, 2,5—5 cm langem Enddorn. Blütenschaft einschließlich der Rispe 8—12 m hoch; reichlich Brutknospenbildung. Bei der Varietät *variegata* Hort. sind die Blattränder gelb gefärbt.

Allgemein bekannt ist die große Bedeutung besonders des Sisals und Henequens als Lieferanten großer Mengen wichtiger Hartfasern. Im Gebiet gedeihen die Pflanzen anscheinend ausgezeichnet, doch ist nichts über die Höhe ihres Fasergehaltes und die Qualität der Fasern bekannt. Die Faserbündel, die ich von den Eingeborenen ganz roh durch einfaches Entfasern (Quetschen und Waschen) mit der Hand herstellen ließ, waren fast weiß, fest und elastisch; sie werden auch von den Eingeborenen gelegentlich zum Binden benutzt.

Nach Tobler liegt die Grenze der zu ertragenden Niederschläge vieler für Fasergewinnung kultivierter Agaven zwischen 600 und 1500 mm, eine Menge also, die am Kamerunberg bei weitem überschritten wird. Es ist aber andererseits bekannt, daß sich die Agaven auch bei guter Durchlässigkeit des Bodens an höhere Regenmengen gewöhnen können und daß dieses Vermögen bei den Arten verschieden ist.

Agave cantala z. B. verträgt gut noch solche Niederschläge, bei denen der Sisal bereits einen Rückgang an Fasermasse im Blatt aufweisen soll; die Art wird daher auch für die feuchteren Tropen empfohlen und findet sich auch auf Fernando Poo in Kultur. Sie besitzt allerdings Fasern, die feiner sind als die Sisal- und Henequenfasern und sich daher auch besser zum Verspinnen eignen. Der Faserabfall läßt sich außerdem zu groben Papieren verarbeiten.

Die *Agave americana* kommt als Faserpflanze nicht in Frage. Sie liefert aber vor der Blüte in dem sogenannten „Kopf" ein süßes Gemüse mit 9,2% Rohrzucker und 24,8% Fruchtzucker. Durch Auskochen erhält man einen Sirup. Auch ihre Blätter enthalten Zucker und sollen in Stücke geschnitten ein nahrhaftes, allerdings etwas stopfend wirkendes Viehfutter abgeben.

Ebenfalls Zucker enthalten auch die Blätter der bereits erwähnten *Agave cantala*, die sich in dieser Hinsicht den Pulque-Agaven (z. B. *A. atrovirens*) nähert.

15. Mauritiushanf, Scheinagave, Bambus-Aloe, *Fourcroya gigantea* Vent.

Mit ihren in dichter, halbkugeliger Rosette auf einem dicken Stamm angeordneten, allseits steif abstehenden, 1,5—2,8 m langen, bis zu 30 cm breiten Blättern ist diese Pflanze von besonders ornamentaler Wirkung und findet sich deswegen heute noch einzeln oder zu mehreren bei Häusern und Stationsplätzen angepflanzt.

Sie ähnelt weitgehend einer riesigen Agave, wofür sie auch früher gehalten wurde, unterscheidet sich aber von dieser Gattung unter anderem durch folgende Merkmale:

Blüten und Brutknospen an den Zweigen des Blütenstandes vorwiegend hängend angeheftet (bei *Agave* $\pm$ aufrecht).
Die Staubbeutel ragen nicht aus der Blüte heraus.
Die Staubfäden sind am Grunde angeschwollen.
Die Blätter weisen keinen harten und scharfen Enddorn auf.

Wegen der Blattfasern werden Fourcroyen in verschiedenen tropischen Gebieten plantagenmäßig kultiviert oder es werden in Brasilien zum Teil auch die wilden Bestände ausgebeutet. Die Fasererträge liegen prozentual niedriger als bei den echten Faseragaven; meist 30—35, zuweilen bis 60 g Fasern pro Blatt; etwa 30000 Blätter ergeben 1 t Fasern.

Auch am Kamerunberg besaß vor dem Weltkriege die Bibundi-Gesellschaft auf 25,5 ha eine Kultur von 26250 Pflanzen.

Heute benutzen im Gebiet nur die Eingeborenen gelegentlich die Fasern, die sie aus frischen Blättern durch einfaches kräftiges Quetschen und Reiben mit der Hand und Auswaschen des übrigen Blattgewebes gewinnen; der so aus einem Blatt erhaltene, etwa 2 m lange Strang, der eine schöne gelblichweiße Farbe hat und große Festigkeit besitzt, wird einfach zusammengedreht und als Strick zum Binden benutzt.

Anderwärts dient der Mauritiushanf auch zur Herstellung von Seilerwaren, Fischnetzen, Ölpreßtüchern, Persennings, Segeltüchern, Vorhängen für Veranden, Fußbodenläufern und, was an dieser Stelle bezüglich des bei *Sansevieria* Gesagten besonders hervorgehoben sei, auch zur Anfertigung von Säcken, die haltbarer sein sollen als solche aus Jute.

Schmerwurz- oder Yamsgewächse (*Dioscoreaceae*)

16. Yams, mehrere Arten der Gattung *Dioscorea* L.

Nur ausnahmsweise und vielleicht mehr zufällig in einigen Gärten der Europäer vorhanden. Von den Eingeborenen aber vielfach auf tiefgründigen, nährstoffreichen Böden wegen der stärkehaltigen Knollen auch noch bis zu einer Höhe von etwa 1200 m (von mir im Walde über Buëa gesehen!) angebaut.

Die von mir befragten Bakwiri unterschieden hauptsächlich 3 Sorten: eine besonders geschätze Sorte „Muëka“ (manchmal auch „White Yam“ genannt) und zwei bittere, zum Teil angeblich sogar giftige Sorten, „Lissuwa“ und „Kumbu“. Bei J. M. Dalziel sind diese Namen nicht angeführt, und bisher war eine sichere Identifizierung mit wissenschaftlich festgelegten Dioscorea-Arten infolge der in dieser Gattung vorhandenen Schwierigkeiten noch nicht möglich, da das nach Dahlem gebrachte lebende Material noch weiter beobachtet werden muß.

Wahrscheinlich handelt es sich aber um folgende Arten oder verwandte davon:

Dioscorea dumetorum Pax, die bitteren Formen, und
Dioscorea praehensilis Benth. oder
Dioscorea rotundata Poir.

In Kultur wurden außerdem noch festgestellt:

Dioscorea alata L. und
Dioscorea macroura Harms.

Es wäre gut, wenn einmal die ganze Gruppe der im Gebiet angebauten und wilden Arten mit ihren zahlreichen Varietäten und Rassen klargestellt würde, da es sich immerhin um wichtige, zum großen Teil heimische Nutzpflanzen handelt, die auch für die europäischen Pflanzungen, vor allem im Hinblick auf eine größere Abwechslung in der Eingeborenenernährung, Bedeutung erlangen können.

Ihre Kultur macht keine besonderen Schwierigkeiten, da man wohl gute Bodenbearbeitung und Nährstoffversorgung als zu einer ganz normalen Kulturhandhabung gehörig bezeichnen darf.

Der Anbau von Dioscorea bietet den Vorteil, daß Yams zu den Lieblingsgerichten der Eingeborenen gehört, daß bei guten Sorten die Knollen sehr nahrhaft sind und sich meist auch ausgegraben, trotz des tropischen Klimas, länger als 6 Monate aufbewahren lassen; außerdem brauchen die Ernten nicht regelmäßig im Jahresturnus vorgenommen zu werden, weil die in der Erde verbleibenden Knollen anders als bei der Kartoffel, denen sie sonst in der Zusammensetzung ähnlich sind (15—36% des Frischgewichtes an Stärke), periodisch weiterwachsen. Von manchen Arten wurden solche mehrjährigen Knollen bis zu 60 kg gewogen, und ein Eingeborener schilderte mir, daß die gute Sorte „Muëka" Knollen ergäbe, von denen eine ganze Familie 7 Tage lang zehren könne.

Die besonders große Rassenmannigfaltigkeit (Stärkerassen, Zuckerrassen, Rassen mit medizinischen Wirkstoffen) dürfte der Selektion und Züchtung ein aussichtsreiches Arbeitsfeld geben.

Bananengewächse (*Musaceae*)

17. Faserbanane, Abaca, *Musa textilis* Née.

Acht bis zehn etwa 2 m hohe (Juni 1938) Exemplare befanden sich in einem Stationsgarten.

Diese Art unterscheidet sich von den Fruchtbananen durch bedeutend spätere Blüte (frühe Rassen etwa 17—27, mittlere 27—37 und späte 37—47 Monate nach Anpflanzung), durch die fleischlosen, samenerfüllten, etwa daumengroßen Früchte und durch die schmaleren, mehr gelblichgrünen Blattspreiten, deren Ränder nahezu parallel verlaufen.

Bekanntlich liefern die Fasern der Blattscheiden den Manilahanf, der in ausgedehntem Maße wegen seiner großen Widerstandsfähigkeit, Festigkeit und wegen seines geringen Gewichtes zur Herstellung von Seilen gebraucht wird, aus dem aber neben anderen Textilien, besonders aus den feineren Fasern der inneren Blattscheiden, seidenartige und schmiegsame Gewebe erzeugt werden.

Gegenüber dem Hauptanbaugebiet, den „Hanfprovinzen" der Philippinen, auf denen wohl mehr als 600000 ha mit Durchschnittserträgen von etwa 600 kg/ha Faser unter Kultur stehen, fallen die übrigen Anbaugebiete, darunter auch Belgisch-Kongo, völlig ab.

Ob sich der Anbau von *Musa textilis* im Berichtsgebiet als lohnend erweisen würde, kann nicht von vornherein gesagt werden. Die klimatischen Voraussetzungen für das bloße Gedeihen der Art dürften gegeben sein. Aber die verhältnismäßig vielen Niederschläge gerade während der Tagesstunden, schon die starke Dämpfung der Sonnenstrahlen durch Wolkenbildung während der Regenzeit und durch den Staub des Harmattans während der Trockenzeit könnten der Erzielung eines erstklassigen Produktes jedenfalls im Weichgebiet des Kamerunberges im Wege stehen. Bisher haben die Pflanzungen wohl auch noch nicht an größeren Anbau gedacht.

Wohl aber sei in diesem Zusammenhange zurückgegriffen auf die

18. Fruchtbanane, *Musa sapientium* L.

Im ersten Teile dieses Berichtes (S. 38) war bei der Frage nach der Verwertbarkeit des Fruchtbananenschaftes für Fasergewinnung gesagt worden: „Es müßten für Kamerun erst genauere Prozentbestimmungen durchgeführt werden, ehe ein abschließendes Urteil gefällt werden kann."

Es ist nun von großem Interesse zu erfahren, daß während des Abschlusses des ersten Manuskriptes gerade ein Spezialist auf dem Gebiete der Faserforschung, Prof. Fr. Tobler, in einem Aufsatz über „Verwertung der Bananenfaser" sich völlig positiv für die Möglichkeit einer wirtschaftlich lohnenden Ausbeute der Fruchtbananenfaser ausläßt.

„Von abgeernteten Eßbananen stammende Faser", sagt Tobler, „hat sich bei verschiedenster Herkunft als durchaus brauchbar und zum Teil ebenso gut wie von Faserbananen erwiesen."

Man hatte früher vielfach darauf hingewiesen, daß ja die Eßbananenfaser nach der Fruchternte nicht mehr brauchbar sein könne, da ja die Faserbanane bereits bei Erscheinen des Blütenstandes geerntet werden müsse, wenn gute Faserqualitäten erzielt werden sollten.

Unter Heranziehung verschiedener Untersuchungsergebnisse, z. B. über den Verholzungsgrad der Fasern, meint aber Tobler, „daß der größere Reifezustand der Eßbananenschäfte kein Hinderungsgrund für die Faserherstellung ist und keine Herabminderung der Eßbananenfaser gegenüber der Manilafaser bedeutet."

Das gilt nach Tobler auch für Faserproben aus Westafrika, die zum Teil sogar (nach brieflicher Mitteilung) aus einer Pflanzung am Kamerunberg stammten. Solche Proben haben den wertvollsten Graden von Manilafaser in nichts nachgestanden.

Nach anderen Untersuchungen besitzen die Eßbananenfasern nach der Fruchternte Eigenschaften, „die sie in mancher Beziehung der Jute überlegen zeigen. Vor allem ist dabei hervorzuheben, daß das Gewicht eines Sackes aus solcher Bananenfaser (110 × 68 cm) nur 470 g beträgt, während der Jutesack bei gleicher Größe durchschnittlich 1000 g (und der Henequensack 1350 g) wiegt. Hiermit ist ein besonderer Vorteil der Eßbananenfaser beigebracht und außerdem zugleich gezeigt, daß die Verspinnung zu Säcken durchaus in Frage steht."

Auch aus den Fasern von *M. paradisiaca* (Plante) werden nach Tobler in Argentinien Gewebe unter dem Namen „Batista de banana" hergestellt. Es wird ferner darauf hingewiesen, daß entgegen früheren

15*

Ansichten der Prozentgehalt der Eßbananenschäfte an Fasern kaum geringer angenommen zu werden braucht als bei der Faserbanane und daß unter Benutzung bereits vorhandener Entfaserungsmaschinen (Krupp-Grusonwerk) auch eine Nebennutzung der Schäfte auf Fasern und Papier auf den Eßbananenplantagen rentabel sei: „Es ist an der Zeit," schließt Tobler, „einen Rohstoffvorrat für Europa zugänglich zu machen, der bisher vernachlässigt worden ist und zum mindesten all denen offen steht, die eigene Kolonien in Afrika oder Asien besitzen oder aber an dortigen Pflanzungen von Bananen beteiligt sind."

Im Prinzip möchte ich mich diesen Ausführungen anschließen. Es darf aber auf keinen Fall der Hinweis versäumt werden, daß in den Tropen sehr schnell Humusmangel auftritt und gerade die Banane einen beträchtlichen Humusbedarf aufweist, wie es sich am Kamerunberg wiederholt deutlich gezeigt hat. Bevor nicht für einen völlig ausreichenden Ersatz der entfernten Bananenschäfte gründlichst gesorgt ist, im wesentlichen durch ununterbrochene Gründüngung, dürfen nicht die kleinsten Mengen von Blättern oder Schäften aus den Feldern entfernt werden; es sei denn, daß wirklich nur die Substanz der Fasern entfernt wird, und alle übrigen Stoffe des Schaftes dem Boden wieder zurückgegeben werden.

Ingwergewächse (*Zingiberaceae*)

19. Kardamom, *Elettaria Cardamomum* White et Mat.

Es existiert eine kleine Versuchspflanzung der var. *minuscula* Burkill von etwa $^1/_4$—$^1/_2$ Hektar. Die Pflanzen werden in Reihen unter *Hevea* kultiviert und befinden sich in sehr gutem Zustande. Die Früchte werden zwischen November und April abgenommen und in einem von außen geheizten Hause grün getrocknet.

Die Ernten sind mäßig, wahrscheinlich weil die Niederschläge in diesem Bezirk des Gebietes hinter den von der Kardamomkultur verlangten (zwischen 3000 und 4000 mm) zurückbleiben. Das Produkt ist grünlichgelb und erzielte angeblich gute Beurteilung.

Die Kardamomkultur selbst macht, abgesehen von einer anfänglich guten Düngung der Pflanzlöcher und Fernhalten des Unkrautes, wenig Schwierigkeiten. Sie bleibt etwa 10 Jahre ertragreich, kommt allerdings erst im fünften Jahre zu vollem Fruchtertrag. Die Pflanzen benötigen, wie auch zahlreiche andere Vertreter dieser Familie, zu gutem Gedeihen eine höhere Lage (etwa zwischen 600 und 1500 bis 2000 m) und unbedingt guten Halbschatten. Sie werden deshalb am besten in lichten Wald gebracht, weil bei einer ausgedehnteren

Zwischenkultur die 2—3 m hoch werdenden Stengel die Übersichtlichkeit der Hauptpflanzung völlig aufheben.

Da der Weltbedarf an Kardamomen weitgehend durch die großen Pflanzungen in Indien und Ceylon gedeckt wird, käme ein erweiterter Anbau nur für den verhältnismäßig geringen deutschen Markt in Frage.

In den Wäldern des Kamerunberges wurden von mir mehrere Verwandte in wildem Zustande dieses in Südasien heimischen Gewächses beobachtet, deren aromatische Samen von den Eingeborenen verwendet werden und sogar zum Teil in den Handel gelangen.

20. Ingwer, *Zingiber officinale* Roscoe.

Nur an einer Stelle eine kleine Anpflanzung von $^1/_4$—$^1/_2$ Hektar. Gedeihen der Pflanzen, die ich selbst nicht sah, weil zur Zeit des Besuches (Ende März 1938!) erst wieder neu gepflanzt wurde, und Erträge angeblich befriedigend.

Die Stauden werden mit etwa 40 cm Abstand gesetzt, die Rhizome jährlich im Januar oder Februar nach dem Vergilben der oberirdischen Sproßteile geerntet und künstlich getrocknet.

Die blühenden Stengel werden nicht (zur Verbesserung der Ernte) entfernt, ebenso läßt man die Rhizome auch nicht länger als 1 Jahr wachsen.

Der Boden wird schwarz gehalten, und es scheint auch nicht nötig zu sein, ihn nach dem Anpflanzen durch Abdeckung gegen oberflächliches Austrocknen zu schützen.

Mehr als beim Kardamom läßt sich ein vermehrter Anbau zur Deckung des deutschen Bedarfs auch für medizinische Zwecke empfehlen. Die Anpflanzungen sollten am besten zwischen 1600 und 2000 m liegen und Regenmengen von etwa 2000 mm empfangen.

Man muß sich aber darüber klar sein, daß im Gegensatz zu der verhältnismäßig wenig Unterhalt verlangenden Kultur die spätere Aufarbeitung der Ernte viel und sorgfältige Handarbeit erfordert, wenn man ein sich bezahlt machendes Produkt erhalten will.

Die Erntemenge wird sehr verschieden angegeben. Auf den Antillen werden bei guter Pflege pro Hektar 4 t, in Mexiko nur 2,5 t erhalten; auf einer Versuchsstation in Bombay soll 1 ha 9 t (getrocknet?) ergeben haben, Stuhlmann rechnet mit 1—1,7 t Ertrag.

Blumenrohrgewächse (*Cannaceae*)

21. Blumenrohr, *Canna bidentata* Bertoloni.

Auf vielen Pflanzungen an Feld- und Wegrändern; von den Europäern als Unkraut betrachtet. Von den Eingeborenen zuweilen angepflanzt, da die stärkehaltigen Rhizome, die übrigens mitsamt den Blättern in gekochtem Zustande als Viehfutter gebraucht werden können, eine Art Arrowroot liefern.

Orchideen (*Orchidaceae*)

22. Vanille, *Vanilla planifolia* Andrews.

Nur in einem Versuchsgarten ein kleines Exemplar, das noch nicht zur Blüte gekommen war.

Frühere Versuche in Kamerun sollen gute Resultate bei der Vanillekultur ergeben haben, aber die Gestehungskosten konnten nicht in ausreichendem Maße herabgesetzt werden.

Die Vanillepflanze, die bekanntlich eine Liane ist, erfordert nämlich sehr individuelle Behandlung: ständiges Nachbinden an den Stützbäumen, Spalieren oder Mauern, regelmäßiges Schneiden, um die Blütenstände stets in Reichweite zu behalten, künstliche Bestäubung jeder einzelnen Blüte mit der Hand, nur sukzessives Ernten der einzeln nacheinander heranreifenden Früchte und schließlich diffizile und sorgfältige Aufbereitung.

Dazu kommen Empfindlichkeit der Pflanzen gegen starke Winde, die Windschutzeinrichtungen (Hecken usw.) notwendig machen, und leicht eintretende Schädigungen durch Trockenwerden der oberen Bodenschichten, was wieder eine ständige, dichte Bodenbedeckung erfordert. Darüber, ob die Vanille am Kamerunberg auch Schattenbäume, wie auf den meisten anderen Pflanzungen, benötigt, müßten erst Beobachtungen angestellt werden. So wie in Mexiko direkt im Walde zu kultivieren, dürfte sich für das wolkenreiche Gebiet des Kamerunberges als unzweckmäßig erweisen.

Die vulkanischen Böden dürften der Pflanze zusagen. Die Regenmenge ist vielleicht etwas hoch, da in den Kulturgebieten der besten mexikanischen Vanille nur 700—800 mm Regen fallen; aber von Madagaskar wird angegeben, daß sie dort noch bei 3000 mm Regen zur Zufriedenheit der Pflanzer gedeihe.

Wenn überhaupt, dann können m. E. nur kleinere Zusatzkulturen zur Versorgung des deutschen Marktes in Frage kommen und in diesem Falle vielleicht auch nur in Verbindung mit der Kultur eines Fruchtbaumes, der gleichzeitig als Stützbaum verwendet werden könnte, wie etwa Cayamanga (*Spondias cytherea*), Mango (*Mangifera indica*) und andere.

Große Gewinne dürften wohl nicht zu erwarten sein, da die ehemals Vanilleschoten in großer Menge verarbeitende Industrie sich besonders in Deutschland vorzugsweise des synthetischen Vanillins bedient.

Dies entspricht zwar nicht ganz in seinen einfachen Eigenschaften der aus mehreren Komponenten zusammengesetzten Duftsumme natürlicher Vanille, ist aber in Billigkeit von der Vanilleschote nicht einzuholen.

Im Gegenteil, die natürliche Vanille zeigt im Preise steigende, das synthetische Vanillin fallende Tendenz, was aus folgender Übersicht hervorgeht (nach Bois):

	Französ. Vanille	Vanillin
1880/85	24 fr.	1125 fr.
1886/91	27 fr.	816 fr.
1892/97	34 fr.	666 fr.
1898/03	48 fr.	98 fr.
1904/07	42 fr.	42 fr.
1923 (Frankentwertung) ..	bis 200 fr.	

Für mexikanische Vanilleschoten werden sogar Preise gezahlt, die etwa doppelt so hoch sind wie die für französische Schoten. Nach mündlicher Auskunft einiger Großhandelsfirmen betrug in Deutschland der Großhandelspreis 1926 für Vanilleschoten bester Sorte für das Kilogramm 72.— RM., für Vanillin aber nur 26.— RM.

Dabei ist noch zu bedenken, daß das synthetische Vanillin in weitaus den meisten Fällen die Vanilleschote gut ersetzen kann. Zudem enthält die Vanilleschote nur etwa 2% reines Vanillin, so daß beispielshalber der gesamte Export Französisch-Kongos von 1934 mit etwa 1000 kg marktfertiger Schoten (= etwa 3500 kg grüne Früchte von annähernd 2,8 ha Fläche) durch rund 20 kg synthetisches Vanillin aufgewogen wird; dieses hat aber dabei noch den 40—50fachen Duftwert (20—25 g Vanillin im Duftwert = 1000 g Vanilleschoten).

Pfeffergewächse (*Piperaceae*)

23. Schwarzer und weißer Pfeffer, *Piper nigrum* L.

Im Gebiet befinden sich 2 oder 3 kleine Pfeffergärten. Die Pflanzen gedeihen teils gut teils dürftig (Humusmangel?) und haben bisher (1938) noch nicht geblüht; Angaben über Erträge sind also nicht möglich.

Die in 2 m Abstand gesetzten Pflanzen klettern an toten Stützpfählen, die aber nur kurze Zeit benutzt werden können. Es wird daher nach widerstandsfähigem Material, eventuell lebenden Stützbäumen gesucht.

Als solche dürften sich benutzen lassen: *Erythrina glauca, Leucaena glauca, Jatropha Curcas,* eventuell auch Mango, dessen Krone von Zeit zu Zeit ausgelichtet werden müßte, oder vielleicht *Areca* und ähnliche schlanke Palmen, die keine großen, dichten Schatten gebende Schöpfe ausbilden. Ob dünne Betonpfähle sich als genügend haltbar und zweckmäßig erweisen würden, müßte längere Beobachtung lehren.

Besondere Bäume für leichten Schatten werden nicht gepflanzt; auch nicht an den Stellen, wo sich der Pfeffergarten nicht in unmittelbarer Nähe eines Waldrandes befindet. Die starke Dämpfung des Sonnenlichtes am Kamerunberg scheint hier die sonst notwendigen Schattenbäume für Pfeffer überflüssig zu machen.

Da die Pfefferpflanze humösen, niemals stark austrocknenden Boden verlangt, wäre eine vermehrte Bodenbearbeitung mit Gaben organischen Düngers angebracht. Besonderer Wert müßte also nach Entfernung schädlicher Unkräuter (besonders Gräser) auf eine gute Bodenbedeckung gelegt werden.

Nicht gehandhabt wird offenbar auch das „Einerden" der Stengel, das sich auf vielen anderen Pflanzungen für die Kräftigung der Pflanze als sehr zweckmäßig erwiesen hat. Durch das „Einerden" des unteren Stengelteils wird dieser nämlich zu einer zusätzlichen Wurzelbildung veranlaßt, die sich in einer kräftigeren Verzweigung, d. h. also in einer stärkeren Ausbildung des Fruchtholzes äußert.

In gleicher Richtung wirkt sich übrigens auch das Toppen aus, das gleichzeitig die Fruchtzweige in Reichweite bringt, wodurch die Erntekosten niedriger gehalten werden.

Bei normaler Pflege sollten bei Stecklingskulturen wenigstens Erträge erzielt werden, die den mittleren Ernten auswärtiger Pflanzungen nahekommen; als solche werden für Indochina pro Liane angegeben:

im	3. Jahre etwa	140 g
„	4. „ „	580 g
„	5. „ „	1030 g
„	6.—15. Jahre	1750 g
„	16.—25. „	1600 g
„	26.—35. „	900 g

Bei Anlage einer Pfefferkultur wird sich auch eine Selektion nicht umgehen lassen, die auf folgende Merkmale zu achten hätte: Vielblütigkeit der Ähren mit möglichst zwitterigen Blüten, Größe der Einzelfrüchte, Aroma, Wüchsigkeit usw.

Maulbeergewächse (*Moraceae*)

24. Brotfruchtbaum, *Artocarpus incisa* L. f.

Dieser in Malesien und Polynesien zu den wichtigsten und allgemein verbreiteten Gewächsen zählende Baum wird auf den Pflanzungen am Kamerunberg im allgemeinen wenig beachtet, obwohl er zuweilen in schönen alten Exemplaren anzutreffen ist. Es gehört zu den Ausnahmen, wenn er in letzter Zeit an Wegrändern bewußt zu dem Zwecke gepflanzt wurde, den Pflanzungsarbeitern andere vegetabilische Nahrungsmittel zu geben als Makabo und Planten.

Allerdings handelte es sich noch größtenteils um die samentragende Hauptform, deren Fruchtstände[1]) ein weniger geschätztes Fleisch besitzen, deren geröstete „Samen" aber dafür wohlschmeckend sind.

Außer dieser Hauptform von geringerem Werte existieren aber auch hier und da Bäume der Varietät „*apyrena*", bei der die Fruchtknoten keine Samen mehr ausbilden und in der dicken Gewebemasse des Blütenbodens bei seiner Reife fast völlig verschwinden.

Es wäre sehr zweckmäßig, wenn diese Varietät häufiger angepflanzt würde. Entwickelte Exemplare sollen bis über 50 Fruchtstände von je 1,5—2 kg Gewicht im Jahre ausreifen lassen.

Zur Vermehrung dieser wertvollen Varietät des Brotfruchtbaumes hat P. J. Wester eine Methode ausgearbeitet, die sich besser bewähren soll als die Gewinnung von Schößlingen durch primitives Verletzen der flach streichenden Wurzeln: während der Regenzeit wird ein Pflanzbeet mit einer 15—20 cm tiefen Schicht aus mittelfeinem Flußsand oder durch Auswaschen entsalzenem Seesand (notfalls auch sandigem Lehm) hergerichtet. Wurzelstücke von etwa 5 cm Durchmesser und 20—25 cm Länge werden abgesägt, an beiden Enden mit einem scharfen Messer geglättet und dann in gezogene Furchen diagonal so hineingelegt, daß etwa 4—6 cm des dickeren (also oberen!) Endes nach dem Zuschütten der Furchen über die Erde ragen. Der Sand wird leicht angedrückt und ständig feucht gehalten. Wenn die entstehenden Adventivsprosse 20—25 cm hoch sind, werden sie mit Vorsicht in Baumschulen überpflanzt. Die ersten Ernten sind nach dem fünften Jahre zu erwarten.

Der Nährwert des Fruchtstandes ist ein erheblicher; er enthält nach Thompson im Durchschnitt:

---

[1]) Bei den in der Praxis oft unrichtig als „Früchte" bezeichneten Gebilden handelt es sich um hochzählige Aggregationen von Einzelblüten bzw. Einzelfrüchten, die vollständig in die Peripherie eines großen, sphärischen Blütenbodens eingesenkt sind, und in dessen Schutz die anfänglich sehr kleinen Fruchtknötchen zu vielen, etwa kastaniengroßen Früchten heranwachsen.

Da diese Früchte aber nur dünne, häutige Fruchtwände besitzen, die die jedesmal nur in Einzahl vorhandenen großen Samen umschließen, wird die Einzelfrucht oft fälschlich selbst als Same bezeichnet, zumal sie sich erst im Innern des fleischig gewordenen Blütenbodens vorfindet.

Die aus Anschnitten reichlich ausfließende Milch enthält nach Hooper und Eaton im Koagulat über 90% Harzsubstanzen, die sich zu nicht trocknendem Vogelleim verarbeiten lassen.

Das Holz („Orangeholz") dient in der Kunsttischlerei als Ersatz für Mahagoni.

26. Panamakautschukbaum, *Castilloa panamensis* O. F. Cook.

Einige alte Bäume als Reste früherer Kulturen finden sich noch an wenigen Stellen.

Der Baum wurde unter dem Namen *Castilloa elastica* Cerv., Castilloakautschukbaum, eingeführt. J. Hooker wies jedoch nach, daß es sich nicht um diese Art handelt.

27. Kautschukfeige, *Ficus elastica* Roxb.

Einige alte und durch Selbstaussaat entstandene junge Bäume finden sich hier und dort als Reste früherer Kulturen.

Brennesselgewächse (*Urticaceae*)

28. Ramie, *Boehmeria nivea* (L.) Hook. et Arn., „weiße Ramie".
Boehmeria utilis Bl., „grüne Ramie".

Beide Arten sind auf 2 oder 3 kleinen, zum Teil erst wenige Monate alten (im Juni 1938!) Versuchsanpflanzungen vertreten, und beide haben sich bisher gut entwickelt.

Die grüne Ramie, deren etwas hellere Blattspreiten auf der Unterseite bei typischen Exemplaren nicht weißfilzig, sondern nur leicht wollig behaart sind und deswegen dort grün erscheinen, ist die an Klima und Boden höhere Ansprüche stellende, aber dafür auch in den Tropen produktivere Art; sie liefert nach Kempski das Anderthalbfache oder sogar Doppelte an Fasern gegenüber der *B. nivea,* von der sie nach anderer Auffassung auch nur eine Varietät sein soll.

Einmal ist bei ihr die Bestockung kräftiger, und der Bestand ist daher geschlossener als bei *B. nivea,* und zweitens sind die Stengel von *B. utilis* im Durchschnitt länger und dicker. Weiterhin ist wichtig, daß die Stengel von *B. nivea* nach einem Jahre absterben, während die von *B. utilis* mehrjährig sind, weswegen sie auch — und das spielt bei der Entfaserung durch Maschinen eine Rolle — stärker verholzen.

Die grüne Ramie verdient also entgegen älteren Ansichten ohne Zweifel den Vorzug für das Gebiet der vollen Tropen.

Sollte man sich nun überhaupt mit dem Gedanken tragen, am Kamerunberg Ramie in größerem Umfange anzubauen?

1899 war bereits eine „Ramie-Plantagengesellschaft“ mit einem Kapital von 250000 Mk. zur Einführung der Ramie nach Kamerun und Neuguinea gegründet worden.

Da die landwirtschaftlichen Maßnahmen für den Anbau ebenso bekannt sind wie die zu erwartenden Erträge, die die der Baumwolle um das Zehnfache (Kempski) übertreffen[1]), und die ökologischen Bedingungen des Gebietes, abgesehen von den Windverhältnissen, als günstig angesehen werden können, da weiterhin infolge der fast alle anderen Fasern in den Schatten stellenden Güte und vielseitigen Verwendbarkeit der Ramiefaser nicht nur für extra feine, sondern auch bei entsprechend weniger sorgfältiger Aufbereitung für gröbere Gewebe (Säcke) ein ausreichender Absatz gewährleitet erscheint, wäre von dieser Seite her nichts gegen eine Kultur von Ramie in unserem Gebiete einzuwenden. Das Problem, auf das Tobler wiederholt nachdrücklichst hingewiesen hat und an dem zum Teil viele bisherige Unternehmungen scheiterten, liegt aber darin, ob es gelingt, Entfaserungsmaschinen zu konstruieren, die am Orte der Stengelerzeugung die fertigen Fasern aus frischen (!) Stengeln so gewinnen lassen, daß sie ebenso billig oder billiger sind als die aus importiertem „China-Gras“ (Rinde von *Boehmeria*) erzeugten, d. h. also, ob die geringen Löhne der chinesischen Handarbeit noch unterboten werden können.

Eine ganze Reihe von Entfaserungsmaschinen wurde bereits in Betrieb genommen, aber keine scheint bisher allen Anforderungen gerecht geworden zu sein.

Erst wieder 1939 hat die Maschinenfabrik Gebr. Bindler (in Freital, Sachsen) der „Ersten Deutschen Ramie-Gesellschaft“ (in Emmendingen, Baden) eine von K. Fritsche, München konstruierte Maschine zur Erprobung übergeben, die nach einer mir vorliegenden Mitteilung pro Stunde 50 kg Fertigfaser ergeben soll bei einer Verarbeitung von 40 Stengeln pro Minute.

„Der großzügige, landwirtschaftlich erprobte Anbau vermag sich im Augenblick noch nicht mit vollkommener Sicherheit darauf zu stützen, daß ihm unmittelbar die Fasergewinnung angeschlossen werden kann“, sagt Tobler 1931 und fügt 1938 hinzu, „daß das

---

[1]) Es liefern etwa pro Hektar und Jahr (nach Michotte):

Baumwolle	150— 300 kg
Flachs	600 ,,
Hanf	600—1000 ,,
Jute	800—1200 ,,
Ramie	2000—6000 ,,

Ramieproblem weder jemals stille geworden ist noch etwas an Bedeutung verloren" hat. Seine Lösung wird aber von ihm für möglich gehalten.

Bemerkt sei noch, daß die Blätter der Ramie, die ja bei vorsichtiger Berechnung mit wenigstens 120 t pro Hektar und Jahr anfallen, von allem Vieh (auch Schweinen und Hühnern) gern gefressen werden und selbst als Seidenraupenfutter sehr gute Resultate ergeben haben.

Gänsefußgewächse (*Chenopodiaceae*)

29. Amerikanischer Wurmsame, *Chenopodium ambrosioides* L. var. *anthelminticum* Gray.

Einige aus früheren Kulturen wahrscheinlich übriggebliebene Pflanzen in etwa 900 m Höhe bei Buëa in kräftigem Zustand und, dem starken Duft nach zu urteilen, auch mit gutem Gehalt an Öl.

Dieses Öl, das bei amerikanischen Pflanzen 60—65% Ascaridol enthält, hat sich sehr gut gegen Hakenwurm, Amöbenruhr und Tropengeschwüre bewährt.

Es kann aus der ganzen Pflanze kurz vor dem Erscheinen der Blüte durch einfache Destillation leicht gewonnen werden.

Der Eigenbedarf des Gebietes dürfte sich bereits durch kleine Kulturen decken lassen.

Anonaceae

30. Champaca, *Michelia champaca* L.

Aus früheren Zeiten noch hier und da einzeln oder als Alleebaum anzutreffen; ist aber gegenwärtig ganz in Vergessenheit geraten.

Aus den frischen Blüten läßt sich durch Destillation das Champacaöl gewinnen, das Isoeugenol, Linalol und Cineol enthält.

Das Holz („Champakholz") des Baumes ist vermutlich wegen seines Gehalts an Bitterstoffen sehr dauerhaft gegen Fraß und kann zu den verschiedensten Zwecken benutzt werden (Stützpfähle?).

31. Sauersack, *Anona muricata* L.

Ich sah an verschiedenen Stellen der tieferen Lagen etwa 5 m hohe Bäume, die teilweise gut entwickelt waren und zum Teil auch einen für diese Art nicht geringen Fruchtansatz von 8—10 Früchten aufwiesen. An anderen Plätzen jedoch standen die Bäume schlecht und trugen nur 2—3 zum Teil völlig verkrüppelte Früchte; einige befanden sich offenbar vor dem Absterben.

Es lohnte sich eine bessere Pflege dieses für das tropische Tiefland geeigneten Baumes wegen der aromatischen, etwa nach schwarzen

Johannisbeeren schmeckenden, bis 2 kg schweren Früchte, die sich besonders zur Herstellung erfrischender Eisgetränke eignen.

Zu Marmeladen sollen sie weniger, besser für Fruchtgelees geeignet sein. Der Saft läßt sich auch zu einem schwachen Wein vergären.

Schon wegen des stets geringen Ertrages, der im Maximum 12 bis 14 Früchte ausmacht, kommt ein Anbau für Export kaum in Frage. Immerhin soll sich durch Düngung und künstliche Bestäubung die Ernte etwas erhöhen lassen.

Durch Samen oder Okulation (Okulationsholz nicht älter als 1 Jahr) erfolgt die Vermehrung, bei der stets nur guttragende Bäume berücksichtigt werden sollten, da mehrere im Ertrag verschiedene Rassen bekannt sind. Die erste Ernte ist nach dem dritten Jahre zu erwarten.

Außer der soeben besprochenen Art sollen auch noch vorhanden sein: *Anona squamosa* L. (Zimtapfel) und *A. reticulata* L. (Ochsenherz). Ich selbst habe diese beiden Arten, deren Früchte im allgemeinen mehr geschätzt werden als die des Sauersacks, nicht gesehen. Zur Unterscheidung der drei angeführten Arten diene folgende Übersicht (nach Bois):

A. Frucht mit zahlreichen deutlichen Vorsprüngen oder weichen Stacheln auf ihrer Oberfläche.
  1. Frucht orangengroß, Vorsprünge wulstig. *A. squamosa* L.
  2. Frucht größer, 1—2 kg, Vorsprünge ± zugespitzt *A. muricata* L.

B. Frucht ohne alle Vorsprünge auf ihrer in fünfeckige Felder geteilten Oberfläche .... *A. reticulata* L.

Zu den Anonaceen gehört übrigens auch die in Westafrika heimische Kalebassenmuskat (*Monodora Myristica*), die ich im Strandwalde bei Mabeta fand. Ihre Früchte enthalten zahlreiche Samen, die infolge ihres Muskatnußaromas wie echte Muskatnüsse von den Eingeborenen verwendet werden.

Muskatnußgewächse (*Myristicaceae*)

32. Muskat, *Myristica fragrans* L.

An zwei Plätzen nahe der Küste mehrere sehr gut stehende und reichlich fruchtende, 8—10 m hohe Bäume, deren „Nüsse" das Prädikat „2. Sorte", deren „Blüten" (Macis) das Prädikat „1. Sorte" empfangen haben.

Regelmäßig geerntet wird nicht; ich sah zahlreiche Nüsse auf dem Boden liegen, was ja bei regulärem Ernten einen großen Verlust bedeuten würde.

Es erscheint mir angebracht, an dieser Stelle kurz auch die botanischen Verhältnisse etwas näher auseinanderzusetzen.

Myristica besitzt rein männliche und rein weibliche Blüten; diese allein kommen zum Fruchtansatz. Die Frucht besitzt eine ziemlich dicke, halbfleischige Fruchtwand, die bei der Reife durch einen vertikalen Riß in zwei Klappen geteilt wird. Stets wird nur ein großer Same ausgebildet, der von seiner basalen Anheftungsstelle her durch einen verästelten, meist intensiv roten, sogenannten Samenmantel umschlossen ist. Nur Same und Samenmantel kommen in den Handel. Dieser nennt nun einfach den Samenmantel, weil er in seiner Farbe an Blütenblätter erinnert, „Muskatblüte", und den großen, harten, nußähnlichen Samen „Muskatnuß".

Solche und ähnliche Unrichtigkeiten gibt es in der Sprache der Praxis in sehr großer Menge. Sie haben sich so eingebürgert, daß ihre Richtigstellung im Handel wenigstens zum Teil die heilloseste Verwirrung anrichten würde. Dennoch sollte sich auch der Praktiker möglichst um Erkennung der tatsächlichen Verhältnisse bemühen.

So ist es beim Muskat sogar unerläßlich, die recht ähnlichen männlichen und weiblichen Blüten trotz ihrer geringen Ausmaße unterscheiden zu können. Denn da die beiden Geschlechter sich in diesem Falle, abgesehen von Anormalitäten, auf verschiedenen Bäumen befinden (Dioecie), kann der Nichtunterrichtete gegebenenfalls lange auf Fruchterträge am männlichen Baum warten.

Die äußeren Formen beider Blütentypen und ihre Größe sind annähernd gleich; die weibliche ist um ein Geringes dicker und kürzer, und an ihrer etwas weiteren Öffnung ist sie tiefer gelappt; also alles nur graduelle Unterschiede. Im Innern tragen beide Blüten eine zentral stehende kleine Säule; diese ist aber bei den männlichen Blüten ein Verwachsungsprodukt aus Staubblättern, bei den weiblichen ist sie ein kleiner Fruchtknoten.

Für die Kultur ist eine solche Trennung der Geschlechter keineswegs vorteilhaft, weil der Pflanzer erst zur Zeit der ersten Blüte im 7. oder 8. Jahre nach der Keimung des Samens erkennen kann, ob er einen Staub- oder Fruchtblütenbaum vor sich hat. So kann es vorkommen, daß von den angepflanzten Bäumen rund 50% männlich sind und niemals Früchte hervorbringen.

Um dieser Gefahr zu entgehen, wird empfohlen, in jedem Falle auf die Sämlinge Reiser von weiblichen Bäumen zu pfropfen, was natürlich den Betrieb kompliziert und verteuert. Es wird aber damit erreicht, daß mit Sicherheit jede aus der Baumschule herausgehende junge Pflanze später nur weiblich blüht. Nun soll aber die angelegte

Pflanzung auch wieder nicht nur aus weiblichen Bäumen bestehen, sondern man muß auf etwa 8—10 weibliche einen männlichen pflanzen oder es nach der Pfropfung so einrichten, daß jeder 2. oder 3. Fruchtbaum einen männlichen Ast besitzt, obgleich auch auf Banda produzierende, rein weibliche und angeblich ganz isoliert liegende Gärten existieren sollen.

Diese bei der *Myristica*-Kultur vorzunehmenden Arbeiten habe ich natürlich nicht im Gebiet beobachten können, weil man sich bisher dort im allgemeinen mit einigen gerade noch zur Erhaltung der Bäume ausreichenden Arbeiten begnügte.

Aus dem Vorhandensein von Keimbeeten ging aber die Absicht einer Vergrößerung des Bestandes hervor. Die Saaten lagen schon längere Zeit im Boden, aber Keimung war in keinem Falle erfolgt. Es können nämlich sehr leicht unbrauchbare Samen, die sich von den brauchbaren äußerlich kaum unterscheiden, zur Verwendung kommen; entweder, weil die sehr lange Reifungszeit von 7—9 Monaten nicht abgewartet wird oder weil die Samen ihre nur einige Tage anhaltende Keimkraft bereits wieder verloren haben.

Beschattungsmöglichkeiten für die Keimbeete waren nicht geschaffen. Es mag sein, daß die Wetterverhältnisse im Südwesten des Kamerunberges dies gestatten; in anderen Kolonialgebieten ist jedoch das gleichzeitige Anpflanzen von Schattenbäumen die Regel.

Sich an dieser Stelle noch über die vielen anderen Fragen der Muskatnußkultur und -aufbereitung zu äußern, ist zunächst nicht angebracht, da im Gebiet wohl kaum größere Pflanzungen dieser Art vorerst entstehen werden, weil die aufgewandte Mühe nicht in rechtem Verhältnis zu dem späten Gewinn steht.

Wenn jedoch erst einmal gute Bäume in volle Produktion gekommen sind, was etwa mit dem 15. Jahre erwartet werden kann, dann gibt es durchschnittlich 40 Jahre und länger Ernten, die im Mittel 2000 Nüsse (etwa 15 kg) zugleich mit etwa 2 kg marktfertiger Macis pro Baum betragen.

In manchen Gegenden wird noch auf den verrotteten Fruchthüllen die Anzucht von Champignons betrieben, die auf dieser Unterlage ein sonst nicht erreichtes Aroma besitzen sollen.

Lorbeergewächse (*Lauraceae*)

33. Zimt, *Cinnamomum zeylanicum* Nees.

Hier und da finden sich noch aus früherer Zeit einige alte, 10—12 m hohe Bäume, deren zerschnittene Rinden darauf hindeuten, daß sie noch gelegentlich vielleicht von den Küchenboys verwendet werden.

In diesem Zustande läßt sich jedoch von den Bäumen nichts mehr ernten, allenfalls geben sie noch Material für Neuanpflanzungen.

Dabei kämen wohl nur Samen oder Stecklinge in Frage, da das sonst vorgezogene Markottieren an den mehrere Meter über den Erdboden erhobenen untersten Ästen kaum auszuführen ist.

Das beste wäre unter den gegebenen Umständen zur Erlangung größerer Mengen von Jungpflanzen die Sämlingsanzucht.

Es ließe sich aber auch so verfahren, daß man in der Regenzeit einen alten Baum kurz über dem Boden abschneidet und aus den entstehenden Regenerationssprossen durch Einerden Markotten gewinnt. Aus diesen lassen sich anschließend die zur Rindengewinnung notwendigen Sträucher erziehen, bei denen man etwa im 6. Jahre an die erste Ernte gehen könnte.

Da die Zimtrinde den besten Aldehydgehalt aufweist, wenn die Sträucher auf ausgesprochen hellen, sandigen, aber im Untergrund nährstoffreichen Böden wachsen, auf lateritischen Gründen die Rinde aber grob ausfällt, sind wohl keine guten Ergebnisse für Zimtkultur im Gebiet zu erwarten.

34. Avocatobirne, *Persea americana* Mill.

Es braucht wohl kaum gesagt zu werden, daß es keine Pflanzung gibt, die nicht eine ganze Reihe von jungen und alten Avocatobäumen in meist gutem Zustande besitzt.

Die schönsten Bäume, in deren riesigen Kronen große Mengen schwerer Früchte hingen, begegneten mir in Buëa, und selbst noch oberhalb Buëa in etwa 1200 m Höhe steht an dem Pfade zur Mussake-Hütte ein kräftiges Exemplar.

Ein gutes Gedeihen dieses Fruchtbaumes, der ja an den Boden außer guter Dränage keine besonderen Ansprüche stellt, steht wohl außer Frage. Es können auch die Methoden der Kultur, der Vermehrung, die ein wenig verwickelten Verhältnisse der Biologie, der nicht unkomplizierten intraspezifischen Gliederung, der Ernte und des Transportes besonders von amerikanischer Seite her als vielseitig durchforscht und gut bekannt angesehen werden, weswegen ernstliche Schwierigkeiten aus dieser Richtung also kaum zu erwarten sind.

Und dennoch dürfte m. E. in den hier zur Besprechung stehenden Bezirken in absehbarer Zeit keine bedeutende *Persea*-Kultur aufkommen. Erstens werden die Tornados ihre Wirtschaftlichkeit in Frage stellen; die Bäume selbst scheinen wohl genügend sturmfest verankert zu sein, wovon ich mich in Buëa überzeugen konnte, aber durch das unausbleibliche Abfallen der schweren Früchte, die ja zum Ausreifen lange am Baume hängen sollen, müßten große Ernteschäden entstehen; das empfohlene Niedrighalten der Kronen wird hier kaum Abhilfe schaffen.

Aber selbst wenn es gelänge, den windreichen Monaten durch entsprechende künstliche Verschiebung der Hauptemten in die Monate Dezember bis Februar auszuweichen, halte ich den europäischen Geschmack, offenbar im Gegensatz zu dem amerikanischen, für noch zu wenig auf den „Genuß" von Avocatobirnen eingestellt. Aus französischem Munde ist ähnliches zu hören: „Les fruits qui parviennent à Paris ne sont généralement pas appréciés, parce qu'on ignore la manière de les utiliser. Il est certain qu'ils ne peuvent supporter la comparaison avec une Pêche ou une bonne Poire, si on veut les déguster comme ces fruits."

Selbst auf den Pflanzungen habe ich, von Ausnahmen abgesehen, keine sonderliche Neigung zu dieser im Geschmack doch etwas faden Frucht feststellen können.

Ob man sich für eine eventuelle Reklame mit Erfolg der zahlreichen amerikanischen Zubereitungsrezepte wird bedienen können, sei dahingestellt.

Unbestritten bleibt jedoch der sehr hohe Nährwert und die äußerst leichte Verdaulichkeit der Avocatobirne.

Die Menge der Trockensubstanz mit 30% ist größer als bei jeder anderen frischen Frucht und kommt nur der Banane mit 25% am nächsten. Gegenüber anderen Früchten ist auch der Mineralstoff- und Proteingehalt hoch, und statt der Kohlehydrate findet sich bei manchen Rassen so viel Fett im Fruchtfleisch, daß nur noch die Olive zum Vergleich herangezogen werden könnte:

Wasser	Proteine	Mineralstoffe	Kohlehydrate	Fette
62,6—78,6	1,3—2,6	0,8—1,3	5,5—16,2	9,8—29,1

Nicht rentabel waren die Versuche einer Gewinnung von Speiseöl, obwohl dieses sich von ausgezeichneter Qualität und als lange haltbar erwies; die Ausbeute wird mit 216 Litern pro acre angegeben.

Bei Beabsichtigung einer intensiveren Kultur wäre jedenfalls zunächst nichts weiter zu tun, als eine gründliche Selektion in der Richtung zu treiben, daß möglichst zu jeder Jahreszeit Ernten guter Sorten (Analysen!) möglich wären und die vorhandenen schlechten Sorten behelfsmäßig durch „Top-working" verbessert würden.

Rosengewächse (*Rosaceae*)

35. Rote Johannisbeere, *Ribes rubrum* L.

Ist versuchsweise in Buëa angepflanzt. Ein Erfolg dürfte ausbleiben, da ähnliche Versuche auch in anderen Tropengebieten bisher fehlgeschlagen sind.

Nach Heyne soll man aber die Stachelbeere in höheren Lagen von Java mit einigem Erfolg angepflanzt haben.

36. Apfel, *Pirus Malus* L.

Bei etwa 900 m Höhe in Buëa gepflanzt. Gedeiht vegetativ schlecht und fruchtet kaum (2—3 Früchte im Jahre).

Bisher sind, wie bei der Johannisbeere, alle Versuche, den Apfel in tropischen Breiten auch in höheren Lagen zu kultivieren, fehlgeschlagen. Der Grund ist nicht allein in der fehlenden Periodizität des Klimas, sondern auch in dem anderen Tagesrhythmus zu suchen.

Wenn durchaus eine Apfelfrucht gewünscht wird, sollte vielleicht mit dem Manzanillaapfel aus Guatemala (*Crataegus stipulosa* Steud.) ein Versuch gemacht werden. Ich halte es aber für lohnender, die hierfür aufzubringende Arbeit sicherlich mit mehr Erfolg auf tropische Früchte anzuwenden.

37. Japanische Mispel, *Eriobotrya japonica* Lindl.

Einige gut gedeihende Bäume mit reichem Ansatz sehr saftiger und wohlschmeckender Früchte in Buëa. Sie werden aber merkwürdigerweise weder von den Europäern noch von den Eingeborenen beachtet.

Von Japan aus hat sich dieser Obstbaum in fast alle Tropen und Subtropen verbreitet und sich an vielen Plätzen durch manche Sorten eine so wichtige Stellung erobert, daß man ihn dort mit allen Methoden modernen Obstbaues in zahlreichen Sorten kultiviert.

Kalifornische Okulate bringen im 4. oder 5. Jahre marktfähige Ernten, die bei 10jährigen Bäumen etwa 100 kg betragen.

Die Früchte können nicht nur roh gegessen werden, sondern geben auch (nach dem Entfernen der bitteren Samen) gekocht ein feines Gelee; als Kuchenauflage verwendet sollen sie im Geschmack nur schwer von Kirschen zu unterscheiden sein.

38. Erdbeere, *Fragaria spec.*

Die Pflanzen gedeihen in etwa 900 m Höhe gut und erzeugen schmackhafte und aromatische Früchte, die als „Buëa-Erdbeeren" regelmäßig im Herbst (Oktober-November) und von einer zweiten Ernte im März in beschränkter Menge an die Pflanzungen geliefert werden konnten. Die Kultur verlangte aber so viele Aufwendungen, daß diese Erdbeeren zu den Luxusfrüchten gezählt werden mußten.

39. Himbeere, *Rubus Idaeus* L.

Folgende 4 Sorten nach Angabe von M. Köhler wurden auf der Farm in Buëa versuchsweise angepflanzt: „Deutschland", „Preußen", „Lloyd George" und „Schaffers Kolossal".

Die ersten beiden trugen angeblich bereits 3 Monate nach dem Einsetzen reichlich Früchte von „sehr gutem" Geschmack.

Ob sich die Kulturen weiter halten werden, kann nicht gesagt werden.

An der Mussake-Hütte wächst auch eine wohl aus früheren Anpflanzungsversuchen verwilderte Brombeere mit roten, genießbaren Früchten (*Rubus pinnatus* Willd.).

40. Aprikose, *Prunus armeniaca* L.

Wenige noch junge Bäumchen versuchsweise auf der Farm Buëa angepflanzt. Die Unterlagen sind (nach Steigenhöfer) die Pflaumensorten „Ackermann", „Kronprinz" und „Saint-Julien". Die Pflanzen wuchsen bisher gut.

Über die Kultur der Aprikose in den Tropen liegen, soweit ich sehe, keine Erfahrungen vor, wohl aber über den Pfirsich. Und bei diesem hat es sich gezeigt, daß er wenigstens in den feuchten Tropen vielleicht nach einmaligem Fruchten bald nur Blüten ansetzt oder überhaupt ganz steril bleibt. Im trockenen Ostjava soll er minderwertige Früchte erzeugen.

Es finden sich aber in der Literatur Hinweise, daß vielleicht unter den zahlreichen ostasiatischen Rassen solche sein könnten, die auch für die feuchten Tropen als Fruchtbäume in Frage kämen.

41. Sauerkirsche, *Prunus Cerasus* L.

Es existierten junge Propfungen der Schattenmorelle auf Weichsel in Buëa. Zur Zeit des Besuches befanden sie sich noch in gutem Zustande.

Hülsenfrüchtler (*Leguminosae*)

42. Tamarinde, *Tamarindus indica* L.

In Küstennähe ein alter, vielleicht 20 m hoher Baum, der im Juni in Blüte stand und auch mit zahlreichen, allerdings mehr oder weniger verrotteten Früchten behängt war; Samen waren entwickelt.

Da dem Baum niemand Beachtung geschenkt hatte, obwohl er als Bewohner der mehr trockenen Tropen an diesem fast regenreichsten

Platz Afrikas hätte auffallen können, war über Regelmäßigkeit des Fruchtansatzes und Ausbildung der Früchte nichts zu erfahren.

Diese spielen ja sonst in Afrika und in Asien wegen ihrer zucker- und weinsäurehaltigen Pulpa, die auch auf den europäischen Markt kommt, eine nicht unerhebliche Rolle. Im Gebiet dürfte die Kultur nicht lohnend sein.

43. Perubalsambaum, *Myroxylon balsamum* (L.) Harms, var. *Pereirae* (Royle) Baillon.

In Buëa aus früherer Zeit ein alter Baum, aber noch in gesundem Zustand und Früchte tragend. Wahrscheinlich gehört dieses Exemplar noch zu jenen, die durch Preuß nach Kamerun gekommen sind.

Durch Verletzungen des Stammes bildet sich im Holz der medizinisch und kosmetisch verwendete Perubalsam. Die Gewinnung, die die Bäume etwa 30 Jahre aushalten, wird etwa in ihrem 10. Lebensjahr begonnen.

Das Holz ist ein guter Ersatz für Mahagoni.

Anbau kommt kaum in Frage.

44. Erdnuß, *Arachis hypogaea* L.

Die Erdnuß spielt auf den Pflanzungen eine völlig untergeordnete Rolle. Ich selbst habe — wenigstens auf Pflanzungsgebiet — nur einmal eine geschlossene Fläche von etwa $^1/_4$ ha vorgefunden.

Überhaupt ist ja Kamerun an der Erdnußerzeugung der Welt von etwa 4000000 t nur mit dem geringen Bruchteil von rund 14000 t beteiligt.

Da die Erdnuß unter hohen Niederschlägen leidet, und die Ausbildung der Samen durch roten, stark eisenhaltigen und sauren Boden ungünstig beeinflußt wird, werden sich kaum größere Bezirke in der Umgebung des Kamerunberges für ertragreichen Anbau eignen.

Schon aus diesem Grunde wird sich auch eine Zwischenkultur verbieten. Ganz besonders aber deswegen, weil Arachis dem Boden ganz erhebliche Nährstoffmengen entzieht. So enthält jeder Samen im Durchschnitt:

4,5% Stickstoff	1,3% Kalk
3,2% Asche	0,6% Magnesia
1,3% Kali	1,2% Phosphorsäure

Wenn also nicht erheblicher Nährstoffnachschub erfolgt (für nötig werden gehalten pro Hektar 220—330 kg Thomasschlacke und 500 bis 660 kg Kainit!), wird der Hauptkultur großer Schaden zugefügt.

So wurde mir innerhalb eines sonst gut produzierenden Bananenfeldes eine auffallende Fehlstelle gezeigt, auf der die Bananen sogar in der vegetativen Entwicklung deutlich zurückgeblieben waren. Diesen Platz hatte man den Eingeborenen für eine zweimalige Erdnußernte freigegeben.

Verfehlt wäre es auch, Arachis wegen ihrer Zugehörigkeit zu den Leguminosen vielleicht als Gründünger anzubauen; es wird zu wenig Blattmasse gebildet, und außerdem ist man nie sicher, ob nicht Eingeborene die Erdnüsse abernten und damit den Erfolg der Düngung in Frage stellen.

45. Tubawurzel, *Derris elliptica* Benth.

Nur in einem Pflanzungsgarten befanden sich 6 kleine Stecklinge, die kurz vorher aus den Dahlemer Warmhäusern eingeführt waren, den Transport im Wardschen Kasten ohne den geringsten Schaden überstanden hatten und bereits wieder neue Triebe entwickelten.

Derris besitzt erfreulicherweise eine große Vitalität, läßt sich ohne Schwierigkeiten teilen und bewurzelt sich bei nur mäßiger Wartung so leicht, daß der vegetativen Vermehrung, die übrigens wegen der geringen Fertilität praktisch die einzig mögliche ist, keine Hindernisse im Wege stehen.

Selbst Stecklinge, die kürzlich in einer Wardschen Kiste infolge des Kriegsausbruches von Mitte August bis Anfang Dezember 1939 fast ohne jede Pflege unterwegs waren und schließlich völlig durcheinandergeworfen wieder nach Dahlem zurückkamen, wuchsen sofort weiter. Aus wenigen Pflanzen läßt sich also leicht ein größeres Material gewinnen.

Hinzu kommt noch eine anscheinend bemerkenswerte Anspruchslosigkeit in bezug auf chemische und physikalische Struktur des Bodens. Dieser sollte aber doch für eine Derriskultur möglichst leicht gewählt werden, weil in einem solchen Boden die vor allem rotenonhaltigen dünnen Seitenwurzeln an Menge schneller zunehmen und auch leichter und unbeschädigter geerntet werden können als in einem schweren Boden, in dem die dünnen Wurzeln leicht abreißen.

Die Dahlemer Pflanzen wurden 1936 aus Malesien bezogen und seitdem in den Warmhäusern stark vermehrt. Sie sollen einen guten Rotenongehalt aufweisen.

Wenn jedoch eine mit dem Gewächshausmaterial im Sommer 1939 ausgeführte Analyse nur $2^0/_0$ Rotenon anzeigte (Labor. Schering), so will das zunächst nichts bedeuten, weil der Gehalt an Inhaltsstoffen erfahrungsgemäß bei Warmhauskulturen erheblich zurückgehen kann, und es sich außerdem ja bereits um über 2 Jahre alte Pflanzen handelte.

(Durchschnittsgehalt an Rotenon 5—6 %; durch Selektion hofft man auf 16 % zu kommen).

Man wird also zunächst in Kamerun mit diesem Material unter verschiedenen Bedingungen eine Reihe von Stöcken auspflanzen müssen, um in gewissen Abständen sich durch Analysen von dem Rotenongehalt zu überzeugen; im 20.—23. Monat ist der Gehalt am höchsten und nimmt später wieder ab.

Auch mit einem eventuell aus Niederl.-Indien neu eingeführten Material wird so verfahren werden müssen, weil man nie sicher geht, ob eine Pflanze ihre physiologischen Eigenschaften im neuen Kulturgebiet behält. Erst wenn hierüber Klarheit besteht, darf an größeren Anbau gedacht werden.

Ob diese dann als zusätzliche Monokultur oder in diesem Falle ausnahmsweise einmal als bodenbedeckende Zwischenkultur, wie es stellenweise auf Sumatra geschieht, angelegt werden soll, bedarf noch der Erwägung. Das eine Mal rechnet man mit etwa 20000 Pflanzen auf den Hektar, im zweiten Falle mit annähernd 8700 Pflanzen; doch wechseln die Angaben hierüber stark.

Aus allen Schilderungen geht aber mit Deutlichkeit hervor: „der Anbau von insektizidliefernden Pflanzen läßt sich .. gerade in den tropischen Gebieten noch erheblich ausdehnen und kann sicherlich vielerorts zu einem nicht unerheblichen Wirtschaftsfaktor werden" (K. Jung 1938, lesenswerte Arbeit!).

Dieser Auffassung kann man sich anschließen, wenn man sich unter Vorstellung des gewaltigen und nie verminderten Kampfes des Menschen gegen die Schädlinge und Parasiten aus der Welt der Wirbellosen über die Eigenschaften des Rotenons unterrichtet:

1. Es ist oft schon in reiner Form (gepulvert oder gelöst) ein höchst wirksames Kontakt- und Magengift nicht nur für zahlreiche Insekten, sondern auch für Milben und Zecken und zahlreiche Würmer, wahrscheinlich sogar für den größten Teil aller Kaltblütler.

2. Es ist völlig unschädlich für die zartesten Pflanzenteile.

3. Es ist für Säugetiere und Vögel äußerlich und innerlich weitgehend ungiftig, von leichten Reizungen der Schleimhäute und zarten Hautstellen abgesehen.

4. Es ist in festem Zustande unbegrenzt, in konzentrierten Lösungen längere Zeit haltbar.

Absatzmöglichkeiten eines Rohstoffes, aus dem ein solches Mittel gewonnen wird, werden bei der ständigen Nachfrage an Bekämpfungsmitteln aller Voraussicht nach stets vorhanden sein. Und wenn ein Kenner dieser Frage (Kempski 1940) sagt, daß für die Produzenten von Rotenonpflanzen im allgemeinen die Entwicklungsaussichten günstig sind, so mag das auch im besonderen für *Derris elliptica* zutreffen, solange nicht folgende Umstände eintreten: Überproduktion, synthetische Darstellung und Entdeckung einer neuen Pflanze mit höherem Rotenongehalt (*Lonchocarpus-*, *Tephrosia-*, *Mundulea-*Arten u. a.).

Gegen die ersten beiden Möglichkeiten ist eine Pflanzung zur Zeit noch wenig geschützt, aber in der Vermeidung des letzten Gefahrenmomentes besteht ja hier und auch sonst gerade das Wesen moderner Pflanzungen: intensive Kultur, Selektion, Züchtung und Forschung.

Sauerkleegewächse (*Oxalidaceae*)

46. Carambola, Baumstachelbeere, *Averrhoa Carambola* L.

Befindet sich zuweilen sogar in zahlreichen Exemplaren fast auf jeder Pflanzung. Die äußerst saftreichen Früchte (92% Saft) werden wegen ihres hohen Säuregehaltes (Oxalsäure) nur ungern genossen. Die in Malesien vorkommende, nur durch Stecklinge vermehrte, wertvollere, süßfrüchtige Rasse scheint im Gebiet nicht vorhanden zu sein. Die Früchte können auch mit viel Zucker eingemacht zu Marmelade verkocht und als Kuchenauflage verwendet werden.

Kulturwert der vorhandenen Rasse gering.

47. Blimbing, Gurkenbaum, *Averrhoa Bilimbi* L.

Vorkommen und Nutzung wie bei der vorigen Art, von der sich der Blimbing durch $\pm$ drehrunde und stammbürtige Früchte unterscheidet.

Die Früchte können wie bei der Baumstachelbeere verwendet oder nach Art saurer Gurken eingelegt werden: halbreife Früchte waschen, einsalzen, einige Zeit zur Hebung des Aromas in der Sonne liegen lassen und schließlich in abgekochter Salzlake aufbewahren.

Kulturwert gering.

Kokagewächse (*Erythroxylaceae*)

48. Kokastrauch, *Erythroxylon novo-granatense* Hiern.

Findet sich als Wegeinfassung in Form einiger Hecken nur in Bota. Die Sträucher blühen und fruchten reichlich und scheinen ausgezeichnet zu gedeihen. Sie waren offenbar schon in früherer Zeit angepflanzt, sind aber jetzt völlig in Vergessenheit geraten.

Die Blätter, die in den Anden in Mengen von schätzungsweise 20—30000 t jährlich (Warburg 1916) geerntet werden, enthalten das bekannte Kokain. Deutschland importierte allein nach Hamburg jährlich mehrere tausend Kilogramm. Auch in Java existieren große Kokakulturen.

Nach Winkler hätten unsere Kolonien den gesamten Kokainbedarf Deutschlands decken können, doch ist die Kultur offenbar nicht lohnend gewesen.

Rautengewächse (*Rutaceae*)

49. Belbaum, *Aegle marmelos* Correa.

Von diesem in Indien weit verbreiteten Fruchtbaum wurde mir nur ein versteckt stehendes Exemplar von einem Garden-boy in Tiko gezeigt.

Die süße, aromatische Fruchtpulpa kann zu Erfrischungsgetränken, Marmeladen und Konfitüren benutzt werden.

Die halbreife Frucht wird als gutes Mittel gegen Diarrhöe und Dysenterie betrachtet (Tanningehalt 9% in der Pulpa, 20% in der Schale). Die „Belamarmelade" ist zur Dysenterienachkur beliebt. Kulturwert unbedeutend.

Citrus L. Diese Gattung ist im Gebiet durch verschiedene Arten vertreten, von denen allerdings in ihrem gegenwärtigen Zustand nur eine oder zwei eine ausgedehntere Kultur rechtfertigen würden.

Vorbehaltlich einer späteren genaueren Bestimmung der Arten auf Grund reichhaltigeren Materials und längeren Studiums an Ort und Stelle können etwa folgende als vorhanden genannt werden:

50. Zitrone, Limone, *Citrus limonia* Osbeck.

Nur hier und da in den tiefsten und unteren Lagen einzelne schwache Bäumchen, die nur wenig Frucht ansetzen. Größere Anpflanzungen dürften sich in Anbetracht der großen subtropischen Kulturgebiete kaum lohnen.

51. Limette, Limonelle, Lime, *Citrus aurantifolia* Swingle.

Fast auf jedem Vorwerk mehrere sehr gut tragende Bäumchen, deren Fruchtsaft („lime-juice") wegen seines erfrischenden sauren Geschmackes regelmäßig und in beachtlichen Quantitäten von den Europäern allgemein verwendet wird.

Obwohl diese Art sich als ganz besonders geeignet für tropisches Klima erwiesen hat und von den Antillen große Mengen „lime-juice" dem nordamerikanischen Markt zugeführt werden, existieren bisher im Gebiet noch nirgends regelrechte Anpflanzungen dieses so wichtigen tropischen Fruchtbaumes.

Da er an den Boden sehr geringe Ansprüche stellt und sogar noch auf steinigem, schlecht wasserhaltigem Grunde gute Erträge liefern soll, wären Kulturen größeren Umfanges ganz besonders zu empfehlen.

Als Absatzgebiet käme vor allem der europäische Markt in Frage, der die kleinen, wahrscheinlich billig zu liefernden Früchte wegen ihrer rationelleren Verwendung ohne Zweifel gern aufnehmen würde. Der Transport der vorher an der Luft gut abgetrockneten Limetten müßte in luftigen, nicht zu stark gekühlten Räumen erfolgen, worüber jedoch noch nähere Versuche anzustellen wären.

Neben dem Export frischer Früchte spezieller Selektionen könnte auch ein solcher von Saft und im Gebiet bereiteter Zitronensäure (etwa 1600 kg pro ha) parallel gehen.

Aus den Schalen, die auf Dominika (Antillen) sogar als Viehfutter Verwendung finden, läßt sich das Limetta-Öl gewinnen.

52. Grape-fruit, *Citrus paradisi* Macf.

Auf jeder Pflanzung meist mehrere Bäume verschiedener Varietäten, darunter einige, deren vermehrte Kultur sich nach Ertrag und Geschmack der Früchte empfehlen ließe. So z. B. eine fast kernlose Varietät, die der „Marsh's Seedless" nahezustehen scheint.

Von dieser existieren auch auf *Citrus Aurantium* mehrere Pfropfungen, die allerdings noch jung sind und sich nicht in wünschenswerter Verfassung befanden. Soweit zu erfahren war, hatten die Bäume noch nicht gefruchtet.

Welchen Varietäten die übrigen, meist sehr kernreiche Früchte produzierenden Bäume zuzurechnen sind, steht noch dahin, da sie ohne Ausnahme als Sämlinge erwuchsen, und gerade bei Citrus in dieser Hinsicht das Auftreten neuer, von der Mutterpflanze abweichender Formen besonders groß ist.

Aufgabe der Zukunft wird es sein, durch exakte Selektion die für das Gebiet am besten geeigneten Unterlagen anderer Arten, wobei auch an die in Westafrika heimische Gattung *Citropsis* Swingle et Kellermann gedacht werden müßte, verschiedene Grape-fruit-Edelreiser und — was besonders wichtig ist — die günstigste Kombination beider herauszufinden. Bisher ist in dieser Richtung noch gar nichts geschehen.

53. Pomeranze, bittere Orange, Bigaradie, *Citrus Aurantium* L.

Im ganzen Gebiet nur in wenigen Exemplaren, die von den Europäern nicht weiter beachtet werden. Die Bäume zeigen aber kräftigen Wuchs und guten Fruchtansatz.

Da Blätter und Früchte offizinell sind (Fol. Aurantii, Fruct. Aurantii immat., Cortex Aurant.), außerdem das Öl der Blätter und unreifen Früchte (Petitgrain-Öl), ebenso der Blütenblätter (Neroli-Öl, Nafa-Öl) in der Duftstoffindustrie in großen Mengen Verwendung findet, werden erst Analysen über Menge und Beschaffenheit der wirksamen Stoffe darüber zu entscheiden haben, ob sich eine Kultur der Pomeranze lohnte.

In der Veredelungspraxis spielt sie eine bedeutende Rolle, da sie auch noch auf schweren, wenig dränierten Böden, auf denen andere *Citrus*-Arten kaum mehr fortkommen, gut gedeiht und das Edelreis trotz anfänglicher langsamer Entwicklung zu großen und kräftigen Bäumen mit guten Früchten heranwachsen läßt; für die Limette eignet sich jedoch die Bigaradie als Unterlage nicht.

54. Orange, Apfelsine, *Citrus sinensis* Osbeck.

Unter den zu verschiedenen, nicht näher bestimmten Rassen gehörigen Bäumen, die vegetativ im allgemeinen in keinem schlechten Zustand waren, befinden sich nur wenige mit leidlich wohlschmeckenden Früchten, wie ja überhaupt die Orangen der tropischen Gebiete nicht die feine Abstimmung von Zucker und Säure besitzen, weswegen gerade die der mehr gemäßigten Zonen so geschätzt werden. Auch äußerlich entwickeln sich die Früchte meist nicht vorteilhaft: vielfach sind die Schalen noch grün, wenn das Fruchtfleisch bereits einen hohen Reifegrad erreicht hat.

Von einem Anbau in größerem Maßstabe wäre daher nur etwas zu erwarten, wenn nach gehöriger Selektion des vorhandenen Materials und nach gründlichster Prüfung der für die Orangen besonders wesentlichen Boden- und Wasserverhältnisse einige dem tropischen Klimacharakter und den Bodenverhältnissen gut angepaßte Sorten vorliegen, wie etwa die südamerikanischen „Nabelorangen" (z. B. die Washington-navel).

Daneben wäre auch zu prüfen, wie sich eingeführte Sorten verhalten, da bei *Citrus* die lokalen Verhältnisse selbst bei derselben Sorte eine stark modifizierende Rolle spielen. So besitzt die Jaffa-Orange lediglich in Palästina ihre bekannten wertvollen Eigenschaften, verlor diese aber bisher auch in allen klimaähnlichen Ländern, in denen man sie ebenfalls kultivieren wollte (Ägypten, Algier, Spanien, Kalifornien).

Neuerdings wurde auch am Kamerunberg ein kleiner Versuch mit Jaffa-Orangen (Sämlinge) begonnen, und man kann, falls die Pflänzchen den Krieg überdauern, auf die Resultate gespannt sein.

Sollte sich eine brauchbare Orange gefunden haben, so brauchte man um die Verwendung der Früchte nicht verlegen zu sein, denn neben der Obstnutzung der frischen Orange werden in gewissen Hauptkulturländern zahlreiche Produkte aus dieser hergestellt, z. B. Orangenöl, Orangeaden, Marmeladen, Wein, Alkohol, Essig, Zitronensäure, Azeton, getrocknete Schalen, kandierte Schalen, Pasten, Konfitüren, Dünge- und Futtermittel, Samenöl, Konserven und neuerdings Pektin.

55. Mandarine, *Citrus nobilis* Lour. var. *deliciosa* Swingle.

Nicht so häufig vorhanden wie die vorige Art, aber jedoch meist in gutem vegetativen Zustande und zum Teil mit gutem Ertrage; Früchte meist auch von gutem Geschmack.

Da die Mandarinen für den weiteren Transport weniger geeignet sind, kommen sie nur für den lokalen Verbrauch in Frage, wofür sie sich wegen ihrer beliebten Eigenschaften und wegen ihrer großen Fruchtbarkeit bei relativ geringen Ansprüchen an die Pflege gut eignen dürften.

Wolfsmilchgewächse (*Euphorbiaceae*)

56. ? Tungölbaum, *Aleurites Fordii* Hemsl.

Ein junger Baum soll sich in Tiko (Vorw. Matute) befinden; ich selbst habe aber den Baum nicht gesehen.

Die walnußgroßen Samen enthalten etwa 40% Öl, das den größten Teil der sogenannten chinesischen „Holzöle" bildet. Es wird wie Leinöl benutzt (Farben, Firnisse, Polituren, Linoleum usw.), trocknet aber schneller.

In der Kultur ist der Baum, der sogar Temperaturen um 0°C verträgt, sehr anspruchslos, gedeiht auch auf felsigem Boden und braucht wenig Wasser.

Ob es sich im vorliegenden Falle wirklich um die obengenannte Art handelt, ist noch nicht sicher; denn im allgemeinen hat man die Erfahrung gemacht, daß der Baum im tropischen Tiefland nicht gedeiht. Nachprüfung ist also notwendig.

57. Kerzennuß, *Aleurites moluccana* Willd.

Ich habe einen gut entwickelten Baum, der als zu dieser Art gehörig bezeichnet wurde und reife Früchte produzieren soll, in Tiko gesehen.

Die walnußgroßen Samen enthalten so viel Öl (über 60%), daß sie direkt entzündet werden können. Das Öl ist weniger gut als das Tungöl.

58. Maniok, Cassada, *Manihot utilissima* Pohl.

Dieser wahrscheinlich aus dem tropischen Brasilien stammende Strauch ist im Gebiet allgemein, aber vorwiegend in den tieferen Lagen verbreitet.

Genutzt wird die Pflanze eigentlich nur von den Eingeborenen, die sie auch auf ihren „Shop-Farmen" in primitiver Weise kultivieren. Auf den Pflanzungen ist sie ein häufiges Unkraut.

Von den Europäern wird sie als Nutzpflanze wenig beachtet. Aber in Anbetracht der Tatsache, daß der Maniok von allen Kulturpflanzen die höchsten Hektarerträge an Stärke liefert[1]), und z. B. in Brasilien ein Hektar zur dauernden Ernährung von 30—40 Menschen ausreicht, daß Niederl.-Indien 1925 (eine mir im Augenblick vorliegende Angabe) 164000 t Maniokprodukte (davon 89000 t Tapioka) ausführte, schließlich im Hinblick auf den gegen Makabo geäußerten Verdacht (vgl. S. 214), sollte der Cassada doch mehr Aufmerksamkeit geschenkt werden.

Insofern wenigstens, als man einmal klarstellte, wieviel und welche Rassen zur Verfügung stehen, um dann die besten von ihnen in Versuchsgärten auf ihren Kulturwert zu prüfen, da eine große Anzahl (etwa 72) in ihren Erträgen verschiedene Spielarten unterschieden werden.

Würde man z. B. unvermittelt vor die Notwendigkeit gestellt, Maniok in größerem Umfange anzubauen, besäße man nichts weiter als Aufzeichnungen der Literatur, die zwar Anhalte, aber keine speziellen Vorschriften geben.

Was es nützen könnte, über die Eigenschaft der Sorte unterrichtet zu sein, mag folgender Versuch von Zehntner auf bestem Boden des Istituto Agricolo da Bahia mit 20000 Stöcken pro Hektar je einer von 4 Mandioca- und 4 Aipimrassen zeigen:

Rasse		Knollen kg/ha	Mehl kg/ha
Mandioca	Platina	27396	6164
,,	Saracura	36930	8309
,,	Gemedeira	41160	9261
,,	Itapicuru	30905	6953
Aipim	Pacarè	44380	9985
,,	Cinzento	52255	11765
,,	Preto	42950	9663
,,	Varudo	31700	7132

[1]) Reiner Stärkeertrag im Mittel 2—6 Tonnen, im Maximum 8—12 Tonnen.

Ebenso wichtig ist es, sich über die Reaktion der Pflanzen auf verschiedene Kulturmaßnahmen zu unterrichten. Versuche auf Réunion zeigen den bedeutenden Einfluß der Bodenbearbeitung:

Boden nicht gepflügt		13630 kg/ha Knollen
,, 10 cm tief gepflügt		13893 ,, ,,
,, 15 ,, ,, ,,		16208 ,, ,,
,, 20 ,, ,, ,,		16320 ,, ,,
,, 25 ,, ,, ,,	(ohne Stallmist)	16100 ,, ,,
,, 25 ,, ,, ,,	(10 t Stallmist)	21000 ,, ,,
,, 30 ,, ,, ,,	(Ende der Humusschicht)	15900 ,, ,,

Solche Versuche dürfen aber nicht dann erst angesetzt werden, wenn die Großkultur beginnen soll, denn dann wird diese selbst zum Versuch, sondern die Untersuchungsergebnisse müssen schon anwendungsbereit auf „Vorrat“ liegen (Selektionsarbeiten bei Manihot dauern etwa 8 Jahre!).

59. Rizinus, *Ricinus communis* L.

Wird auf der Farm in Buëa in mehreren Varietäten gehalten, die besonders in Frucht und Samen verschieden sind.

Untersuchungen über den Ölgehalt der Samen, die gewöhnlich über 50% davon enthalten, liegen aus dem Gebiet nicht vor.

Die Kultur, deren Rentabilität dahingestellt sei, macht keine Schwierigkeiten, verlangt aber guten, tiefgründigen Boden.

Das brennbare, wegen seiner purgierenden Wirkung bekannte Öl (es gibt aber auch Rassen mit eßbaren Samen) wird in größerer Menge von der Industrie (Stoffdruckerei, Leder, Seife, Maschinenöl) benutzt. Für schnellaufende Motoren ist es wegen seiner großen Schmierfähigkeit ausgezeichnet verwendbar, aber nur, wenn diese öfter gereinigt werden, da sich das Öl bei höheren Temperaturen zersetzt.

Die Blätter können gut als Viehfutter verwendet werden.

Ein Verwandter des Rizinus, der Curcasstrauch, *Jatropha Curcas* L., der von den Eingeborenen des Gebietes häufig zu lebenden Umzäunungen benutzt wird, könnte als Stützpflanze für Vanille und Pfeffer gebraucht werden. Das Öl der Samen hat ähnliche Eigenschaften wie das Rizinusöl.

Sumachgewächse (*Anacardiaceae*)

60. Mango, *Mangifera indica* L.

Ist auf fast allen Pflanzungen in zahlreichen Altersstufen und wohl auch in einer Reihe von Rassen vertreten. Unter ihnen befinden sich solche mit erstklassigen schweren Früchten ohne jede Faser im eigelben Fleisch und ohne den geringsten Beigeschmack nach Terpentin; sie gehören vermutlich nach der Form der Frucht und des Kernes in den Verwandtschaftskreis der „Alphonso".

Die nähere Bestimmung der Rassen dieses sehr wichtigen Fruchtbaumes sollte eine der ersten Aufgaben sein, die vor Beginn der Nebenkulturen durchgeführt werden müssen, damit die Mutterbäume für die Edelreiser bezeichnet werden können.

„At the present time" sagt Popenoe, „the mango is a fruit of greater importance to millions throughout the tropics than is the apple to temperate North-America." „The rich spicy flavour of the mango, its peculierly tempting fragrance and the beautiful shades of color which characterize many varieties, make it one of the most attractive dessert fruits on the american market."

Wenn man sieht, welche Unsumme von Forschungsarbeit allein auf dem Gebiet der Kultur des Mango mit seinen annähernd 500 Sorten bisher geleistet wurde und die für die praktische Obstzucht erreichten Ergebnisse betrachtet, so muß man sich darüber wundern, daß hier am Kamerunberg so gut wie gar nichts geschehen ist: keine Düngung, keine Versuche zur Hebung der Fruchtmenge durch Ringelung und durch Zweig- oder Wurzelschnitt, keine Beobachtungen über Samenkonstanz, über Verschiedenartigkeit in Lage und Länge der Blüh-, Reife- und Erntezeiten in bezug auf die Wetterverhältnisse und erst recht keine Selektion, Okulation, Pfropfung usw.

Alles das muß nachgeholt werden, denn der Mango wird sich ohne Schwierigkeit auch auf dem mitteleuropäischen Markt ebenso einführen, wie er in Nordamerika und Westeuropa Anklang gefunden hat. Während meiner Rückfahrt 1938 wurden fünf kleine Kisten mit etwa dreißig nicht ganz reifen Früchten eines in Buëa stehenden Baumes ohne besondere Maßnahmen im Küchenkühlraum des Schiffes untergebracht und in Dahlem an verschiedene Personen verteilt. Der Gechmack der Früchte fand ausnahmslos, zum Teil großen Anklang. Die Früchte konnten am 20. Tage nach der Ernte als reif bezeichnet werden, nach weiteren 8 Tagen befand sich das Fleisch der letzten Früchte noch in bestem Zustande, nur auf den Schalen waren einige dunkle Flecken im Entstehen.

Exakte Versuche über Erntezeitpunkt, Verpackung und Kühlung (8—9°C) haben gezeigt, daß Früchte mancher Rassen 6—7 Wochen haltbar sind. In Zuckerlösung mit Zusatz einiger Tropfen schwefeliger Säure behalten sie 1 Jahr lang Farbe und Eßwert.

Die Früchte können aber auch zu Gelee oder Marmelade verkocht, zu Soßen und Pasten verarbeitet und als Pickles, Chutney und —

was hervorragend sein soll — nach Art von Pfirsichen konserviert werden, um hier nur die wichtigsten Arten der Handelsverwendung anzudeuten.

Mango dürfte demnach unter den für Zusatzkulturen in Aussicht zu nehmenden Objekten eine der ersten Stellen einnehmen!

Wenn auch bis zum Auspflanzen der ersten guten Okulate und von dann bis zur ersten vollen Ernte eine ganze Reihe von Jahren vergehen muß, so läßt sich diese Zeit dadurch etwas abkürzen, daß ohne große Mühe auch noch die alten, schlechtrassigen Stämme durch „Top-Working" behelfsmäßig veredelt werden können.

61. Apfelmango, Kasamanga, *Spondias Cytherea* Sonn.

Ist mehrfach, wenn auch nicht auf allen Pflanzungen vertreten. Ein prachtvoller, wenigstens 20 m hoher alter Baum mit riesiger Krone steht in Mokundange.

Die Vermehrung aus Samen bereitet Schwierigkeiten. Da auch Stecklinge nicht willig anwachsen, sollte man mit Bewurzelungspasten arbeiten oder auf (bisher im Gebiet allerdings nicht vorhandene) *Spondias mangifera*-Unterlagen pfropfen.

Aus den Früchten läßt sich ein sehr wohlschmeckendes Mus bereiten, das nur wenig vom Apfelmus verschieden ist, ebenso ein ausgezeichnetes Gelee.

In rohem Zustand ist das Fruchtfleisch wegen der zahlreichen vom Stein ausstrahlenden Fasern nicht gut genießbar.

Die im allgemeinen mehr geschätzte rote Mombinpflaume (*Spondias Mombin* L.) scheint im Gebiet nicht vorhanden zu sein.

Sapindaceae

62. Akinuß, *Blighia sapida* Koenig.

Wenig verbreitet und von Europäern kaum beachtet.

Die Samen besitzen einen großen, gelblichweißen Samenmantel, der ein aus flüssigen und butterartigen Anteilen zusammengesetztes Fett enthält.

Nur dieser Samenmantel kann nach sorgfältiger Entfernung aller Teile des giftverdächtigen Samens gekocht als Suppeneinlage (an Stelle von Eieinlauf) und Beigericht oder in Butter gebacken als Nachtisch genossen werden.

Kulturwert nicht besonders hoch.

Rebengewächse (*Vitaceae*)

63. Weinrebe, *Vitis vinifera* L.

Ich sah ein junges Versuchsexemplar, das aus Las Palmas stammte. Der Stock war etwa 2,5 m hoch und war bisher anscheinend gut gewachsen.

Aber alle Experimente, die Weinrebe oder ihre Kreuzungen mit anderen Arten in die feuchteren Tropen einzuführen[1]), sind bisher gescheitert, weil die Rebe eine feste Winterruhe und eine ausgesprochene Trockenzeit zur Fruchtreife benötigt.

Die Ruheperiode durch starken Schnitt und durch künstliches Entblättern zu erzwingen, hat sich nicht bewährt; die Pflanzen gelangten zwar zur Fruchtbildung, aber die Beeren blieben unvollkommen.

Auch die bisherigen Versuche der Kultur anderer Rebenarten in den Tropen, wie *Vitis labrusca* L., *V. Munsoniana* Simpson und *V. rotundifolia* Michx. sind fehlgeschlagen.

Ob sich weitere Mühen lohnen, ist fraglich. Es bleibt noch die Möglichkeit einer Selektion unter tropischen Verwandten, wie solche ja auch im westafrikanischen Regenwald vorkommen; aber auch derartige Versuche sind, jedenfalls in Südasien, unbefriedigend geblieben.

Malvengewächse (*Malvaceae*)

64. Ochro, Okolo, *Hibiscus esculentus* L.

Wenigstens zwei Varietäten dieser verholzenden Staude sind in Gärten kultiviert: eine frühreife, kurzfrüchtige und eine spätreife, langfrüchtige.

Die unreifen Früchte werden gelegentlich auch von den Europäern in gekochtem Zustande, die nahezu reifen in Scheiben geschnitten und gebacken gegessen. Sie enthalten an Zucker und Stärke 4—12$^0/_0$ des Frischgewichtes, besitzen also keinen unbeträchtlichen Nährwert.

Auch die Blätter können als Gemüse verwendet werden.

Die Stengel dienen in Amerika zur Papierbereitung; die Stengelfasern erreichen nicht den Wert der Jutefasern.

Sterculiaceae

65. Kolanußbaum, *Cola nitida* A. Chev. (= ? *C. vera* K. Schum.), *Cola acuminata* Schott et Endl.

Beide Arten sind häufig, zuweilen in größerer Menge, auf den Pflanzungen anzutreffen.

---

[1]) In Ostafrika, Südwestafrika und in dem trockenen Ost-Java wurden einige Erfolge erzielt.

Die Kultur hat sich als unwirtschaftlich erwiesen und wird nirgends mehr betrieben.

Dilleniaceae

66. Dillenie, *Dillenia indica* L.

Nur an einer Stelle zwei offenbar kranke Bäume, von denen einer noch gut fruchtete. Die Pflanze war unbekannt und ungenützt.

Die fälschlich als „Frucht" bezeichnete Bildung von den Ausmaßen einer großen Pompelmuse besteht vorwiegend aus fleischigen Blütenhüllblättern. Diese schmecken apfelartig, aber adstringierend sauer; sie können zu Marmelade verkocht werden.

Kulturwert unbedeutend.

Teegewächse (*Theaceae*)

67. Chinesischer Tee, *Thea sinensis* L.

In Buëa und kurz westlich davon haben sich noch zwei kleine Versuchsanpflanzungen aus früherer Zeit gehalten. Die alten Pflanzen (angeblich „Dr. Watts Saat") sind kräftig und gesund, blühen und produzieren Früchte, die etwa 50% ausgebildeter Samen enthalten.

Das Produkt soll gut sein, aber die Kultur hat sich (wenigstens in kleinem Rahmen betrieben) als unwirtschaftlich erwiesen.

Guttiferae

68. Mangostane, *Garcinia Mangostana* L.

Nur drei junge, noch nicht blühfähige Bäumchen sah ich im ganzen Gebiet.

Es wäre wünschenswert, wenn diese „Queen of Fruits" auf jeder Pflanzung zu finden wäre.

Die Kultur wird aber trotz der vorzüglichen Früchte lediglich auf den lokalen Verbrauch abgestellt sein müssen, wenigstens solange es noch nicht gelungen ist, den Pasten, Konserven oder Konfitüren das vergängliche, sehr feine Aroma zu erhalten.

Die Früchte sind angeblich 10 Tage transportfähig.

Aussichtsreicher scheinen mir die drei folgenden Arten zu sein, von denen vorwiegend die *Garcinia dulcis* auch in kleineren Anpflanzungen anzutreffen ist.

69. *Garcinia dulcis* (Roxb.) Kurz.

Die erfrischend schmeckende Frucht ist äußerst reich an Saft mit viel Zitronensäure. Sie soll eine sehr gute, an Reineclauden erinnernde Konfitüre ergeben.

Nach meinen Beobachtungen scheinen bei dieser sehr reich fruchtenden Art Tendenzen zur Bildung samenloser Früchte zu bestehen. Durch Selektion ließen sich vermutlich Rassen herauszüchten, deren Früchte, bis auf die dünne Außenhaut, vollkommen genießbare Gewebekörper darstellen!

70. *Garcinia indica* Choisy.

Erinnert am meisten an die Mangostane, deren Aroma sie aber bei weitem nicht erreicht. Die Früchte sollen ein gutes Gelee und einen feinen Fruchtsaft geben.

71. *Garcinia tinctoria* W. E. Wight.

Existiert in zwei schon durch die Fruchtgröße und Fruchtform unterschiedenen Rassen.

Der Geschmack der Früchte ist weniger gut, aber die Art kann als Unterlage für *G. Mangostana* Verwendung finden.

Flacourtiaceae

72. *Flacourtia cf. cataphracta* Roxb.

Diese und vielleicht noch eine andere Art finden sich hier und da in den Gärten. Die wenig beachteten, oft als „schwarze Kirschen“ bezeichneten Früchte werden gelegentlich frisch gegessen.

Kulturwert unbedeutend.

Leidensblumen (*Passifloraceae*)

73. Königsgranate, *Passiflora quadrangularis* L.

Wird auf einigen Pflanzungen in kleinem Umfange an Zäunen gezogen.

Genossen wird meist nur die reife und gekochte Pulpa mit einigen Zusätzen als kalter Nachtisch.

Aber auch die dicke Fruchtwand kann mit Zucker eingekocht oder in noch grünem Zustand als Gemüse (ähnlich Gurkengemüse) verwendet werden.

Blätter und Wurzel der Pflanze wirken jedoch giftig!

Das Gewächs verdient für den lokalen Gebrauch weitere Verbreitung als bisher. Durch Stalldüngung werden die Erträge erheblich gesteigert. Nötigenfalls muß mit der Hand Kreuzbestäubung ausgeführt werden. Eine geregelte Kultur erfolgt am besten an festen Spalieren.

Die wegen ihrer aromatischen, wenn auch kleineren Früchte höher bewertete *Passiflora edulis* Sims habe ich nirgends angetroffen; ihre Einführung wäre erwünscht.

Baummelonen (*Caricaceae*)

74. Melonenbaum, Papaya, *Carica Papaya* L.

Entsprechend der Wertschätzung der Früchte bei den Europäern ist dieser gewöhnlich kurzlebige Staudenbaum naturgemäß überall angepflanzt, ohne daß indessen eine wirklich zielbewußte Kultur betrieben würde.

Die Pflanzen stehen einzeln, in Gruppen, zuweilen auch in Reihen gepflanzt an den verschiedensten Plätzen und unter sehr wechselnden Bedingungen.

Eine Aufzucht von Sämlingen, die hier ausschließlich betrieben wird, in Anzuchtkästen mit besonders bereiteter Erde findet nicht statt. Vermehrung durch Stecklinge oder Pfropfung zur Fixierung edler Eigenschaften ist, soweit mir bekannt, nirgends in Gebrauch (hat sich allerdings auch den Berichten zufolge in anderen Kolonialgebieten nicht bewährt).

Genaue Beobachtungen über die Variationen der Pflanzen (monözische oder diözische Typen) liegen ebensowenig vor, wie eine stetige, zielbewußte Selektion nirgends betrieben wurde.

Den Bestrebungen zur Erlangung konstanter Sorten entstehen bei Papaya dadurch Schwierigkeiten, daß es sich hier vermutlich um eine aus verschiedenartigen Vorfahren entstandene Polyhybride handelt, die einmal durch Aufspaltung (und Mutation?) eine vorläufig noch unübersehbare Menge neuer Formen liefert, und daß andererseits diese wieder besonders große Variationsbreiten besitzen.

Hinzu kommt der labile Sexualcharakter des einzelnen Individuums, das im Laufe seiner Entwicklung von einer rein männlichen über mehrere intermediäre Stadien hinweg sich zu einer rein weiblichen Pflanze entwickeln kann.

Da dem Züchter aber an weiblichen Pflanzen liegt, für gewöhnlich jedoch in der Aussaat einer Frucht die männlichen Stauden mit etwa 75% vorherrschen, hat man auch mit wechselndem Erfolge versucht, durch künstliche Eingriffe oder durch Samenselektion die Sexualität zu beeinflussen.

In Hawaii gelang es zwar, durch achtjährige intensive Selektion den Prozentsatz der männlichen Exemplare auf 51 oder sogar 36% hinunterzudrücken, aber das Ziel, konstant weibliche Stämme zu erhalten, ist nicht erreicht.

Ebenso unsicher ist man bisher auch in der Gewinnung erblich konstanter Rassen mit besonders ausgezeichneten Fruchteigenschaften (z. B. Gurkenform, Kugelform, Farbe, Aroma und Haltbarkeit des

Fleisches), mit hohen Erträgen, niedrigen Stämmen usw. geblieben. Einfach vegetative Selektion hilft in diesem Falle nicht, weil Veredelungen meist schnell degenerieren, und Stecklingsvermehrung große Zeitverluste (infolge langsamer Entwicklung) und zahlreiche Ausfälle mit sich bringt.

Erst die genetische Analyse wird den Weg weisen müssen und das Material liefern können, aus dem Papayen mit gewünschten Eigenschaften erhalten werden. Diese Arbeit ist sicher nicht leicht, aber in Hinsicht auf die vielseitige Verwendbarkeit dieser herrlichen und gesundheitsfördernden Frucht auch lohnend.

Am Kamerunberg wird die Papaya zwar ausschließlich zum Frühstück genommen, aber W. T. Pope gibt aus Kochbüchern von Hawaii, wo diese Kultur besonderen Hochstand erreicht hat, zahlreiche Beispiele anderer Nutzung: neben Pasten, Marmeladen und Salaten mag hier für den Pflanzer noch besonders auf die Zubereitung der nicht ausgereiften Frucht in gekochter oder gebackener Form als Gemüse hingewiesen sein. Auch die (möglichst natürlich von männlichen Exemplaren genommenen) jüngsten Blätter können als Gemüse verzehrt werden.

Auf dem Gehalt an Papaïn, das ja auch im Milchsaft der ganzen Pflanze vorkommt, beruht die Methode, Geflügel in ältere Blätter einen Tag lang vor dem Kochen einzuschlagen, um das Fleisch zarter zu machen.

Granatäpfel (*Punicaceae*)

75. Granatapfelbaum, *Punica granatum* L.

In Buëa fand ich einige strauchförmig entwickelte Exemplare in schlechtem Zustand. Sie sollen zwar in geringem Maße blühen, aber kaum Früchte ansetzen.

Der Granatapfel läßt sich, wie anderwärts die Erfahrung zeigt, nicht mit Erfolg in den feuchten Tropen kultivieren.

Combretaceae

76. Indischer Mandelbaum, *Terminalia catappa* L.

Bildet in Bota eine Allee schöner, breitkroniger, reichlich fruchtender Bäume.

Der von den Eingeborenen gegessene Same, der jedoch nur 10% der ganzen Frucht ausmacht und außerdem in einer sehr harten Schale geschützt liegt, besitzt Mandelaroma und enthält etwa 50% hellgelbes und geruchloses Öl.

Hat keine wirtschaftliche Bedeutung.

Myrtengewächse (*Myrtaceae*)

77. Guayave, *Psidium Guayave* L.

Ist häufig vertreten und findet sich in überwiegender Menge in dem Sekundärbusch oberhalb von Buëa.

Von den Europäern wird die Pulpa wegen ihres angenehmen, an Erdbeeren erinnernden Aromas zuweilen als Nachtisch genossen. Die Amerikaner bereiten aber daraus neben zahlreichen anderen Produkten ausgezeichnete Marmeladen und Gelees, die sogar aus Westindien bis auf den europäischen Markt gelangen.

Da die Bäume mit den verschiedensten Böden vorlieb nehmen und bei einer erstaunlichen Lebenskraft große Fruchtmengen produzieren, wäre eine spätere zusätzliche Kultur nicht ohne weiteres von der Hand zu weisen.

Voraussetzung wäre allerdings gründliche Selektion (die vegetative Vermehrung ist äußerst einfach: Okulation, Wurzelsprosse usw.), gegebenenfalls Einführung neuer, wenn möglich, samenarmer Formen (existieren in Niederl.-Indien) und Vorhandensein einer Fabrik (eventuell Fabrikschiff!), die die anfallenden Fruchtmengen (natürlich auch anderer Fruchtbäume) verarbeiten könnte.

78. Bayölbaum, *Pimenta acris* Kostel.

Alte Bäume aus früherer Zeit sind noch einzeln oder in Alleen vorhanden. Sie gedeihen gut, werden aber nicht genutzt.

Winkler hielt eine Kultur, die natürlich nur als kleine Zusatzkultur gedacht werden kann, für lohnend.

Eine Analyse der Blätter auf ihren Ölgehalt wäre zweckmäßig (10jährige Bäume lieferten in Westindien 40—50 kg Blätter mit etwa 1,2—1,3% Öl).

79. Pitanga, *Eugenia uniflora* L.

Steht oft in den Gärten von der Küste bis nach Buëa hinauf. Wird von den Europäern wegen der leuchtend roten Früchte meist „japanische Kirsche" genannt.

Blüht und fruchtet überall reichlich, die Früchte werden aber wahrscheinlich wegen ihres etwas strengen Geschmackes in frischem Zustande kaum benutzt. Ihr Wert wird jedoch gesteigert durch Herstellung von Säften, Gelees und Kompotten, wie es in Brasilien üblich ist.

Es scheinen 2 Sorten zu existieren, die sich in Geschmack und

Farbe der Früchte verschieden verhalten. Außerdem ließ sich in Buëa das Vorhandensein einer (konstant?) samenlosen Form feststellen.

80. Malayischer Apfelbaum, *Eugenia malaccensis* L.

In einigen Gärten wenige Bäume in gutem Zustand.

Die fade Frucht täuscht nur in Form und Farbe einen Apfel vor. Solange es nicht gelingt, eine Form mit wenigstens etwas säuerlichen Früchten zu finden, ist der Baum als Obstbaum wertlos. Nur zusammengekocht mit anderen Früchten lassen sich diese „Äpfel" einigermaßen als Kompotte usw. verwerten.

Sapotaceae

81. Sapotillapfel, Breiapfel, Westind. Mispel, *Achras sapota* L.

Nur einem einzigen Baum, der gerade zahlreiche, noch unreife Früchte trug, begegnete ich in einem Garten an der Küste, wo er unbekannt und unbeachtet stand.

In Amerika und in Malesien werden die Früchte, die im Geschmack etwa an Mispeln erinnern, als Dessert sehr geschätzt und in einer ganzen Reihe von Formen durch Okulation und Pfropfung vermehrt. Die Früchte enthalten nach C. Wehmer etwa 14% Zucker, haben also keinen geringen Nährwert.

Es hat sich gezeigt, daß die in geeignetem Stadium geernteten Früchte bei sorgfältiger Verpackung und Kühlung zwischen 5° und 10° C einen Transport von Java nach Holland gut vertrugen und bei späterer Erhöhung der Temperatur noch zur vollen Reife gebracht werden konnten.

Konserven und Marmeladen haben aber in Europa keine günstige Aufnahme gefunden.

Der aus der Rinde gezapfte Milchsaft bildet eingekocht den Hauptbestandteil des Kaugummis. Ein 10—15 m hoher Baum soll jährlich 15—18 kg davon liefern können.

Das Holz ist wegen seiner Härte und überaus großen Dauerhaftigkeit ein wertvolles Bauholz.

82. Sternapfelbaum, *Chrysophyllum Cainito* L.

An zahlreichen Plätzen standen gut gewachsene alte Bäume in Blüte und Frucht. Diese kann zwar frisch gegessen werden, sagt aber unserem Geschmack wenig zu. Mit Zutaten anderer Fruchtsäfte (z. B. Orangensaft) soll das Fruchtmus besseren Geschmack erhalten.

Als Fruchtbaum kaum von Wert.

Hundsgiftgewächse (*Apocynaceae*)

83. Afrikanischer Kautschukbaum, *Kickxia elastica* Preuß.

Stellenweise findet man noch Reste alter Kulturen, die wegen der geringen Latexproduktion aufgegeben wurden; außerdem enthält der Kautschuk 4—8% harzige Bestandteile.

Zahlreiche der beobachteten Exemplare fruchteten.

Winden (*Convolvulaceae*)

84. Süßkartoffel, Batate, *Ipomoea Batatas* Lam.

Findet sich allerorts, vor allem und zuweilen massenhaft auf vielen wenig beschatteten Pflanzungsfeldern in Form dichter Bodenbedeckung.

Genutzt und in mäßigem Umfange auch in primitiver Weise angebaut wird sie im allgemeinen nur von den Eingeborenen, bei denen die Süßkartoffel etwa die Rolle des Coco-yam spielt.

Das ist insofern merkwürdig, als es sich bei der Batate ähnlich wie beim Manihot um ein Gewächs handelt, das mit zu den verbreitetsten und wichtigsten Nahrungspflanzen überhaupt gezählt werden kann und von dem in den Tropen und Subtropen gewaltige Flächen bedeckt sind.

So waren bereits 1920 in Java 267000 ha und in Nordamerika 1929 rund 400000 ha allein von der Batate in Anspruch genommen.

Sie erfreut sich deswegen in jenen Ländern so großer und noch steigender Wertschätzung, weil ihre Kultur keine besonderen Schwierigkeiten macht, ihre Erträge hoch sind, die Knollen (Stengelknollen) einen großen Nährstoffgehalt aufweisen und sehr vielseitig benutzt werden können.

In den Tropen enthält die Knolle 15—34% Zucker und 8—10% Stärke des Frischgewichtes und wiegt im Durchschnitt 1,5 kg, ausnahmsweise auch mehrere (bis 5) Kilogramm.

Die Ernte kann 4—5 Monate nach dem Auspflanzen vorgenommen werden; sie beträgt im Mittel für die Vereinigten Staaten 6300 kg Knollen pro Hektar, doch wurden in Afrika 8000 kg, ausnahmsweise auch 35000 kg erhalten.

Man ißt die Batate nicht nur gekocht, gebacken oder als Salat; auch in Form von Körnern, Schnitzeln, Mehl und Stärke ist sie vielfach im Gebrauch.

Eine Ernte von 15000 kg, d. h. von 2—3 ha, ergibt rund 5100 kg Mehl oder 2700 kg Stärke.

Auch auf Konserven, Sirup, Bier und Alkohol (100 kg Knollen = 14—15 Liter Handelssprit) werden die Knollen verarbeitet.

Knollen, Blätter und junge Früchte werden von Tieren gern gefressen. Batatenheu ist an Nährstoffen reicher als Leguminosenheu (nach Keitt).

Aus den angeführten Daten erhellt ohne weiteres der Wert einer Batatenkultur gegebenenfalls auch für die Bezirke am Kamerunberg, wenn die Anpflanzung so gelegt wird, daß die Ernte wegen der Empfindlichkeit der Knollen gegen Nässe noch in die Trockenzeit fällt, und die am besten geeigneten Spielarten, von denen man in Amerika wenigstens 48 kennt, genommen werden.

Eine solche Selektion aber unter den im Gebiet vorhandenen, noch nicht näher bekannten Rassen vorzunehmen, sollte auch hier wieder vorsorglich die erste Aufgabe sein.

Nachtschattengewächse (*Solanaceae*)

85. Erdbeertomate, Kapstachelbeere, *Physalis peruviana* L.

Wird angeblich in Gärten gehalten (von mir selbst nicht gesehen). Die kirschgroßen, gelben, aromatischen, süßsäuerlichen Beeren werden mit Zucker eingemacht als gute Konfitüre empfohlen.

Vermehrung durch Samen oder Stecklinge. Erste Ernte nach dem 5. oder 6. Monat.

86. Spanischer Pfeffer, Cayenne-Pfeffer, *Capsicum frutescens* L.

Einige noch näher zu bestimmende Rassen der genannten und vielleicht auch anderer Arten dieses Verwandtschaftskreises oft in Gärten kultiviert.

Die kleinen, allgemein als sehr scharfes Gewürz benutzten Früchte besitzen infolge wechselnden Gehaltes an Capsicin verschiedene Schärfe.

Die Kultur dieser Arten hat nur geringe lokale Bedeutung. Für zweckmäßig halte ich aber den Anbau großfrüchtiger und milder Spielarten des krautigen Spanischen Pfeffers (Paprika, *Capsicum annuum* L.) als Gemüse. Von dieser Art sah ich nur eine kleine Kultur im Residenzgarten von Buëa.

87. Baum-Tomate, *Cyphomandra betacea* Sendtner.

Einige dieser etwa 2 m hohen „Bäumchen" standen voll fruchtend in Buëa im Residenzgarten; wahrscheinlich kommt diese Art überhaupt nur dort vor, da sie in den Tropen nicht unter 700 m Höhe gedeiht.

Die saftigen, säuerlichen, mehr als eigroßen Beeren können roh oder gekocht gegessen werden; sie sollen auch mit Zucker eingemacht oder zu Marmelade verkocht einen besonders angenehmen Geschmack entwickeln.

88. Eierfrucht, Aubergine, *Solanum Melongena* L.

In einigen Gemüsegärten von der Niederung bis Buëa mit Erfolg kultiviert.

Es sei aber darauf hingewiesen, daß die Frucht nur voll ausgereift verwendet werden darf, da sie vorher wirksame Mengen giftigen Solanins enthalten kann.

Rubiaceae

89. Chininbaum, *Cinchona succirubra* R. et P., *C. Ledgeriana* Moens, *C. Calisaya* Wedd.

Ich sah alle Arten an zwei Stellen des Kamerunberges angepflanzt: 1. an der Mussake-Hütte (1800 m) Reste der alten deutschen, aufgegebenen Versuchskultur, von der allermeist nur noch Baumstümpfe vorhanden waren (von den Engländern geschlagen), und englische Neupflanzung etwa 2—5jähriger, 50 cm bis 4 m hoher Bäume; 2. dicht über dem Garten der Residenz eine englische Neupflanzung.

Ein weiteres englisches Versuchsfeld soll sich noch etwas westlich von Buëa befinden.

Die jungen Bäume besaßen einen Stammdurchmesser von 6—10 cm und standen zum Teil in Blüte und Frucht.

Eine nach D. A. B. 6 auf Chinin und Cinchonin in Berlin zur Orientierung untersuchte Rindenprobe einer etwa 6 cm starken *C. succirubra* von der Mussake-Hütte zeigte nur einen Gehalt von 4% an, lag also um 2,5% niedriger als es vom Deutschen Arznei-Buch verlangt wird (untersucht von A. Domke).

Das Ergebnis dieser Analyse berechtigt also nicht zu großen Hoffnungen, aber es ist natürlich notwendig, möglichst bald gründliche Reihenuntersuchungen mit allen vorhandenen Arten durchzuführen.

Wie die Engländer, so bemühen sich auch die Franzosen seit 1922, das Chininmonopol von Niederl.-Indien zu brechen und haben in Kamerun (Dschang-Distrikt 1500—1600 m und Zentralplateau von Jaunde 800 m) Versuchsfelder angelegt.

Hierbei zeigte es sich, daß *C. Ledgeriana* zwar einen hohen Alkaloidgehalt bewahrt (5—9% im Rindenextrakt gegenüber 7—12% für Java), aber Kulturschwierigkeiten macht; *C. succirubra* dagegen kräftig gedeiht, aber im Rindenextrakt nur 1% Chinin aufweist, dafür jedoch reichlich sekundäre Rindenalkaloide besitzt.

Gegenwärtig werden dort zwei Ziele verfolgt: 1. Verwendung dieser sekundären Alkaloide in einem „Totaquina" genannten Präparat mit 70% sek. Alkaloiden und 15% Chinin; 2. Akklimatisation der *C. Ledgeriana* durch Samenzucht.

Für eine künftige Cinchonakultur am Kamerunberg werden diese Versuche von großer Bedeutung sein.

90. Kaffee, *Coffea liberica* Hiern., *C. excelsa* Chev., *C. robusta* Linden. Auf einigen Pflanzungen werden diese drei Arten mehr „in Reserve“ gehalten als mit dem Ziel einträglicher Ernten intensiv kultiviert. In mittlerer Höhenlage gediehen die Sträucher angeblich zufriedenstellend, aber die Bohnen entwickeln kein gutes Aroma und enthalten einen übergroßen Prozentsatz von Koffein.

Der Befall durch den Kaffeekirschenkäfer ist besonders in der Niederung bedeutend.

Kürbisgewächse (*Cucurbitaceae*)

91. Luffa, *Luffa cylindrica* (*L.*) Roem. (= *L. aegyptiaca* Mill.). Findet sich zuweilen an Bäumen kletternd in der Nähe von Eingeborenendörfern, wird aber auch in einzelnen Exemplaren von den Europäern zur gelegentlichen Benutzung des Faserschwammes angepflanzt, wobei man sich gleichzeitig die kletternde Lebensweise der Pflanze zur Bekleidung von Galerien, Wänden und Zäunen zunutze macht.

Vor wenigen Jahren wies aber A. Reko in der „Faserforschung“ auf die Bedeutung einer Kultur der Luffa hin, wie sie sich übrigens schon in Japan findet. Die Vereinigten Staaten allein führen schon jährlich über 1 Million Schwämme ein, und der europäische Bedarf ist nach Reko aus Asien und Afrika nicht mehr zu decken.

Der Schwammkörper muß aber zur Erzielung eines höheren Marktpreises bearbeitet (aufgeschnitten, gebleicht, vorgepreßt) angeboten werden.

Auf einer Versuchsplantage in Japan ergaben sich mit *Luffa japonica* Hort. (Rasse von *L. cylindrica*) Erträge von 40000 bis 400000 Schwämmen je Hektar.

Verarbeitet werden die Schwämme zu folgenden Gegenständen: Badeschwämme, -teppiche, -pantoffeln und -kissen, Frottierzeug, Mützen, Tropenhelme, Seiher, Filter, Siebe, Platten für Boden- und Wandbelag und an Stelle von Korkplatten.

92. Wassermelone, *Citrullus vulgaris* Schrad. Selten in den Gärten der Europäer wegen der saftigen Früchte gezogen. Man kann aber auch die Samen nach Art der Erdnüsse gebrauchen; sie enthalten 15—45% eines Öles, das man früher in Frankreich zur Seifenbereitung und sogar als Speiseöl benutzte (nach Winkler).

93. Chayote, Chouchou, Choco, *Sechium edule* Swartz.

Sah ich nur in Buëa (Residenzgarten) am Spalier kultiviert in bestem Gedeihen und reichlich fruchtend.

Die nach der Ernte mehrere Monate haltbaren (!) Früchte geben besonders in unreifem Zustand ein gutes Gemüse, desgleichen die wie Spargel zubereiteten jungen Triebe und einjährigen dicken Wurzeln (20% Stärke).

Die sehr elastischen Faserstränge des Stengels lassen sich zu leichten Flechtwerken benutzen.

Der empfehlenswerte, denkbar einfache Gartenanbau dieser Pflanze ist aber nicht in der tropischen Niederung möglich.

Die im Gebiet beobachteten, auch in Deutschland angebauten Gemüse und Nutzpflanzen

In der Niederung:

Stangenbohne, Gurke, Kürbis, Tomate, Kopfsalat.

In mittlerer Höhenlage:

Mangold, Wirsingkohl, Kohlrabi, Radieschen, Stangenbohne, Gurke, Mohrrübe, Dill, Tomate, Schnittlauch.

In Buëa werden nach Angaben der Farm M. Köhler angebaut:

1. „sehr rentabel“:

Weißkohl („Kopenhg. Markt“)	Aubergine
Wirsingkohl („Eisenkopf“)	Tomate („Blue stone“)
Kohlrabi	Kartoffel („Ragis 506“, „Konsuragis“, „Blaue Odenwalder“)
Rettich („rosenrot. chines.“)	
Radieschen	
Stangenbohne	Kopfsalat („Maikönig“)
Petersilie	Mais

2. „rentabel“:

Rote Beete	Karotte
Rotkohl	Kartoffel („Frühgold“, „Voran“)
Gurke (nur „Chines. Schlangen“)	Kopfsalat („Eiskristall Krach“)

3. „unrentabel“:

Spinat	Sellerie
Rhabarber	Porree
Erbse	

4. Als zunächst nicht anbaufähig haben sich angeblich erwiesen:

Rosenkohl, Braunkohl, Blumenkohl, Buschbohne, Kartoffel („Goldwährung“), Zwiebel, Spargel.

Auf der Farm hält man aber auch einige Pflanzen dieser Gruppe in anderen noch auszuprobierenden Sorten für kulturfähig.

Man ist auch im ganzen der Meinung, daß sich bei allgemeiner Intensivierung der Kulturen in dieser Höhenlage ein nicht unbedeutender Gemüseexport nach Deutschland vor allem in den Wintermonaten entwickeln ließe, da die Haupternten gerade auf die Monate Dezember bis März/April fallen.

Im Winter 1938/39 wurden bereits von der Farm nach Deutschland exportiert:

1000 kg Tomaten (0,25 ha angebaut)
1000 „ Bohnen (0,37 „ „).

Mit dem Abschluß dieser Aufzählung und mit dem Hinweis auf das Vorhandensein auch noch einiger vereinzelt angepflanzter Nutzhölzer (z. B. *Podocarpus cf. Mannii, Cedrela odorata,* Teak, Balsa u. a.) dürfte das Ziel dieses Berichtes erreicht sein, in erster Linie eine annähernde Vorstellung von Art, Menge und Wert der im Gebiet angepflanzten Nutzgewächse zu vermitteln.

Die den einzelnen Arten beigefügten Bemerkungen dienen, um es noch einmal hervorzuheben, vor allem dem Zweck, erkennen zu lassen, wie zahlreich die Aufgaben sind, und wie vielseitig und anhaltend der Arbeitseinsatz sein muß, wenn aus dem noch kaum bearbeiteten vorhandenen Ausgangsmaterial Kulturobjekte mit ganz bestimmten Eigenschaften geschaffen werden sollen.

Es würde aber eine Zersplitterung der verfügbaren Mittel bedeuten, wenn nun jede einzelne Pflanzung mit einer solchen Arbeit beginnen wollte und vielleicht noch die Absicht hätte, möglichst viele der genannten Gewächse als Zusatz- oder womöglich Zwischenkulturen auf ihrem Gebiet in größerem Umfange anzupflanzen. Langwierige, oft sich über mehrere Jahre erstreckende Versuche würden dann wahrscheinlich nur zu oft vorzeitig abgebrochen werden, weil der Erfolg nicht schnell genug erkennbar wird; und das Neben- oder sogar Ineinander mehrerer größerer Kulturen auf dem Gebiet derselben Unternehmung muß der Erreichung von Höchstleistungen abträglich sein.

Vielmehr sollten bei dem hoffentlich bald einsetzenden Wiederaufbau des Gebietes, besonders bei der Anlage von Zusatzkulturen, zwei Punkte Berücksichtigung finden:

1. einheitliche Planung,
2. großzügig und selbständig arbeitendes Versuchswesen.

Literaturhinweise zu Teil 2[1])

Herr cand. A. Ernst unterstützte mich bei der Durchsicht und Zusammenstellung der Literatur, beim Lesen der Korrektur und bei Anfertigung des Registers.

1. Zea

Berkner, Fr. W., Beiträge zur Kenntnis der Maispflanze. Anregungen für die Auslese bei der Maiszüchtung. Z. Pflanzenzücht. 23 (1939) 210—328.

Chevalier, A., Travaux du Congrès des Riz et des Mais des Colonies françaises. Rev. Bot. Appl. 19 (1939) 790—801.

Costenoble, H., Der Mais. Hamburg.

Eichinger, A., Maisanbauversuche in Amani. Pflanzer 7, Heft 10.

Marcus, A., Der Einfluß von Pflanzart und -weite des Maises auf den Ertrag und das Kolbengewicht. Tropenpflanzer 30 (1927) 473—475.

Sembritzki, W., Die Verwendung der Maispflanze. Wbl. Papierfabrikation (1932) 68.

Sprecher v. Bernegg, A., Trop. u. subtrop. Weltwirtschaftspfl. 1. Teil (1929).

2. Andropogon

Smith, St., Cultivation of Citronella Grass in Java. Agricult. News 5, 335.

Tschirch, Handbuch der Pharmakognosie 2 (1917) 820.

Tropenpflanzer 33 (1930) 14—24: Die Kultur von Zitronellgras und das Zitronellöl.

Rev. Bot. Appl. 10 (1930) 966—968: Culture de Citronelle à Ceylon.

3. Saccharum

Arrhenius, O., The soil reaction and the growth of the sugar cane on Java. Arch. Nederland-Indie, Meded. Proefst. Java Suikerind. Nr. 6 (1927) 207—288.

Boone, R. C. P., La culture de la Canne à Sucre à la Guadeloupe. Bull. Agence gén. Colonies Nr. 203.

Costenoble, H., Das Zuckerrohr. Hamburg.

Craig, N., Le rôle favorable des engrais potassiques sur la Canne à sucre. Rev. agric. Ile Maurice, Nr. 104 (1939) 40—44.

Demandt, E., Résultats d'expériences d'engrais verts pour la Canne à sucre. Proefst. Java, Suikerind. Med. Jaarg. (1930).

Earle, F. S., Sugar Cane and its Culture. New York (1928).

Kervégant, D., L'emploi des engrais dans la culture de la Canne. Bull. agric. Martinique 7 [3] (1938) 95—160; 8 [1] (1939) 1—89.

Kopp, A., La Fumure de la Canne à sucre. Rev. Bot. Appl. 9 (1929) 568—580, 642—654, 707—714, 765—773.

Kopp, A., La Culture mécanique de la Canne à sucre, spécialement aux Antilles. Rev. Bot. Appl. 7 (1927) 724—734, 837—850.

Koningsberger, V. D., General remarks on Cane cultivation and field operations in Java. Planter a. Sugar Manuf. 82 [10] (1929) 181—183.

Martin, F., La Canne à sucre. Principes techniques et économiques de la culture de cette plante. Paris (1935).

---

[1]) Ein Literaturverzeichnis zu Teil 1 findet sich auf S. 68 des ersten Bandes dieser Mitteilungen.

Nathan Levy, W., Généralités sur la plantation de la Canne à sucre. Agric. et Ind. Nr. 1 (1933).

Prinsen-Geerligs, H. C., Zuckerrohr. Wohltmannbücher. Hamburg (1925).

Rigotard, M., La Canne à Sucre, sa culture, son importance économique. Soc. d'édit. géogr., marit. et col. (1929).

Shamel, A. D., Improvement of Cane varieties by bud selection. Louisiana planter a. sugar manuf. 72 [4] (1924) 73—75.

Sornay, P. de, Manuel de la Canne à sucre. Port-Louis (1936).

Sornay, P. de, L'emploi de la mélasse comme fumure dans les plantations de Canne à sucre. Rev. Bot. Appl. 17 (1937) 299—300.

Sprecher v. Bernegg, A., Trop. u. subtrop. Weltwirtschaftspfl. 1. Teil (1929).

Suck, W., Die geographische Verbreitung des Zuckerrohrs. Beih. Tropenpflanzer. Berlin (1900).

Tissot, P., Travaux récents sur la sélection de la Canne à sucre dans les Colonies anglaises. Rev. Bot. Appl. 17 (1937) 110—122.

Turner, P. E., Studies on sugar-cane and sugar-cane soils. Exp. stat. rec. 71 (1934) 627.

4, 5. Oreodoxa

Burkill, I. H., A dictionary of the economic products of the Malay peninsula 2 (1935) 1917.

Warburg, O., Die Pflanzenwelt 3 (1926) 399.

Tropenpflanzer 34 (1931) 20: Die Verwendung der Früchte der Königspalmen.

6. Areca

Burkill, I. H., A dictionary of the economic products of the Malay peninsula 1 (1935).

Heyne, K., De nuttige planten van Nederlandsch Indië 1 (1927) 393.

Nguyên-Manh-Oanh, Culture de l'Aréquier dans la province de Hai-Duong. Bull. écon. Indochine 33 (1930) 504—513; Ref. in Rev. Bot. Appl. 11 (1931) 395.

8. Cocos

Belfort, R., All about coconuts. London (1914).

Belgrave, W. N. C., Coconuts on heavy soils. Malayan Agric. J. 19 [6] (1931) 277—282.

Copeland, E. B., The Coconut. 3. Aufl. London (1931).

Dash, J. S., Coconut cultivation. Agric. J. Brit. Guiana 2 [1] (1929) 14—16.

Eaton, B. J., Dessicated shredded coconut and other coconut products. Malayan Agric. J. 10 [7] (1922) 186—190.

Hoffmann, W., Die Kultur der Kokospalme und die Verwertung ihrer Produkte. Hamburg (1930).

Hunger, F. W., Die Kokospalme. Hamburg (1929).

Jack, H. W., Dwarf Coconuts. Malayan Agric. J. 10 [1] (1922) 1—12; 12 [11] (1924) 271—273.

Jack, H. W., Improvement of the Coconut Crop by Selection. Malayan Agric. J. 18 [1] (1930) 30—39.

Joachim, A. W. R., Green manuring of Coconuts. Trop. Agriculturist 77 (1931) 325—336.

Joly, L., L'utilisation des coques d'amandes de palme comme carburant. Bull. mat. grasses Nr. 5 (1938) 108; Ref. in Rev. Bot. Appl. 18 (1938) 815.

Salgado, M. L., Coconut husk. The manurial value of coconut husk ash. Malayan Agric. J. 3 (1936) 131—138.

Schmülling, E., Die Verwertung der Kokosnüsse. Afrika-Nachrichten Nr. 15 (1928), Leipzig-Anger.

Smith, A. C., Practical seed selection of Coconuts. Malayan Agric. J. 21 [6] (1933) 265—271.

Sprecher v. Bernegg, A., Trop. u. subtrop. Weltwirtschaftspflanzen. 2. Teil (1929) 170.

Trochain, J., Note sur la germination de la Noix de Coco. Rev. Bot. Appl. 12 (1932) 396—397.

Zaepernick, Die Kultur der Kokospalme. Beih. Tropenpflanzer (1911).

10, 11. Colocasia. Xanthosoma

Bois, D., Les plantes alimentaires ... 1 Paris (1927) 522.

Ettling, C., Tropische Nebenkulturen. Hamburg.

Gehr, E., Lepra und Ernährung auf Neuseeland. Arch. Schiffs- u. Tropenhyg. 44 [2] (1940) 73.

Oberdörffer, M. J., Ernährungsstudien unter den Ibostämmen Südost-Nigeriens. Arch. Schiffs- u. Tropenhyg. 42 (1938) 245.

Oberdörffer, M. J., Untersuchungen über die prädisponierenden Faktoren der Lepra in Süd-Nigeria. A. a. O. S. 367.

Oberdörffer, M. J., Übertragung von Lepra auf sapotoxingefütterte Affen. Derm. Wschr. 109 (1939) 1407.

Oberdörffer, M. J., u. E. Gehr, Die Zusammenhänge zwischen sapotoxinhaltigen Nahrungspflanzen bei der Lepra. Z. Hyg. usw. 122 (1940) 472.

Sprecher v. Bernegg, A., Trop. u. subtrop. Weltwirtschaftspflanzen. 1. Teil (1929) 268.

12. Ananas

Bernegau, L., Über Aufbereitung der westafrikanischen Ananasfrucht. Jber. d. Vereinig. f. angew. Botanik, Berlin.

Birkinshaw, Fr., Pineapples (Kuala Lumpur). 12. Internat. Gartenbaukongreß Berlin (1938) 375.

Bodenstein, J. C., The composition of pineapples. Dep. Agric. and Forestry, Union South Africa, Pretoria (1936).

Gregory, J. H., Pineapples for canning. Queensland Agric. J. 52 [2] (1939) 149—162.

Groszmann, H. M., Pineapple plant selection. With special reference to the elimination of inferior types. Queensland Agric. J. 52 [1] (1939) 27—42.

Halama, M., Ananasfasergurt — ein Erzeugnis deutsch-ostafrikanischer Kriegsindustrie. Faserforsch. 1 (1921) 145.

Hancock, W. G., The pineapple industry in Queensland. 12. Internat. Gartenbaukongreß, Berlin (1938) 402.

Kopp, A., Les Ananas. Culture, Utilisation. Paris (1929), Encyclopédie Biol. 6.

Lewcock, H. K., The selection of Pineapple Planting material. Queensland Agric. J. 38 (1932) 421—425.

Lewcock, H. K., The use of acetylene to induce flowering in Pineapple plants. Queensland Agric. J. 5 (1937) 532—543.
Macluskie, H., Pineapple propagation. A new method in Sierra-Leone. Trop. Agric. 16 [8] (1939) 192.
Mulheim, P., L'Ananas dans l'Ouest africain. Planteur Ouest afric. 2 (1937) 5—6.
Rodriguez, A. G., Influence of smoke and ethylene on the fruiting of the pineapple. (Ananas sativus Schult.). J. Dept. Agric. Porto-Rico 16 [1] (1932) 5—18.
Sideris, C. P., u. B. H. Kraus, Growth phenomena of pineapple fruits. Growth 2 (1938) 181—196.
Tondu, P., Note sur la culture de l'Ananas à la Côte d'Ivoire. Rev. internat. produits coloniaux (1935) 194—196.
Tran Dinh Hung, La castration de la couronne de l'Ananas. Rev. Bot. Appl. 17 (1937) 659—662.
Travinsky, M., Les engrais composés et l'Ananas. Rev. internat. produits coloniaux 143 (1937) 263.
Watson, C. J. J., Wood wool for pineapple packing. Queensland Agric. J. (1939) 401—402.
Tropenpflanzer 32 (1929) 479: Verwertung der Abfälle der Ananas-Konservenindustrie.
Tropenpflanzer 35 (1932) 432: Über die Vermehrung tropischer Obstpflanzen.
Tropenpflanzer 36 (1933) 209: Die Selektion von Ananassaatgut.
Tropenpflanzer 38 (1935) 343: Die Obstkultur in Malaya.
Tropenpflanzer 39 (1936) 28—29: Über die Kultur der Ananas auf Martinique.
Tropenpflanzer 43 (1940) 124: Eine neue Methode der Ananasvermehrung.

13. Sansevieria

Dalziel, J. M., The useful plants of West trop. Africa, London (1937) 494.
Wiesner, J., Die Rohstoffe des Pflanzenreiches, 4. Aufl. 1 (1927) 626.
Tropenpflanzer 42 (1939) 98.
Rev. Bot. Appl. 7 (1927) 757.

14. Agave

Brémond, J., L'alcool de Sisal obtenu industriellement en Afrique Occidentale française. C. R. Acad. Agric. France Nr. 20 (1934) 654—659.
Brynaert et Hacquart, La culture du Sisal au Kenya et au Tanganyika Territory. Agric. et Elev. au Congo Belge, 2, 3, 4, 5 (1938).
Hamel Smith, H., Sisal, production and preparation. London (1929).
Hindorf, R., Der Sisalbau in Deutsch-Ostafrika. Berlin (1925).
Lorenz, R., Die Verwertung von Sisalabfällen, Sisalstrünken und Sisalschäften zur Herstellung von Papierstoff. Tropenpflanzer 31 (1928) 428—432.
Marx, Th., u. R. Hindorf, Vorschläge zur praktischen Verwertung des Sisalblattabfalles im Pflanzungsbetrieb. Tropenpflanzer 40 (1937) 457.
Michotte, F., Agaves et Fourcroyas, Culture et Exploitation. Paris (1931).
Tobler, F., Ausnutzung von Strünken und Stengeln des Sisal für Papiermaterial in Britisch-Ostafrika. Faserforsch. 8 (1929) 284.
Tobler, F., Sisal und andere Agavefasern. Wohltmannbücher 10, Berlin und Leipzig (1931).

Tobler, F., Düngung zu Sisal in Java. Faserforsch. 12 (1936—1937) 108.
Wigglesworth, A., L'avenir du Sisal Est-Africain. Agric. et Elev. au Congo Belge 10 (1938) 148.
Tropenpflanzer 40 (1937) 79: Über Probleme der Sisalkultur.

15. Fourcroya

Burkill, I. H., A dictionary of the economic products of the Malay peninsula 1 (1935).
Espino et Novero, Mauritius Hemp with reference to its inferiority to Abaca, Maguey and Sisal. Ref. in Rev. Bot. Appl. 4 (1924) 553.
Hoffmann, W., Sisal und andere Agaven. Hamburg.
Sadebeck, R., Die Kulturgewächse der deutschen Kolonien. Jena (1899).
Sornay, P. de, Le tissage des fibres d'Aloes. Ref. in Rev. Bot. Appl. 12 (1932) 992.
Wiesner, J., Die Rohstoffe des Pflanzenreiches, 4. Aufl. 1 (1927) 625.
Tobler, F., Koloniale Faserforschung — eine biologische Aufgabe. Biologe 7 (1938) 118.

16. Dioscorea

Bois, D., Les plantes alimentaires... 1 (1927) 475.
Burkill, I. H., A dictionary of the economic products of the Malay peninsula 1 (1935).
Burkill, I. H., Notes on the genus Dioscorea in the Belgian Congo. Bull. Jard. Bot. de l'Etat, Brüssel 15 (1939) 345—392.
Dalziel, J. M., The useful plants of West trop. Africa, London (1937) 488.
Ettling, C., Tropische Nebenkulturen. Hamburg.
Sprecher v. Bernegg, A., Trop. u. subtrop. Weltwirtschaftspflanzen. 1. Teil (1929) 259.
Wildeman, E. de, Quelques mots a propos des Dioscorea ou Ignames. Rev. Bot. Appl. 17 (1937) 517—523.

17, 18. Musa

Bishop, R. O., Note on Banana fibre. Malayan Agric. J. 13 [12] (1925) 376—381.
Costenoble, H., Manilahanf — Musa textilis. Kultur und Aufbereitung Hamburg.
Halama, M., Untersuchungen über Manilahanf. Faserforsch. 1 (1921) 169—190.
Halama, M., Faserverwertung von Eßbananenstämmen. Faserforsch. 2 (1922) 272—276.
Hautefeuille, L., Les possibilités réelles d'utilisation de la fibre du Bananier. Bull. agence écon. Indochine 6 (1933) 420—421.
Kervégant, D., Le bananier et son exploitation. Paris (1935).
Michotte, F., Les Bananiers Textils. Paris (1931).
Reko, V. A., Bananenfasergewinnung. Faserforsch. 14 (1939) 34.
Schwede, R., Beiträge zur mikroskopischen Kenntnis des Manilahanfs. Faserforsch. 11 (1934) 105—121.
Sindal, R. W., Bananenfaser. Paper Makers Monthly J. (1909) 272.
Tobler, F., Koloniale Faserforschung — eine biologische Aufgabe. Faserforsch. 7 (1938) 117.
Tobler, F., Verwertung von Bananenfaser. Faserforsch. 14 (1939) 28.

19, 20. **Elettaria. Zingiber**

Bois, D., Les plantes alimentaires... 3 (1934) 76, 89.
Curtler, E. A., Cardamoms. Malayan Agric. J. 19 [6] (1931) 271—276.
Tropenpflanzer 30 (1927) 491: Der Ingwer.
Tropenpflanzer 35 (1932) 75: Das Gewürz Kardamom.
Tropenpflanzer 42 (1939) 251: Kultur und Verarbeitung der Kardamomen.

21. **Canna**

Dalziel, J. M., The useful plants of West trop. Africa (1937) 475.
Sprecher v. Bernegg, A., Trop. und subtrop. Weltwirtschaftspflanzen, 1. Teil (1929) 280.

22. **Vanilla**

Bois, D., Les plantes alimentaires... 3 (1934) 111.
Hoffmann, W., Die Kultur der Vanille. Hamburg.
Kopp, A., La Vanille dans l'assolement de la Canne à sucre à la Réunion. Rev. Bot. Appl. 12 (1932) 32—47.
Perrin, G. F. J., La Vanille, sa culture, sa préparation. Bull. agence gén. Colonies 17, 747—761.
Tropenpflanzer 43 (1940) 129: Vanilleerzeugung und -ausfuhr in der Welt.
Rev. Bot. Appl. 14 (1934) 1038—1042: La culture du Vanillier aux Seychelles.

23. **Piper**

Bois, D., Les plantes alimentaires... 3 (1934) 12.
Chevalier, A., Le Poivrier et sa culture en Indochine. Publ. Agence écon. Indochine, Paris (1925).
Dupont, P. R., Minor crops in Colony of Seychelles. Rev. Bot. Appl. 12 (1932) 333.
Ettling, K., Die wichtigsten tropischen Gewürzpflanzen. I. Die Pfefferstaude. Hamburg.
Wildeman, E. de, Sur les Poivres indigènes du Congo. Inst. col. belge 2 (1931) 346.
Rev. Bot. Appl. 11 (1931) 589—591: Le Poivrier.

24, 25. **Artocarpus**

Asturias, R., El àrbol del pan y su importancia en la panificacion. Bol. Agric. y caminos de Guatemala 9 [3] (1930) 105; Ref. in Rev. Bot. Appl. (1930).
Bois, D., Les plantes alimentaires... 1 (1927); 2 (1928).
Burkill, I. H., A dictionary of the economic products of the Malay peninsula 1 (1935).
Chevalier, A., L'arbre à pain et ses congénères. Leur culture, leur utilisation, leur multiplication dans nos colonies tropicales, leur étude. Rev. Bot. Appl. 20 (1940) 25—38.
Henry, C., L'arbre à pain en Océanie. Bull. Agr. gén. Colonies 17 (1924) 581.
Parsons, T. H., Food crops of the Tropics Breadfruit. Trop. Agriculturist 53 (1933) 285.
Popenoe, W., Manual of trop. and subtrop. fruits. New York (1924).
Wester, P. J., The seedless breadfruit of the Pacific archipelagos. Philippine Agric. Rev. 17 [1] (1924) 24—40.

28. Boehmeria

Calinisan, M. R., First hand information about ramie. Agric. a. Industrial Monthly 4 [4] (1937) 35.

Chevalier, A., Dagron, M., Le problème de la culture de la Ramie dans les Colonies Françaises. Rev. Bot. App. 7 (1927) 161—170, 255—262.

Fleischmann, R., Der Einfluß der Tageslänge auf den Entwicklungsrhythmus von Hanf und Ramie. Faserforsch. 13 (1937—1938) 93—99.

Grunwald, H., Ramie, Kultur und Verarbeitung. Tropenpflanzer 30 (1927) 315—327.

Kempski, K. E., Die Ramiekultur. Hamburg (1924).

Kempski, K. E., Aus der Praxis der Ramiekultur. Faserforsch. 9 (1931) 77—107.

Medwedjew, P. F., Die Selektionsmethodik der Ramie. Faserforsch. 12 (1936 bis 1937) 134—141.

Michotte, F., Traité scientifique et industriel des plantes textiles: la Ramie. Soč. de propagande col. Paris (1925).

Michotte, F., Notes complémentaires au volume „La Ramie-Culture 1925". Traité scientif. et industriel des plantes textiles, Bull. 2, Soc. de propagande col. Paris (1931).

Michotte, F., Die Ramie und ihre Gewinnung. Faserforsch. 9 (1931) 151—155.

Shibuya, T., Geschlechtsverhältnisse bei Ramie. J. trop. Agric., Taihoku Imp. Univ., Taiwan, Nippon 9, 2 (1937).

Tobler, F., Ramie gegen Baumwolle. Faserforsch. 5 (1925—26) 195—199.

Tobler, F., Zur Frage des Ramie-Anbaues. Faserforsch. 8 (1929) 211—213.

Tobler, F., Das Ramieproblem. Faserforsch. 9 (1931) 156—160.

Tobler, F., Die Stunde der Ramie. Faserforsch. 12 (1936—1937) 43—44.

Tobler, F., Das Ramieproblem 1938. Faserforsch. 13 (1937—1938) 243—245.

29. Chenopodium

Tschirch, Handbuch der Pharmakognosie 3 (1923) 33.

Thoms, Handbuch der Pharmazie 5 [1] (1929) 782.

Winkler, H., Botan. Hilfsbuch. Wismar (1912).

30. Michelia

Burkill, I. A., A dictionary of the economic products of the Malay peninsula 2 (1935).

31. Anona

Bois, D., Les plantes alimentaires... 2 (1928) 22.

Ochse, J. J., Fruits and fruitculture in the Dutch East Indies 1931.

Popenoe, W., Manual of trop. and subtrop. fruits. New York (1924).

Robyns, W., et J. Ghesquière, Essai de révision des espèces africaines du genre Annona L. Bull. Soc. roy. Bot. Belg. 67 (1934) 1.

32. Myristica

Ettling, C., Die wichtigsten tropischen Gewürzpflanzen. II. Die Muskatnuß. Hamburg.

Mason, F. R., The nutmeg industry in Penang and province Wesllesley. Malayan Agric. J. 19 [1] (1931) 4—8.

Warburg, O., Die Muskatnuß, ihre Geschichte, Botanik, Kultur, Handel und Verwertung. Leipzig (1897).

Tropenpflanzer 37 (1934) 300: Die Muskatnuß, Myristica fragrans Hout.

33. Cinnamomum

Bois, D., Les plantes alimentaires... 3 (1934) 53.

Ettling, C., Die wichtigsten tropischen Gewürzpflanzen. II. Kanehl. Hamburg.

Tropenpflanzer 40 (1937) 351: Geschichte der Zimtkultur auf Ceylon.

34. Persea

Griffith, S. P., The avocado in Porto Rico. Porto Rico Dept. Agric. a. Labor. Stat. Circ. 72 (1923) 3—41.

Higgins, J. E., Hunn, Ch. J. a. V. S. Holt, The Avocado in Hawaii. Hawaii Agric. Exper. Stat., Bull. Nr. 25 (1911).

Jamieson, G. S., Baughman, W. F., Hann, R. M., Avocado oil. Oil and Fat industry 5, 7 (1928) 202—206.

Jamieson, G. S., Robinson, R. T., Avocado industry in Florida and California; avocado culls may prove source of oil and livestock feed. U. S. Dept. Agric. Yearbook of Agric. (1928) 134—137.

Jose de Leon, Inarching the avocado. Philip. J. Agric. (1930) 231—232.

Lambourne, J., The Avocado Pear. Malay. Agric. J. 22, 3 (1934) 131—140.

Pope, W. T., The Guatemala Avocado in Hawaii. Hawaii Agric. Exper. Stat., Bull. Nr. 51 (1924).

Popenoe, W., Manual of trop. and subtrop. fruits. New York (1924).

Popenoe, W., El Aguacate: su cultivo y distribución. Agricultura, Washington (1926).

Popenoe, W., Butler, A. F., Propagation de l'Avocatier. Rev. Bot. Appl. 8 (1928) 478—482.

Prest, R. L., Avocado-Cultivation in Queensland. 12. Internat. Gartenbaukongreß Berlin (1938) 414.

Robinson, R. T., Savage, E. M., Pollination of the Avocado. U. S. Dept. Agric. Circ. Nr. 387. Washington (1926).

Stahl, A. L., Avocado maturity studies. Florida Agric. Exper. stat. 45. Report (1932) 98—100.

Stout, A. B., The pollination of avocados. Univ. Florida Agric. Exper. Stat. Bull. 257 (1933).

Wardlaw, C. W. et Leonard, E., The storage of avocado pears. (1935).

Tropenpflanzer 31 (1928) 455: Der Avocado, Persea gratissima Gaertn.

Tropenpflanzer 34 (1931) 116: Veredelung der Avocadobäume.

Tropenpflanzer 38 (1935) 300: Die Vermehrung der Avocadobäume durch Markottieren.

Tropenpflanzer 38 (1935) 312: Avocado-Öl.

Tropenpflanzer 41 (1938) 28, 71, 359: Avocado.

Rev. Bot. Appl. 15 (1935) 1136—1137: Fructification et modes de plantation de l'Avocatier.

Rev. Bot. Appl. 17 (1937) 397: Growth and water relations of the avocado fruit.

37. Eriobotrya

Popenoe, W., Manual of trop. and subtrop. fruits. New York (1924).

42. **Tamarindus**

Bois, D., Les plantes alimentaires... 2 (1928) 171.
Thoms, Handbuch der Pharmazie 5, 2 (1931).
Tschirch, Handbuch der Pharmakognosie 2 (1912) 528.

43. **Myroxylon**

Tschirch, Handbuch der Pharmakognosie 3 (1925) 1028, 1034.

44. **Arachis**

Braun, K., Die Erdnuß (Arachis hypogaea). Beil. Pflanzer (1910).
Chevalier, A., Monographie de l'Arachide. Kap. 1—3 in Rev. Bot. Appl. 13 (1933) 689—789; Kap. 4—7 in 14 (1934) 565—632, 709—755, 834—864.
Grunwald, H., Die Erdnuß (Arachis hypogaea L.). Tropenpflanzer 31 (1928) 16—30, 43—58.
Guiraud, X., L'Arachide sénégalaise. Paris (1938).
Jodidi, S. L., Preliminary biochemical studies on effects of certain environmental factors on development and composition of the peanut. J. Agric. Res. 57 (1938) 301—310.
Rolet, A., L'Arachide (culture et utilisation). Matières Grasses Nr. 192—195 (1924).
Sprecher v. Bernegg, A., Trop. und subtrop. Weltwirtschaftspflanzen. 2. Teil (1929) 82.
Würtenberger, O., Die Erdnuß (Arachis hypogaea). Beih. z. Tropenpflanzer (1917).
Zeller, T., Die Erdnußkultur in Kamerun. Amtsbl. Kamerun 4 (1911) 233—235.
Tropenpflanzer 40 (1937) 532: Pflanzweite bei Erdnüssen.

45. **Derris**

Barrett, O. W., Note on the vegetative propagation of Derris. Trop. Agric. 13 (1936) 149—150.
Gehlsen, C. A., Derris (Tubawurzel). Tropenpflanzer 39 (1936) 345.
Georgi, C. D. V., Lucy, A. B., et Gunn Lay Teik, Manurial trials with Derris. Malayan Agric. J. 27 [6] (1939) 223—233.
Jung, K., Pflanzliche Insektizide (Pyrethrum, Derris, Mundulea, Lonchocarpus, Tephrosia u. a.). Tropenpflanzer 41 (1938) 431.
Kempski, K. E., Die insektiziden Pflanzen (Pyrethrum, Derris, Barbasco). Hamburg (1940).
Kindt, L., Bisherige Erfahrungen mit Derriswurzeln als Insektizid. Tropenpflanzer 37 (1934) 533; 38 (1935) 32.
Schmitt, N., Kultur und Absatz der Derris elliptica Benth. Tropenpflanzer 35 (1932) 375—385.
Suckert, E., Note sulla coltivazione della Derris. Agric. col. 32 (1938) 28—38.
Tropenpflanzer 34 (1931) 163: Derris und die insektizide Wirkung des Rotenons.
Tropenpflanzer 36 (1933) 157: Die Gewinnung von Samen von Derris elliptica.
Tropenpflanzer 37 (1934) 495: Die zunehmende Bedeutung der Derriswurzel als Insektizid.

Tropenpflanzer 40 (1937) 115: Derris, Züchtungsversuche in Malaya.
Tropenpflanzer 42 (1939) 166: Derris.
Tropenpflanzer 42 (1939) 248: Die Lonchocarpus-Kultur in Süd-Amerika.

46, 47. Averrhoa

Ochse, J. J., Fruits and fruitculture in Dutch East Indies. (1931).

Popenoe, W., Manual of trop. and subtrop. fruits. New York (1924).

48. Erythroxylon

Anonymus, El cultivo de la coca en la isla de Java. Riqueza Agricola 2, 15 (1913).

Walger, Th., Die Coca, ihre Geschichte, geographische Verbreitung und wirtschaftliche Bedeutung. Beih. z. Tropenpflanzer 17, 1 (1917).

Wille, J., Der Kokastrauch und seine Kultur in der „Montaña" sowie über die Kokaverwendung in Peru. Tropenpflanzer 34 (1931) 99—108.

Winkler, H., Über die Kultur des Kokastrauches, besonders in Java. Tropenpflanzer (1906).

49. Aegle

Burkill, I. H., A dictionary of the economic products of the Malay peninsula 1 (1935).

Thoms, Handbuch der Pharmazie 5 [2] (1931) 1240.

Tschirch, Handbuch der Pharmakognosie 3 [1] (1923) 115.

50—55. Citrus

Anonymus, Einteilung und Namen der Citrusarten. Tropenpflanzer 34 (1931) 305—306.

Benton, R. J., The Grape-fruit. Agric. Gaz. New-South Wales 42 [1] (1931) 73—75.

Bois, D., Les plantes alimentaires... 2 (1928) 67.

Brichet, J., Les variétés commerciales d'Agrumes. Classification, sélection, étalonnage; Syndicat algérien des Agrumes, Alger (1935). Ref. in Rev. Bot. Appl. (1937).

Brichet, J., La taille des Agrumes. A. a. O. (1936). Ref. in Rev. Bot. Appl. (1937).

Chevalier, A., L'Acclimatation des Citrus en Afrique tropicale. Rev. Bot. Appl. 15 (1935) 658—675.

Chevalier, A., Les végétaux utiles de l'Afrique trop. française (Paris 1913), 97.

Dalziel, J. M., The useful plants of West trop. Africa. London (1937).

Faugeras, J., Oranges, Citrons, Pamplemousses. Leur Culture et leur Commerce en Floride et en Californie. Paris (1931).

Hibon, J., Où, quand, comment fertiliser les Agrumes. Rev. maroc. fruits et primeurs de l'Afrique du Nord (1936) 209.

Jefferies, J. H., Cover crop and green Manure studies in citrus groves. Florida Agric. Exper. Stat. Annual Rep. for 1930 (1931) 109.

Kervégant, D., Culture des Grape-fruites. Bull. Agric. Martinique 2 (1935) 62—70.

Martyn, E. B., West Indian Grapefruit. Agric. J. Brit. Guiana 1 (1929) 30—37.

Ochse, J. J., Fruits and fruitculture in the Dutch East Indies 1931.

Oppenheim, J. D., Citrusfrüchte. Wohltmannbücher, Bd. 11. Berlin u. Leipzig (1932).

Pope, W. T., Citrus culture in Hawaii. Hawaii Agric. exp. stat. Honolulu, Bull. 71 (1934).

Powell, C., The culture of the orange and allied fruits. Pretoria (1930).

Prest, R. L., Citrus-Culture in Queensland. 12. Internat. Gartenbaukongreß (Berlin 1938), 412.

Pynaert, L., Les Citrus au Congo Belge. 12. Internat. Gartenbaukongreß (Berlin 1938), 415.

Richards, A. V., The propagation of citrus. Trop. Agriculturist 87 (1936) 269—280.

Smith, F. E. V., The development of Citrus growing in Jamaica. 12. Internat. Gartenbaukongreß (Berlin 1938), 419.

Stockdale, F. A., The Grapefruit. Dept. Agric. Ceylon, Leaflet 41 (1927).

Uphof, J. C. Th., Vermehrung von Citruspflanzen. Tropenpflanzer 31 (1928) 435—447.

Uphof, J. C. Th., Der Schnitt der Citrusbäume. Tropenpflanzer 32 (1929) 463—467.

Uphof, J. C. Th., Die Kultur der Zitronen (Citrus Limonia Osbeck). Tropenpflanzer 38 (1935) 288.

Tropenpflanzer 35 (1932) 348: Der Einfluß der Düngung auf die Qualität der Citrusfrüchte.

Tropenpflanzer 39 (1936) 29: Düngungsversuche zu Zitronen.

Tropenpflanzer 39 (1936) 124: Die Kultur der Grapefruits.

Tropenpflanzer 42 (1939) 249: Über Auslese und Vermehrung der sauren Limette.

Rev. Bot. Appl. 10 (1930) 114—119: Taxonomie de la Citriculture tropicale.

Rev. Bot. Appl. 16 (1936) 208—211: Culture des Grape-fruits.

56, 57. Aleurites

Ammann, P., Aleurites moluccana. Agron. colon. Nr. 205 (1935) 1—8.

Anonymus, Les Aleurites producteurs d'Huiles. Rev. Bot. Appl. 14 (1934) 335—336.

Anonymus, Les Aleurites et l'industrie de l'huile de bois de Chine dans le monde. Herausgegeben v. Inst. Intern. d'Agricult. Rom (1938).

Belsunce, G. de, Sur l'arbre à Toung et l'huile de Toung. Bull. Mat. Grasses 6 (1931) 178—194.

Chevalier, A., Les Aleurites d'Indochine producteurs d'huile de Bois. Rev. Bot. Appl. 14 (1934) 389—399.

Legros, J., The tung oil trees (Aleurites) and the tung oil industry throughout the world. Internat. Inst. agric. Rom (1938).

Yin, Hung-chang, Notes on the rooting of Tung Oil tree cuttings with the aid of heteroauxin. Bull. Chin. Bot. Soc. 3 (1937) 121—122.

Tropenpflanzer 31 (1928) 493: Kultur des Tungölbaums (Aleurites Fordii Hemsl).

Tropenpflanzer 41 (1938) 124: Eine Übersicht der Aleuriteskultur in den britischen Besitzungen (Kolonien, Protektorate, Mandate).

58. Manihot

Anonymus, Le Manioc. Bull. Ing. Agric. Indochine Nr. 10 (1935) 6—13.

Burkill, I. H., Manihot utilissima. Agric. Ledger. Nr. 10 (1904).

Ciferri, R., Saggio di classificazione delle razze di Manioca. Istit. agric. col. italiano (1937).

Ettling, C., Tropische Nebenkulturen: Cassave. Hamburg.
François, E., Le Manioc: Sa production et son utilisation. Rev. Bot. Appl. 18 (1938) 533—573, 682—707.
Hédin, L., La culture du Manioc au Cameroun. Rev. Bot. Appl. 9 (1929) 311—314.
Jacquot, R., et B. Nataf, Le manioc et son utilisation alimentaire. C. R. Acad. Agric. France (1936) 665—669.
Kiok, W., Der Maniok. Ein Beitrag zur Wirtschaftsgeographie der warmen Länder. Lauban (1934).
Lambourne, J., Tapioca varietal trials. Malayan Agric. J. 25 [3] (1937) 107—112.
Marcus, A., Maniok, Manihot utilissima Pohl. Tropenpflanzer 38 (1935) 144.
Regnaudin, A., Le Manioc, culture, industrie. Soc. d'édit mar. et col. Paris (1932).
Sprecher v. Bernegg, A., Trop. und subtrop. Weltwirtschaftspflanzen 1 (1929) 206.
Tropenpflanzer 36 (1933) 73: Neue Erntemethoden beim Maniok.
Tropenpflanzer 40 (1937) 531: Kultur- und Fruchtfolgeversuche mit Maniok in Malaya.

59. Ricinus

Ammann, P., Le Ricin en Afrique Occidentale française. Bull. Mens. Agence écon. A. O. F. 7e année (1926) 25—26.
Burkill, I. H., A dictionary of the economic products of the Malay peninsula 2 (1935).
Dalziel, J. M., The useful plants of West trop. Africa. London (1937).
Deryng, J., Ouprawie Racznika (Ricinus communis L.). — Über Rizinuskultur. Diss. Warschau (1939).
François, E., La production du Ricin à Madagascar. Rev. Bot. Appl. 14 (1934) 930—938.
Eberhardt, Ph., Le Ricin. Botanique, culture, industrie et commerce. Paris, Soc. Ed. géogr., Marit, et Col. (1931).
Grunwald, H., Rizinus. Beih. z. Tropenpflanzer 27, 1 (1930).
Trochain, J., Le Ricin. Rev. Bot. Appl. 10 (1930) 299—308, 385—392, 578—589, 671—675, 738—748.
Tropenpflanzer 42 (1939) 337: Die Rizinuspflanze.
Revue Internationale des produits coloniaux, Le Ricin. Rev. internat. prod. col. Nr. 57 (1930) 333—380.

59a. Jatropha

Burkill, I. H., A dictionary of the economic products of the Malay peninsula 2 (1935).
Droit, S., Recherches sur la graine et l'huile de Purghere ou Pignon d'Inde. (Jatropha curcas L.) Trav. Lab. Méd. Pharm. Paris 23 (1933); auch Diss. Paris (1932).
Walker, A., Plantes oléifères du Gabon. XXII. Jatropha Curcas. 1930.

60. Mangifera

Banerjee, Karmarkar and Row, Investigation on the storage of mangoes. Ref. in Rev. Bot. Appl. 14 (1934) 385.

Belling, J., Mango. Florida Agric. Exp. Stat. An. Rep. (1935) 110—125.
Burns, W., and S. H. Prayag, The book of the Mango. Bombay Dep. Agric., Bull. Nr. 103 (1921).
Crawford, M. E. F., The vitamin content of the mango fruit. Biochem. J. (Brit.) 27 (1933) 1290—1293.
Dudgeon, W., The morphology of Mangifera indica L. Proc. Ind. Sci. Congr. 16 (1929) 230—231.
Ettling, C., Der Obstbau in den Tropen. Hamburg.
Pope, W. T., Mango culture in Hawaii. Hawaii Agric. exp. stat. Honolulu, Bull. 58 (1929).
Popenoe, W., Manual of trop. and subtrop. fruits. New York (1924).
Ram Ayyar, C. S., and N. V. Joshi, Preservation of mangos by cold storage. Agric. J. India 24 [2] (1929) 124—126.
Smith, F. E. V., The development of mango growing in Jamaica. 12. Internat. Gartenbaukongreß, Berlin (1938) 422.
Tanaka, T., A new method in Mango propagation. Philippine J. Agric. 10 [1] (1939) 1—7.
Uphof, J. C. Th., Der Mango in Florida. Tropenpflanzer 39 (1936) 501.
Wardlaw, C. W., u. E. R. Leonard, The storage of West Ind. mangoes. Trinidad (1936).
Winkler, H., Mango. 12. Internat. Gartenbaukongreß, Berlin (1938) 440.
Tropenpflanzer 30 (1927) 215: Aufbewahrung von Mangos ... in Kühlräumen.
Tropenpflanzer 34 (1931) 343: Die Mangokultur.
Tropenpflanzer 43 (1940) 51: Eine neue Methode zur Vermehrung des Mangos.

61, 62. **Spondias. Blighia**

Bois, D., Les plantes alimentaires... 2 (1928).
Ochse, J. J., Fruits and fruitculture in the Dutch East Indies 1931.
Popenoe, W., Manual of trop. and subtrop. fruits. New York (1924).

63. **Vitis**

Bois, D., Les plantes alimentaires... 2 (1928); 4 (1937).
Burkill, I. H., A dictionary of the economic products of the Malay peninsula 2 (1935).

64. **Hibiscus**

Bois, D., Les plantes alimentaires... 1 (1927); 3 (1934); 4 (1937).
Chevalier, A., Les végétaux utiles de l'Afrique trop. française, Paris (1913) 52.
Chizaki, Y., Breeding of a new interspecific type between Hibiscus esculenta and H. Manihot. Proc. Crop. Sci. Soc. Japan 6 (1934) 164—172.
Dalziel, J. M., The useful plants of West trop. Africa, London (1937) 128.

65. **Cola**

Bernegau, L., Verwertung der Kola in Kamerun. Tropenpflanzer 4, H. 2 (1900) 80.
Sprecher v. Bernegg, A., Trop. und subtrop. Weltwirtschaftspflanzen. 3. Teil 1 (1934) 214.
Wohltmann, Die Boden- und Klima-Ansprüche des Kolabaumes. Tropenpflanzer (1899).

66. Dillenia

Burkill, I. H., A dictionary economic products of the Malay peninsula 1 (1935).
Warburg, O., Die Pflanzenwelt 2 (1916).

67. Thea

Anonymus, Tea at the Agricultural Station Cameroon Highlands. Malayan Agric. J. 26 (1938) 137—153.
Deuss, J. J. B., La culture du Thé en Afrique. Rev. Bot. Appl. 16 (1936) 910—912.
Ettling, C., Die Teekultur. Hamburg.
Fiard, H., Le Thé dans nos colonies. Rev. Hist. nat. appl. 8 (1927) 353—356.
Sornay, P. de, Le Thé à l'île Maurice. Rev. agric. Ile Maurice Nr. 71 (1933) 151—155.
Ukers, W. H., All about tea! New York (1935).

68—71. Garcinia

Ochse, J. J., Fruit an fruitculture in the Dutch East Indies 1931.
Popenoe, W., Manual of trop. and subtrop. fruits. New York (1924).
Tropenpflanzer 30 (1927) 498: Pfropfung von Mangostan.
Tropenpflanzer 39 (1936) 482—483: Die Mangostane, Garcinia mangostana.
Rev. Bot. Appl. 9 (1929) 392—394: Le Mangoustanier en Amérique.

73. Passiflora

Anonymus, Die Kultur der Passionsfrüchte in Australien. Tropenpflanzer 35 (1932) 29—31.
Popenoe, W., Manual of trop. and subtrop. fruits. New York (1924).
Rev. Bot. Appl. 10 (1930) 827: Culture des Passiflores.
Rev. Bot. Appl. 12 (1932) 69—74: Les Parsiflores.

74. Carica

Cheema, G. S., und P. G. Dani, Papaya Cultivation in the Bombay Presidency (excl. Sind). Bull. Nr. 162 (1930), Dept. of Agric. Bombay.
Chevalier, A., Le Carica monoica Desf. Variation monoique héréditaire du Papayer commun. Rev. Bot. Appl. 17 (1937) 903—905.
Hofmeyr, D. J., et J. C. Le Roux, The culture of the Papaw. Farming in S. Afr. 14 (1939) 325—329.
Legros, J., Culture du Papayer (Carica papaya) et obtention de la papaine dans l'Inde Britannique. Rev. Internat. Agric. 24 [3] (1933) 144.
Pope, W. T., Papaya culture in Hawaii. Hawaii Agric. exp. stat. Honolulu, Bull. 61 (1930).
Tachdjian, E., Etat actuel de nos connaissances sur le Papayer. Rev. Bot. Appl. 13 (1933) 196—200.
Tropenpflanzer 30 (1927) 215: Aufbewahrung von Mangos und anderen tropischen Früchten (Carica) in Kühlräumen.
Tropenpflanzer 30 (1927) 302: Die Papayakultur und die Bereitung von Papain.
Tropenpflanzer 41 (1938) 205: Die Papayakultur in Australien.

77. Psidium

Bois, D., Les plantes alimentaires... 2 (1928).
Mowry, H., Propagation of Guavas. Univers. Florida Agric. exp. stat. St. Gainesville, Bull. 383 (1926).
Ochse, J. J., Fruits and fruitculture in the Dutch East Indies 1931.
Popenoe, W., Manual of trop. and subtrop. fruits. New York (1924).

78. Pimenta acris

Burkill, I. H., A dictionary of the economic products of the Malay peninsula 2 (1935).
Warburg, O., Die Pflanzenwelt 3 (1926).
Winkler, H., Botanisches Hilfsbuch 1912.

81, 82. Achras. Chrysophyllum

Ochse, J. J., Fruits and fruitculture in the Dutch East Indies 1931.
Padolina, F., The caimito. Philippine Agric. Rev. 20 [2] (1928) 267.
Popenoe, W., Manual of trop. and subtrop. fruits. New York (1924).

84. Ipomoea

Bondar, Gr., Batata doce; a sua cultura, as variedades conhecidas na Bahia los inimigos. Bol. Laborat. Pathologia vegetal 10 (1931); Ref. in Rev. Bot. Appl. 13 (1933) 381.
Chung, H. L., The sweet Potato in Hawaii. Hawaii Agric. exp. stat. Bull. 50 (1923). Washington.
Galang, F. G., Sweet Potato experiments at the Lamao Experiment station. Philippine J. Agric. 3 (1932) 91—104.
Molegode, W., Sweet potato. Trop. Agriculturist, Peradeniya (1924) 316—318.
Sprecher v. Bernegg, A., Tropische und subtropische Weltwirtschaftspflanzen. 1. Teil (1929).
Tropenpflanzer 30 (1927) 409: Kulturversuche mit Süßkartoffeln.

85. Physalis

Macmillan, Fruit cultivation. Ceylon Dep. Agric. Leaflet 27 (1923).

86. Capsicum

Bois, D., Les plantes alimentaires... 1 (1927); 3 (1934).
Darragh, W. H., Capsicum or Pepper varieties. Agric. Gaz. N.S. Wales 43 [4] (1932) 251—252.
Raunert, M., Der Paprika. Leipzig (1939).
Uphof, J. C. Th., Der Anbau von süßem Pfeffer als Gemüse. Tropenpflanzer 30 (1927) 378—379.
Tropenpflanzer 30 (1927) 459: Selektionsversuche mit Chillies.

87. Cyphomandra

Bois, D., Les plantes alimentaires... 1 (1927).
Popenoe, W., Manual of trop. and subtrop. fruits. New York (1924).

88. Solanum

Costenoble, H., Gemüsebau in den Tropen. I, 47.

Uphof, J. C. Th., Die Kultur der Eierpflanzen. Tropenpflanzer 30 (1927) 433—436.

89. Cinchona

Blücher, G. L. A. v., Anbau der Chinarinde (Cinchona) in Niederländisch-Indien. Tropenpflanzer 41 (1938) 231.

Busse, W., Die Cinchona-Kultur auf Java mit besonderer Berücksichtigung von Kamerun und Deutsch-Ostafrika. Tropenpflanzer 10 (1906) 15—31.

Coste, R., Les essais de culture des Quinquinas au Cameroun. Auszug aus: l'Eveil du Cameroun (1937).

Coste, R., Note sur les essais de culture des Quinquinas au Cameroun. Ann. Agric. A. O. F. et étrangère 2, 1 (1938); Ref. in Rev. Bot. Appl. 20 (1940) 74.

Daalen jr., C. C. van, Untersuchung über eine in der Praxis benutzbare Beziehung zwischen Stammumriß und Bastwert bei Chinabäumen. Cinchona 9 [10] (1932/33) 12—50.

Ettling, C., Chinarinde liefernde Bäume und ihre Kultur. Hamburg.

Gehlsen, C., Der Fieberrindenbaum und die Weltversorgung mit Chinin. Dtsch. Heilpflanze 6, Nr. 4 (1940) 35—38.

Kerbosch, M., Some Notes on Cinchona Culture and the World Consumption on Quinine. Bull. Col. Inst. Amsterdam, Publ. in Collaboration with the Netherld. Pacif. Inst. 3 [1] (1939) 36.

Perrier de la Bathie, Les Quinquinas à Madagascar. Rev. Bot. Appl. 6 (1926) 255.

Schulz, Erzeugung von Chininrinde in Frankreichs Kolonien. Tropenpflanzer 34 (1931) 16—17.

Stoffels, E. H. I., Le Quinquina. Public. I. N. E. A. C., Sér. techn. Nr. 24 (1939); Ref. in Rev. Bot. Appl. 20 (1940) 73.

Zimmermann, A., Die Anzucht der Chininbäume. Tropenpflanzer 33 (1930) 373—377.

Tropenpflanzer 38 (1935) 385: Die Kultur des Chininbaumes in Amani.

Tropenpflanzer 39 (1936) 440: Versuche mit der Kultur des Chininbaumes in Kamerun.

Tropenpflanzer 41 (1938) 122: Kulturversuche mit Chinarindenbäumen in Kamerun.

Tropenpflanzer 42 (1939) 37: Die Cinchona-Kultur in Belg.-Kongo.

Tropenpflanzer 43 (1940) 86: Die Chininrindenerzeugung der Welt.

Rev. Bot. Appl. 16 (1936) 567—568: La culture du Quinquina au Cameroun.

90. Coffea

Anonymus, Un Caféier indigène au Cameroun. Rev. Bot. Appl. 4 (1924) 857.

Bally, W., Handboek voor de Koffiecultur. Eerste deel de Ziekten van de Koffie De Bussy, Amsterdam.

Calderini, G., Il Caffè. Mailand (1938).

Camargo, R. de, Cultura Cafeeira. Sao Paulo (1929).

Cheney, R. H., Coffee. A monograph of the economic Species of the genus Coffea. New York (1925).

Chevalier, A., Les Caféiers du Globe. Fasc. I. Généralités sur les Caféiers. Paris, Encyclopédie Biologique 5 (1929).
Ciupka, P., Kaffee. Ein Lehrbuch in enger Anlehnung an die Praxis. Hamburg (1937).
Coste, R., Une coopérative de Producteurs indigènes de café d'Arabie au Cameroun. Paris (1937).
Ettling, C., Die Kaffeekultur. Hamburg.
Fauchère, A., Le Café. Production, préparation, commerce. Paris Soc. d'édit. géogr. (1927).
Hänel, K., Der Kaffeebau. Afrika-Nachrichten Nr. 15 (1927). Leipzig-Anger.
Kaden, O. F., Erfahrungen im Kaffeeschnitt Westafrikas. Tropenpflanzer 37 (1934) 367.
Kaden, O. F., Erfahrungen im Kaffeeschnitt Westafrikas II. Nachtrag zum Mehrstammschnitt des Arabica- und Robusta-Kaffees. Tropenpflanzer 38 (1935) 108.
Martin, F., Le Caféier. Principes techniques et économiques de la culture de cette plante. Paris (1938).
Sibert, E., Les Caféiers de la Côte d'Ivoire. I. partie: Botanique et Culture. Publié par le Centre d'Etudes Col. Paris (1932).
Sibert, E., Technologie du Café. Les Caféiers de la Côte d'Ivoire. Deuxième partie. Centre d'Etudes Col. Paris (1938).
Sprecher v. Bernegg, A., Trop. und subtrop. Weltwirtschaftspflanzen, 3. Teil, 2. Bd. (1934).
Ukers, W. H., All about coffee. The Tea and Coffee Trade J. Company, New York (1935).
Villares, J. D., O café. Hrsg. v. Instituto de café do Estado de São Paulo.
Windle, E. G., Modern Coffee Planting. London.
Zimmermann, A., Kaffee. Wohltmannbücher. Hamburg (1928).
Tropenpflanzer 41 (1938) 220: Über den Stand der Kaffeekultur (C. arabica) in den Hochländern Kameruns.
Tropenpflanzer 41 (1938) 251: Schattenbäume und Bodenbedecker im Kaffee.

91. Luffa

Dalziel, J. M., The useful plants of West trop. Africa. London (1937).
Reko, V. A., Estropajo (Luffa), der vegetabilische Schwamm. Ein kurzer Beitrag zur Verwertung der Luffa-Fasern. Faserforsch. 13 (1937—1938) 14—21.

92. Citrullus

Bois, D., Les plantes alimentaires... 1 (1927).
Chevalier, A., Les végétaux utiles de l'Afrique trop. française, Paris (1913) 334.
Dalziel, J. M., The useful plants of West trop. Africa. London (1937).

93. Sechium

Bois, D., Les plantes alimentaires... 1 (1927).
Sprecher v. Bernegg, A., Tropische und subtropische Weltwirtschaftspflanzen. 1. Teil (1929) 286.

Sachverzeichnis

Die Zahlen mit * weisen auf den ersten Teil dieses Berichtes in Band I der Mitteilungen

19*

Der erste Band der

Mitteilungen der Gruppe Deutscher Kolonialwirtschaftlicher Unternehmungen

hat folgenden Inhalt:

1. **Zur Frage der Bananen-Verwertung** von H. Fink und W. Kleber
2. **Bericht über die Reise nach Kamerun (Botanische Untersuchungen)** von Walter Domke. Mit 23 Abbildungen auf 10 Tafeln
3. **Bericht über die Reise nach Kamerun (Pflanzenpathologische Untersuchungen)** von Herbert Buhr. Mit 43 Abbildungen auf 15 Tafeln
4. **Chemische Untersuchungen von Kamerunböden** von Kurt Utescher

Umfang: VI, 229 Seiten. 1939. RM. 4.—

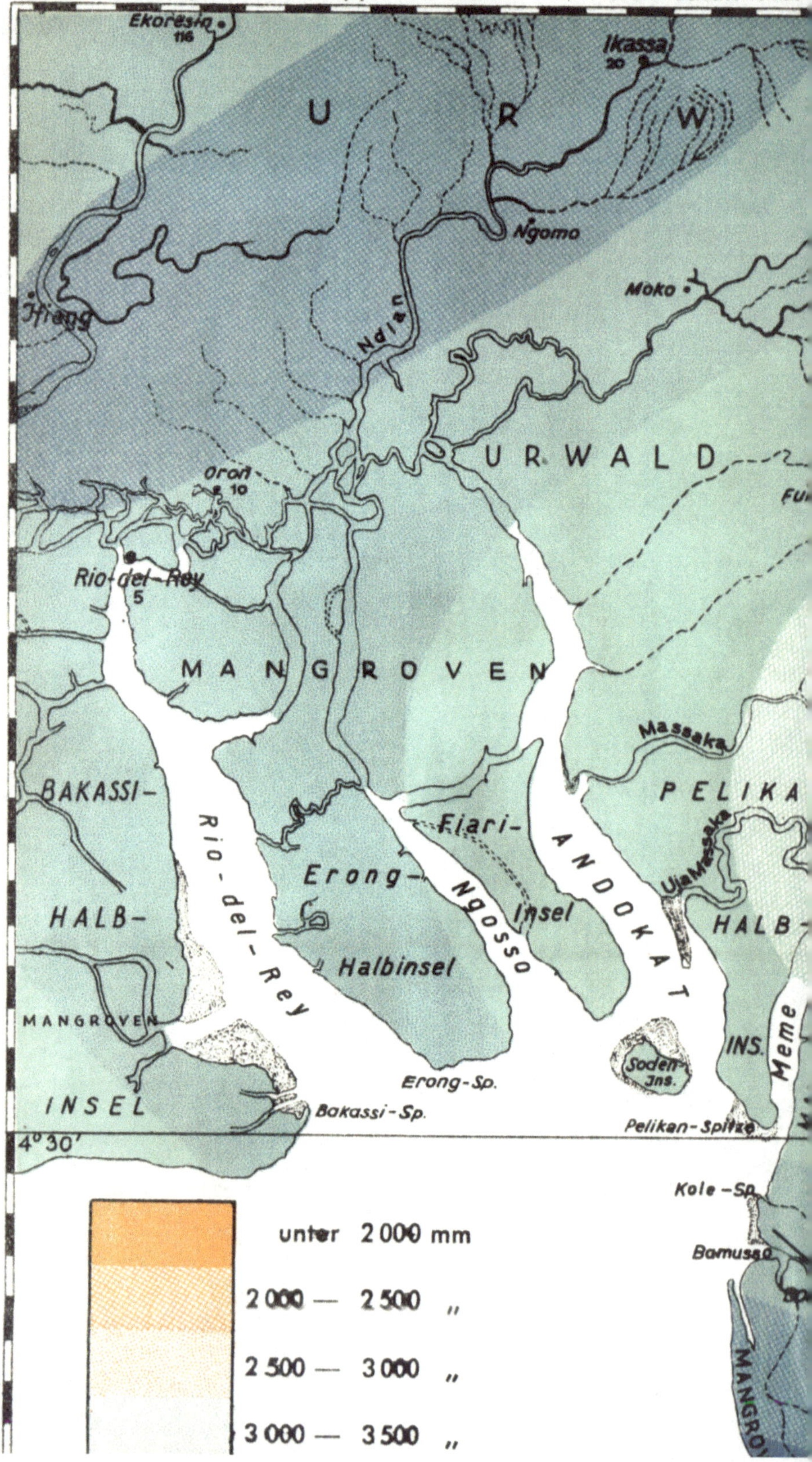
Ekoresin 116
Ikassa 20
U R W
Ngomo
Moko
Ifiang
Ndian
Oron 10
U R W A L D
Rio-del-Rey 5
M A N G R O V E N
Massaka
BAKASSI-
P E L I K A
Rio-del-Rey
Fiari-
ANDOKAT
Erong-
Ngosso
Insel
HALB-
Halbinsel
HALB-
MANGROVEN
Soden-Jns.
INS.
Meme
Erong-Sp.
INSEL
Bakassi-Sp.
Pelikan-Spitze
4°30'
Kole-Sp.
Bamusso
unter 2000 mm
2000 — 2500 „
2500 — 3000 „
3000 — 3500 „
MANGRO

9° 0'
Molonga
512
L
D
RUMPI-GEBIRGE
Meme
Massaka
729
U
R
W
A
Beriko
54
110
Mukono
Meme
Ekundo
78
Lobe
54
Kumbe
30
Mafamba
50
Mokoko
40
Mbonge
55
Meme
Bole
137
Lieka
62
Njanga
Ekumbendene
72
Bafo
62
Meme
U
110
Rickards
Mbonjari
BUSCH MIT GRASLAND
UND FÄCHERPALMEN
Kunde
Mieli
Munjange
Kuke
462
A L D

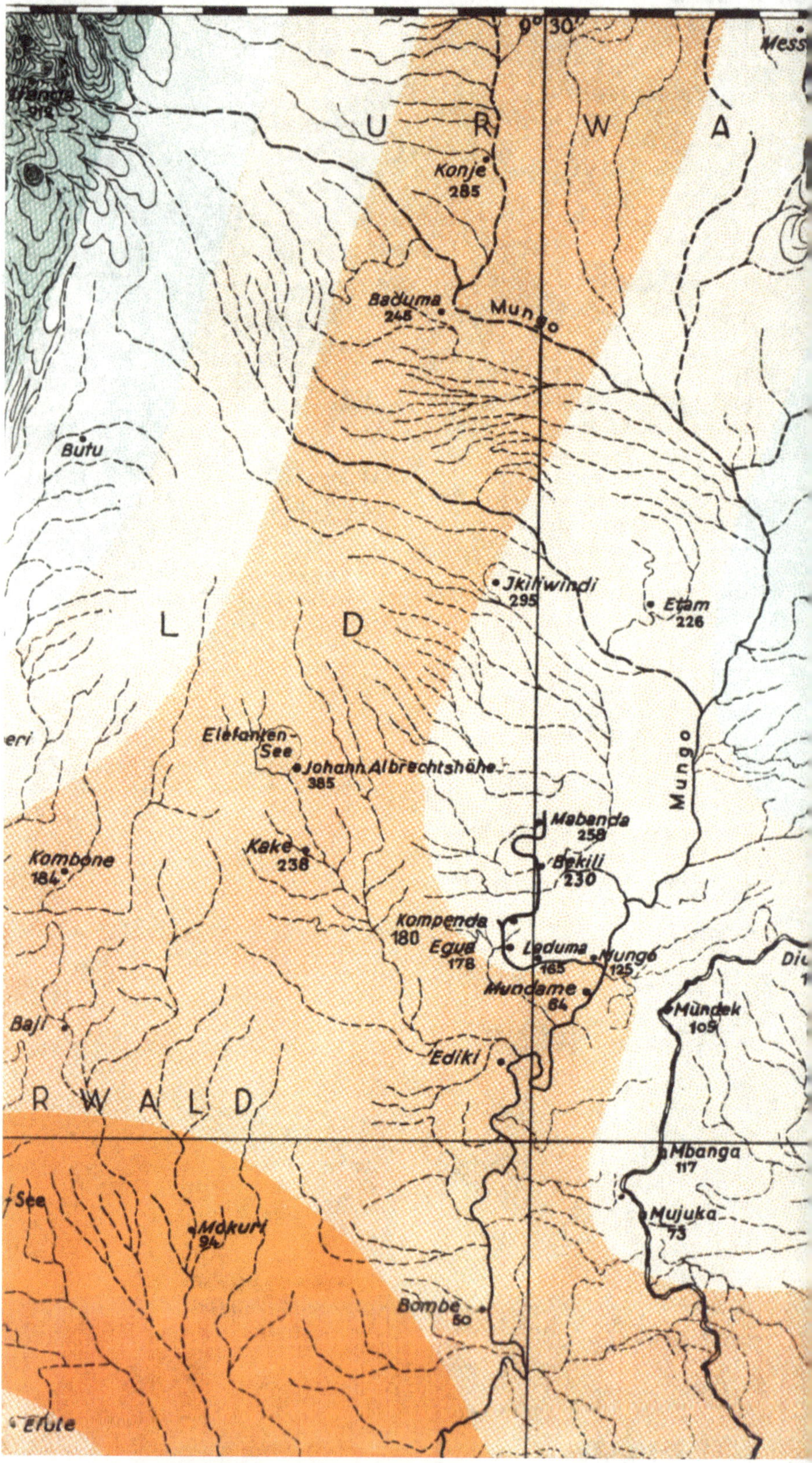

9° 30'
Mess
U R W A
Konje
285
Baduma
248
Mungo
Butu
Jkiliwindi
295
Etam
226
L D
Elefanten-See
Johann Albrechtshöhe
385
Mungo
Mabanda
258
Kake
238
Bekili
230
Kombone
184
Kompenda
180
Egua
178
Loduma
165
Mungo
125
Mundame
64
Mundek
105
Baji
Ediki
R W A L D
Mbanga
117
Mujuka
73
See
Mokuri
94
Bombe
50
Erute

Tafel 1

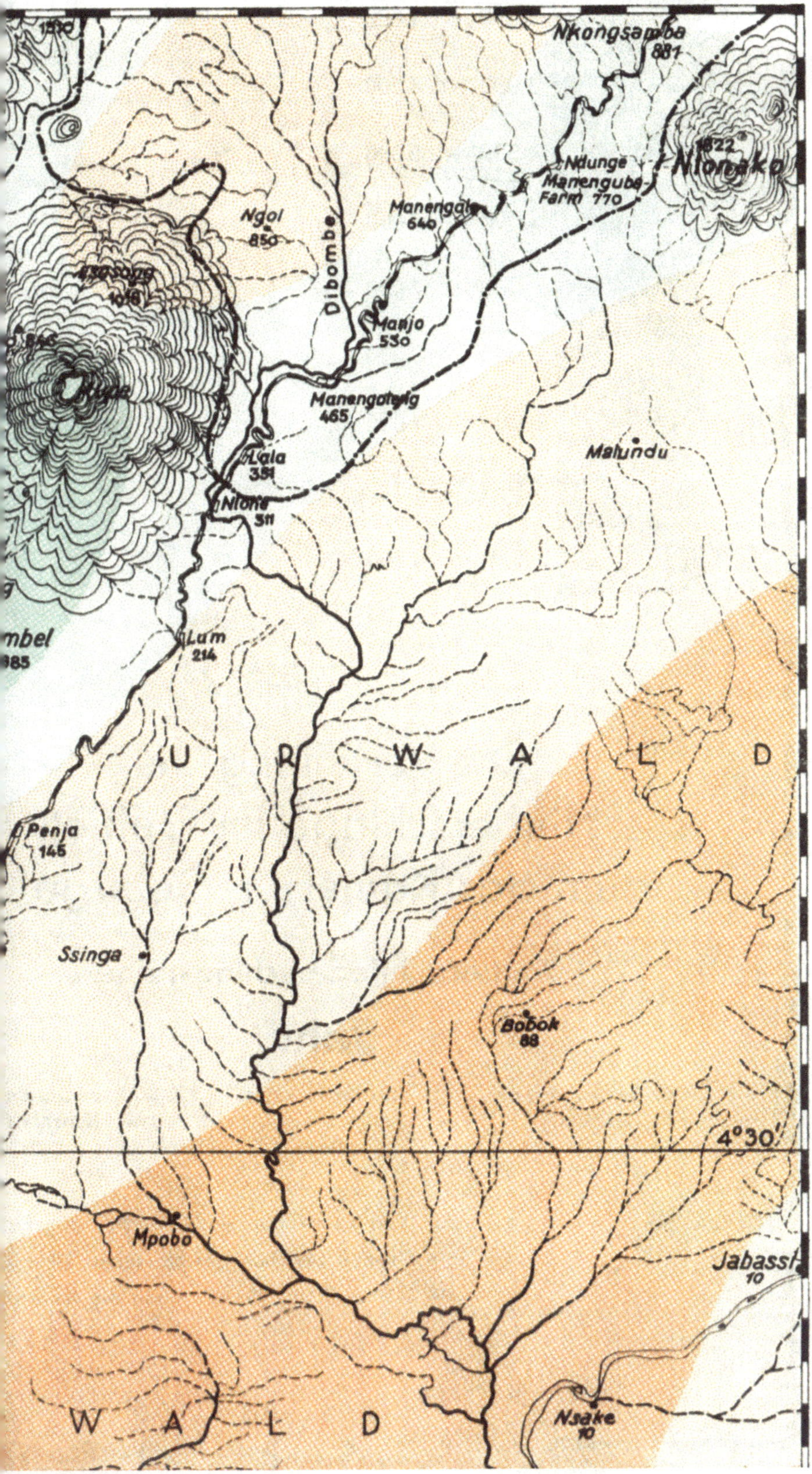
Nkongsamba
881
1822
Nlonako
Ndunge
Manengube-
Farm 770
Manengole
640
Ngol
850
Dibombe
Manjo
530
Manengoteng
465
Lala
351
Nlohe
311
Malundu
Lum
214
U R W A L D
Penja
145
Ssinga
Bobok
88
4°30'
Mpobo
Jabassi
10
W A L D
Nsake
10

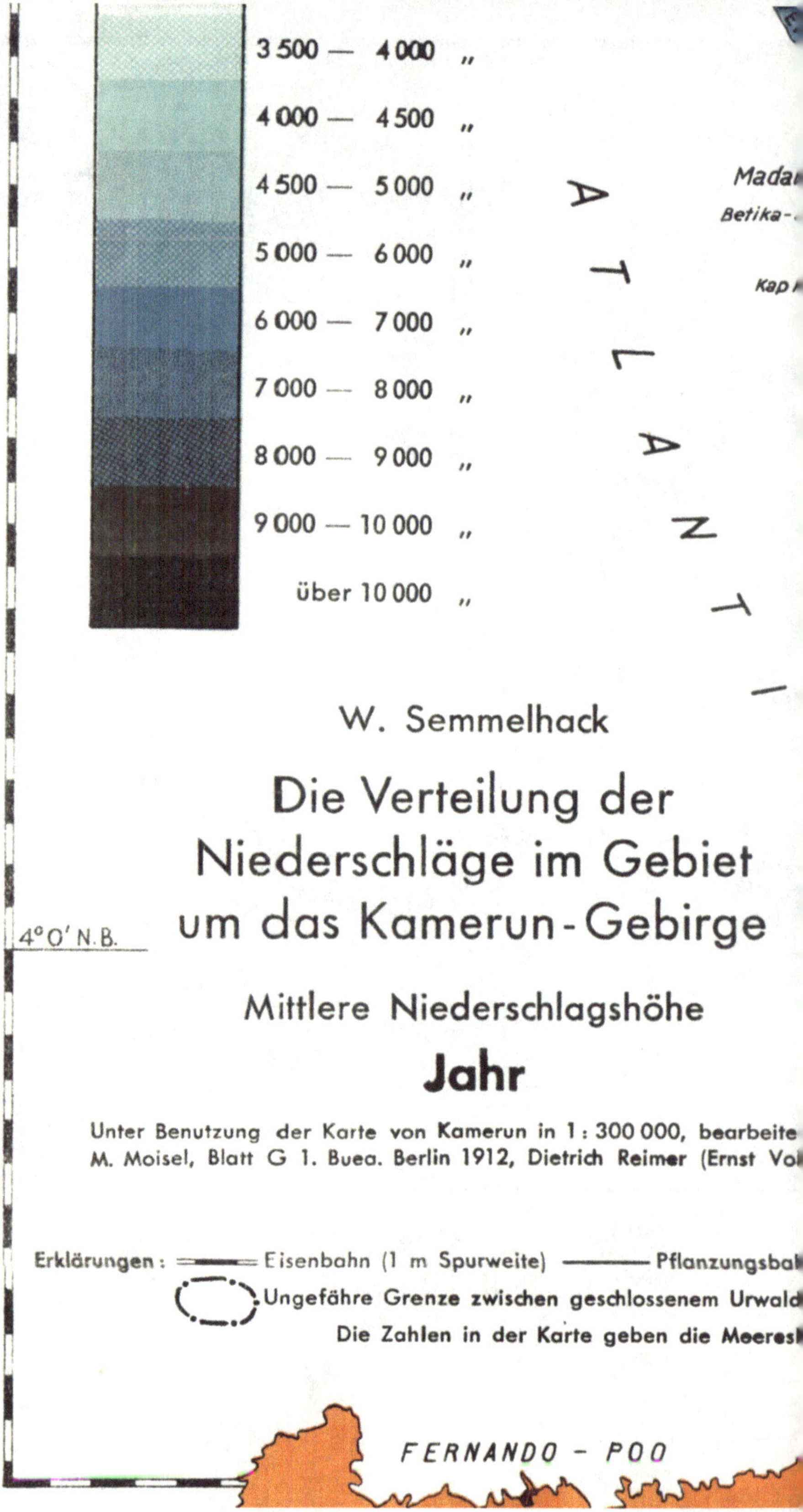
3 500 — 4 000 „
4 000 — 4 500 „
4 500 — 5 000 „
5 000 — 6 000 „
6 000 — 7 000 „
7 000 — 8 000 „
8 000 — 9 000 „
9 000 — 10 000 „
über 10 000 „
A T L A N T I
Mada
Betika-
Kap
W. Semmelhack
Die Verteilung der Niederschläge im Gebiet um das Kamerun-Gebirge
Mittlere Niederschlagshöhe
Jahr
Unter Benutzung der Karte von Kamerun in 1 : 300 000, bearbeite
M. Moisel, Blatt G 1. Buea. Berlin 1912, Dietrich Reimer (Ernst Vo
Erklärungen : Eisenbahn (1 m Spurweite) Pflanzungsba
Ungefähre Grenze zwischen geschlossenem Urwald
Die Zahlen in der Karte geben die Meeres
4° 0′ N.B.
FERNANDO - POO

Bondongo
488
Likoko
852
R
W
A
Mongonge
555
Bomana
500
Klothilde
Scipio
1026
1220
Kamerun-Gebirge
Okolf
1855
1550
Rob. Meyer-Kr.
2850
Gr. Kamerun-Berg
Fako
4070
URWALD
Isabellenbg.
3177
2450
2000
BUEA
965
Gr. Soppo
Kl. Soppo
766
Lisoka
Tole
730
Sachsenhof
Mebea
Buenga
Molive
230
Woruta
420
Engelberg
655
Boana
250
Bussumbu
100
Limbe
Krater
100
URWALD
Eliza-Berge
Rothe-Berg
Oechelhausen
203
1715
Kl. Kamerun-Berg
Isongo
Bakingele
Wete-Wete-B.
Batoki
Batoki-Felsen
Mokundange
Ngeme
Bota
VIKTORIA
Mikange
Mekullu
Mussongo-B.
Ambas-Bucht
Ambas
Mondoleh
Bimbia
Affen-Halbinsel
Kap Nachtigal
Hauben-Bg.
Koesen-Bg.
Nbamba
Bimbia-Fluss
Kriegsschiff-Hfn.
E
R
OZEAN
weite)
Maßstab 1 : 300 00
10
5
0
5
10
9°0' O.L.

L
D
U R W A L D
Malende
Bawinga
Mujuka
Duala-Manga
Meanja
90
Pundu
160
Pundu Beach
16
Powo
390
Mungo
460
Ekona
Mussaka
520
Neuschlag
Bolifamba
Mondoni
Moquo
Marure
Mamu
Missellele
Mysaka
Modeka
Keme
Nsone
420
Sonne
Pungo
Muanga
Ndongo
Ebonje
Esuke
220
Keka
TIKO
15
Ombe
Ombe
50
Möwe-See
MANGROVEN
MANGROVEN
MANGROVEN
Modeaka-Bucht
Mokuschu-Bucht
KAMERUN-MÜN
Malimba
Suelaba-Sp.
Nkon
89
Nka
78
Bomon
55
Mako
5
15
20
25
30 Km
9° 30′

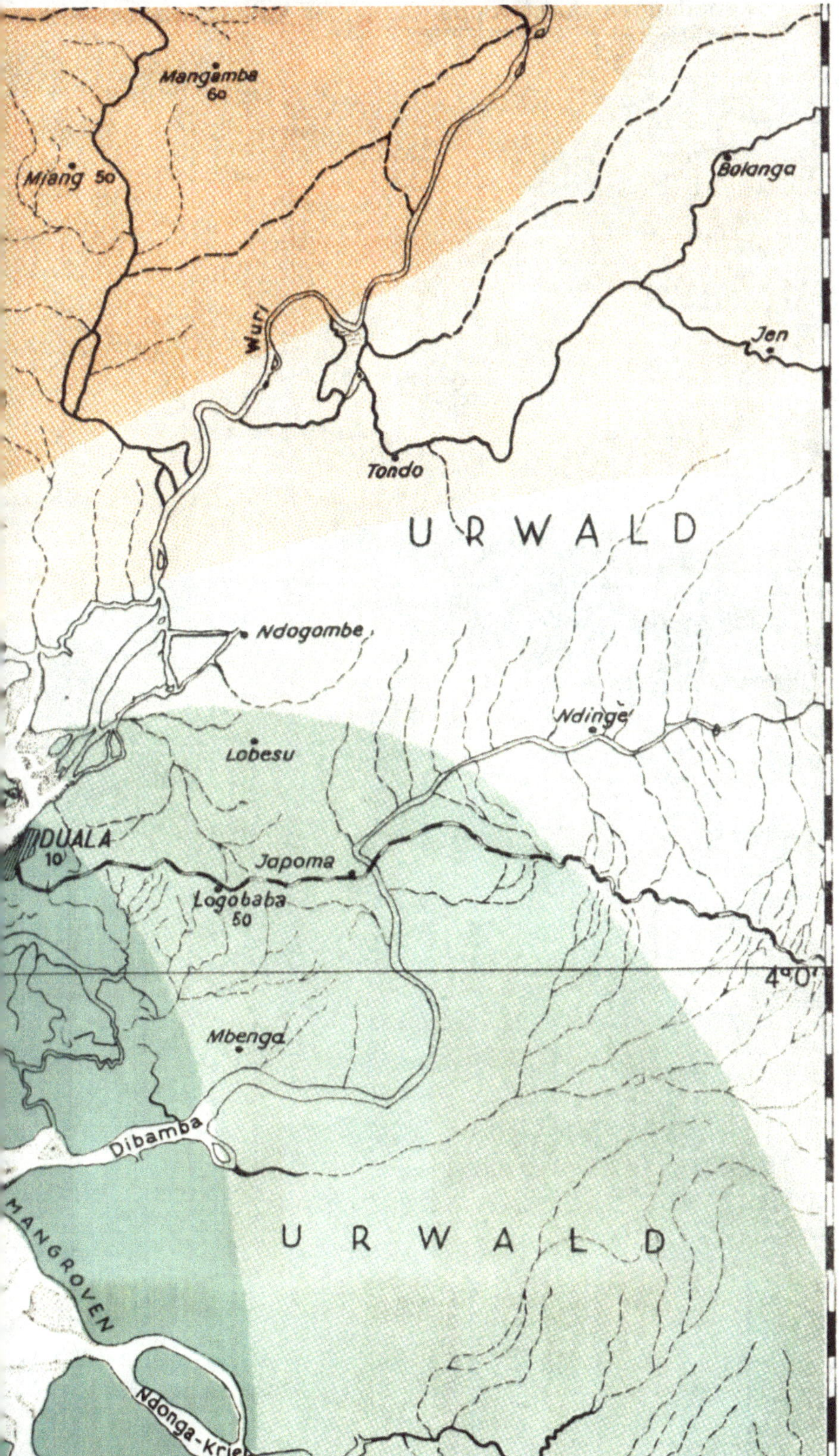

Mangamba
60
Mjang 50
Bolanga
Wuri
Jen
Tondo
URWALD
Ndogombe
Ndinge
Lobesu
DUALA
10
Japoma
Logobaba
50
4°0'
Mbenga
Dibamba
MANGROVEN
URWALD
Ndonga-Kriek

Ekoresio
116
Ikassa
20
U R W
Ngomo
Moko
Ifiang
Ndian
URWALD
Oron
10
Rio-del-Rey
5
MANGROVEN
Massaka
BAKASSI-
PELIKA
Rio-del-Rey
Fiari-
ANDOKAT
Uja Massaka
Erong-
Ngosso
Insel
HALB-
HALB-
Halbinsel
MANGROVEN
INS.
Meme
Soden-Ins.
Erong-Sp.
INSEL
Bakassi-Sp.
Pelikan-Spitze
4°30'
Kole-Sp.
Bamusso
MANGROV
unter 10 mm
10 — 25 „
25 — 40 „
40 — 55 „

9° 0'
Molonga
512
L
D
RUMPI-GEBIRGE
Massaka
729
Weme
Boden See
anga
Beriko
54
U
R
W
A
Bambe
110
Mukono
Meme
Ekundo
78
Lobe
54
Kumbe
30
Mafamba
50
Mokoko
40
Mbonge
55
Meme
Bole
137
Lieka
62
Njanga
Ekumbendene
72
U
Bafo
62
Meme
110
Rickards
Mbonjari
BUSCH MIT GRASLAND
UND FÄCHERPALMEN
Kunde
Mieli
Munjange
A L D
Kuke
462

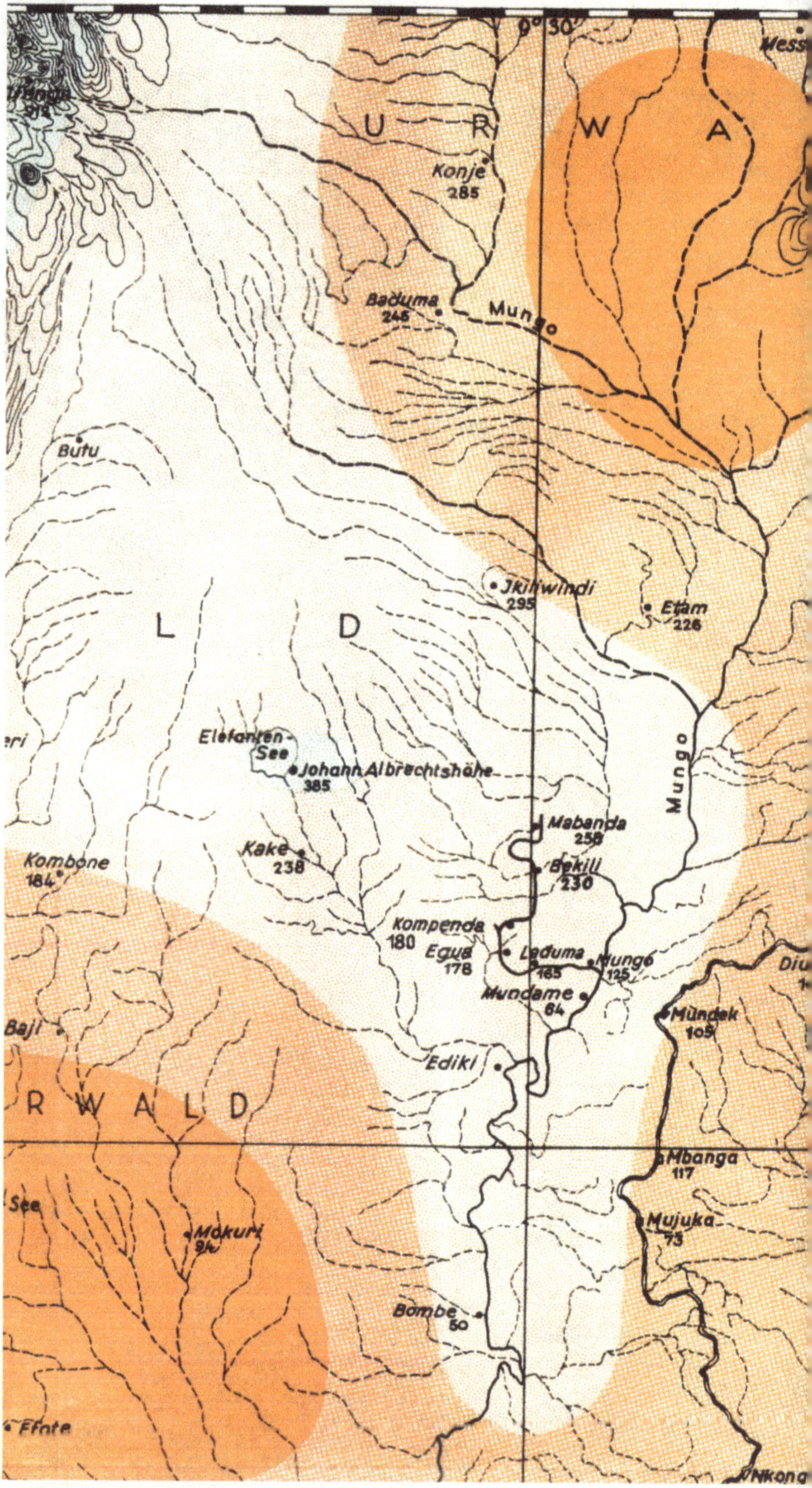

9° 30'
U R
W A
Konje
285
Baduma
245
Mungo
Butu
Jkiliwindi
295
Etam
226
L D
Elefanten-See
Johann Albrechtshöhe
385
Mungo
Mabanda
258
Bekili
230
Kake
238
Kombone
184
Kompenda
180
Egua
178
Laduma
165
Mungo
125
Mundame
64
Mundek
105
Baji
Ediki
R W A L D
Mbanga
117
See
Mokuri
94
Mujuka
73
Bombe
50
Efate

Nkongsamba
881
1822
Ndunge
Manenguba-Farm 770
Manengole
640
Ngol
850
Dibombe
Manjo
530
Manengoteng
465
Malundu
Lala
351
311
Lam
214
U R W A L D
Penja
145
Ssinga
Bobok
88
4°30'
Mpobo
Jabassi
10
Nsake
10
R W A L D

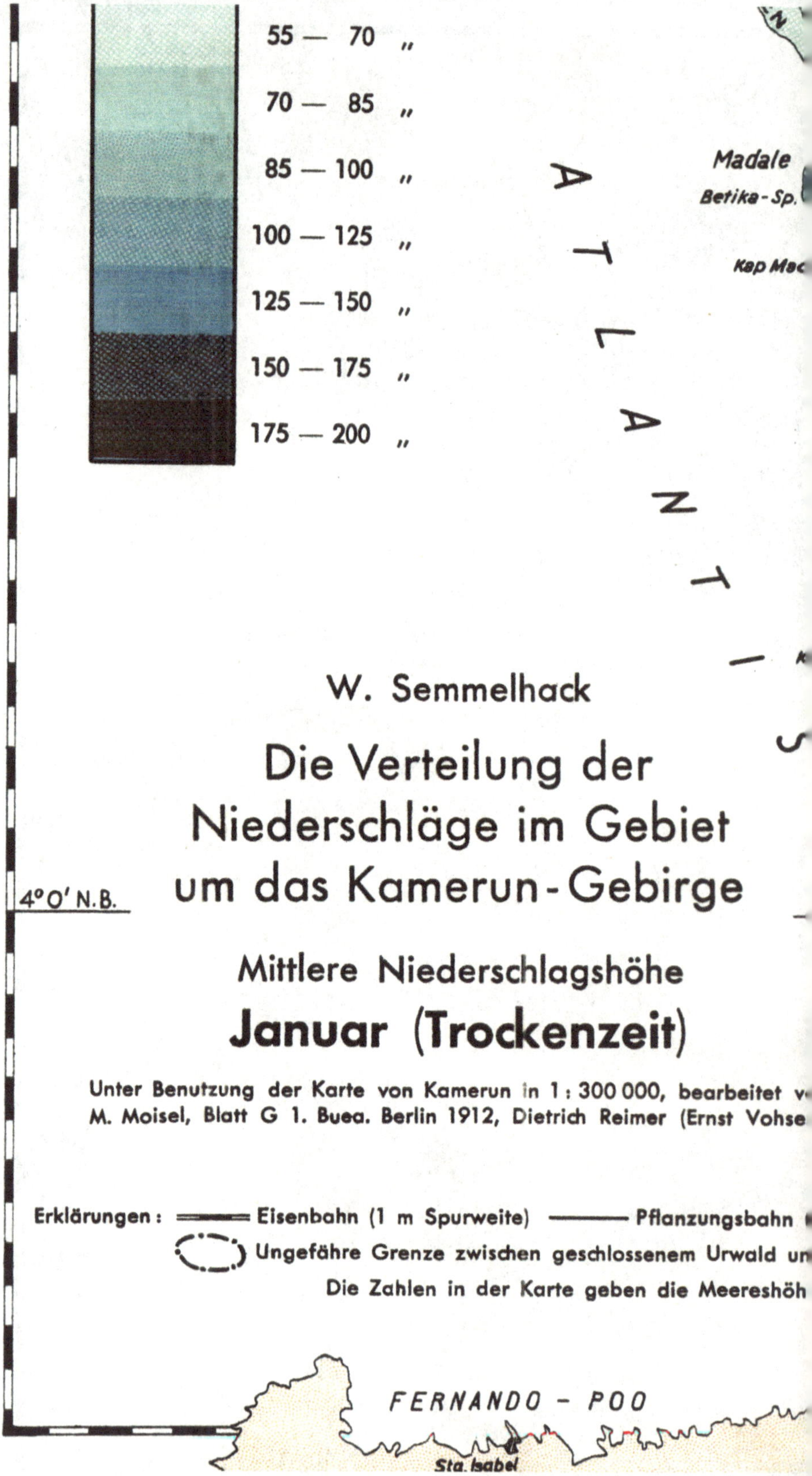
55 — 70 „
70 — 85 „
85 — 100 „
100 — 125 „
125 — 150 „
150 — 175 „
175 — 200 „
ATLANTIS
Madale
Betika-Sp.
Kap Mac
W. Semmelhack
Die Verteilung der Niederschläge im Gebiet um das Kamerun-Gebirge
4° 0′ N.B.
Mittlere Niederschlagshöhe
Januar (Trockenzeit)
Unter Benutzung der Karte von Kamerun in 1 : 300 000, bearbeitet v
M. Moisel, Blatt G 1. Buea. Berlin 1912, Dietrich Reimer (Ernst Vohse
Erklärungen : Eisenbahn (1 m Spurweite) Pflanzungsbahn
Ungefähre Grenze zwischen geschlossenem Urwald un
Die Zahlen in der Karte geben die Meereshöh
FERNANDO - POO
Sta. Isabel

Bondongo
488
Mongonge
555
Bomana
500
Klothilde
60
Scipio
50
688
1026
1270
Thormälenfelde 30
Oellmannshöhe
Wernerfelde 30
Retzlaffelde 30
2150
Kamerun-Gebirge
1438
1840
Okoli
1855
1550
Rob. Meyer-Kr.
2850
Gr. Kamerun-Berg
Fako
4070
Isabellenbg.
3177
2450
2000
URWALD
BUEA
965
Gr. Soppo
Kl. Soppo
766
Buliu
Tole
730
Sachsenhof
Mebeo
Buenga
196
Moliwe
260
Wolutu
420
Engelberg
655
Boana
250
Bussumbu
100
Krater
100
Limbe
Mikange
Mekullu
2110
Eliza-Berg
Kothe-Berg
Oechelhausen
203
1715
Kl. Kamerun-Berg
Bakingele
Wete-Wete-B.
Batoki
Batoki-Felsen
Mokundange
Ngeme
Bota
Mussongo-B.
VIKTORIA
Ambas-Bucht
Ambas
Mondoleh
Bimbia
Affen-Halbinsel
Kap Nachtigal
Hauben-Bg.
Nbamba
Kriegsschiff-Hfn.
Bimbia-Fluss
OZEAN
ite)
Maßstab 1 : 300 00
10 5 0 5 10
9°0' O.L.

U R W A L D
Malende
Bawinga
Mujuka
Duala-Manga
Meanja 90
Pundu 160
Pundu Beach 16
Powo 390
Mungo
Ekona
Mussaka 520
Bolifamba
Neuschlag
Mondoni
Matute
Moquo
Mamu
Missellele
Mysaka
Modeka
Keme
Muanga
Nsone 420
Sonne
Pungo
Ebondje
Ikange
Keka
Esuke 220
TIKO 15
Ombe
Ombe 50
Möwe-See
MANGROVEN
MANGROVEN
MANGROVEN
Modeaka-Bucht
Mokuschu-Bucht
KAMERUN-MÜN
Malimba
Bomono 55
Nka 78
Suelaba-Sp.
89
5 20 25 30 Km
9° 30′

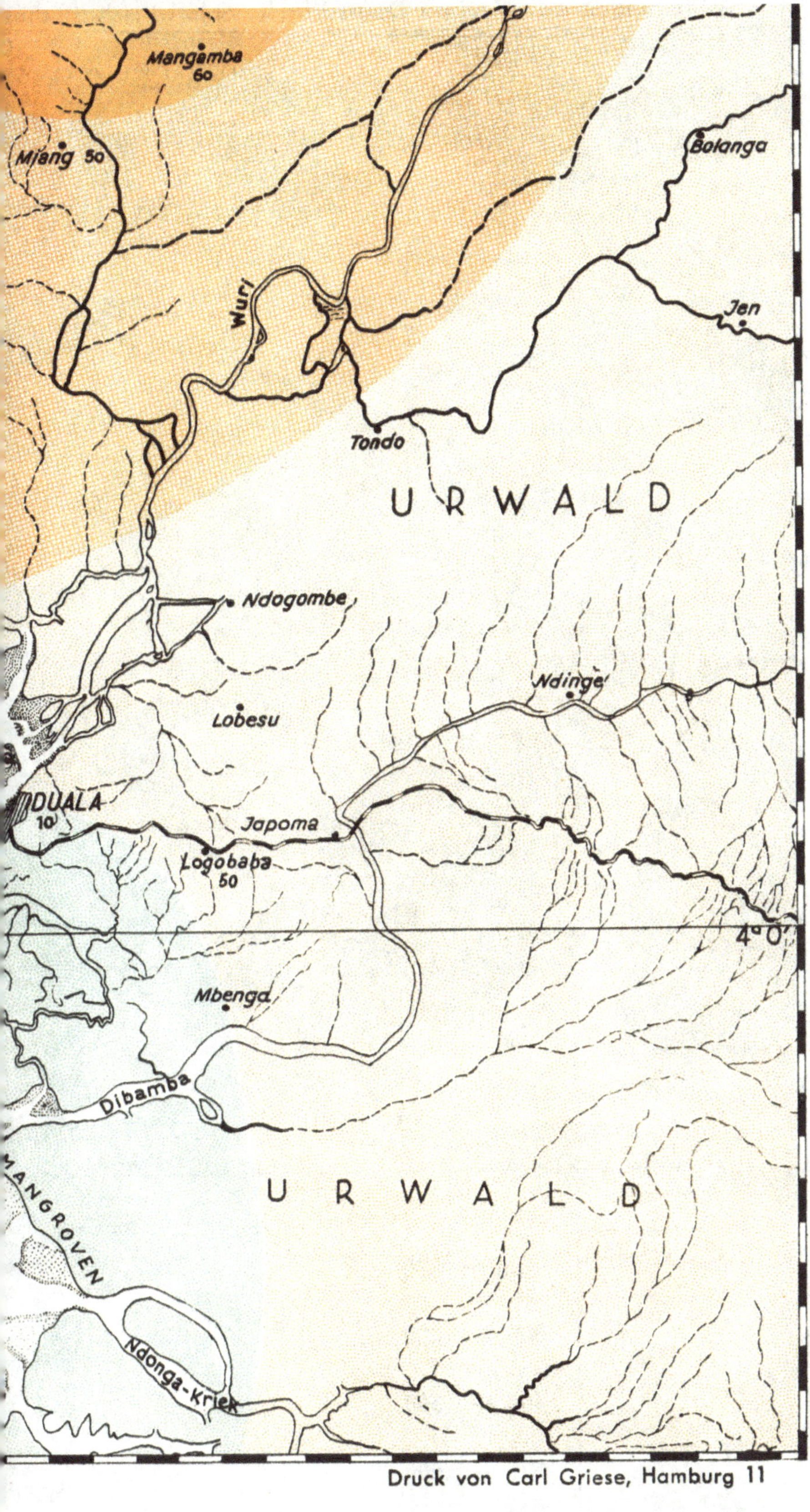

Druck von Carl Griese, Hamburg 11

Ekoresio 116
Ikassa 20
U R W
Ngomo
Moko
Ifiang
Ndian
URWALD
Oron 10
Rio-del-Rey 5
MANGROVEN
BAKASSI-
HALB-
MANGROVEN
INSEL
Rio-del-Rey
Erong-
Halbinsel
Fiari-
Ngosso
Insel
ANDOKAT
Massaka
PELIKA
Uja Massaka
HALB
INS.
Meme
Soden-Ins.
Erong-Sp.
Bakassi-Sp.
Pelikan-Spitze
4°30'
Kole-Sp.
Bamusso
unter 300 mm
300 — 400 „
400 — 500 „
500 — 600 „

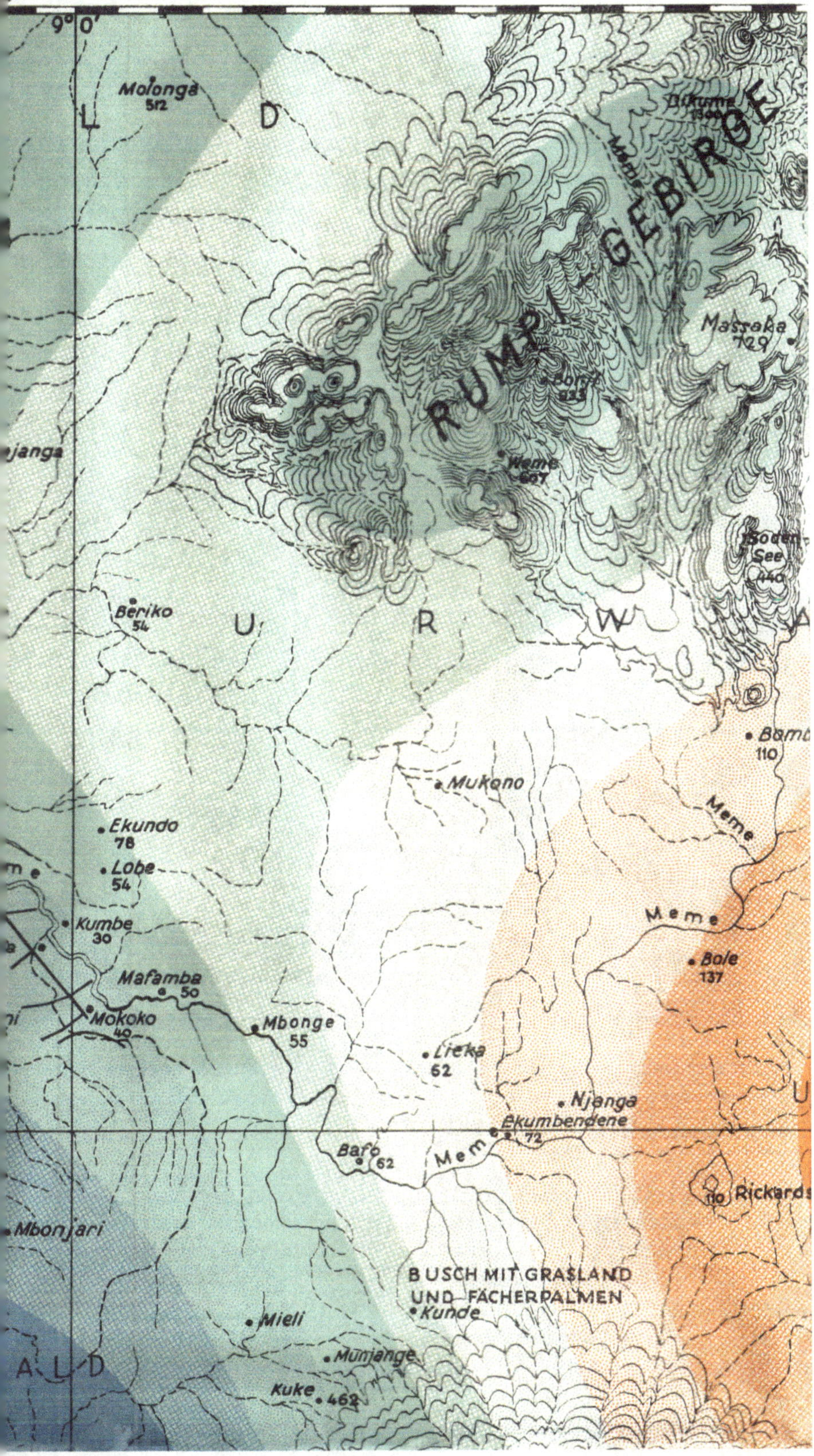
9° 0'
Molonga
512
L
D
RUMPI-GEBIRGE
Massaka
729
Boden
See
440
U
R
W
A
Beriko
54
Bamb
110
Mukono
Meme
Ekundo
78
Lobe
54
Kumbe
30
Meme
Mafamba
50
Mokoko
40
Mbonge
55
Bole
137
Lieka
62
Njanga
Ekumbendene
72
Bafo
62
Meme
U
110
Rickards
Mbonjari
BUSCH MIT GRASLAND
UND FÄCHERPALMEN
Kunde
Mieli
Munjange
A L D
Kuke
462

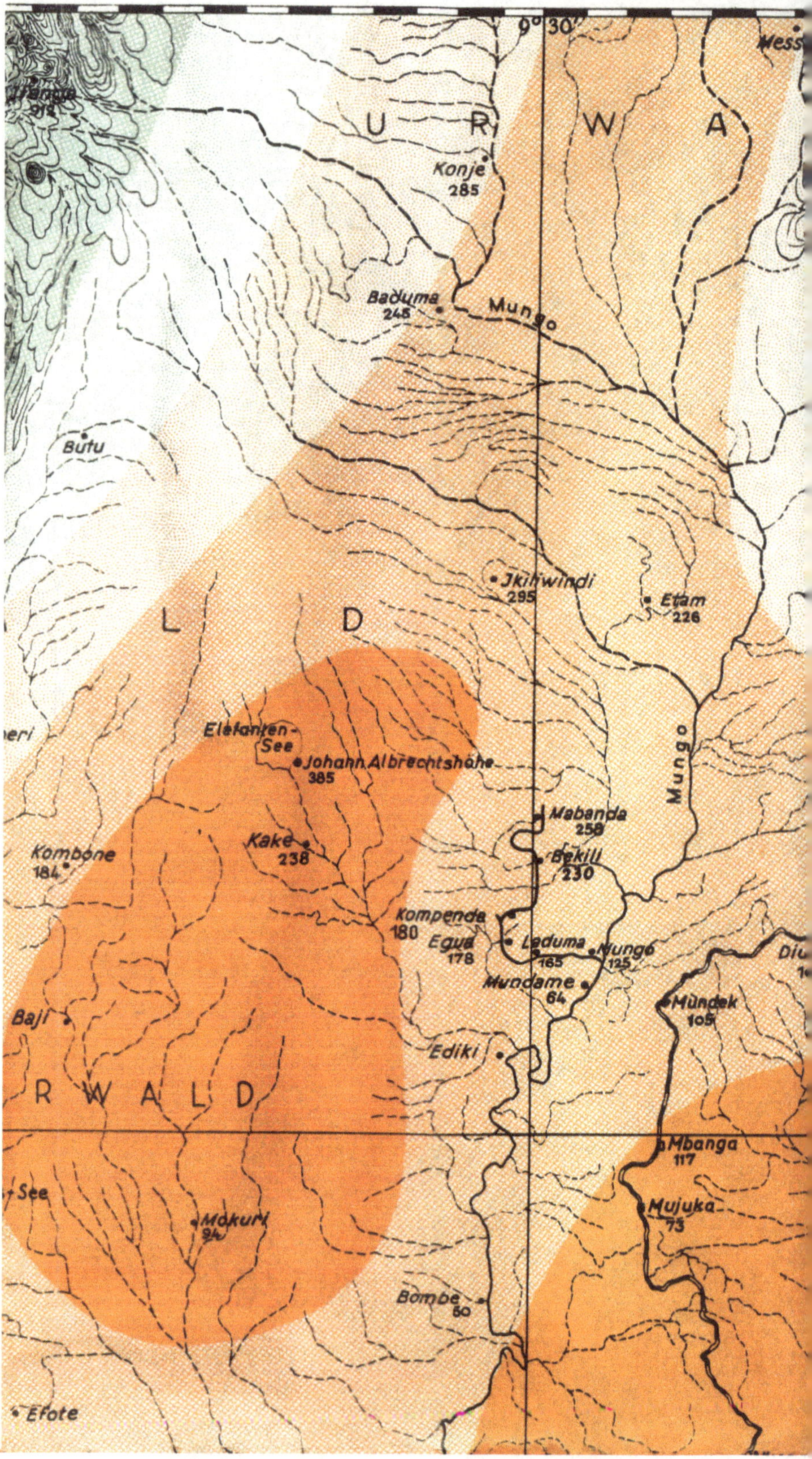

9° 30'
Mess
U R W A
Konje
285
Baduma
245
Mungo
Butu
Jkiliwindi
295
Etam
226
L D
Elefanten-
See
Johann Albrechtshöhe
385
Mungo
Mabanda
258
Bekili
230
Kombone
184
Kake
238
Kompenda
180
Egua
178
Leduma
165
Mungo
125
Mundame
64
Mundek
105
Baji
Ediki
R W A L D
Mbanga
117
See
Mujuka
73
Mokuri
94
Bombe
80
Efote

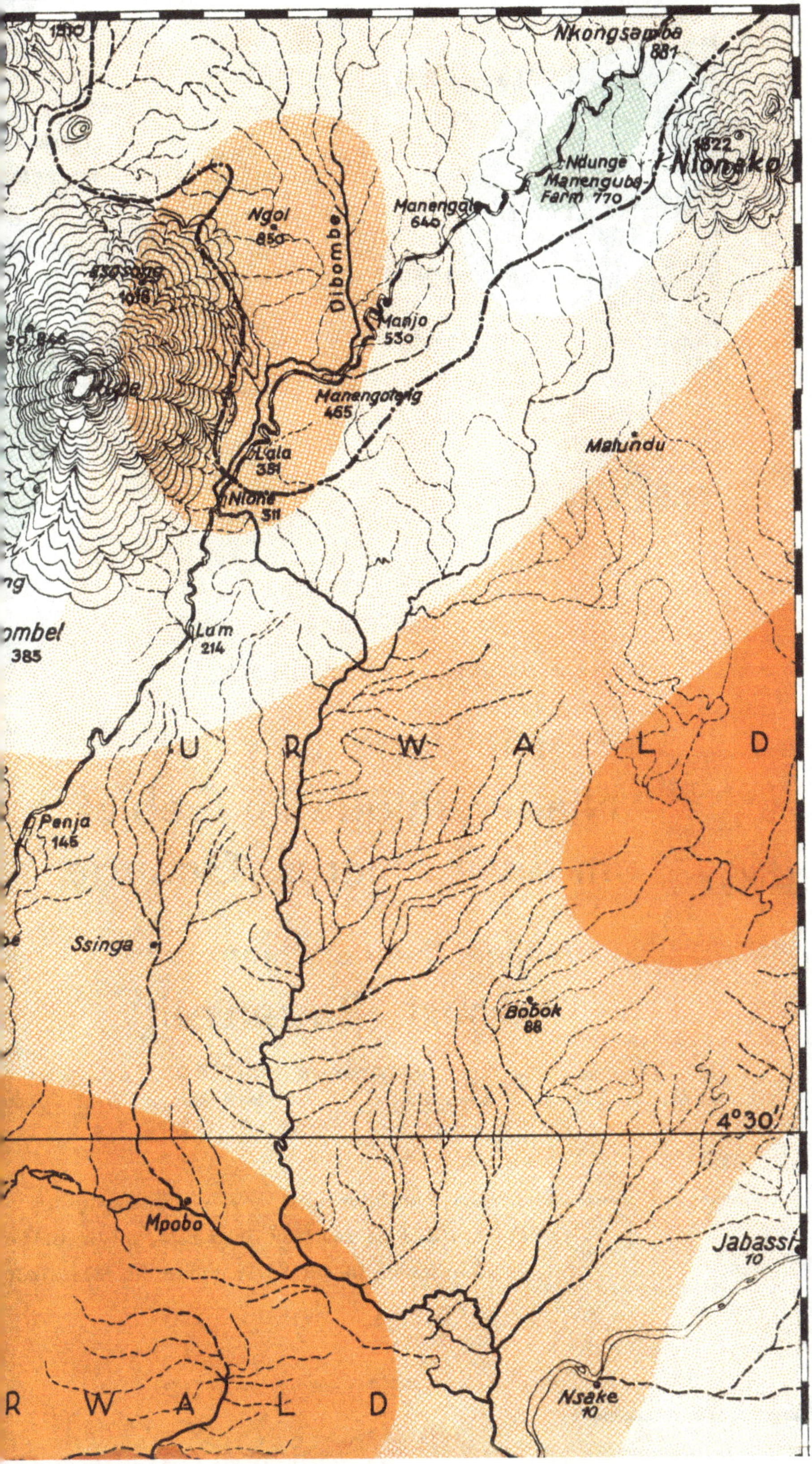
Nkongsamba
881
Ndunge
Manenguba-
Farm 770
1822
Nlonako
Manengole
640
Ngol
850
Dibombe
Manjo
530
Manengoteng
465
Lala
351
Nlone
511
Malundu
Lum
214
ombel
385
U R W A L D
Penja
145
Ssinga
Bobok
88
4°30'
Mpobo
Jabassi
10
R W A L D
Nsake
10

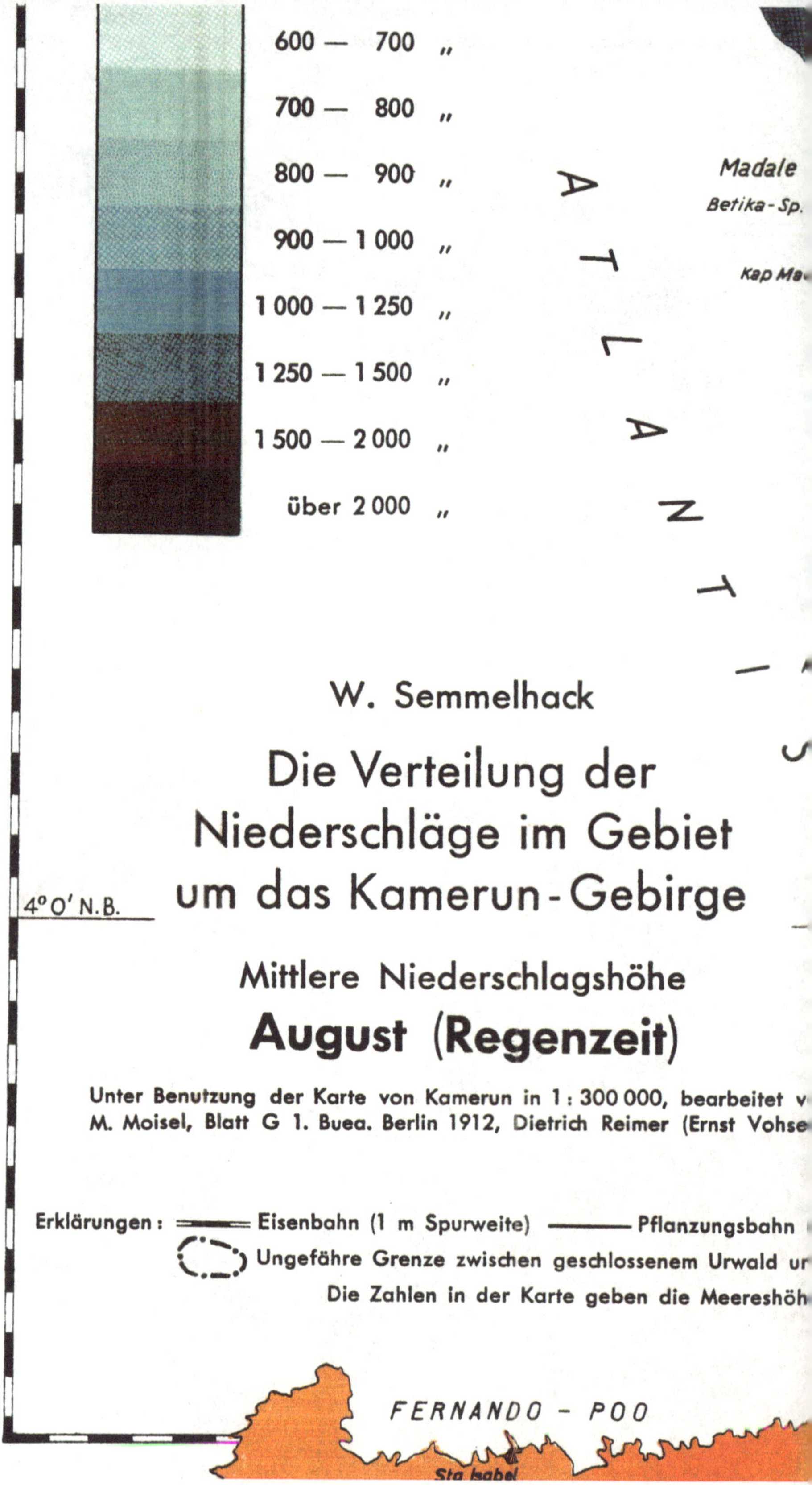
600 — 700 „
700 — 800 „
800 — 900 „
900 — 1 000 „
1 000 — 1 250 „
1 250 — 1 500 „
1 500 — 2 000 „
über 2 000 „
Madale
Betika-Sp.
W. Semmelhack
Die Verteilung der Niederschläge im Gebiet um das Kamerun-Gebirge
4° 0′ N.B.
Mittlere Niederschlagshöhe
August (Regenzeit)
Unter Benutzung der Karte von Kamerun in 1 : 300 000, bearbeitet
M. Moisel, Blatt G 1. Buea. Berlin 1912, Dietrich Reimer (Ernst
Erklärungen: Eisenbahn (1 m Spurweite) Pflanzungsbahn
Ungefähre Grenze zwischen geschlossenem Urwald
Die Zahlen in der Karte geben die
FERNANDO - POO

Bondongo
488
Likoko
852
U R W A
Mangonge
555
Bomana
Kamerun-Gebirge
Rob. Meyer-Krat.
2850
Gr. Kamerun-Berg
Fako
4070
Isabellenbg.
3177
2450
2000
URWALD
BUEA
965
Gr. Sappo
Kl. Sappo
766
Tole
730
Sachsenhof
Mebeo
Buenga
190
Molive
260
Woruta
420
Engelberg
655
Boana
250
Bussumbu
100
Krater
100
Limbe
Mikange
Mekullu
VIKTORIA
Kl. Kamerun-Berg
Bakingele
Wete-Wete-B.
Batoki
Batoki-Felsen
Mokundange
Mussongo-B.
Ngeme
Bota
Ambas-Bucht
Ambas
Mondoleh
Affen-Halbinsel
Kap Nachtigal
Bimbia
Hauben-Bg.
Nbamba
Kriegsschiff-Hfn.
Bimbia-Fluss
O Z E A N
Maßstab 1 : 300 00
10 5 0 5 10
9°0' O.L.

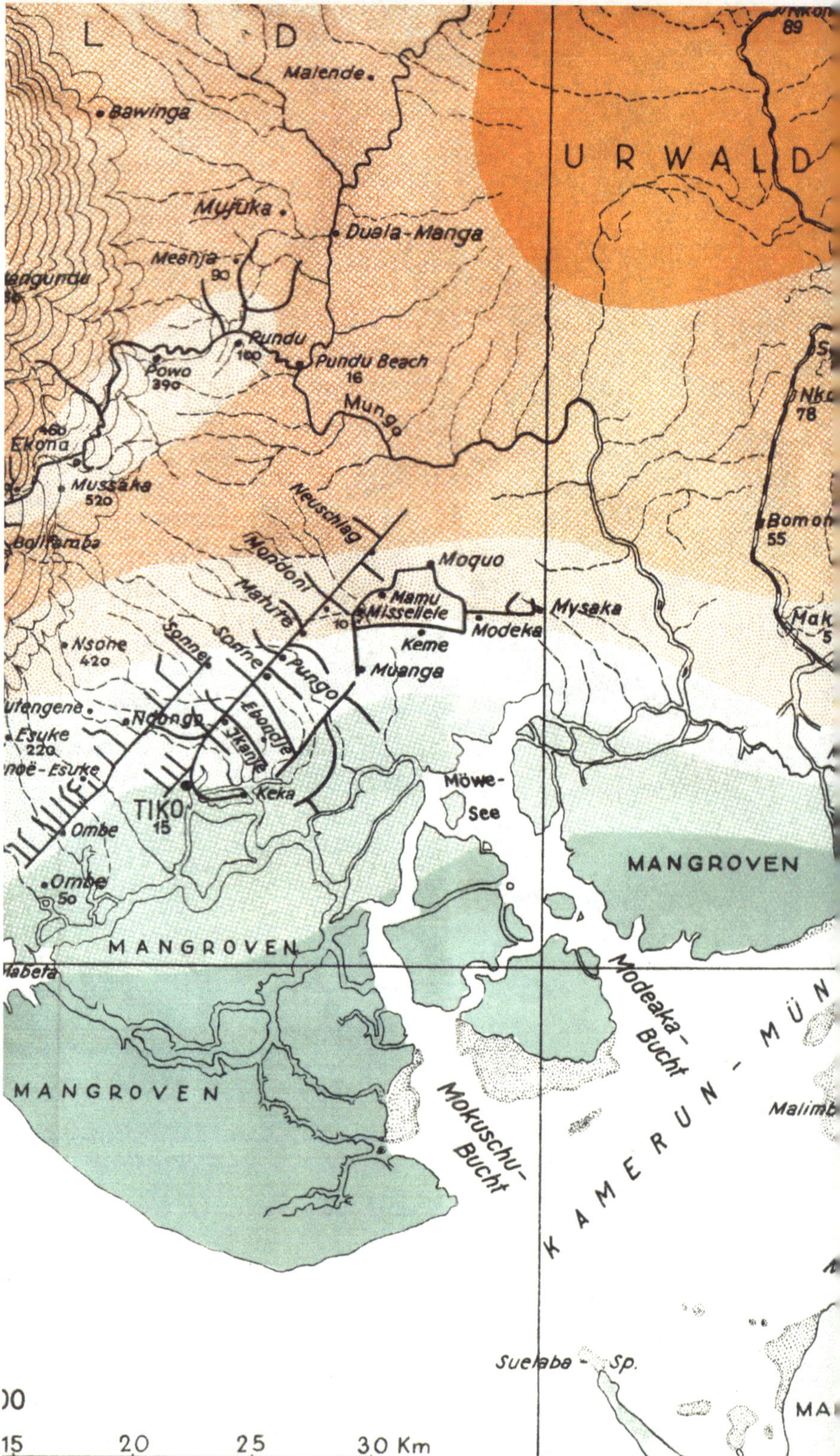

L D
Malende
Bawinga
URWALD
Mujuka
Duala-Manga
Meanja 90
Pundu 100
Pundu Beach 16
Powo 390
Mungo
460
Ekona
Mussaka 520
Neuschlag
Mondoni
Moquo
Mamu
Missellele
Mysaka
Modeka
Keme
Muanga
Matute
Sonne
Pungo
Nsone 420
Ndongo
Esuke 220
Ebondje
TIKO 15
Keka
Möwe-See
Ombe
Ombe 50
MANGROVEN
MANGROVEN
MANGROVEN
Modeaka-Bucht
Mokuschu-Bucht
KAMERUN-MÜN
Bomon 55
Suelaba-Sp.
15 20 25 30 Km
9° 30′

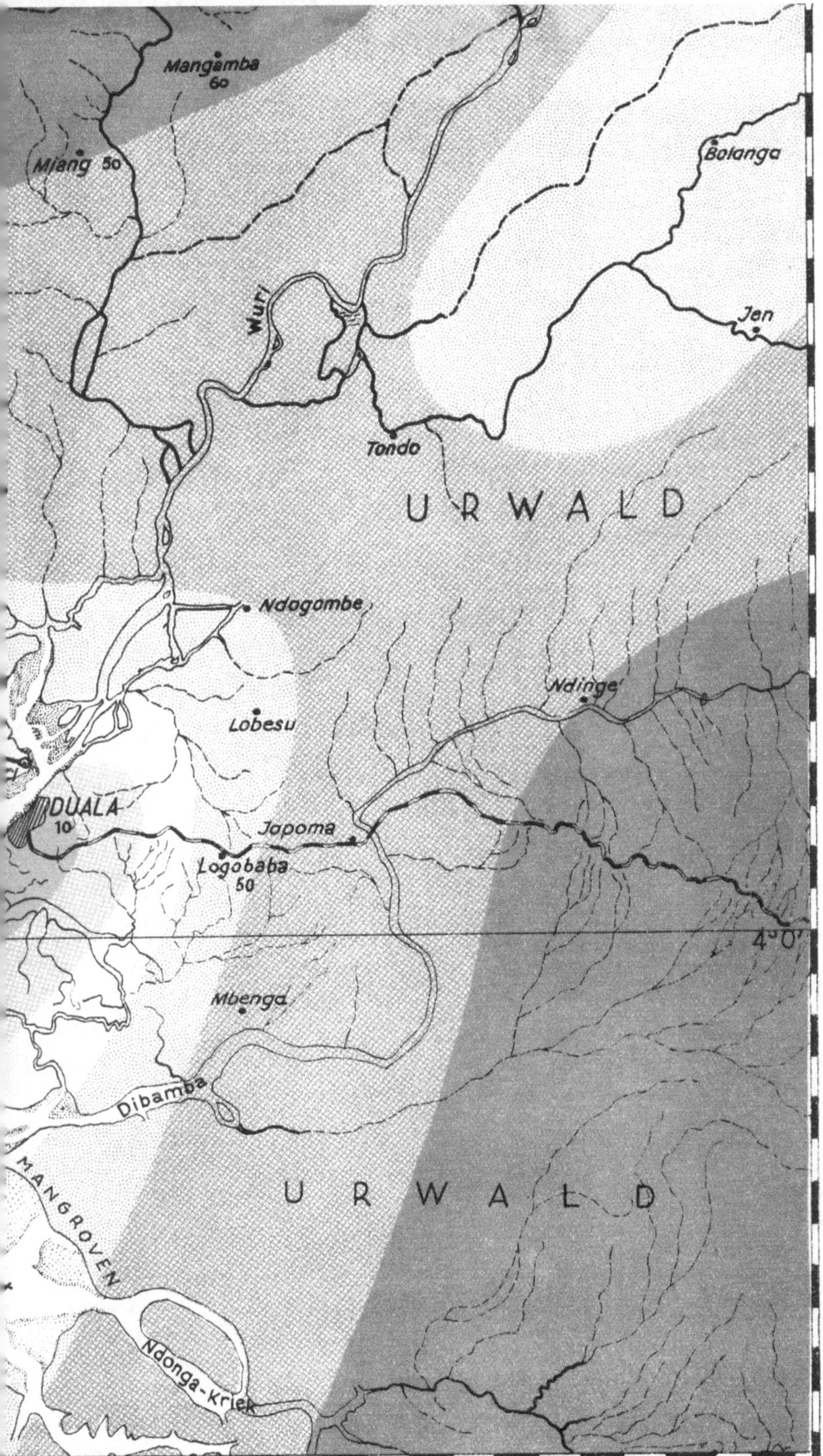

Druck von Carl Griese, Hamburg 11

FSC
www.fsc.org
MIX
Papier | Fördert
gute Waldnutzung
FSC® C083411

Kolibri 360 GmbH
Ferdinand-Jühlke-Straße 7
99095 Erfurt, Deutschland
produktsicherheit@kolibri360.de